1. 거미원숭이가 파나마의 바로콜로라도 숲 야자수 과일을 따먹고 있다. 초파리에서 영장류에 이르기까지, 동물들은 당도가 높은 과일이 풍기는 알코올 향에 끌린다. 고함원숭이는 삼십 분도 안 돼 와인 두 병을 다 비웠다. 이는 인간의 발효음료 섭취량과 맞먹는 양이다.

2. 이 여성(높이 44센티미터)이 뿔잔을 들고 있는 것일까? 이는 프랑스 도르도뉴 강에 있는 로셀 절벽에 2만 년 전에 새겨졌다. 벌꿀주를 뿔에 담아 마시는 이 전통은 오랫동안 바이킹과 관련지어 생각돼왔으며, 선사시대 유럽 문화에 뿌리 깊게 남아 있다.

3. 자후(중국 허난 성)에서 출토된 초기 신석기시대 병은 깔때기처럼 벌어진 높은 목과 주둥이를 가지고 있다. 연대는 기원전 7000~기원전 6000년경. 필자와 동료들이 분석하기로 이런 병들은 쌀, 꿀, 과일(산사나무열매나 포도)로 만든 혼합발효주를 담았던 것으로 보인다. 왼쪽부터 m252:1, m482:1, m253:1. 제일 왼쪽 항아리 높이는 20센티미터다.

4. 중국 윈난 성 창의 모계사회에서는 남성과 여성 모두 술항아리에 둘러앉아 전통 방식대로 긴 갈대 빨대를 이용해 쌀와인을 빨아마신다. 이런 관습은 세계 각지에 잔존한다.(그림 13-a, b, 24-a, b 참고)

5. 최초의 포도와인 용기와 보리맥주 용기는 화학 분석을 거쳐 확인됐다. 둘 다 이란의 자그로스 산맥 유적지에서 출토됐다. a(왼쪽 위): 고딘테페 맥주병으로, 기원전 3400년에서 기원전 3100년경의 것으로 보인다. 아래 와인병(고대에는 마개가 닫혀 있었을 것이다)이 높이 달린 좁은 주둥이를 가진 것과는 대조적으로 이 맥주병은 더 넓은 주둥이를 갖고 있다. 맥주병에는 밧줄 모양이 디자인되어 있는데, 이는 양 끝을 늘어뜨린 매듭처럼 보인다. 매듭 무늬 아래에 있는 작은 구멍은 이 그릇을 굽기 전에 생겼다. b(왼쪽 아래): 필자는 하지 피루즈 와인병 안의 고대산 포도주를 "냄새로 찾아냈다." 연대는 기원전 5400~기원전 5000년.

6. 테베에 위치한 필경사 나크트의 묘에 그려진 와인 제조 장면. 기원전 1400년. 이집트의 파라오들은 기원전 3000년경에 나일 삼각주에 왕실 와인 제조 공장을 설립했다. 와인 제조 공정을 각각 상세하게 묘사한 그림은 수천 년 동안 무덤에 잠들어 있었다. 포도를 수확해서 발로 밟아 으깨기, 포도액 추출하기, 항아리에 마개를 닫고 새겨넣는 작업이 바로 그 단계들이다.

7. 로마 주기 세트. 양동이(시툴라) 하나, 체와 국자가 각각 하나, 소위 '소스 팬Sauce pan'이라 불리는 여러 개의 술잔으로 구성돼 있다. 고틀란드 섬 남단에 있는 스웨덴 하보르의 정착지 마루 밑 은닉처에서 발견됐다. 필자와 동료들의 분석에 의하면 이 주기 세트는 포도와인을 포함한 "노르딕 그로그주"를 대접하고 마시는 데 사용됐다.

8. 과테말라 리오아술의 무덤에서 발견된 병.(서기 500년) 뚜껑이 닫혀 있다. 카카오 콩으로 만든 고급 음료를 보관하는 데 쓰인 것으로 보인다. 치장 벽토를 발라놓은 이 병에는 마야의 상형문자로 ka-ka-w("카카오")라는 이름이 새겨져 있다.

9. 페루 남부 세로바울의 와리 지역에서 발견된 용기. 케로 신의 얼굴이 정면을 바라보고 있다. 4개의 용기를 한 묶음으로 한 7개 세트가 발굴되었다. 계급별로 용량이 다른 용기를 사용했다. 28개 술잔은 서기 800년 이 유적지 양조장을 의도적으로 불태웠을 때 박살났다.

10. 참으로 격조 높은 신석기시대 이 암벽화는 타실리나제르 산맥에서 탐험가 앙리 로트가 발견했다. 기원전 제3천년기나 그 이전에 그려진 것으로 보인다. 짐승 떼에 둘러싸여 음주 의식에 참여하는 유랑민들을 볼 수 있다. 한 남성(왼쪽 무릎을 꿇고 있다)은 아버지나 연장자로 보이는 또 다른 남자(왼쪽에 앉아 있다)의 도움을 받아 긴 빨대를 이용해 장식된 커다란 병에서 술을 빨아마시고 있다. 이 야영지에서 저 야영지로 이동함에 따라, 그들의 곡물맥주와 그 제조기술은 아프리카 동쪽에서 서쪽으로 뻗어나갔다.

술의 세계사

술의 세계사

UNCORKING THE PAST

패트릭 E. 맥거번 지음 | 김형근 옮김

글항아리

일러두기

1. 원서의 'millennium B.C.'는 연대를 1000년 단위로 끊은 용어로, 'the first millennium B.C.'는 '기원전 제1천년기', 'the first millennium A.D.'는 '서기 제1천년기'로 옮겼다. 각 천년기에 해당하는 시기는 아래 표기를 참조하라.
   서기 제1천년기: 서기 1년~서기 1000년
   기원전 제1천년기: 기원전 1000년~기원전 1년
   기원전 제2천년기: 기원전 2000년~기원전 1001년
   기원전 제3천년기: 기원전 3000년~기원전 2001년
   …
2. 원서의 'B.P.'는 'Before Present'의 약어로, 방사성탄소연대 측정법에 의해 추정한 연대임을 뜻한다. 통상적으로 1950년을 현재present의 기준 연도로 삼는 고고학계 관행에 따르면 본문의 "1만 년 전(B.P.)"은 1950년에서 1만 년 전으로 거슬러 올라간 연대를 가리킨다.
3. 본문 중 [ ]는 옮긴이가 부연한 것이다. 그 외의 부연 및 설명은 저자의 것이다.
4. 본문 중 고딕체는 원서에서 이탤릭체로 강조한 부분이다.
5. 외래어 표기는 국립국어원 외래어 표기법에 따랐다.

인류의 혁신적인 발효음료 제조자들에게 바칩니다.

서문

2003년에 출간된 『고대의 와인Ancient Wine』 말미에 나는 한 가지 질문을 던졌다. 왜 전 세계 문화권에서 와인 사랑이 식지 않고 수천 년간 계속될 수 있었을까? 당시 내 답변은 간단했다. 알코올은 보편적인 마취성 약물drug이고, 그중 와인은 자연에서 얻을 수 있는 단순한 유기화합물(에탄올)이 고도로 농축된 물질이기 때문이다. 오랜 역사를 통해 인간은 알코올을 음료로 마시거나, 혹은 피부에 바르면서 그 효과에 항상 감탄해왔다. 알코올이 건강에 미치는 영향은 분명하다. 고통을 줄이고 감염을 막고 질병을 치료한다. 알코올의 심리학적·사회적 이점 역시 분명하다. 일상의 괴로움을 덜어주고 사회적 교류를 원활하게 하며 삶의 기쁨을 느끼게 한다.

알코올의 가장 극적인 효과는 향정신성 작용mind-altering effects으로, 이로 인해 신비에 싸여 있는 인간 뇌의 미지의 영역이 어떤 식으로든 자극을 받고 또 그것을 활용하게 된다. 고대나 현대 어느 사회를 살펴보든 신이나 조상과 접촉하는 의식을 치를 때 알코올음료가 필수적으로 따라붙었다는 것을 알 수 있다. 성찬식에서의 와인, 고대 수메르인들이 주신酒神 닌카시Ninkasi에게 바친 맥주, 바이킹족의 벌꿀주mead, 아마존이나 아프리카 부족의 불로의 영약elixir이 바로 그런 경우다.

간단히 말해, 알코올음료는 인간과 초기 인류의 조상이 400만 년 이상 이 땅에서 활용해온 온갖 마취성 약물 중에서도 특별한 위치를 점하고 있다. 알코올음료의 탁월함과 보편적인 쓸모(생물학적·사회적·종교적 필요성이라 할 만한 것)는 인류라는 종과 그 문화의 발전을 이해하는 데 있어 그 자신을 의미 있는 위치에 올려놓았다.

알코올음료와 인류의 생물학적 문화 간의 이러한 강력한 결합을 통찰하기 위해, 중동에서 포도와인grape wine이 처음 만들어졌던 시기보다 먼 과거로의 여행을 제안한다. 우리는 은하수 중심에서 출발해 지구 생명의 시초로 이동할 것이다. 이어서 인류가 아프리카에서 전 세계로 뻗어나가면서 이 대륙에서 저 대륙으로 함께 건너간 알코올음료에 대한 인류의 집착과 기발한 혼합주의 종류 및 역사를 뒤따라갈 것이다. 또한 가장 최근의 고고학적 유물들, 고대 도기 잔여물 화학 분석 결과들, DNA 분석 분야의 발전에 대해서도 검토하려 한다. 고대 예술품과 기록물, 고대 음료 제조에 관한 비교적 최근의 민족지民俗誌, 고대 음료를 실제로 다시 만들어보는 실험고고학에 의존해 새로 발견된 고대 유물을 해석해낼 수 있다. 그 결과물은 내가 "독한 음료extreme beverages"라 칭한 와인, 맥주, 그리고 각종 재료를 섞어 만든 특이한 혼합주를 아우르는 고대 알코올음료의 역사 다시 쓰기다. 여기서 역사는 인류 문명이 시작되기 이전의 선사시대까지를 포함한다. 이 책은 『고대의 와인』에서 못다 한 이야기를 다루었기 때문에 관심 있는 독자는 와인과 관련된 고고학적 발굴 및 발견의 더 자세한 부분까지 맛볼 수 있다.

어떤 독자들은 내가 알코올음료의 부정적 단면을 도외시하고 있다고 생각할지도 모르겠다. 물론 가벼운 희열과 부드러운 사교성으로 표출되는 음주 초기의 효과가 과음으로 인해 분노나 자기혐오로 변질될 수 있다. 과음은 신체 기능을 저하시킨다. 평형을 잃고 말소리가 흐려지며 심지어 환각증세가 나타날 수도 있다. 눈앞의 모든 세상이 통제할 수 없이 돌아가는 듯하고 함께 술을 마시던 동료들의 표정이 멀게만 보인다. 술에 취한 사람은 마침내 인사불성으로 쓰러져, 그다음 날 지독한 숙취 속에서 깨어나 전날 일어났던 일의 파편만을 겨우 기억해낼 것이다.

알코올을 반대하는 이들과 주류 양조 및 판매를 금지해야 한다고 주장하는 이들은 술이 인간성을 지독하게 망쳐온 음료라고 지적한다. 알코올은 실로 막대한 재산 피해를 입히고, 가정을 파괴하며, 온갖 타락과 폭력으로 이끌어, 한 개인의 삶을 완전히 망가뜨린다는 것이다. 나도 공감한다. 과도한 음주는 개인과 공동체에 극심한 해를 입힐 수 있다. 그러나 어떠한 물질(특히 음식)이나 활동(달리기, 춤, 작곡, 섹스), 또는 강력한 사고(종교적 신념) 역시 우리 뇌의 욕구와 기쁨의 중추를 활성화시키고(제9장 참고), 행동을 통제할 수 없게 하며, 중독을 일으킬 수 있다. 알코올은 뇌에 직접적으로 영향을 미치기 때문에 특히나 독한 물질이고 따라서 주의 깊게 다뤄질 필요가 있다.

알코올의 위험성에도 불구하고, 알코올에 함유된 소수의 물질은 칭찬을 받아왔다. 정신의학자 윌리엄 제임스는 그의 기념비적인 저서 『종교적 경험의 다양성The Varieties of Religious Experience』을 통해 이를 가장 잘 표현했다.

> 인간이 알코올의 영향을 받는 것은 의심할 여지 없이 알코올이 인간 본성의 신비에 싸인 능력을 자극하는 힘을 가졌기 때문이다. 대개의 경우 인간은 맑은 정신에서는 냉엄한 사실과 건조한 비판으로 짓눌리기 마련이다. 맨정신으로는 폄하하고, 구별하고, 아니오라고 말한다. 술에 취해서는 떠받들고, 통합하고, 예라고 말한다. 사실 알코올은 인간에게 **예**라고 말하는 기능을 강력하게 촉진한다. 알코올은 술에 취한 자를 싸늘한 주변부에서 환한 중심부로 이동시킨다. 알코올은 그를 한순간 진실하게 만든다. 사람들은 한순간의 고집만으로 술을 좇지 않는다. 알코올은 삶의 더 난해한 수수께끼이자 더 심오한 비극의 일부이고 우리가 어떤 것을 그 즉시 탁월하다고 인정하게 될 때 그 단서와 암시를 제공한다.(377~378쪽)

고대로부터 이어져온 유명한 화가, 음악가, 작가, 철학자의 알코올 찬미는 제임스의 정서를 상기시킨다. 와인 효모와 타르타르산 결정체를 현미경으로 처음 관찰한 루이 파스퇴르는 "와인의 맛은 우아한 시와 같다"며 와인을 열광적으로 표현했다. 그는 고대 로마 시인 호라티우스가 "와인은 영혼의 숨은 비밀을 밝힌다"(「에포디 2Epode Ⅱ」)라고 쓴 대목에서 감명을 받았다고 한다.

와인은 인간을 조롱하는 것인가, 아니면 인간의 마음을 기쁘게 하는 것인가? 여러 비범한 자들이 술이 창의성을 배가한다고 단순히 착각한 것은 아닐까? 1930년대를 대표하는 딜런 토머스, 잭슨 폴록, 재니스 조플린, 잭 케루악은 허망하게도 술과 죽음을 맞바꾼 것일까?

이를 명확히 하려면 여러 측면을 다양한 각도에서 밝힐 필요가 있다. 술이 뇌에 미치는 효과를 이해하는 것에서부터 전 세계 고대 술의 역사를 완전히 밝혀내는 일까지 말이다. 나는 단지 수천 년 동안 계속되어온 술의 역사 중에서도 우연히 발견되어 표본조사가 가능했던 가장 재밌는 몇 가지만을 다뤘을 뿐이다. 우리는 여전히 중앙아시아, 인도, 남아시아, 태평양 섬, 아마존, 오스트레일리아의 광활한 지역, 심지어 유럽과 북아메리카 일부 지역에서 알코올을 사용하기 시작한 시기에 관해서는 여전히 무지하며, 그래서 놀라운 사실이 밝혀지리라 기대할 수 있다. 놀라운 사례의 예를 들자면, 모든 동물 중에서 오직 인간만이 술에 지나치게 탐닉한다는 주장을 종종 듣는데, 지구상의 초기 영장류 가운데 말레이시아의 나무두더지tree shrew가 발효된 야자나무 과즙을 매일 밤 폭음하는 것으로 최근 밝혀졌다.

술의 다양한 측면을 다룬다는 점에서 이 책의 제목[원제는 '과거의 병마개를 뽑기Uncorking the Past'다]은 부적절해 보일 수도 있다. 어쨌거나 과거라는 단어에 걸맞게 가장 오래된 증거를 찾아보자면, 알코올 음료(여기에서는 포도와인)를 밀봉하기 위해 최초로 코르크마개를 사용한 것은 기원전 5세기 초였다. 아테네에서 오늘날 코르크와 매우 비슷한, 모서리를 깎아낸 둥근 모양의 조각이 발견되었다. 이 조각은 병jar 상단 테두리선과 같은 높이로 주둥이를 꽉 막고 있었다. 코르크의 한가운데에 난 구멍은 코르크의 본래 용도와는 일견 어긋나 보이기도 하는데, 아마도 코르크마개를 따는 도구 같은 것을 이용해 코르크를 뽑아냈던 자국일 것이다. 와인병을 아고라의 오래된 우물에 넣어 보관하기 전에 코르크를 주둥이에 다시 끼워넣었던 모양이다. 그 병을 발견한 이는 코르크마개의 구멍을 통해 줄이 연결돼 있었다고 믿었다. 덕분에 병이 우물에 잠겨 와인을 차갑게 유지할 수 있었다는 것이다.

아테네 사람들이 와인을 마시던 이 시기에, 에트루리아족의 배 한 척이 그랑리보Grand Ribaud 섬 근처, 프랑스 리비에라Riviera 앞바다에 침몰했다. 적어도 5층으로 쌓인 수백 개의 와인 암포라amphora[손잡이가 두 개 달린 목이 좁은 항아리]가 선체에 가득 차 있었다. 암포라 사이사이에 적재된 포도나무가 완충 작용을 해준 덕분에 암포라 대부분이 깨지지 않고 코르크마개로 막힌 채 발견되었다. 그 마개는 마치 오늘날 코르크마개를 끼우는 기계가 한 것처럼 단단하게 암포라의 좁은 주둥이를 막고 있었다.

하지만 이 와인 암포라가 발견되기 전까지는 코르크로 밀봉된 용기vessel에 들어 있는 물질로 처음 알려진 것은 와인이 아니라 설탕 재료 농축 원액인 꿀이었다. 기원전 540~기원전 530년의 것으로 보이는 한 청동 암포라는 액상 꿀로 채워져 있었다.(발견 당시 여전히 끈적끈적했고 꿀 특유의 아로마 향이 났다.) 이 암포라는 코르크로 밀봉된 채, 캄파니아에 있는 이탈리아 고대 도시 파에스툼의, 벽으로 폐쇄된 지하 석실石室에 저장돼 있었다. 이 꿀은 벌꿀주를 만들기 위한 것이 아니라 귀한 치유 물질 중 하나로 인정되어 그리스 판테온의 최고 여신인 헤라에게 바쳐졌다. 묘실 가운데 있는 침상couch은 여신 헤라와 헤라의 남편이자 남동생인 제우스와의 신성한 결혼을 상징하기 위한 것으로 보인다. 나중에 알게 되겠지만 이 신성한 결혼(히에로스 가모스hieros gamos) 의식은 근동의 오래된 전통이며, 알코올 음료를 나누어 마신 뒤 진행되었다.

코르크참나무가 무성한 서부 지중해 쪽에는 어쩌면 코르크로 밀봉된 용기의 최초 표본이 실제로 존재할 법도 하다. 코르크마개로 닫힌 표본이 어디서 처음 나왔든지 간에, 일반적으로는 귀하디귀한 액체를 나중에 마실 양으로 상하지 않게 보관하기 위해서 마개를 달아둔다. 코르크가 마개로서의 역할을 하기 전에는 우리 인류 조상들은 아쉬운 대로 나무나 돌, 혹은 식물질이나 가죽으로 용기를 밀봉해야만 했다. 기원전 1만 년경 동아시아에서의 도기의 출현과 함께 점토가 마개로 만들어지기 시작했다. 기원전 3500년경 이란의 자그로스 산맥에서 발견된 도기에서 알 수 있듯이, 용기가 옆으로 기울어진 채 보관된 경우, 점토는 코르크마개처럼 병 안의 액체 내용물을 흡수해서 산소를 차단할 수 있게끔 팽창하는가 하면 와인이 시는 것을 막아주었다. 와인병을 세워서 보관하면 코르크가 건조해져 바깥 공기가 쉽게 들어와 와인의 맛이 변질된다. 역사가 대大플리니우스Pliny the Elder는 서기 1세기경에 쓴 『박물지』에서 와인의 변질을 막는 방법을 제시하며 "역사상 이보다 더 많은 인간의 노동력이 소비된 영역은 없다"라고 지적했다.

병마개를 따는 행위는 알코올의 보존과 발효과정의 대단원을 상징한다. 선사시대의 발효 포도주스나 벌꿀주가 담긴 나무통을 막고 있는 육중한 돌을 제거하거나, 고대 이집트의 와인병에 담긴 영약이 오염되지 않도록 조심스럽게 덮어둔 점토마개를 잘라내거나, 뜨거운 집게로 유리병 주둥이를 달궈서 병목을 따는 식으로 빈티지 포트와인을 개봉하든 간에 말이다. 샴페인의 코르크가 튀어오르거나 나무통에서 거품이 넘쳐오를 때, 우리는 서로 축하를 하면서 기쁜 마음을 억누르지 못한다.

차례

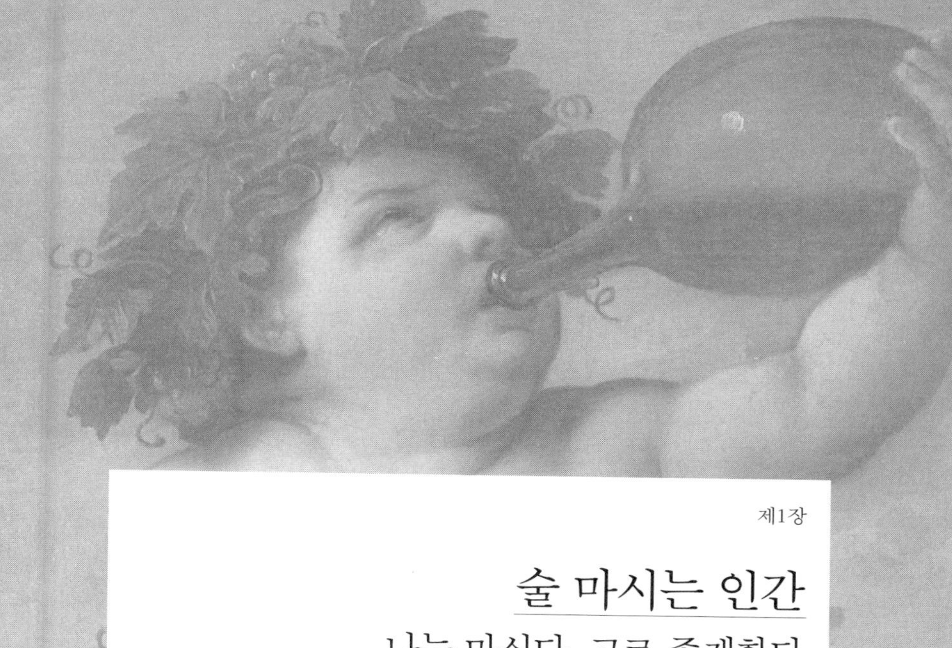

제1장

술 마시는 인간

나는 마신다, 고로 존재한다

강력한 무선전파를 이용해 은하계를 탐구하는 천문학자들은 알코올이 지구에만 존재하는 것이 아니라는 사실을 알게 됐다. 우주에는 수십 억 킬로미터에 걸쳐 메탄올, 에탄올, 비닐에탄올로 구성된 엄청난 크기의 구름이 별 사이의 공간에 위치해 새로운 태양계를 감싸고 있다. 은하수 중심부에 있는 구름 궁수자리 B_2N은 지구에서 15경京 마일, 그러니까 대략 2만6000광년이나 떨어져 있다. 구름이 이렇게 먼 곳에 있다는 건 당분간 인간이 지구 밖의 에탄올을 충분히 이용하지 못할 게 확실하다는 이야기다. 그러나 지구에서 생명체의 복잡한 탄소 분자가 어떻게 형성되었는지 추론할 수 있다는 점에서 구름의 구성물들은 중요하다.

과학자들은 특히 화학적으로 더욱 잘 반응하는 이중결합 구조의 비닐에탄올이 성간에 존재하는 먼지 분자 사이에 있을지 모른다고 가정한다. 비닐플라스틱 생성과정과 마찬가지로 한 개의 비닐에탄올 분자는 또 다른 분자와 연결되고 점차 복잡해지면서 생명체의 재료가 되는 유기화합물을 만들어낸다. 이러한 다수의 새로운 탄소중합체가 포함된 먼지 분자는 혜성의 얼음으로 뒤덮인 머리 부분에 붙어서 우주를 통과해 운반되었을지도 모른다. 빠른 속도로 이동하면서 얼음은 녹고 먼지를 방출해 지구 같은 행성에 일종의 유기체 수프를 퍼뜨리고, 거기에서부터 원시적인 생명체가 출현하게 된다. 굳이 인체를 언급하지 않더라도, 에탄올 형성에서부터 가장 단순한 박테리아의 복잡한 생화학 진화에 이르기까지 엄청난 도약을 이루어냈다. 하지만 밤하늘을 응시할 때 우리는 의문을 품게 될 것이다. 왜 은하의 중심부에 알코올의 엷은 안개가 존재하는지, 알코올이 우리 행성에 자리잡은 생명체 태동 및 그 생명 유지에 어떤 역할을 하는지 말이다.

효모 증식

만약 알코올이 은하계와 우주에 널리 퍼져 있다면, 당발효(혹은 당분해糖分解)가 지구상의 생명체를 통해 일어나는 가장 최초의 에너지 생산 형태라고 여기는 것은 전혀 놀랄 만한 일이 아니다. 약 40억 년 전에 태초의 단세포 미생물은 원시적인 수프에 있는 단당을 섭취했고, 에탄올과 이산화탄소를 배출했을 것이라 가정되고 있다. 그렇다면 탄산 알코올음료 따위도 태초부터 바로 만들어졌을 것이다.

오늘날에도 단세포 효모 두 개 종(사카로미세스 세레비시아Saccharomyces cerevisiae와 사카로미세스 바야누스Saccharomyces bayanus)이 야생종과 재배종 모두에서 이 위대한 전통을 이어나가고 있으며, 세계 곳곳에서 발효음료에 함유된 알코올을 생산하는 데 중요한 역할을 하고 있다. 그러나 두 효모종이 원시세포라고 말하기는 어렵다. 이들은 다세포 동식물과 진배없는 특수 세포 기관을 갖고 있으며, 여기에는 염색체 DNA를 지닌 중심핵도 포함된다. 지구상에 생명체가 출현했을 때 효모들도 존재한바, 이들은 무산소 환경에서 번식한다.

이러한 시나리오를 따르기로 한다면, 이 최초의 유기체에 의해 생성된 알코올은 족히 수천 년간 지구를 떠돌아다녔을 것이다. 알코올과 그 밖의 단쇄탄소 화합물은 효모의 먹이가 되는 고당도 에너지원의 존재를 암시한다고 할 수 있다. 자극적이며 유혹적인 알코올 향은 후에 초파리부터 코끼리에 이르기까지 당분을 좋아하는 동물들을 끌어당겼고, 그러한 당분은 그들에게 진수성찬이었다는 것이 밝혀졌다. 1억 년 전쯤인 백악기에 열매를 맺는 나무들이 출현했을 때 그 나무들은 풍부한 당분과 알코올을 제공했다. 잘 익어 벌어진 틈새에서 새어나오는 달콤한 액체는 효모가 증식하여 당분을 알코올로 변환시키는 작용을 가능하게 하는 조건, 즉 수분과 양분의 이상적인 조합을 제공한다.

동물은 과일나무에서 나오는 달콤한 칵테일을 마시는 것에 아주 잘 적응했다. 동물이 나무의 씨앗을 퍼뜨려주었기 때문에 나무 역시 이득을 보았다. 나무의 꽃을 수분受粉해주고, 그로 인해 생긴 열매를 먹는 것을 비롯해 상호 이득이 되도록 작용하는 나무와 동물 간의 밀접한 공생관계는 상당히 놀랍다. 전 세계에 800종 넘게 분포하는 무화과나무를 생각해보자. 무화과나무는 평범한 방식으로 개화하지 않는다. 대신에 암꽃과 수꽃을 따로 가지고 있으며 그 꽃들은 은두隱頭라 불리는 즙을 머금은 주머니로 단단하게 둘러싸여 있다. 무화과나무는 직접 수분될 수 없다. 암꽃과 수꽃이 같은 나무에 있지만 서로 다른 시기에 개화하기 때문이다. 각각의 무화과종에만 붙어사는 말벌이 수분의 임무를 수행해야 한다. 암벌은 날개가 엉망이 되고 결국에는 죽어가면서 은두 꼭지에 난 작은 구멍을 비집고 안으로 파고들어간다. 그러나 암벌은 여기서 알을 낳고 다른 나무에서 가져온 꽃가루를 암꽃에게 옮겨줄 만큼 충분히 오래 산다. 말벌의 알이 부화하면, 날개가 없는 수벌이 암벌과 짝짓기를 하고 그의 강력한 턱으로 입구 쪽을 아작아작 씹어 알을 품은 암벌이 밖으로 도망쳐나갈 수 있게끔 한다. 수벌은 평생 은두를 벗어나지 못하고 그 안에 갇혀 죽어간다. 암벌은 길고 빨대처럼 생긴 주둥이를 이용해 무화과꽃의 깊은 꽃부리에서 알코올 즙을 빨아먹으며 지내다가 또 다른 무화과나무를 수분하기 위해 떠난다.

말벌들이 은밀한 성생활을 하는 동안, 암벌이 탈출하면서 만든 구멍으로 유입된 공기는 은두를 무화과 "열매"로 익게 한다. 효모는 당을 분해해서 동물에게 잠재적인 진수성찬이 있다는 것을 알려주는 알코올 향을 만들어낸다. 그래서 새, 박쥐, 원숭이, 돼지, 심지어 잠자리나 도마뱀 등이 떼 지어 몰려들어서는 큰 나무에 열린 무려 10만 개가량의 무화과를 마구 포식하게 된다.

무화과나무는 생물 간에 일어나는 복잡성과 특이성을 잘 드러내는 식물이다. 상록수의 수액이나 꽃꿀 같은 다른 식물의 당분도 각각 그들만의 이야기가 있다. 터키에는 소나무에서 분비되는 단물로 만든 인기 좋고 맛있는 꿀이 있다. 이 단물은 당분이 풍부한 분비물로, 마르찰리나 헬레니카Marchalina hellenica라고 하는 벌레에 의해 생산된다. 이 벌레는 붉은소나무(터키소나무, 피누스 브루티아Pinus brutia) 껍질 틈새에 서식하고 송진을 먹으며 산다. 꿀벌은 꿀을 모으고 특정 효소, 즉 전화轉化 효소를 통해 꿀의 당분(수크로오스sucrose)을 더 단순한 형태인 포도당과 과당으로 쪼갠다. 최종 생산물인 꿀은 자연에서 얻을 수 있는 가장 농축된 당분의 원천이며, 붉은소나무는 그 좋은 예다. 꿀은 나무종에 따라 고유의 맛과 향을 품게 된다.

곤충학자들은 벌레를 잡을 목적으로 나무 밑동에 발효음료를 발라 벌레를 꾀어낸다. 찰스 다윈도 비슷한 전략을 택했다. 그는 밤중에 맥주 한 통을 꺼내놓았다. 그러자 아프리카 개코원숭이 한 무리가 꼬여들었고, 다음 날 아침 고주망태가 된 그들을 쉽게 잡을 수 있었다. 술을 절제하지 않는 민달팽이(껍데기가 없는 연체동물)는 안타까울 정도로 알코올에 빠져들었다. 그들은 맥주의 덫에 제멋대로 걸렸다. 세심하게 진행된 실험의 결과, 에탄올과 아세트알데히드, 알코올 대사작용 부산물인 강렬한 향이 있는 곳에 초파리(노랑초파리 Drosophila melanogaster)가 알을 낳는다는 사실이 드러났다. 발효된 과일은 유충에게 매우 효율적인 에너지 공급 경로로서 알코올, 당분, 고단백 효모를 풍족하게 얻을 수 있음을 보증한다.

자연에 숨겨진 이치, 그리고 당분과 알코올 공급원에 집중된 복잡한 생태학적 상호작용은 심각하면서도 우스운 측면이 있다. 하루에 5만 칼로리를 소비하는 코끼리는 때때로 발효된 과일을 엄청나게 먹는다. 그들은 어디서 나무를 찾아야 하는지 기억해야만 하고, 과일이 익는 시간에 도착하고자 수 마일을 여행해야 한다. 발효된 과일을 먹는 즐거움을 위해 열심히 움직이기 때문에 과식은 용납될 수 있을 것이다. 하지만 불행하게도 코끼리는 사람이 만든 발효음식에도 사족을 못 쓴다. 1985년, 서西벵골에 있는 밀주(특히 위스키) 양조장에 코끼리 약 150마리가 돌진했다. 코끼리들은 달콤한 매시 mash[맥주 등을 만들기 위해 사용하는 뜨거운 물과 맥아(엿기름) 혼합물]를 모두 먹어치우고는 사납게 날뛰며 그 지역을 돌아다녔다. 결국 코끼리는 사람 다섯 명을 짓밟고 콘크리트 건물 일곱 채를 넘어뜨렸다. 이 에피소드는 사람을 포함한 고등포유류의 음주 문제를 부각시켰다.

새 역시 발효된 과일을 포식하는 것으로 알려져 있다. 산사나무열매를 실컷 먹은 애기여새는 에탄올에 중독되어 심지어 죽음에 이르고, 개똥지빠귀는 횃대에서 추락하기도 한다. 과일은 익으면서 당을 농축시켜 맛을 내며 아로마 혼합물을 생성하고 자신이 먹기 좋게 익어간다는 것을 새와 포유류에게 알리는 색소까지 만들어낸다. 그러나 한창때가 지나면 과일은 효모와 박테리아를 비롯한 많은 미생물의 표적이 된다. 이런 위협을 받으면 식물은 독성 혼합물을 생성해 스스로를 방어한다. 알칼로이드alkaloid나 테르페노이드terpenoid 같은 식물의 독은 해충의 공격을 차단할 뿐만 아니라 악성 미생물의 성장을 억제한다. 잠잠해 보이는 사과 과수원이나 목가적인 분위기의 포도밭은 겉으론 전쟁터처럼 보이지 않을지 모른다. 그러나 많은 생물은 그 속에서 우위를 점하기 위해 경쟁하고 있으며 화학 혼합물을 통해 세력 간의 균형을 유지해나간다.

때론 하나의 생물이 스스로 의식하지 못하는 사이에 다른 생물이 마련해놓은 화학지뢰에 발을 올려놓기도 한다. 알코올의 과도한 섭취가 위험하다면, 식물의 독소는 치명적일 수 있다. 다음은 캘리포니아 월넛크리크 근처에서 일어났던 일로, 관련 증거가 충분한 사실이다. 수천 마리 개똥지빠귀와 애기여새는 주홍빛을 띠고 맛도 아주 달콤해서 그대로 지나치기엔 너무 힘든 호랑가시나무holly(털가시나무 종Ilex spp.) 딸기와 피라칸타Pyracantha를 찾아냈다. 3주간 딸기와 그 안에 포함된 독소를 과하게 섭취한 나머지 새들은 자동차와 창문으로 날아와 부딪히기 시작했다. 부검 결과, 식도에 과일이 가득했다.(이와는 대조적으로 애기여새는 대개 딸기 한 알을 서로 주고받으며 상대가 그 선물을 받아들이고 교미가 이루어질 때까지 얌전히 구애한다.)

서벵골의 코끼리와 마찬가지로 캘리포니아 새가 과음을 하게 된 이유는 향정신성 혼합물을 지나치게 많이 섭취했기 때문이다. 흥미롭게도 호랑가시나무 딸기의 혼합물(카페인과 테오브로민)은 오늘날 사람들이 즐겨마시는 커피, 차, 초콜릿의 성분과 거의 일치한다. 미국 북부 산림이나 아마존 정글에 사는 원주민도 이 물질에 대해 잘 알고 있었다. 아메리카 정복자 스페인 사람들은 원주민이 갓 구워낸 호랑가시나무 잎을 뜨거운 물에 적셔서 쓴맛이 나는 향기로운 "검은 음료"를 우려내는 것을 목격했다.

아주 독특한 효모

식물이 자신의 영역을 화학무기로 지켜내고 있는 것처럼, 보이지 않는 미생물의 세계 역시 우위를 점하기 위한 투쟁으로 점철되어 있다. 인간이 술을 빚을 때 사용하는 주된 효소인 사카로미세스 세레비시아가 선택한 무기는 정교하게 조화를 이루는 효소체계를 갖추어 알코올을 생성하는 방식이다. 사카로미세스 세레비시아는 과일나무가 전 세계적으로 확산되던 때와 동일한 시기에 자신의 전체 게놈의 여분 복제본을 얻은 것으로 보인다. 뒤이어 게놈을 재배열하면서 사카로미세스 세레비시아는 산소가 없는 상황에서도 번성할 수 있었고, 여기서 생성된 알코올은 다수의 경쟁자를 제거했다. 유기체에 특정한 손상과 질병을 일으키는 효모와 박테리아 등의 여러 다른 미생물은 알코올 함량이 5퍼센트 이상인 환경에서 견딜 만한 내성이 없다. 하지만 사카로미세스 세레비시아는 알코올 함량 10퍼센트 이상의 발효물질 속에서도 생존한다.

이 효모는 물론 성공의 대가도 치렀다. 사카로미세스 세레비시아는 더 많은 알코올을 생성하기 위해 합성 아데노신삼인산adenosine triphosphate, ATP을 포기했다. 원래 ATP는 기본적인 생물학적 작용에 필요한 에너지를 살아 있는 유기체에 공급하는 역할을 한다. 순수한 호기성好氣性[세균 등이 산소가 존재하는 조건에서 잘 자라는 성질] 대사는 포도당에서 36개의 아데노신삼인산 분자를 만든다. 그러나 사카로미세스 세레비시아는 경쟁자에 맞서 효율적으로 사용될 알코올을 생산하는 데 여분의 포도당을 쏟아붓기 때문에 공기 중에서 단 두 개의 ATP 분자만을 만들어낼 뿐이다.

사카로미세스 세레비시아에게 명백하게 손해인 듯한 이 과정은 나중에 이득이 된다. 게놈 증식 덕분에 각각의 효모세포는 알코올 탈수소효소alcohol dehydrogenase, ADH의 생산을 조율하는 두 종류의 유전자를 발달시켰다. 이 효소는 당분해 최종 생산물인 아세트알데히드를 알코올로 변환시킨다. 하나(ADH1)는 무산소 환경에서도 당분을 알코올로 확실하게 처리해낸다. 반면, 다른 하나(ADH2)는 대부분의 당분이 소비되고 나서 산소량이 다시 증가할 때만 활성화된다. 많은 미생물 경쟁 상대가 전멸한 자리에서 ADH2가 활동을 시작하여 알코올을 다시 아세트알데히드로 변환시키고, 더 많은 ATP를 생산하는 것이다. 물론 높은 알코올 농도에 내성을 가지고 있는 아세트산 생성 박테리아 같은 다른 미생물도 줄지어 차례를 기다린다. 굶주린 다른 미생물이 더 빨리 움직이거나 인간처럼 알코올을 보존하는 임시방편을 마련하거나 하지 않는 한, 이 박테리아는 언제든지 남은 알코올을 식초로 변환시킬 준비가 되어 있다.

왜 다종의 사카로미세스 세레비시아가 당도가 높은 특정 과일, 특히 포도 표면이나 꿀 속에 서식하는지는 여전히 수수께끼로 남아 있다. 이 효모는 공기 중에 떠 있지 않고 특정한 접지기후接地氣候[지면에 접한 낮은 대기층]에 머무른다. 브뤼셀의 램빅맥주lambic beer[발효 중 이산화탄소 거품과 함께 발효액 표면에 떠오르는 맥주 효모에 의해 이루어지는 상면 발효 타입 맥주 중의 하나로, 60퍼센트의 맥아와 40퍼센트의 밀을 원료로 하여 제조한다] 양조장이나 중국 사오싱紹興의 쌀와인 공장(제2장 참고)이 바로 지표면의 영향을 강하게 받는 기후대에 있다. 각 공장에서 두 종의 술 모두 의도적으로 효모를 첨가하지 않고도 발효가 된다. 사카로미세스 세레비시아는 낡은 건물의 서까래에 살고 있다가 발효가 일어나고 있는 알코올 속으로 떨어진 것으로 보인다. 보수공사를 하느라 서까래에 덮개가 씌워져 있을 때에는 발효가 시작되지 않았을 것이다. 효모는 필시 꿀벌과 말벌의 도움을 받아 이동했을 것이다. 벌은 손상된 과일에서 흘러나오는 달콤한 과즙을 먹다가 우연히 효모를 몸에 묻혀서는 달콤한 맥아즙이나 포도액의 향기에 끌려 양조장으로 온 듯하다.

술 마시는 인간, 호모 임비벤스의 탄생

우리가 사는 세계는 에탄올로 넘쳐난다. 2003년에 전 세계적으로 맥주 약 1500억 리터, 와인 270억 리터, 증류주(주로 보드카) 20억 리터가 생산되었다. 순수 알코올로 따지면 80억 리터에 이르는 양으로, 400억 리터에 달하는 전 세계 에탄올 총 생산량의 20퍼센트를 차지한다. 대체에너지 자원이 최우선시되기 때문에 주로 사탕수수와 옥수수로 만들어진 연료용 에탄올이 그중 최대 비중을 차지한다.(2003년 에탄올 총 생산량의 70퍼센트를 차지했으며 최근에 비중이 더 늘었다.) 그리고 화학제품과 약품산업 부문에서 나머지 10퍼센트에 해당하는 에탄올을 생산한다. 미래를 예측하자면 연료 부문 비중은 계속 커질 것이고, 알코올음료 생산량은 세계 인구수에 적절히 보조를 맞춰 약간씩 증가할 것이다. 음료용 순수 알코올 연간 총 생산량은 이제 150억 리터를 넘어섰으며, 2012년경에는 200억 리터에 이를 것으로 보인다.

자연 발효되거나 증류된 음료 내 순수 알코올 150억 리터는 전 세계 남녀와 어린이에게 1년에 2리터 이상 공급할 수 있는 수치다. 추정치를 너무 낮게 잡은 듯하다. 불법 주류 생산이 만연해 있는 데다 전 세계적으로 엄청나게 소비되고 있는 전통 자가 밀주를 포함하지 않았다. 잘 발효된 술이 5~10퍼센트의 알코올을 함유하고 있으며, 어린이는 대개 술을 마시지 않는다는 점을 고려할 때, 각각의 성인에게 분배될 알코올 양은 상당히 많다는 계산이 나온다.

그러면 어떻게 모든 곳의 인간이 그토록 많은 알코올을 마시게 된 것일까? 사실을 말하자면, 알코올은 우리가 생존하는 데 필요한 수분을 어느 정도 공급해준다. 인간의 몸은 3분의 2가 물로 이루어져 있으며, 평균적인 성인이 수분이 부족하지 않은 채로 몸의 기능을 유지하기 위해서는 하루 평균 2리터 정도의 물을 섭취해야 한다. 정화되지 않은 물은 유해한 세균과 기생충에 감염되어 있을 수 있지만 알코올은 이러한 병원균을 대체로 제거해준다. 많은 경우 알코올을 마시는 사람이 그렇지 않은 사람보다 건강하다는 사실을 처음부터 잘 알고 있었던 것이 틀림없다.

알코올음료는 다른 이점도 지니고 있다. 알코올은 식욕을 자극하고 액체 형태로서 허기를 달래주기도 한다. 발효과정을 통해 자연생산물의 단백질, 비타민, 영양소를 더욱 향상시키고 맛과 향을 더해주며 생산물이 부패하지 않고 오랫동안 보존되도록 해준다. 발효음식과 발효음료는 더 빨리 조리되는데, 복잡한 분자가 쪼개져 시간과 연료를 절약시키기 때문이다. 마지막으로, 수많은 의학 연구를 통해서도 알 수 있듯이, 적당한 알코올 섭취는 심혈관계 질환과 암의 위험을 줄여준다. 그 결과 사람들은 더 오래 살고 더 많이 번식한다. 이는 수명이 짧았던 고대에 매우 중요한 일이었다.

하지만 음주는 건강과 수명 연장 이상의 의미를 가지고 있다. 음주의 생물학적·문화적 측면을 이해하기 위해 우리는 술 마시는 인간(호모 임비벤스Homo Imbibens)이 처음 지구에서 걸어다니던 시절로 여행을 떠나야 한다. 조상들이 남긴 파편과 오늘날 우리 신체에 암호화된 유전자 정보를 끈기 있게 발굴하고 연구해온 고고학자, DNA 연구자, 그 외 과거를 파헤치는 조사관들이 우리 여행의 길잡이가 되어줄 것이다.

450만~200만 년 전 초기 인류 화석에서 나온 골격과 치아에 관한 증거를 조사해보면 초기 인류가 아프리카 정글과 사바나 초원을 가로지르며 어떻게 생활했고 무엇을 먹었는지 추측할 수 있다. 루시Lucy로 대표되는 오스트랄로피테쿠스 아파렌시스Australopithecus afarensis를 포함하여 많은 화석이 동아프리카 그레이트리프트밸리Great Rift Valley에서 출토되고 있다. 루시의 뼈 47개를 분석한 결과, 그녀가 나무를 탔을 뿐만 아니라 두 발로 걸어다녔다는 것이 드러났다. 이러한 특징들로 인해 루시와 그녀에게서 비롯된 "최초의 가족"은 달콤한 과일을 따기 위해 몸을 위로 쭉 펴 나뭇가지 사이를 기어오를 수 있었다.

대단히 오래전인 2400만 년 전에 살았던 프로콘술속屬Proconsul의 유인원과 다른 화석에서 발견되는 초기 인류(그리고 유인원)의 작은 어금니와 송곳니는 과일처럼 부드럽고 육질이 있는 음식들을 섭취하는 데 상당히 적합하다. 이러한 치열은 과일에서 대부분의 칼로리를 섭취하는 긴팔원숭이, 오랑우탄, 롤런드고릴라 같은 근대 유인원의 치열과 대체로 비슷하다. 인간의 게놈과 가장 흡사한 게놈을 갖고 있는 침팬지의 식단을 살펴보면 90퍼센트 이상이 채소이고, 그중 75퍼센트가 과일이다. 바꾸어 말하면 수백만 년 동안 초기 인류와 그 자손은 신선한 과일을 선호해왔던 것이다.

만약 인류 역사 초기 단계에서 과일이 선택받은 음식이었다면 알코올도 그렇게 먼 훗날의 음식은 아니었을 것이다. 특히 열대기후에서 익어가던 과일은 나무, 덤불, 덩굴 등지에서 발효되었을 것이다. 틈새가 벌어져 액체가 스며나오면 효모의 공격을 받아 당분은 알코올로 변했고, 그런 과일의 알코올 함량은 5퍼센트 이상이다.

인간은 시각지향적인 동물이다. 그래서 우리는 종종 빨간색이나 노란색을 띠는 과일이 초기 인류의 관심을 끌었으리라 상상해볼 수 있다. 고대 조상이 숙성된 과일을 따려고 열매에 다가가자 또 다른 감각이 작동했을 것이다. 발효된 과일에서 나는 강렬한 알코올 향은 그들이 그 영양 공급원으로 주의를 돌리게 했을 법하다. 그리고 그 열매를 맛보면서 새롭고 유혹적인 느낌을 받았을 것이다.

인체 감각기관 조직은 쉽게 자연 분해되기 때문에 고대 화석은 이에 대해 알려주는 바가 없다. 따라서 이러한 여러 가정의 재구성이 현실에 얼마나 근접한지 알 수 없다. 현대 인간의 미각 및 후각은 가끔씩 나오는 특별한 초超감각자의 그것을 제외하곤 동물세계에서 결코 자랑할 만한 능력이 못 된다. 그러나 알코올과 다른 냄새에 매우 정교한 감각을 지닌 마카크원숭이처럼 초기 인류는 현재의 우리보다 훨씬 예민한 감각을 갖고 있었을지도 모른다.

술 취한 원숭이 가설

생물학자 로버트 더들리는 알코올 의존 원인이 영장류의 진화 역사에서 기인하는 것이라고 주장했다. '술 취한 원숭이 가설The drunken monkey hypothesis'로 불리는 이 흥미로운 가설은 단편적이고 논란의 여지가 있는 고고학적 기록과 현대 영장류의 식단을 근거로 한다. 초기 인류가 적어도 100만~200만 년 전까지는 주로 과일을 먹으며 지냈다는 점을 인정한다면, 이후에는 덩이줄기와 동물성 지방 및 단백질을 더 많이 섭취하기 시작했을 것이다. 그렇다면 아마도 우리 초기 조상들은 최근 의학 연구에서 그 효능이 밝혀진바, 적당량의 음주로부터 이점을 얻었고 생물학적으로도 알코올에 적응했을 것이다. 대체로 술을 전혀 마시지 않는 금주가와 매우 많이 마시는 술고래 모두 가혹할 정도로 수명이 짧다. 간 기능을 10퍼센트만 유지할 수 있어도 알코올탈수소효소를 포함한 알코올을 분해할 수 있고, 알코올로부터 에너지를 생산한다. 아울러 우리의 후각기관은 공기 중에 떠도는 알코올 향을 감지하고, 다른 감각 역시 숙성된 과일을 발효시키는 수많은 혼합물을 탐지해낸다.

현대 인간과 다른 영장류는 술을 너무나 갈망한 나머지 때때로 영양학적으로나 의학적으로나 필요로 하는 알코올 용량을 아주 우습게 능가한다.(화보 1 참고) 파나마의 바로콜로라도라는 외딴 열대섬에 사는 고함원숭이howler monkey는 숙성된 야자(검은기름야자나무Astrocaryum standleyanum) 열매를 충분히 얻을 수 있었다. 우리는 고함원숭이가 위험한 독성식물을 가까이하지 않을 것이라 생각한다. 마찬가지로, 우리는 고함원숭이가 술잔치를 벌이기보다 더 현명하게 처신할 것으로 기대한다. 하지만 더들리의 보고서에 따르면, 고함원숭이는 20분 만에 약 10인분의 술, 혹은 알코올 함량 12퍼센트 와인 두 병에 달하는 오렌지를 마구 먹어댔다. 확실히 효용체감의 법칙이라 할 만하다. 적당량의 음주는 삶에 활력을 불어넣지만 건강상 이득이 되는 정도를 넘어선 음주는 삶을 망가뜨린다. 섭취하는 알코올 양이 증가하는 만큼 삶의 질 또한 일정하게 높아지리라고는 생각할 수 없다. 때로는 음주가 삶을 파괴하기도 하는 것이다. 어떤 원숭이는 너무 취한 나머지 다른 가지로 뛰어오르다가 발을 헛디뎌 추락하거나 날카로운 야자 가시에 찔리기도 했다.

말레이시아 나무두더지의 역사는 5500만 년 이상이나 된다. 모든 영장류의 조상으로 알려진 이 두더지 역시 원숭이처럼 발효된 야자 꿀을 매우 좋아한다. 프랑크 빈스와 동료들이 이를 증명함에 따라 나무두더지는 더들리의 가설을 뒷받침하는 훌륭한 증거를 제공했다. 날다람쥐와 비슷한 이 작은 동물은 취하는 기준점(킬로그램당 1.4그램의 순수 알코올)을 훨씬 초과하여 밤새 알코올을 마신다. 그 양은 보통 체구의 인간이 와인 아홉 잔을 마시는 것과 같다. 그러나 나무두더지는 야자나무의 뾰족한 가시와 꿀을 흘리는 꽃망울 사이를 날렵하게 날아다니면서 술 취한 어떤 징후도 보이지 않는다. 베르탐야자Eugeissona tristis의 꽃은 일 년 내내 꿀을 모을 수 있는 발효 용기의 축소판 같다. 열대지방에서는 효모들이 베르탐야자의 꿀을 거품이 있고 강한 향이 나는 알코올 함량 3.8퍼센트의 야자주酒로 빠르게 전환시킨다. 야자와 나무두더지의 공생관계는 놀라울 정도다. 나무두더지가 마구 먹어대는 동안 나무는 수분을 할 수 있기 때문이다. 우리는 나무두더지만큼 효율적으로 알코올 대사가 이루어지는 몇 가지 유전장치를 소실消失했는지도 모른다. 아프리카 등지에서 사람들은 당분 가득한 수많은 종류의 야자 열매 수액과 꿀을 발효시켜 나무두더지의 행동을 모방해왔다.(제8장 참고)

실험실이라는 인공 환경에서의 유인원의 행동 역시 명백하다. 로널드 시걸에 따르면, 술을 무한정, 그것도 "무료로open bar" 마실 수 있게 된 침팬지는 시작부터 와인 서너 병 정도를 퍼마신다. 수컷은 몸집이 작은 암컷보다 많이 마시고 평소보다 두 배 정도 더 취하게 된다. 시간이 흐르면서 음주량은 감소하는 모양새를 보이지만, 계속 취해 있을 만큼 많은 술을 많이 마신다. 그러한 행동은 진화적인 측면에서 어떠한 이득도 없다. 취하는 것, 그 자체가 중요한 것이다.

다양한 술로 실험을 해본 결과, 연구자들은 침팬지가 대개 씁쓸한 맛보다는 달콤한 맛 와인을, 그리고 순수 알코올보다는 풍미가 있는 보드카를 선호한다는 것을 알게 되었다.

유사한 실험 조건에서 쥐는 침팬지보다 더 나은 억제력을 보여줬다. 쥐가 활동하기에 편한 지하공간에 24시간 열린 "술집bar"을 마련하자, 쥐의 음주 유형은 우리 대부분이 고개를 바로 끄덕일 만한 규칙성을 띠었다. 식사 시간 바로 전에 술 마시는 구멍 주위로 모여든 쥐떼는 식욕을 돋우기 위해서였는지 칵테일을 들이켰다. 몇 시간 후 잠자리에 들기 전에 한 잔 더 마셨다. 그리고 사나흘에 한 번씩 마치 파티를 하는 것처럼 평상시보다 많은 양의 술을 마셨다.

술에 빠지다

초기 인류와 영장류가 발효된 과일이나 꿀처럼 높은 당분 공급원을 탐닉하게 된 데에는 강한 동기가 있었다. 이 음식들은 제철에만 먹을 수 있었다. 어둡고 차가운 동굴에 식사용으로 견과류나 나무 열매를 저장해두는 것은 가능했을지 모른다. 하지만 알코올 성분이 든 달콤한 즐길거리를 약탈자와 미생물로부터 지키는 대책은 세우지 못했다. 이러한 음식을 맛보지 못할 때를 대비해 음식을 구할 수 있는 풍요로운 계절에 최대한 많이 먹고 마셨다는 주장은 상당히 일리 있다.

에너지원이 풍부한 당분과 알코올을 실컷 먹어두는 것은 자원이 부족하고 적대적인 환경에서 생존하는 최고의 방법이었다. 여분의 칼로리는 장래에 대비해 지방으로 전환됐을 것이고, 그 지방은 음식을 구하기 힘든 시기에 에너지원으로 사용됐다. 초기 인류는 숙성된 열매와 견과류 등의 식량을 구하려고 상당한 거리를 걷고 사냥하며 포식자를 따돌리는 활동에 이러한 에너지 대부분을 썼다. 인간은 강력한 다리근육과 잘 발달된 뒤쪽 대둔근을 가지고 있다. 이런 근육으로 최대 시속 48킬로미터까지 비교적 빠른 속도를 낼 수 있다. 무게가 많이 나가는 개체들은 시속 120킬로미터 이상의 속도를 내는 사자의 공격을 받아 도태됐을 것이다.

취기는 각 개인의 반사작용과 전투 능력을 떨어뜨리기 때문에 적대관계에 있는 종이 공격을 해오면 더 큰 위험에 맞닥뜨리게 된다. 한바탕 과음했을 때라도 새와 원숭이를 포함한 사회적 동물에게는 확실한 강점이 있다. 술로 인해 근육 조정력과 지각의 예민함이 떨어지면 한데 뭉쳐서 근접한 무단 침입자를 쫓아내는 것이다. 인사불성이 되기 전에 집단 경보를 발령하거나 무리를 이루어 일제히 침입자에 대항해 싸운다. 공격에서 벗어난 안전한 장소 역시 폭음을 부추긴다. 운이 좋아서든(큰 나무 꼭대기에서 술에 취하게 하는 물질을 발견한 경우) 계획적이든, 그 발효된 먹거리를 산꼭대기나 동굴로 운반해 떠들썩한 축제를 시작한다.

동물들이 알코올을 섭취하는 원인은 밝혀지지 않았다. 멸종한 인종은 차치하고서라도 초파리나 침팬지가 발효된 과일을 어째서 그렇게나 좋아하는지, 동물행동학자들은 그들의 "생각thoughts"조차 읽어내지 못하고 있다. 유기체가 알코올을 감지해서 대사 작용하는 분자 메커니즘을 유전학자들과 신경과학자들이 밝혀내기 시작했으나, 이런 현상에 대한 종합적인 설명이 나오기까지는 여전히 갈 길이 멀다.

구석기시대 가설

인간은 얼마나 아득한 옛날부터 알코올을 맛보기 시작했을까? 알코올은 우리가 생물학적 종의 형태를 갖추는 데 어떤 도움을 주었고, 우리 문화에 어떤 기여를 했을까? 술 취한 원숭이 가설은 이 질문의 생물학적인 측면을 탐구한다. 기원전 8000년경 근동과 중국(제2장, 제3장 참고)에서 시작된 신석기시대는 문화적인 측면에서 이 의문을 어느 정도 해소할 만한 많은 고고학적 자료를 제공한다. 인간은 우선 영구적인 취락 시설에 정착하기 시작했다. 그들은 건축물, 장신구, 벽화, 술이 채워진 새 발명품 도기 등 풍부한 흔적을 남겼다. 수십만 년 전에 시작된 초기 구석기시대에 관한 근거는 훨씬 더 빈약하다. 하지만 바로 그때 인류가 처음으로 술을 시험 삼아 만들거나 마시게 되었다는 사실은 의심할 여지가 없다. 당시 사람들은 발효된 과일즙이 정신을 혼미하게 하고 위험하다는 것을 알고는 있었지만 그럼에도 그 즙을 즐겨마셨다.

초기 구석기시대에 대한 고고학적 증거는 매우 부족하기 때문에 우리는 이를 확대 해석하고 현대적인 관념에 따라 단편적으로 해석하기 쉽다. 고고학자들은 한때 초기 인류가 주로 육식을 했다고 생각했다. 주거지에서 동물 뼈가 많이 발견됐기 때문이다. 그러고는 이내, 과일과 채소 찌꺼기는 쉽게 분해되어버렸을 테지만 뼈는 과일과 채소보다는 더 잘 보존됐으리라는 것을 깨달았다. 그 뼈는 초기 인류 식단에 고기가 어느 정도, 아마도 조금 포함되었다는 것을 나타낼 뿐이라는 말이다.

나는 『고대의 와인』에서 구석기시대 가설이라 명명한 그럴듯한 시

그림 1. "매머드가 된 기분이야."

나리오의 윤곽을 그리면서 구석기시대 사람들이 와인 제조법을 어떻게 발견해냈을지 설명했다. 그 내용을 짧게 이야기하자면, 지금의 우리 모습과 크게 다를 바 없는 생명체—밝게 물든 아름다운 색의 과일을 찾기 위한 시력, 당분과 알코올을 느낄 수 있는 미각, 알코올의 향정신성 효과(제9장 참고)에 익숙해진 두뇌를 지녔다—하나가 선사시대의 어느 한 지점에서, 발효된 과일에 대한 민달팽이나 술 취한 원숭이의 무의식적인 갈망 수준을 넘어선, 술을 의식적으로 제조하고 만드는 단계에 이르렀을 것이라 가정했다.

야생유라시안포도wild Eurasian grape/Vitis vinifera ssp. sylvestris가 수백만 년간 번성해온 터키 동부나 캅카스 같은 고원지대에서 비옥한 강바닥을 돌아다니는 초기 인류를 상상해볼 수 있다. 그들은 적당히 속을 파낸 나무나 박으로 만든 용기, 가죽으로 만든 포대, 풀로 짠 가방 등에 잘 익은 포도를 담아 가까운 동굴이나 임시 거처로 옮겼다. 숙성도에 따라 용기 바닥에 있는 포도 일부는 껍질이 으깨지고 터져 과즙이 스며나온다. 그런 포도를 용기에 방치해두면 과즙에서 거품이 일거나 심하면 부글부글 끓게 된다. 포도껍질에 자생하는 효모로 말미암아 과즙은 알코올 함량이 낮은 와인(석기시대의 보졸레누보Beaujolais Nouveau 격 와인)으로 서서히 발효된다.

마침내 요란한 발효과정이 진정되면, 사람들 가운데 용기 있는 한 명이 나서서 머뭇거리며 혼합물의 맛을 본다. 그는 처음의 포도송이와 달리 최종 생산물에서 확연하게 더 부드럽고 생생하며 다채로운 맛이 난다고 알려준다. 그것은 향이 좋으며 풍미가 가득하다. 또한 쉽게 목으로 넘어가고 오랫동안 평온한 느낌을 준다. 그것은 도처에 도사리고 있는 위험으로부터 마음을 해방시켜준다. 행복감이 들며 근심이 사라지는 것을 느낀 사람이 동참할 사람을 불러들인다. 곧 모든 사람의 기분이 좋아지고 이 액체를 서로 주고받는 분위기로 이어진다. 아마도 몇몇은 노래를 부르고 춤을 췄을 것이다. 낮이 밤이 될 때까지 계속 마셔대면서, 그들의 행동은 점차 걷잡을 수 없어진다. 몇몇은 공격적인 태도를 보이고 또 다른 이들은 난폭한 섹스에 가담하며 누군가는 술에 취해 곯아떨어진다.

일단 이런 음료를 만드는 법을 발견하자, 초기 인류는 해마다 그 야생포도나무가 있는 곳으로 되돌아가서 가장 잘 익은 시점에 포도를 수확했을 것이다. 심지어 포도를 가공 처리하는 방법(포도를 발로 짓밟거나 엉성한 용기에 과즙이나 과육을 담아 뚜껑으로 덮어서 혐기성 발효를 촉진했다)까지 고안해냈을 것이다. 노아의 가설[인류가 동아프리

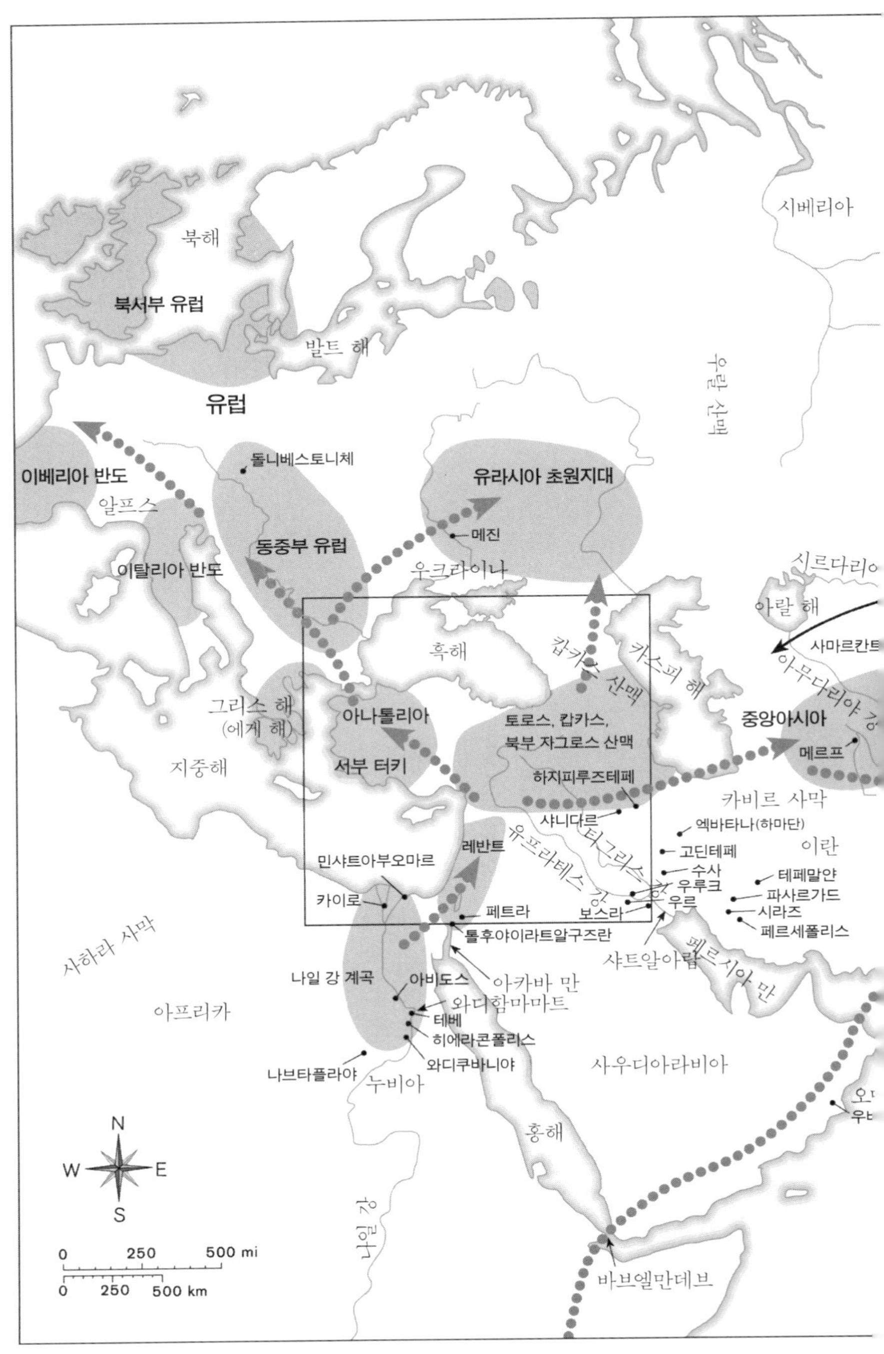

시베리아
북해
북서부 유럽
발트 해
우랄 산맥
유럽
돌니베스토니체
이베리아 반도
유라시아 초원지대
알프스
메진
동중부 유럽
이탈리아 반도
우크라이나
시르다리아
아랄 해
흑해
캅카스 산맥
카스피 해
사마르칸트
아무다리야 강
그리스 해
(에게 해)
아나톨리아
토로스, 캅카스,
북부 자그로스 산맥
중앙아시아
메르프
서부 터키
지중해
하지피루즈테페
카비르 사막
샤니다르
엑바타나(하마단)
레반트
티그리스 강
유프라테스 강
이란
고딘테페
민샤트아부오마르
수사
우루크
테페말얀
카이로
우르
파사르가드
보스라
시라즈
페트라
페르세폴리스
사하라 사막
톨후야이라트알구즈란
샤트알아랍
페르시아 만
나일 강 계곡
아비도스
아카바 만
와디함마마트
아프리카
테베
히에라콘폴리스
사우디아라비아
나브타플라야
와디쿠바니야
누비아
홍해
N
W
E
S
0
250
500 mi
0
250
500 km
나일 강
바브엘만데브

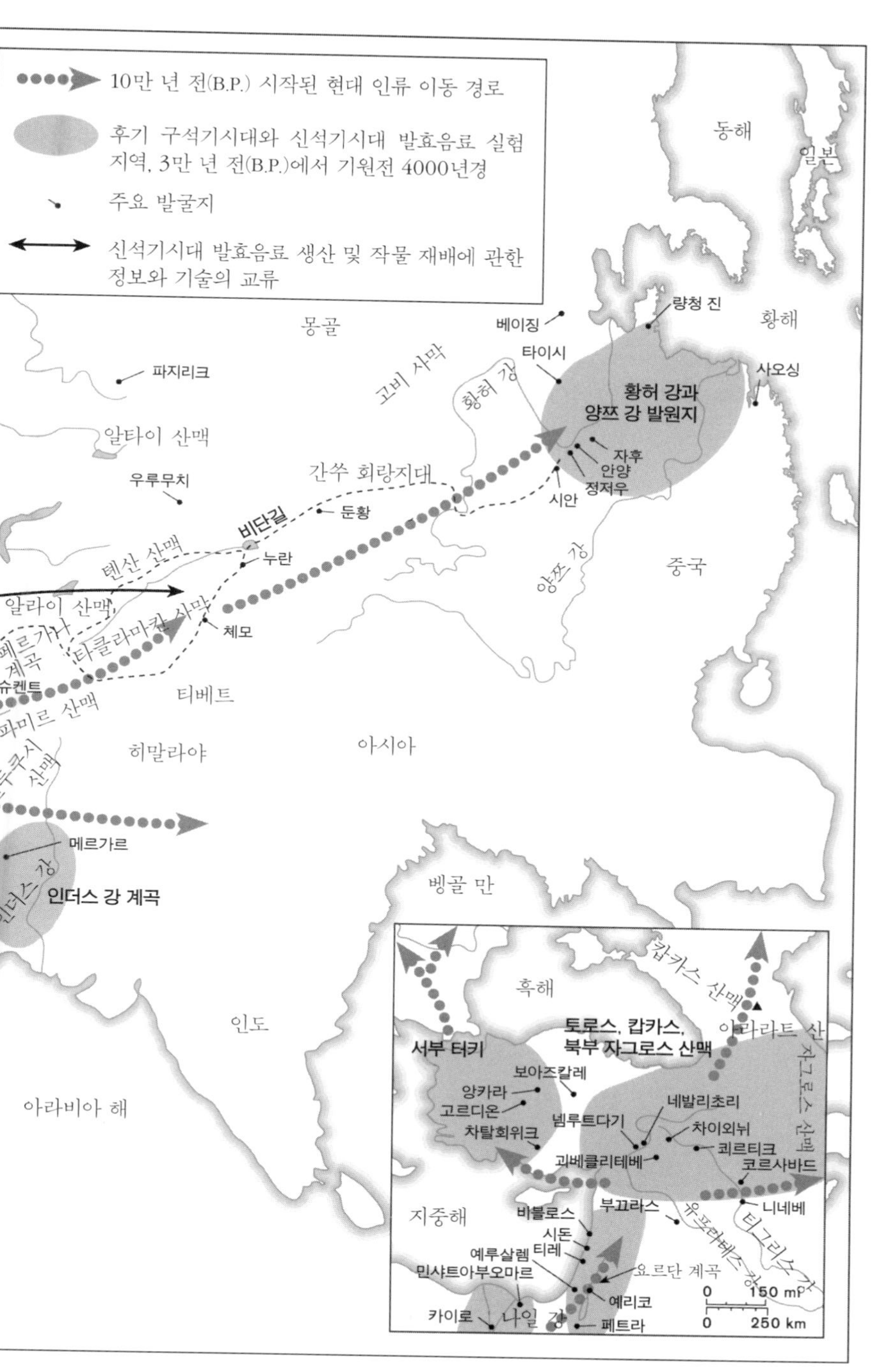

10만 년 전(B.P.) 시작된 현대 인류 이동 경로
후기 구석기시대와 신석기시대 발효음료 실험 지역, 3만 년 전(B.P.)에서 기원전 4000년경
주요 발굴지
신석기시대 발효음료 생산 및 작물 재배에 관한 정보와 기술의 교류
동해
일본
황해
몽골
베이징
량청 진
타이시
사오싱
고비 사막
황허 강
황허 강과
양쯔 강 발원지
자후
안양
정저우
시안
파지리크
알타이 산맥
우루무치
간쑤 회랑지대
둔황
비단길
톈산 산맥
누란
양쯔 강
중국
알라이 산맥
페르가나 계곡
타클라마칸 사막
체모
슈켄트
파미르 산맥
티베트
히말라야
아시아
힌두쿠시 산맥
메르가르
인더스 강
인더스 강 계곡
벵골 만
인도
아라비아 해
흑해
캅카스 산맥
토로스, 캅카스,
북부 자그로스 산맥
아라라트 산
서부 터키
자그로스 산맥
보아즈칼레
앙카라
고르디온
넴루트다기
네발리초리
차이외뉘
차탈회위크
쾨르티크
괴베클리테베
코르사바드
지중해
바블로스
부끄라스
니네베
유프라테스 강
티그리스 강
시돈
티레
예루살렘
민샤트아부오마르
요르단 계곡
예리코
카이로
나일 강
페트라
0 150 mi
0 250 km

지도 1. 유리시아 전역에서의 발효음료 제조법 확산 경로. 발효음료는 인류가 10만 년 전(B.P.) 아프리카 밖으로 나와 활동하던 시기에 만들어졌다. 해당 지역에서 잘 자라며 재배 가능한 식물(예를 들면 서북부 유럽에서는 덩굴월귤)에 따라 술은 보리, 밀, 포도, 대추야자, 기타 곡물과 과일 등으로 제조되었다. 최초의 음료는 향초, 나뭇진, "약효가 있는" 성분(예를 들어 유라시아 초원에서는 마황이 첨가되었다)을 혼합한 "그로그주" 형태였다.

카의 한 여자 조상에게서 기원한다는 이브의 가설처럼 포도 재배와 와인 제조가 한곳에서 비롯되었다는 가설이다. 대홍수 이후 노아가 재배를 시작했다는 내용을 담고 있다](제3장 참고)에 따르면, 와인이 빠르게 식초(아세트산)로 변하는 것을 막는 믿음직한 방법을 개발하고 야생유라시안포도나무를 실제로 재배하기 시작한 것은 그보다 꽤 오랜 시간이 지나서였다. 산화방지 효과를 지닌 나뭇진은 일찍이 우연히 발견되었을지도 모르지만, 이는 불가피한 변질을 단지 며칠 정도 늦출 수 있을 뿐이었다. 좀더 현명한 방책은 변질되기 전에 맛좋은 술을 마구 마셔대는 것뿐이었다.

우리 조상들은 술과 관련된 유사한 경험을 여러 장소에서 여러 차례 했던 것이 분명하다. 포도는 많은 발효 과일 중에 그저 한 가지였다. 약 10만 년 전 인류가 전 세계로 퍼져나가기 시작한 현대 인류(호모 사피엔스Homo Sapiens)의 발상지 사하라 사막 이남 아프리카에서 최초로 발효된 음료는 아마도 무화과나 바오바브나무열매, 혹은 단맛이 나는 박으로 만들어졌을 것이다. 무게에 따라 60~80퍼센트의 단당류(과당과 포도당)로 구성된 꿀은 술의 재료로 대단히 인기 있었던 듯하다. 온화한 기후에 서식하는 벌은 적어도 백악기부터 꿀을 대량 생산했으며, 인간을 포함한 많은 동물은 벌집에서 달콤한 꿀을 훔치기 위해 성난 벌의 공격 위험을 무릅썼다.

로저 모스는 내 가족의 오랜 친구로 코넬대 전직 교수이자 꿀벌 전문가다. 그는 꿀이 세계 최초로 만들어진 알코올음료의 주요 성분임이 틀림없다고 주장하곤 했다. 벌이 밀랍과 꿀을 채워놓은 죽은 나무에 구멍이 하나 있다고 생각해보자. 어느 날 나무가 쓰러지고 그 구멍은 폭우에 노출된다. 저장돼 있던 꿀이 일단 30퍼센트의 꿀과 70퍼센트의 물의 비율로 희석되면 높은 당도에서 살아남는 것에 잘 적응한 효모들은 발효를 시작하고 벌꿀주가 생산될 것이다. 여기에 오랫동안 그 벌집을 관찰하고 있던 조상 한 명이 등장한다. 그녀는 곧바로 그 구멍으로 가서 맛을 보았고, 이기적인 성격이 아니라면, 동료를 불러 알코올 성분이 담긴 축하주를 같이 즐길 것이다.

이처럼 여러 편의 시나리오를 상상할 수 있다. 우리가 인류사회에 관해 알고 있는 것, 인류의 두뇌에 대한 생물학과 개인적인 경험에 기초했을 때, 이 모든 시나리오가 그럴듯해 보이긴 한다. 그러나 구석기시대 가설의 가장 중요한 문제는 이를 증명할 수 없다는 점이다. 구석기시대에 만들어진 용기는 돌로 만들어진 것조차 발견된 적이 없다. 나무, 풀, 가죽, 박으로 만들어진 물건들은 분해되어 사라졌다. 구석기시대의 알코올음료를 화학적으로 감지하기 위해서는 그 시기 술이 만들어졌을 법한 주거지 근처 바위틈으로 흡수됐을 성분을 추출하는 방법이 유일하다.

그럼에도 고고학적 기록에서 몇몇 흥미를 끄는 단서는 구석기시대 가설이 완전히 엉뚱한 것이 아님을 보여준다. 예를 들어, 최초로 인간을 예술적으로 표현한 일부 작품들은 가슴을 드러낸, 큰 엉덩이를 가진 여성을 묘사하고 있으며, 이는 성적인 특성과 출산과의 명백한 연관성 때문에 비너스라고 불린다. 구석기시대 벽화가 풍부한 라스코 동굴cave of Lascaux로부터 그다지 멀지 않은 프랑스 도르도뉴Dordogne의 로셀Laussel 절벽에 약 2만 년 전(B.P.)에 새겨진 비너스는 특히나 자극적이다.(화보 2 참고) 머리가 긴 미녀는 한 손을 임신한 배 위에 올려놓은 채, 다른 손으로 술을 담는 뿔처럼 생긴 물건을 붙들고 있다. 반면에 이것을 악기(하지만 왜 뿔의 좁은 끝부분이 그녀의 입에서 먼 방향을 가리키고 있을까?)나 여성을 나타내는 달의 상징(하지만 당신은 들소의 뿔이 남성스러움이나 사냥 기량을 나타낸다는 것을 쉽게 추론할 수 있다)이라고 다르게 보는 사람들도 있다.

그 물건을 술을 담는 뿔로 인식하게 된 것은 훗날 이 지역의 켈트족 왕자들이 자신들의 음주 능력을 화려한 뿔로 과시하려 했던 경향과 일맥상통한다. 비너스가 자리잡은, 광활한 협곡이 내려다보이는 야외의 얕은 동굴은 사람들이 한데 모여 근처(보르도의 유명한 와인 생산지는 이 동굴에서 100킬로미터밖에 떨어져 있지 않다)에서 자라는 야생딸기나 저장해둔 꿀로 만든 술을 마시고 인생을 즐기기에 안성맞춤이었을 것이다. 붉은 황토로 두드러지게 채색된 그녀의 가슴과 배는 성적 특성과 다산성을 더욱 강조한다. 이후 예술에서, 포도로 빚은 와인과 신세계[남북아메리카 대륙]의 초콜릿음료 등을 포함한 알코올음료는 생명의 모체라고 할 수 있는 피를 상징하는 빨간색으로 종종 표현되었다.

비록 로셀의 비너스가 뿔을 불고 있는 것이 아니라 술을 마시고 있는 것일지라도, 초기 인류가 술을 마실 때 음악을 만들었을 것이라는 짐작은 충분히 가능해 보인다. 고고학자들은 독일 남부에 위치한 동굴 가이센클뢰스테를레Geissenklösterle에서 매머드의 상아와 큰고니의 날개뼈로 만들어진, 구멍이 적어도 세 개 뚫린 피리flute 파편 세 조각을 발견했다. 그 구멍은 경사지게 뚫려 있었는데, 이는 한 쪽 끝에서 반대편으로 곧장 바람을 불어내는 방식이 아니라 현대 플루트처럼 입술의 압력이나 입술을 대는 법에 변화를 주어 바람이 구멍 중 하나를 거치는 방식으로 연주되었다는 것을 보여준다. 이 피리를 부는 동안 한 개나 그 이상의 구멍을 닫는 운지법으로 다양한 음정, 아마도 옥타브까지 구현할 수 있었을 것이다.

기원전 7000년쯤 중국에서는 신석기시대 사람들이 두루미(제2장 참고)의 특정 뼈로 악기 비슷한 것을 만들었다. 비록 시간적으로 3만 년이나 떨어져 있지만 두루미와 큰고니의 뼈를 선택한 것은 다분히 의도적이었던 듯하다. 왜냐하면 이 새들은 몸을 굽혀 뛰어올라 날개를 펴는 복잡한 짝짓기춤과 듣기 좋은 음색을 내는 것으로 유명하기 때문이다. 이 새들의 울음소리와 지저귐으로 인한 불협화음은 술기운이 가득한 사교 파티처럼 밤새 지속된다.

특히 큰 무리가 봄과 가을 이주 시기에 이동할 때 이 새들이 시골 하늘 높이 극적으로 비행하는 광경은 초기 인류의 상상력을 사로잡았을 것이다. 요르단에서 발굴 작업을 하고 있을 때 누군가가 "황새들이다!" 하고 소리쳤던 기억이 있다. 검은 날개 때문에 그들의 흰 몸은 파란 하늘을 배경으로 무척 돋보였고, 그들이 살아가고 있는 세계가 경이롭게 느껴졌다.

가이센클뢰스테를레의 피리는 홀로 떨어진 존재가 아니다. 1만 년 뒤 사람들은 프랑스 피레네 산맥 기슭에 있는 이스튀리츠Isturitz 동굴에서 피리를 오케스트라급으로 연주했다. 빙하기 유럽 여러 지역 중 예술작품이 가장 많이 누적된 곳으로 생각되는 이곳에서 독수리 날개뼈로 만들어진 피리가 지금까지 스무 점이나 발견됐다. 각각의 피리에는 네 개의 구멍이 뚫려 있었는데 구멍 하나는 다른 구멍들에서 꽤 멀리 떨어져 있었다. 독수리의 짝짓기 의식은 그렇게 시끄럽지 않다. 짝을 맺어 평생을 함께하게 될 암수 한 쌍의 높고도 지루한 선회비행은 초기 인류에게 깊은 인상을 남겼을 것이다.

꿈나라로 들어가기

치솟으며 날아오르는 새의 비행은 프랑스와 스페인 북부 선사시대 동굴에 그려진 엄청나게 큰 예술작품들과는 거리가 멀다. 초기 인류에게 하늘은 가닿을 수 없는 세계였지만, 땅속 역시 신비스럽기는 마찬가지였다. 동물성 지방으로 만든 램프의 빛에 의지한 채 석기시대 예술가들은 까맣고 붉게 채색된 동물, 대개는 들소, 사자, 매머드, 커다란 사냥감들이 사는 낙원을 그리기 위해 벽을 기어오르고 외진 틈에 도달했다. 그림 속의 동물들은 너무나 생동감 있게 표현되어 있어서 금방이라도 돌에서 뛰어나올 것처럼 보인다.

아내와 함께 프랑스 안내인을 뒤따라 레제지Les Eysies 근처에 있는 퐁드곰Font de Gaume 동굴의 좁고 꼬불꼬불한 복도를 통과할 때 나는 이 지하세계에서 흥미롭고 경이로운 일을 경험했다. 동굴을 통과하려고 허리를 굽힌 순간 인류가 세계를 이해하려는 최초의 시도를 했던 때로 돌아간 듯한 착각이 일었다. 안내인의 손전등에서 나오는 희미한 불빛이 벽에 새겨져 있는 채색된 동물들을 비추었다. 동굴의 깜깜한 어둠 속에 잠겨 있던 들소, 사슴, 늑대가 불빛에 드러났을 때, 우리는 숲이 무성하게 우거진 도르도뉴 계곡의 동물들을 표현한 당시 예술가의 솜씨에 깜짝 놀랄 수밖에 없었다.

그 사실적인 현장은 붉은 황토로 그려진 기하학적인 조형 무늬(물방울 모양, 발굽 모양, 평행선으로 채워진 원과 사각형, 갈매기 모양, 소용돌이 원 모양)로 이루어져 있었다. 쿠냑Cougnac의 동굴에는 황토 더미 잔여물이 여전히 남아 있는데, 황토는 분명 스텐실 기법으로 밑그림을 그리는 데 사용됐거나 손으로 문질러 안료로 바꾸어서 벽에 그림을 찍어내는 데 사용됐을 것이다.

이 빙하기 동굴에서 어떤 일이 일어났던 것일까? 더 편하고, 더 따뜻한 거처가 동굴 근처 땅 위에 존재했던 것으로 보아 동굴이 일상적인 주거지였을 가능성은 거의 없다. 이따금 동굴에서 발견되는 사람 형상을 한 얼굴과 나체상에서 그 답을 찾을 수 있다. 사람 머리에는 뿔 장식이나 동물의 갈기 같은 풍성한 머리카락이 달려 있다. 얼굴은 웃음을 터뜨릴 것처럼 보이고, 성기는 어둠 속에서 곧게 뻗어 있다.

가장 놀랄 만한 의인화 예술의 예는 레트루아프레르Les Trois Frères 동굴 내부에서 볼 수 있다. 이것은 성역Sanctuary이라 불리는 거대한 지하실에서 발견됐는데, 1만3000여 년 전(B.P.) 빙하시대 말기의 것으로 추정된다. 구석기시대 예술가들은 이 작품을 완성하기 위해 동굴 바닥으로부터 4미터 위에 툭 튀어나온 아슬아슬한 바위 위에서 몸을 비틀며 벽화를 그려야 했다. 그 결과 인간과 동물이 묘하게 조합된, 길이 1미터 정도의 깜짝 놀랄 만한 작품이 탄생했다. 턱수염이 나 있고 올빼미를 연상시키는 얼굴 위에 여러 갈래로 뻗은 사슴뿔이 얹혀 있다. 토끼나 고양잇과 동물의 앞발처럼 두 다리는 앞으로 쭉 뻗었고 뒤에는 말꼬리가 길게 나부낀다. 이 형상은 춤추듯

발을 구르거나 뛰어오르고 있는 것처럼 보인다. 노출된 성기를 봐서도 하반신은 확실히 인간이지만 그 외의 모습은 우리를 혼란스럽게 만든다. 이 커다란 예술적 조합물은 그 아래에 그려진 우르르 몰려가는 야생동물, 야행성 올빼미 같은 다양한 생명체들을 꼭대기에서 감독하는 듯하다. 또는 "그것"이 내려다보고 있기 때문에 모든 것이 괜찮다고 안심시키려는 것 같기도 하다.

마법사Sorcerer, 뿔 달린 신Horned God, 동물수호자Animal Master처럼 레트루아프레르 동굴의 수수께끼 같은 형상을 설명하기 위해 사용되는 이름은 그 그림에 대한 가장 확실한 해석을 제시한다. 아마존 정글, 남아프리카와 호주의 사막, 북쪽의 툰드라 지방 사람들은 중심이 되는 종교적 인물이나 샤먼, 혹은 그와 비슷한 종교지도자가 지배하는 집단에 모여들어 함께 살았다. 현대과학과 세속적 관점으로 무장한 서양의 관찰자들은 그들을 그저 허풍선이, 주술사, 치료주술사medicine men 정도로 치부해버리는 경향이 있다. 그러나 인류 초기 역사에서 그들은 최초로 자연과 정신의 힘을 이해하려고 노력한 사람일 수도 있다.

석기시대 동굴에서 행해진 활동을 설명하는 문어 혹은 구어로 된 언급이 없다 하더라도, 동굴 안에서 일련의 행위들을 조정하는 사람들은 틀림없이 가장 섬세한 예술가, 음악가, 몽상가였을 것이며, 또한 그 집단의 우두머리는 발효음료를 마실 수 있었을 거라고 생각해볼 수 있다. 로셀의 비너스 같은 여자는 인간 뇌에 숨겨진 자질을 드러내고, 질병을 고치고, 성공적인 사냥을 보장하는 신비의 약을 만드는 일을 전담했을 것이다. 전통사회에서는 장례를 행하고, 죽은 자를 추모하고, 통과의례를 치르고, 상서로운 자연현상을 극

그림 2. 프랑스 피레네 레트루아프레르 동굴의 성역에서 발견된 "마법사", "뿔 달린 신", "동물수호자". 빙하시대 말기인 약 1만3000년 전의 것으로 보인다. 이러한 샤먼과 같은 인물이 최초의 발효음료를 그들 사회에 차려낸 예술적 혁신가의 원조라고 설명할 수도 있을 것이다.

복하기 위해 제사를 지내고, 사회적 모임을 하는 등 의식에 필요한 술을 빚기 위해 과일, 꿀, 약초를 모으는 일을 일반적으로 여자들이 담당했다. 아마 구석기시대에는 동굴벽화가 완성된 것을 축하하는 의식도 치러졌을 것이다.

이러한 예술품과 어두운 동굴 속 환경을 통해 석기시대에 행해진 의식의 또 다른 요소들을 조심스럽게 추측할 수 있다. 프랑스 동굴 탐험가들은 석기시대 인간의 비범한 청각을 자극하는 요소, 특히 뼈로 석순과 종유석을 두드렸을 때 발생하는 메아리에 주목했다. 대규모 집단(벽에 있는 지문 덕에 그들의 현재가 후대에까지 남았다)은 소리교향곡을 만들어냈을 수도 있다. 새사슴 탈을 쓴 마법사는 즉흥적으로든 연출을 통해서든 음악의 리듬에 맞춰 발을 굴렀을 것이다. 그녀는 라스코 동굴 벽에 그려진 새머리 샤먼 옆에서 막대기에 장착된 새 모양의 특별한 상징물을 쳐들어올림으로써 행위를 과장해 보여줬을 수도 있다.

구석기시대 의식에서는 음악 반주로 뼈를 두드렸을 수도 있다. 우크라이나 서부 평야에 위치한 메진Mezin에서 2만 년 전(B.P.)에 매머드뼈로 만들어진 집이 발견되었다. 이를 발굴한 학자들은 두 개의 상아 딸랑이와 함께 바닥에 한데 모여 있던 뼈가 타악기일 거라고 주장했다. 그것은 황토로 칠해진 어깨뼈, 두개골 등이었다. 이들은 자신의 이론을 증명하기 위해 석기시대 오케스트라The Stone Age Orchestra라는 밴드를 만들어 실제로 연주했고 그 수준 또한 인정할 만했다. 그러나 동굴 안에 있는 석회암으로 이루어진 "오르간organ"을 두드려 나는 음만큼 인상적일 것 같진 않다.

야생동물 작품에 산재한 붉은 물방울 모양, 소용돌이 원 모양, 그 외 다른 디자인들은 신석기시대 샤머니즘 문화에 대한 논쟁을 불러일으켰다. 데이비드 루이스 윌리엄스와 같은 연구자들에 따르면, 반복된 디자인은 의식 변성으로 인한 내시內視 현상[눈의 내부에 있는 것을 보는 시각 현상] 또는 착시 현상을 표현한 것이라고 한다. 감각 손상, 과도한 집중, 음악을 연주하고 춤을 추는 반복 활동 등이 우리 뇌에서 그러한 시각적 이미지의 기하학적 교차를 만들어낼 수 있다는 것이다. 그러나 의식을 혼미하게 하는 가장 직접적인 원인은 향정신성 약물이고, 초기 인류가 이용할 수 있었던 모든 향정신성 약물 가운데 술은 단연코 인간에게 가장 용이하고 가장 적합한 것이었다. 술로 인한 초기의 자극적인 효과에 뒤이어, 술을 마신 자들은 착시 따위의 시각 현상을 겪기 시작했을 것이고, 아마도 절정의 환각 상태에서 그 의미를 이해하려 몸부림쳤을 것이다.

혹자는 초기 인류에게 일어난 이러한 향정신성 작용이 알코올을 마시게 된 강력한 원인이라는 가설에 의문을 제기할지도 모른다. 그러나 신비주의자뿐만 아니라 우리 모두 매일 밤 꿈에서 시각적 현상과 환각적 경험을 만들어내며, 우리 삶의 3분의 1은 거의 잠으로 소비된다. 우리는 꿈을 무시할지 혹은 깨어 있는 경험의 한 부분으로 여길지 선택할 수 있다. 그러나 때로 꿈은 우리를 공포에 떨게 만들기도 한다. 꿈은 우리에게 영감을 주기도 하며 세상의 수수께끼를 밝혀낼 만한 이미지와 아이디어를 우연하게 가져다주기도 한다. 예를 들어 화학자 프리드리히 케쿨레는 꿈속에서 벤젠의 고리 구조를 발견했다. 그는 몸을 비트는 뱀을 보았다. 그중 한 마리가 자신의 꼬리를 물고 고리를 만들었다. 그는 답을 모른 채 잠이 들어서는 해결 방법을 얻어서 깨어났다.

꿈속에서 주마등처럼 스쳐 지나가는 장면들은 아주 부드럽고 좋은 느낌을 떠올리게 할 수 있다. 우리는 인간으로 변한 동물을 상상할 수도 있고, 마치 연극 공연을 하듯 관객 입장에서 우리 스스로를 볼 수 있으며, 하늘을 날거나 구덩이로 빠지는 경험을 할 수도 있다. 석기시대의 어두운 동굴 속 벽화들은 현실세계의 삼차원을 재연하는 꿈속 이미지와 밤의 어둠에서도 생생한 빛을 발하는 환상과 매우 유사하다. 알코올음료를 마심으로써 더욱 고조된 동굴의 정적은 감수성 강한 인간의 상상력을 키웠을지도 모른다. 바로 이 사람들이 자신의 내면과 바깥세계를 이차원적 예술로 표현했던 것이다. 샤먼과 공동체는 현세에서의 안녕과 내세의 풍요로움을 약속하는 중요한 의식을 거행할 수 있었다.

구석기시대의 동굴벽화 창작은 다른 수많은 바티칸 로마교황의 예배당이 그랬듯이 그 당시에도 기념비적인 작업이었던 것으로 보인다. 특히 칠흑같이 새까맣고 접근이 거의 불가능한 곳에서 극도의 한정된 기술로 벽화를 완성해야 한다는 것을 감안한다면 말이다. 내세의 삶을 위해 많은 시간과 에너지를 쏟아붓는 이유가 오늘날이라고 해서 달라지지는 않았다. 호모 사피엔스, 즉 현생 인류는 공동체를 융합시키는 사회적 의례·의식과 자연의 활동을 상징하는 예술작품, 인간의 경험에 의미와 일관성을 부여하는 종교의식을 필요로 한다. 발효음료 또는 마취성 약물은 이러한 경험을 강화하고 혁신적인 생각을 하도록 자극한다. 구석기시대 사람들은 의식을 혼미하게 하는 알코올음료와 다른 기법에 의해 한껏 고양된 기념 의식을, 건강을 약속하고 보이지 않는 조상의 영혼과 또 다른 영혼을 달래고, 위험을 경고하고 미래를 예언하는 행사로 간주했다.

노래와 춤

우리는 인류가 언제 처음으로 "와인, 여자, 노래"—여기에 종교, 언어, 춤, 예술을 덧붙이고 싶다—에 전반적인 관심을 갖게 되었는지 알지 못한다. 인류가 전 세계로 여행하기 시작한 때와 거의 동일한 시기인 10만 년 전(B.P.)쯤, 사하라 사막 이남의 아프리카에 새로우면서도 상징적인 의식이 생겨날 만한 희미한 기척이 있었다. 남아프리카의 보더Border 동굴과 클라시스 강Klasies River Mouth 동굴에서 황토 분말과 장신구로 꿰어졌을 법한 구멍 뚫린 조개껍데기가 발견됐다. 이는 이성을 유혹하기 위해서든 허영심을 채우기 위해서든 혹은 조상이나 신의 도움을 기원하기 위해서든 당시 사람들이 스스로를 매력적으로 꾸미는 데 관심이 있었다는 것을 말해준다. 보더 동굴의 소년 해골은 온통 안료를 뒤집어쓰고 있었다. 조상들이 고수해온 풍습은 그들과 함께 이스라엘 카르멜 산Mount Carmel(스쿨Skhul 동굴과 카프제Qafzeh 동굴)과 구세계로 퍼져나갔던 것 같다. 원숭이와 영장류는 서로 털을 골라주기는 해도 자신을 의도적으로 꾸미지는 않는 것으로 알려져 있다. 만약 초기 인류가 개인적으로 외모를 꾸미고 있었다면, 아마도 그들은 서로 의사소통하기 위해 임의의 음성이나 손짓을 이미 사용하고 있었을 것이다. 유럽에서 동굴벽화가 그려지던 시기는 확실히 인류의 인지능력과 상징능력이 비약적으로 발전한 때다.

초기 인류의 창의성은 지금으로부터 약 10만 년 전(B.P.), 잠비아의 뭄브와Mumbwa 동굴에서 불을 담고 조절하는 데 쓰인 석곽石槨 화로에 아주 잘 반영되어 있다. 이러한 지식은 우리 조상들이 추운 지방으로 뻗어나갈 때 큰 도움이 되었다. 콩고 카탄다Katanda의 뼈로 만든 복잡한 작살과 클라시스 강 동굴의 정교한 세석기細石器(특수 용도로 제작된 작고 뾰족한 석기)는 얼마 지나지 않아 인기 있는 도구가 되었다.

그러나 고고학은 사람들이 새롭고 도전적인 환경에 처하게 되었을 때 두뇌가 어떻게 변화하고 적응했는지 알려주지 못한다. 고대 인류의 두개골 안쪽을 떠낸 틀이나 석고 모형을 보면 사람의 대뇌피질은 이미 10만 년 전(B.P.)에 확실하게 현대적이었음을 알 수 있다. 일부 연구가들은 현대 인류의 뇌 속에 브로카 영역Broca's area이 있다는 증거를 찾아냈다. 브로카 영역은 좌반구 하측 전두엽 세 번째 주름으로 언어능력과 음악을 만드는 몇 가지 부문에 필수적인 역할을 하는 곳이다.

언어의 처리, 구사 능력을 습득하는 데에는 유전학적·생물학적·사회적인 변화 간의 상호의존적인 집합이 필요하다. 직립보행 자세 덕에 중요한 발성기관인 후두가 목구멍 아랫부분에 위치하게 됐고 그 결과 다양한 소리를 내기에 이르렀다. 두개골 화석에서 더 큰 혀밑신경관을 볼 수 있듯이, 혀는 신경을 더 많이 공급받을 수 있었다. 또한 횡격막 수축을 관장하는 흉부신경관도 확장되었는데, 이로 인해 공기 유입량과 소리를 더욱더 잘 조절할 수 있었다. 브로카 영역과 베르니케 영역Wernicke's area 같은 뇌 속의 새로운 모듈은 뇌의 중심부에 통합되거나 추가되어 감정적인 반응과 사고의 발달을 이끈다. 예를 들어 브로카 영역에는 거울 뉴런이 포함되어 있다. 거울이라는 단어가 의미하는 바와 같이, 이 뉴런은 우리가 목격하는 어떤 움직임이든 전부 기록하고 그 행동을 모방하기 위해 마치 사진처럼 다시 기록을 불러낸다. 이것은 말을 하는 데 필요한 안면과 혀의 움직임을 조정하는 데에도 필수적인 기능이다. 인간의 언어에 영향을 준 마지막 발걸음은 FOXP2라 불리는 유전자의 아주 작은 변화였다. 동물세계에서 폭넓게 이루어지는 이 유전자 변이는 언어능력을 위해 꼭 필요한 혀와 입술의 운동 조절능력을 향상시켰다.

언어는 우리에게 생각을 분명히 표현하는 능력을 제공한다. 많은 사고가, 놈 촘스키에 의해 대중적인 전문용어가 된 "논리형식logical form"으로서, 인간의 의식 하부에 놓여 있다고 여겨진다. 이러한 사고들을 표면으로 끌어올림으로써, 즉 단어로서 의미를 부여받은 자의적인 음성을 연속적으로 표현함으로써 그것들은 기억과 의식 속에 자리잡는 것이다.

언어 이해와 언어 산출을 관장하는 뇌의 영역들을 두루 활용하는 음악은 언어의 선구자적 역할을 했을 것이다. 언어와 마찬가지로 음악은 위계조직적이고 상당히 상징적이며 우리 몸 형태는 음악을 구사하기에 적합하다. 우리는 억양, 속도, 특정 음성에 대한 강도를 변화시켜가며 감정을 나눌 수 있다. 발을 가볍게 두드려 박자를 맞추거나 라인댄스를 춤으로써 몸을 흔들며 동료와 공동체의식을 공유할 수 있다. 오늘날 음악에, 진화생물학자 스티븐 핑커의 "귀로 듣는 치즈케이크auditory cheesecake"[치즈케이크를 먹는 것이 인류의 생존을 위해 필수적인 것이 아니듯이 음악도 단순한 지각작용일 뿐이라는 주장] 이상의 중요한 의미가 있다는 데 이의를 제기할 사람은 없다. 출퇴근하는 사람이 끼고 있는 아이팟iPod 이어폰 밖으로 새어나오는 음악소리에서부터 최근의 로큰롤 가수에 대한 일상적인 가벼운 농담에 이르기까지, 음악은 현대 인류 문화에서 지천에 널려 있다. 당신은 심지어 섹스, 마약, 로큰롤이 지금처럼 훌륭했던 시절은 없었다고 말할 것이다.

음악이 개인적으로 우리에게 어떻게 영향을 미치는지 생각해보려 한다면 음악이 삶에서 얼마나 중심적인 역할을 하는지, 또 어떻게 조상의 문화에서 한 부분을 차지하게 되었는지 알아야 한다. 의

도적으로 정의한 음률에 따라 각각의 소리를 결합하고 정리함으로써 초기 인류는 첫 번째 종류의 보편언어를 만들었을 것이다. 리듬을 갖춘 음조의 의미는 단어를 사용하는 언어의 의미보다는 부정확하지만, 몇 가지 측면에서는 더 접근하기 쉽다. 예를 들어 한 문화권에서 만들어진 음악은 다른 문화권에서도 어느 정도 이해하고 감상할 수 있다. 우리는 음악을 들을 때 의식적이든 무의식적이든 음악이 지향하는 바와 뜻하는 바를 포함한 감정적 의미를 직감으로 알아내려고 노력한다. 삶이 어디를 향해 가고 있는지 짐작하거나 미래를 예측해보고자 할 때와 마찬가지로 음악은 감정의 중심 부분을 관장하는 대뇌변연계를 자극한다.

감정은 이성적 사고만큼이나 우리 삶에서 중요한 역할을 한다. 행복, 슬픔, 걱정, 분노 혹은 음식이나 음료, 사람, 환경에 대한 역겨움 등은 종종 생각을 동반하지도 않고 그 즉시 우리를 자극해 행동을 이끌어낸다. 흥분은 인내를 낳지만(우리는 틀림없이 올바른 방향으로 가고 있다!) 좌절이나 절망은 우리가 잘못된 방향으로 가고 있다는 것과 접근법을 수정하거나 전적으로 멈추어야 할 필요가 있다는 것을 암시한다. 「스타 트렉」의 스팍은 여러 각도에서 하나의 문제만을 심사숙고한다. 하지만 구석기시대의 사냥꾼이나 현대의 부동산 소유자는 더 빨리 행동해야만 한다. 사바나 덤불에서 나뭇가지가 날카로운 소리를 내며 부러지거나 어둡고 사람이 없는 거리에서 자신을 바짝 뒤따르는 발자국 소리를 들었을 때, 감정은 위험에서 벗어나고자 뇌와 신체를 전시체제로 전환한다. 그 소리는 그저 의미 없는 소음에 불과할 수도 있다. 그러나 그 소리를 기억 속 음성 및 음질과 비교함으로써 사자가 뛸 준비가 되었다거나 도둑이 점점 다가온다는 것을 추론할 수 있다.

생물학적으로 인간과 가장 유사한 유인원과 침팬지 역시 음악에 익숙하다. 동남아시아 열대우림에 서식하는 긴팔원숭이Gibbon가 최상의 음악무대에 올랐다. 이들 12종 중에 일생을 함께하고자 짝을 지은 암수 10종은 이중창을 선보인다. 이는 자신들의 영역을 방어하고 결혼을 공표하려는 의도처럼 보인다. 정교하고 리드미컬한 연속음인 암컷의 "대단한 구애great call"는 6~8분간 지속될 수 있다. 울음소리가 계속될수록 속도와 음높이는 고조된다. 수컷은 암컷이 대단한 공연을 펼치는 동안 노래를 하지 않는다. 그러나 암컷의 공연이 끝나면 수컷은 레시터티브recitative[오페라나 종교극 따위에서 대사를 말하듯이 노래하는 형식]나 코다coda[한 악곡이나 악장 가운데 큰 단락의 끝에 끝맺는 느낌을 강조하기 위하여 덧붙이는 악구] 같은 노래로 공연을 이어나간다. 수컷은 짧은 노래들로 공연을 끝맺는 자신만의 레퍼토리도 갖고 있다.

이제 감정, 음악, 상징체계가 초기 인류의 생존에 주는 이점에 관한 가설을 자세히 세울 수 있다. 우리가 규칙적으로 관찰한 여러 동물 가운데 새는 음악의 유래와 기능에 관해 알려주는 바가 제일 많다. 어느 날 아침, 나는 필라델피아 외곽의 울창한 숲 속에서 중앙아메리카에서 날아온 개똥지빠귀의 쾌활하고 타자기 같은 울음소리를 들었다. 신열대구에서 건너온 또 다른 철새 검은목휘파람새black-throated blue warbler는 날카롭고 점점 고조되는 울음소리를 냈다. 원래 이 지역에 거주하는 댕기박새tufted titmice는 이 소리에 지지 않으려고 "피터Peter, 피터, 피터" 하며 끈질기고도 단조로운 똑같은 소리로 울어댔다. 이런 소음 속에서도 자신만의 특유한 음조로 종種이 같은 새들끼리는 어떻게든 의사소통을 했다.

내 아내 도리스는 조류 표지사bird bander[새의 이동 경로, 생태, 수명 등을 조사하기 위해 새의 다리나 날개에 표지를 붙여 개체를 식별하는 사람]로, 한때 뉴저지 남쪽 습지에서 노랑머리버들솔새prothonotary warblers의 개별 울음소리를 녹음하는 프로젝트를 진행했다. 이 종은 번식기에 오직 수컷만이 노래를 불러댄다. 이 프로젝트의 목적은 각각의 새가 자신만의 노래를 가지고 있는지 알아내는 것이었다. 노래를 녹음해서 그 주파수와 우는 시기를 분석한 결과, 실제로 새들이 각기 다른 노래를 부른다는 사실이 밝혀졌다. 어린 새는 나이가 많은 새에게 노래 재료를 얻고, 평생 변하지 않는 고유한 음색과 구절이 녹아든 표현형식을 만든다. 노래를 녹음했으므로 아내는 더 이상 같은 새들이 해마다 뉴저지의 같은 장소로 돌아오는지 확인하고자 쌍안경을 사용할 필요가 없었다. 몇 달 동안 날씨가 찼던 4월 어느 아침에 수컷 한 마리(다리에 노란 밴드가 두 줄 감겨 있어 옐로옐로Yellow-Yellow라고 이름 붙였다)의 꽤 독특한 두 박자 울음소리를 듣는 것은 정말 기분 좋은 일이었다.

우리는 새들이 노래할 때 그들이 어떤 감정을 느끼는지 알지 못한다. 하지만 새들이 내는 여러 울음소리의 주된 목적이 이성을 끌어당기려는 것임은 의심의 여지가 없다. 암컷은 옐로옐로가 울어대는 것을 들으면 그 새가 자기 종임을 확신할 수 있다. 특별한 울음소리와 훌륭한 노란색 깃털은 그 수컷이 좋은 유전자를 지니고 있으며 주위의 어떤 경쟁자들과도 겨룰 수 있다는 것을 보증한다. 공작새의 꽁지깃털도 이와 유사한 신호를 보낸다. 겉보기에 과하고 부담스러운 이 이상한 꽁지깃털은 짝짓기 과정에서 암컷의 관심을 끌어왔다. 짝짓기에 유리하게끔 깃털을 키우려는 수컷의 노력과 그런 깃털에 대한 암컷의 선호가 상승작용을 일으키면서 이른바 폭주적 진화의 산물로 수컷은 더욱더 야단스럽게 장식된 부속물을 가지게 됐다.

적절한 시기의 행동, 혹은 우리가 종종 춤이라고 부르는 것에 기반을 둔 놀랄 만한 짝짓기 의식이 자연에는 무수히 많다. 은줄표범나비silver washed fritillary butterfly의 성적인 전희는 발레로 설명이 가능하다. 암컷이 공중을 지루하게 떠돌 때, 수컷은 암컷을 유혹하며 주위를 돌다가 특정 시점에 순식간에 접촉한다. 그러고 나서 그 둘은 함께 땅으로 내려와 서로의 특유한 냄새(페로몬)를 마지막으로 확인하며 교미한다. 성공적인 짝짓기를 위해서는 일곱 가지의 공중 기술이 요구된다.

새로운 종합

사하라 사막 이남 아프리카의 초기 인류가 음악과 그 외 다른 예술 형태로 처음으로 감정과 사고를 전달했다면, 알코올음료는 삶의 새로운 상징 방식을 윤택하게 만들었다고 볼 수 있다. 실제로 다양하게 이용 가능한 술은 뇌의 잠재의식에 접근하기 위한 중요한 매체(또 다른 종류의 보편언어)의 역할을 해왔을 것이다. 나는 이미 악기가 주술사의 장사 밑천이라는 것을 알고 있다. 이러한 초기 신비주의자들은 발효음료를 가장 열렬히 마셔대는 사람이었다. 술은 환각을 유도해서 주술사로 하여금 다른 많은 역할을 수행할 수 있도록 했다. 이를테면 그들은 질병을 다스리는 약초를 처방하는 의사였고, 조상들과 눈에 보이지 않는 존재를 불러내는 사제이자, 공동체의 성공과 영속永續을 보증하는 의식을 단속하는 감독관이었다. 그들의 석기시대 제전祭典은 명백하게 성적이었다. 인류가 아프리카에서 떠나온 뒤 사람들이 동굴예술로 표현한 것은 예외 없이 나체이거나 과도하게 큰 성기(피가 쏠려 발기가 되었을 때 인간의 음경이 제 몸 크기에 비해 여타 영장류의 것보다 더 길고 두껍다는 사실에 주목하라)였다.

아마도 가장 중요한 것은 구석기시대 주술사의 지위와 권력이 후계자에게 반드시 이어져야만 했다는 사실일 터이다. 음악적 재능, 언어적 재능, 더 나아가 성적 능력, 영감靈感에 대한 역량은 보통 혈통으로 이어지기 때문에 구석기시대에 주술사의 지위는 세습되었다. 음악적·예술적 능력, 영적 동화력, 술을 마시는 능력 같은 특별한 재능을 의도적으로 선택하는 기준은 시간이 지날수록 강화되었다. 또 이러한 특징은 점차 우리 유전자에 깊이 새겨지게 되었다.

이 책은 최근의 고고학적·과학적 결과물을 토대로 생물 문화의 과거를 해석하는 새로운 틀을 제시한다. 이 책을 통해 전 세계의 발효음료를 찾아 여행하면서 우리가 누구이고, 어떻게 해서 현재 사는 곳에 도착하게 되었는지에 대한 명백한 해답을 얻을 수 있을 것이다. 나는 인간이 뇌에 깊은 영향을 주는 알코올을 마신 것이 구석기시대부터 현재까지 인류 발전을 이끈 원동력이었다고 생각한다. 즉 술의 소비가 자의식, 혁신, 예술, 종교 같은 인류의 독특한 특성을 이끌어냈다는 것이다.

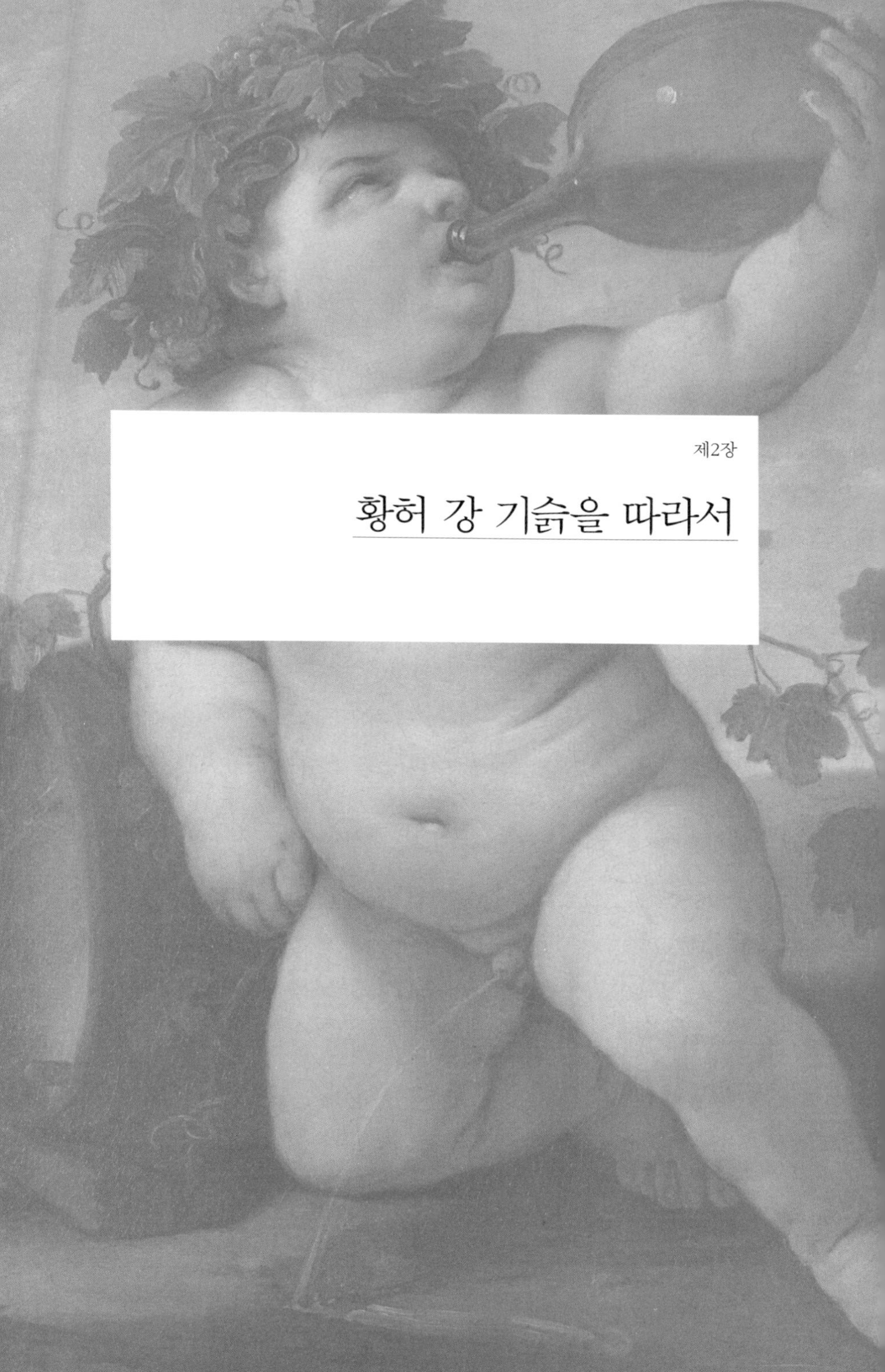

제2장

황허 강 기슭을 따라서

술의 기원을 찾는 연구가 나를 중국으로 이끌 것이라곤 전혀 예상하지 못했다. 나는 20년 넘게 요르단에서 발굴 작업을 감독했고 중동 도처에서 일했다. 1995년에 열린 미국인류학협회 연례회의의 고대도기연구회에 참여했을 때 우연히 중국 여행의 첫걸음을 내디뎠다. 그곳에서 시카고필드박물관에서 일하는 고고학자 앤 언더힐을 만났다. 그녀는 문화대혁명과 그 영향으로 불어닥친 불황기가 지난 뒤 중국 본토에서 탐사를 시작한 최초의 미국인 중 한 명이었다. 언더힐은 근동을 살펴본 내 실험 결과와 마찬가지로 초기 중국 문화에서 발효음료가 긴요한 역할을 했다고 확신했다. 오늘날 전 세계 전통·현대사회에서 알코올음료는 힘든 하루를 달래주는 보상으로, 혹은 축하 행사의 일부로 대다수 성인의 삶에서 중요한 역할을 하고 있다. 언더힐은 중국에서 과학적인 발굴 작업이 진전되면 발효음료가 고대의 사회관계, 종교의식, 연회, 축제에 얼마나 중요한 영향을 주었는지 알 수 있으리라 믿었다. 또한 산둥 성山東省 량청 진兩城鎮의 신석기시대 후기 유적을 탐사하고 있는 자신의 팀에 내가 합류하여, 이 팀이 발굴할 가능성이 있는 몇 가지 용기vessel를 화학 분석해볼 것을 제안했다.

중국으로 가는 길에서

나는 고대 중국 문명에 대해 아는 것이 거의 없었고 한자도 아예 읽을 줄 몰랐다. 그러나 중국에서의 작업 기회는 포기하기엔 너무 아까운 제안이었다. 1999년 나는 언더힐의 팀에 합류하기로 작정하고 준비했다. 또한 발효음료의 역사와 초기 단계의 실마리를 제공해 줄지도 모를 또 다른 중국 유적에 대해 생각해보기 시작했다.

브룩헤이븐국립연구소의 가먼 하보틀은 중국의 유명한 공과대학에서 고고연대 측정법을 가르치는 왕창쑤이Changsui Wang 교수와 나를 연결해줬다. 왕창쑤이는 내가 베이징에 있는 유수의 고고학자와 과학자들과 만나도록 주선했으며, 고대 중국 문명이 번성했던 황허黃河 강 유역을 방문할 수 있게 조치했다. 그는 야간열차에 나와 동승해주기까지 했다. 밤새 달리는 기차에서 그는 내 통역사 역할도 마다하지 않았으며 유쾌한 말벗을 자처했고 현대 중국인의 삶과 관습(특히 요리와 술)을 소개해줬다.

진수성찬이 매일 마련되었다. 손님 입장에서 젓가락질은 만만찮았다. 구운 생선을 젓가락으로 집어 입으로 가져가는 데 성공하면 사방에서 칭찬을 받았다. 나는 곧 음식을 먹을 때 술을 마시며 건배를 하는 것이 아주 오래전부터 이어져온 전통이며 필수적인 일이라는 것을 알게 됐다. 우리 일행은 건강과 연구 성공을 위해 연거푸 잔을 들었다. 나는 수수나 기장으로 만든 독한 술에 취해 쓰러질까 염려스러워 부드러우면서 향이 좋은 쌀와인을 청했다. 결국 그 자리에서 증류법이 개발되기 이전부터 제조되어온 술에 대해 공부했던 셈이다.

6주간 계속된 여행과 연회는 끈끈한 협력관계로 이어졌다. 그 결과 고고학적 표본이 세관을 통과해서 내 연구실이 있는 펜실베이니아대학의 인류고고학박물관으로 올 수 있었다. 중국에서 이런 종류의 작업을 완수할 때는 적재적소에서 활동하는 친구들이 필요하다. 최신 분석기술을 적용해 고대 중국의 술을 자세히 알고자 하는 일에 나만큼이나 열정을 쏟는 동료들이 있다는 것 역시 도움이 되었다.

결국 왕창쑤이와 나는 푸른 들판을 가로지르는 황허 강을 따라 전략적으로 세워진 도시 정저우鄭州의 중심으로 발걸음을 옮겼다. 우리는 고고학연구소 정저우 지부에서 장쥐중Juzhong Zhang을 만났다. 그곳에는 정저우에서 동남쪽 250킬로미터 떨어진 곳에 위치한 자후賈湖 신석기시대 유적지에서 그가 발굴한 도기와 또 다른 고대 유물artifacts이 보관되어 있었다.

한때는 식물 재배와 동물 사육이 신석기시대 근동 지역에서 시작되어 다른 지역으로 퍼져나간 것으로 여겨졌다. 이러한 진전을 통해 인류는 "문명"으로 가는 길에 설 수 있었다. 전보다 적은 인력이 식량을 조달할 수 있게 되면서 다른 사람들은 부담 없이 또 다른 전문적인 일에 몰두할 수 있었기 때문이다. 실제로 밀과 보리를 포함하여 시조식물이라 불리는 것 가운데 몇몇이 근동에서 재배되었고, 그곳에서 처음으로 양과 소 같은 가축도 길렀다.

그런데 중국의 "신석기혁명"이 근동에서 일어난 다수의 발전에 앞서 일어났다는 것이 밝혀졌다. 이는 기존 학설을 근본적으로 뒤엎는 것이다. 생각해보면, 사람들은 개를 이용하지 않고서는 양과 염소를 통제할 수 없었을 것이다. 그리고 최근의 DNA 증거는 인류가 처음으로 개를 기르기 시작한 곳이 동아시아이며, 그 시기가 약 1만 4000년 전(B.P.) 마지막 빙하기라는 사실을 뒷받침하고 있다. 이 지역에서 가축용 말, 돼지, 닭의 혈통을 추적할 수 있을지도 모른다.

나의 논제 가운데 가장 중요한 것은 신석기혁명이 근동 지역에서 정착되기 약 5000년 전, 즉 지금으로부터 1만5000년 전(B.P.)에 중국인들이 도기를 만들었다는 사실이다. 도기는 발효음료를 제조하고 저장하는 데 유용할 뿐 아니라 술이 도기의 세공으로 흡수되어 분석용 술을 장기간 보관하는 데도 용이했다. 점토의 유연성 덕분에 도기는 여러 형태로 제조되었다. 그래서 사람들은 술과 잘 어울리는 음식을 조리할 수 있었고 궁극적으로 세계에서 가장 뛰어난 요리 중 하나를 만들어냈다. 신석기시대의 한 가지 진미珍味는 길고 얇게 뽑아낸 면이었다. 잘 보존된 노란색 면발은 황허 강 상류의 라자喇家 유적지에서 발굴되었다. 강아지풀과 수수broomcorn millet/Setaria spp., Panicum spp.로 만들어진 이 면은 기원전 2000년경의 것으로, 오늘날 중국인이 면을 먹는 방식과 동일하게 그릇에 수북이 담겨 있었다.

장쥐중이 선반에 있는 신석기시대 도기를 내려 내게 건넸다. 나는 정교하고 우아하게 만들어진 용기의 형태를 보고 무척 놀랐다. 술병은 높이 치솟아 깔때기 모양으로 벌어진 주둥이에, 부드럽게 둥글린 몸통을 가지고 있었다. 몸통 상부 어깨 쪽에 날카롭게 각진 손잡이도 달려 있었다.(화보 3 참고) 이러한 특징은 발효음료를 저장하거나 따르는 데 매우 이상적이었을 것이다. 점토 덩어리를 각각 붙여서 만든 손잡이는 내가 봐온 중동 도기의 손잡이만큼 종류가 다양했다. 외관에 아름다움을 더하기 위해 상호대칭으로 배치된 이 손잡이들은 술을 옮길 때 혹은 저장할 때, 또 용기에 든 술을 마실 때 요긴하게 사용됐을 것이다.

용기는 의심할 여지 없이 점토를 손으로 돌돌 감아올리거나 접합한 것이었다. 테두리를 따라 새겨진 멋진 무늬는 병이 거적 위에서 천천히 돌려지면서 끝손질되었음을 나타냈다. 점토액(얇게 바르는 미세한 진흙 분쇄물)으로 도포한 병 몇 개는 광택이 났다. 누르스름하고 붉은 용기들은 광물이 포함된 점토를 반죽해서 최고 섭씨 800도 가까이 되는 고온에서 구워낸 것이다. 자후 유적지에서 발견된 신석기시대 술병은 기술적으로 세련되었으며, 수천 년 뒤 중국 도기 생산에 모범이 되는 수많은 양식을 보여줬다. 지역 특유의 혁신적인 기술이 우수한 도기를 제조하는 데 한몫했을 것이다. 지금까지 이 지역에서 발굴된 열한 군데 도기 가마가 이를 증명한다.

용기 몇 점을 눈여겨보다가 또 다른 놀라운 사실을 발견했다. 병 바닥을 뒤덮은 붉은 잔여물 박편이 내부 측면까지 쭉 이어져 있었다. 누구나 짐작할 수 있듯이 한때 액체가 담겨 있었던 모양이다. 또 다른 병 내부에는 넓고 꽤 독특한 흠집이 있었고 짙은 물질이 이 흠집을 메웠다. 중동에 맥주가 있었음을 화학적으로 증명하는 이란의 한 술병에 있던 것과 상당히 유사했다.(제3장 참고) 나는 자후의 술병들을 분석할 수 있으리라는 기대감에 사로잡혔다.

자후 유적지의 놀라운 유물

중국 중북부 허난 성河南省에 위치한 자후는 우리가 아는 평범한 초기 신석기 유적지와 사뭇 다르다. 자후 유적지는 흩어진 오두막집, 무덤, 그와 관련된 유물을 특징으로 한다. 북쪽으로 황허 강 유역과 합쳐지는 화이허淮河 강의 비옥한 평원에 위치한 이 유적지에 제대로 된 마을과 인접한 곳에 공동묘지가 있었다는 것을 증명하는 세 가지 흔적이 발견되었다. 그 연대는 기원전 7000~기원전 5600년으로 알려져 있다.

자후 유적지에서는 가장 초기의 중국 도기뿐만 아니라 이 지방의 가장 오래된 쌀 몇 종도 발견되었다. 놀랍게도 이 쌀은 단립품종(벼의 하위종인 자포니카japonica)이었다. 이 품종은 양쯔揚子 강을 따라 남하한 유적지에서도 발견되었는데, 열대성 장립품종(인디카indica)에서 파생된 것으로 간주되어왔다. 하지만 최근 발굴 결과와 식물고고학적 분석에 따르면 이 두 품종은 거의 동시대에 존재한 것으로 보인다. 유전적으로 어느 종이 먼저 생겨 다른 종에 영향을 주었는지 판단할 수는 없다. 신석기시대에 쌀을 재배한 것인지 아니면 야생에서 쌀이 자연적으로 자란 것인지조차도 알 수 없다. 그렇지만 자후 유적지에서 발견된 많은 양의 쌀은 이 쌀이 그곳 경작지로 옮겨졌음을 의미한다. 게다가 유적지에서 발견된 동물 뼈로 판단해볼 때, 이곳 사람들은 길가에서 뛰어 돌아다니고 더러운 진흙 구덩이에 빠지는 가축용 개와 돼지들로부터 쌀 창고를 지키기 위해 예방조치를 취했던 것으로 보인다.

자후 사람들은 잉어, 사슴, 누에콩, 물밤 등의 풍부한 자원이 있는 환경에서 넉넉하게 살았다. 또 그들은 상징적인 것과 초자연적인 것에 애착을 느꼈다. 유적지에서는 최초로 기록된 한자일지도 모를 기호도 발견됐다. 눈을 나타내는 기호, 물체를 지지하는 포크 모양

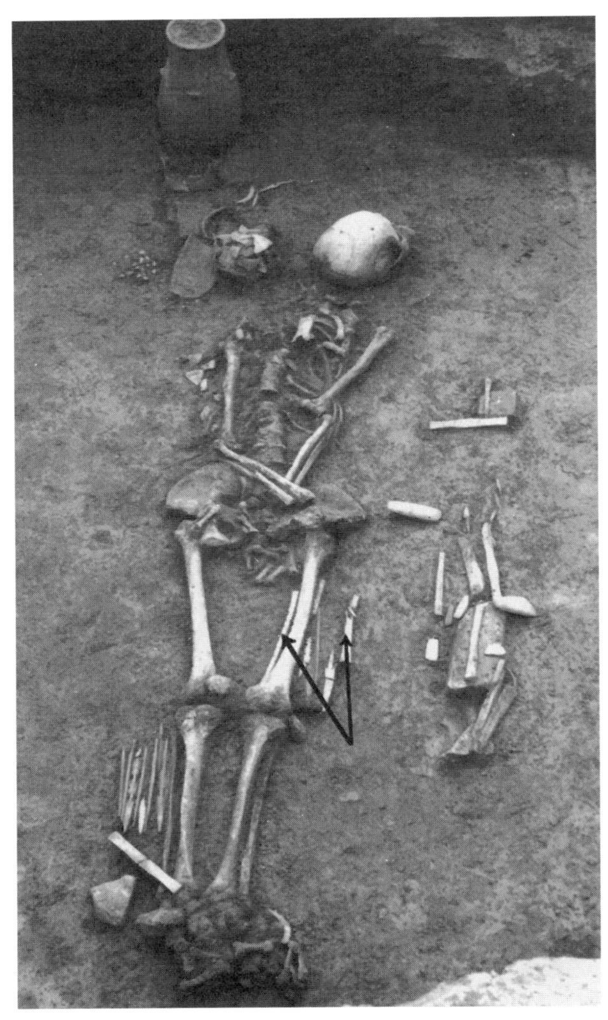

그림 3. 자후(중국 허난 성)의 초기 신석기시대 "음악가/주술사"의 매장지.(M282) 연대는 대략 기원전 6200~기원전 5600년. 유골 곁에는 공들여 수리된 피리가 보인다.(화살표 표시) 자갈로 꽉 찬 두 개의 대모갑[바다거북과科 대모의 등과 배를 싸고 있는 껍데기, 주로 장식품이나 공예품을 만드는 데 쓴다]과 발효음료를 담았을 법한 술병이 머리 근처에 위치해 있다.

막대기 같은 것이 바로 그것인데, 이는 훗날의 창문 창窓 자와 수를 나타내는 1一, 2二, 8八, 10十 같은 후기 상형문자와 유사하게 생겼다.

자후의 기호들은 뼈와 바다거북의 등딱지에 새겨졌다. 이는 약 6000년 뒤 상商나라의 수도 안양과 황허 강 주위 연합후국에서 있었던 종교적 관습의 모태가 되었다. 시기는 기원전 1200~기원전 1050년으로 추정되며, 10만 개 이상이 발굴되었다. 상나라의 종교적 매개자는 이 "갑골oracle bone"을 황제와 황실의 미래를 예측하고 영화를 기원하는 의식에 사용했다. 소뼈나 거북이등딱지의 속을 파낸 후 가열하면 거미줄처럼 갈라진 틈이 생기는데, 예언자가 그것을 해석했다. 그의 이름과 함께 예언은 후손을 위해 뼈나 등딱지에 기록되었다.

자후 유적지에 있는 뼈와 등딱지 기호에 어떤 의미가 있는지 알려진 바는 없다. 기호가 발견된 무덤과 그곳에 묻혀 있던 유물을 상세히 검토하면 그 기호가 의식과정이나 종교적 관념과 연결된다는 것을 거의 확실하게 추론할 수 있다. 공동묘지에서 여태까지 발굴된 400곳의 매장지 중 기호가 새겨진 물건들은 소수의 남자 무덤에서만 발견되었다. 이러한 매장지 가운데 몇 곳에서, 몸이 부패하기 전인지 후인지 알 수 없지만, 망자의 머리는 조심스럽게 제거되어 있었고 머리가 있어야 할 자리에 여섯 쌍 혹은 여덟 쌍의 거북이등딱지가 놓여 있었다. 기원전 1000년경 주周나라와 한漢나라에서 당시 상류층에게 씌운 옥으로 된 "데스마스크"는 이러한 관습을 어느 정도 모방한 것이다.

다른 매장지에는 거북이등딱지가 몸통 옆에 나란히, 혹은 어깨 옆에 놓여 있었다. 마치 의복에 부착되어 있었거나 손에 쥐고 있었던 것처럼 말이다. 망자의 머리 대신 놓였던 등딱지를 포함한 다수의 등딱지에는 하나당 적게는 세 개, 많게는 수백 개에 이르는 작고 둥근 흑백색의 자갈이 들어 있었다. 각각의 등딱지에 담긴 돌의 수에 수비학numerological[사람의 성질을 해석하거나 그 미래를 예언하고자 수를 사용하는 것]적 의미가 있었을지 모른다. 자갈로 채워진 등딱지는 주인이 평소에 딸랑딸랑 소리를 내려고 사용하던 기구였기에 그들이 죽은 뒤 같이 묻혔으리라는 가능성도 존재한다.

등딱지가 원래 타악기였을 것이라 추정하는 이유는 이 가운데 몇 개가 연주 가능한 가장 오래된 악기라 불리는 물건과 함께 묻혔기 때문이다. 1986년 장쥐중 발굴팀이 무덤 M282에서 한 쌍의 뼈피리를 찾아냈을 때, 장쥐중은 자신의 두 눈을 믿을 수 없었다. 각각의 피리 기둥에는 일렬로 내려오면서 정확한 간격으로 일곱 개의 구멍이 정교하게 뚫려 있었다. 뼈피리들은 중국 전역에서 지금까지도 사용되는 대나무피리와 생김새가 거의 같았다. 대나무피리는 5음계에 기초하며 주로 전통 음악을 연주한다. 그전에는 중국 고대 유물 발굴 현장에서 이런 종류의 고대 악기가 발견된 적은 단 한 번도 없었다.

무덤이 발굴되면서 피리도 더 출토되었다. 현재까지 스물네 점의 완전한 표본과 피리 조각 아홉 개가 발견된 상태다. 가이센클뢰스테를레와 이스튀리츠에서 출토된 구석기시대 피리는 완전히 조각나 확실한 음을 만들어내는 것이 불가능하므로 자후 피리의 이런 완벽한 보존 상태는 이 피리가 연주 가능한 가장 오래된 악기라는 주장을 뒷받침한다.

중국 고고학자들은 자후 피리를 시험해보기 위해 뛰어난 음악가를 요청했고, 베이징 중앙오케스트라의 플루트 연주자 닝바오성Ning

그림 4. 자후 유적지의 발굴자인 장쥐중이 M282 매장지에서 출토된 초기 신석기시대 "음악가/주술사"의 피리를 불고 있다.

Baosheng이 즐겁게 자청했다. 측면에 입술을 대고 리코더를 연주하는 것처럼 뼈피리의 한쪽 끝으로 바람을 불어내자, 9000년가량 들을 수 없었던 낭랑한 소리가 났다.

고고학자들과 음악가들은 현대 디지털 녹음기술과 컴퓨터의 처리과정을 통해 세 가지 고고학적 측면에서 피리의 음역을 연구했다. 그 악기를 어떻게 연주해야 하는지, 연주가 잘 되기는 할는지 아무도 알 수 없었던 탓에 모든 구멍을 동시에 막는 간단한 운지법을 썼다. 그 결과 아주 정확한 음악 주파수가 발생했다. 그 뒤 각 구멍을 차례로 한 개씩 열었고 그에 따른 주파수가 기록되었다. 물론 전문가는 교차운지법과 입술 대는 법의 변화 등을 통해 더 많은 소리를 만들어낼 수 있었다.

구멍이 많이 나 있는 악기는 1200년 동안 이 지역에서 점점 대중화되었고 그에 따라 점차 복잡한 음악을 연주할 수 있었다. 심지어 구멍이 다섯 개 뚫린 최초의 표본은 서양 음악의 12음계와 거의 똑같은 네 가지 음색을 낼 수 있었다. 구멍을 하나 더 뚫으면 초보자도 5음계를 연주하는 것이 가능했다. 표준 8음계의 모든 음을 간단한 운지법으로 연주할 수 있을 때까지 음을 추가하고 조정하면서 일곱 개나 여덟 개 구멍을 가진 피리에 이르게 됐을 가능성이 커졌다.

그 당시 피리는 아주 큰 가치가 있었다. 피리 양 끝과 표면을 매끈하게 다듬어서 매우 정성 들여 피리를 만들었다. 천공 관련 지침까지 마련돼 있었다.(가이센클뢰스테를레와 이스튀리츠 피리에도 마찬가지 지침이 있다.) 오늘날 값비싼 스트라디바리우스 바이올린이 그렇듯, 부러진 피리는 세심하게 수리됐다. 동강 난 피리 양쪽에 작은 구멍을 열네 개나 뚫어 끈으로 묶어 매듭을 지어놓기도 했다. 대부분의 피리는 짝지어 발견되었는데 그중 하나는 아마도 이런 불상사를 대비한 여분의 악기였을 것이다.

놀랍게도 두루미red-crowned crane/Grus japonensis의 특정 날개뼈, 즉 척골로만 제작된 피리도 있었다. 실용적인 관점에서 본다면 속이 빈 새뼈는 누가 봐도 피리를 위한 재료이지만 두루미의 특별한 행동 역시 제작자들에게 영감을 주었던 것 같다. 흑색과 적색이 섞인 눈처럼 하얀 깃털을 가진 이 두루미는 복잡한 짝짓기춤을 춘다. 한 쌍의 새가 서로 허리를 굽혀 인사하고 공중으로 뛰어오르며 날개를 벌리기도 하면서 음악과 비슷한 강렬한 울음소리로 의사를 표현한다. 척골 피리는, 뼈에서 골수를 빨아낼 때 소리가 난다는 데 착안해서 속으로 바람을 다시 불어넣을 때도 소리가 날 것이라는 점을 포착해 발명된 것일 수도 있다.

두루미 소리를 연상시키는 고대 자후의 민속 노래를 들을 수 있다면 아주 근사할 것이다. 신석기시대에는 상세한 의미를 나타내는 글자가 없었고 따라서 가사를 지을 수 없었기 때문에 그것은 불가능해 보인다. 그러나 피리, 등딱지와 함께 매장된 사람들이 공동체에서 특별한 역할을 수행했다는 것은 확신할 수 있다. 다른 이들과 달리 그들의 사체는 수입 터키석과 옥 장신구들로 정교하게 장식되었다. 또한 무덤에서 발견된 맷돌, 송곳, 다른 실용적인 도구들은 이 사람들이 일상 속 작업에도 참여했다는 사실을 보여준다. 부장품 가운데 포크 모양 뼈를 자세히 들여다보면 의문은 더욱 커진다. 이 물건에는 구멍이 여러 개 점선처럼 나 있다. 우리는 그 구멍이 하프에서처럼 줄을 연결하는 용도로 사용됐을 것이라고 추측할 수 있다. 아니면 "새로운 농업"을 상징한다든가, 일종의 개인 전문 작업 도구였을

그림 5. 두루미가 만주의 얼어붙은 평원에서 짝짓기춤을 추고 있다. 자후 유적지에서 발굴된 피리 스물네 개는 오로지 두루미의 특정 날개뼈(척골)로만 만들어졌다.

거라 생각해볼 수 있다.

세계 최초의 술

초기 신석기시대의 자후 유적지 이야기를 쌀, 문자, 음악에만 초점을 맞추고 끝낸다면, 자후의 발전에 영향을 미친 특별한 알코올 음료의 역할을 무시하는 꼴이 된다.

왕창쑤이가 처음 장쥐중을 내게 소개해줬을 때, 그는 신석기시대 자후 사회에서 술과 그 중요성을 발견할 수 있는 지름길을 놓아

준 셈이다. 장쥐중은 자신의 지식은 물론 발굴된 도기들을 사용할 수 있도록 편의를 제공했다. 우리는 화학 분석을 위해 그중 도기 파편 열여섯 개를 선택했다. 그것들은 액체를 담았을 것으로 추정되는 다양한 종류의 병과 항아리 표본으로, 그 가운데 크고 손잡이가 두 개 달린 병 하나가 관심을 끌었다. 이 병이 근동에서 5000년 후에나 발견되었더라면, 가나안의 병이라고 착각하기 쉬웠을 것이다. 가나안의 병은 막대한 양의 지중해 와인 무역에 사용된 그리스 로마 양식의 양손잡이 암포라의 원형이다.(제6장 참고)

이렇게나 중요한 표본 분석을 가볍게 시작할 수는 없는 일이었다. 그래서 중국(베이징을 본거지로 둔 미생물학자 청광성Guangsheng Cheng과 식물고고학자 자오즈쥔 지미Jimmy Zhao Zhijun), 유럽(마이클 리처즈, 현재 라이프치히에 있다), 미국(농림부의 로버트 모로와 알베르토 누네스, 페르메니히주식회사의 에릭 버트림) 등지에서 협력자를 끌어모았다. 우리 연구진은 액체혼합체질량 분석법LC-MS, 탄소·질소동위원소 분석법, 적외선 분광법 등 다양한 기술을 사용해 고대 자후의 술에 포함된 주요 성분들의 화학지문을 식별했다. 천천히 그러나 확실하게 세계 최초의 알코올음료로 증명될 자후의 술 분석에 전념했다.

메탄올과 클로로포름을 이용해 각각의 토기에서 잔여물을 추출했더니 동일한 화학 혼합물이 잇따라 검출됐다. 그중 첫 번째, 타르타르산은 포도나 산사나무열매Crataegus pinnatifida/Crataegus cuneata(중국어로 산자山楂)가 술의 재료로 사용됐음을 말해준다. 밀랍은 보존성이 좋아 처리과정에서 그것을 완벽하게 걸러내기란 불가능에 가깝다. 그래서 두 번째, 밀랍 혼합물의 확실한 화학적 지문으로 꿀의 존재를 밝혀낼 수 있었다. 특정 식물성스테롤phytosterol[부드럽고 하얀 가루 형태. 특유의 냄새가 있으며 물에 녹지 않고 알코올에 녹는다. 의약품, 화장품, 식품 첨가물, 식이 보조제로 이용되며, 마가린, 버터, 시리얼에 풍부하게 포함돼 있다] 등 여타 혼합물들과의 화학적 일치를 통해 마지막 세 번째 재료가 쌀이라는 것을 알아냈다. 술 제조 시 사용된 곡식이 수수처럼 다른 방식으로 광합성과 대사를 하는 열대성기후 작물(C_3)이 아니라, 쌀 같은 온대성기후 작물(C_4)이었다는 것도 탄소 동위원소 분석을 통해 입증해냈다.

펜실베이니아대박물관 실험실 동료 그레천 홀과 중국인 왕천산Chen-shan Wang("엘런Ellen")의 도움을 받아 실험 결과와 합치하는 천연성분을 찾아내고자 대부분 중국어로 쓰인 과학문헌들을 검색하는 고된 작업을 시작했다. 아울러 박물관의 다른 동료들, 핫토리 아쓰코와 가라하시 후미는 일본어 문헌을 해석해 도움을 줬다.

고대의 도기 표본들이 중동에서 제작됐다면, 타르타르산과 타르타르산염의 존재는 와인처럼 포도로 만들어진 것이 용기에 들어 있다는 점을 명확하게 보여준다. 왜냐하면 중동에서 타르타르산과 타르타르산염은 오직 포도에서만 발견되기 때문이다. 그러나 중국에서는 다른 과일에도 타르타르산이 존재한다. 산사나무열매뿐 아니라 아시아 산수유열매Asiatic cornelian cherry/Cornus officinalis와 용안longyan/Euphoria longyan은 그래서 술의 재료가 되었을 것이다.

펠라르고늄Pelargonium[예전에 쥐손이풀속 제라늄으로 취급했기 때문에 지금도 많은 원예식물이 구舊학명인 제라늄으로 불린다. 그러나 제라늄에 비해 줄기가 가늘고 길며, 잎이 얇고 반문이 없다]의 잎이나 제라늄과의 꽃 등 그 지방에서만 자생하는 식물에서도 소량의 타르타르산을 얻을 수 있다. 중국 쌀와인이나 일본 사케 제조 전前 단계인 곰팡이 당화작용mold saccharification(쌀 녹말이 당분으로 분해되는 과정)으로도 리터당 0.1에서 2.0밀리그램의 타르타르산이 생성된다. 하지만 이 수치는 너무 묽다. 고대 표본들에서는 일관되게 고농도 타르타르산이 검출된다. 그리고 우리는 술의 이러한 제조방식이 한참 뒤에, 아마도 한나라(기원전 202년에서 서기 220년경) 때 개발되었다는 사실을 알고 있다. 그리하여 오직 산사나무열매나 포도만이 실험 결과를 증명해줄 수 있었다.

만약 좁고 위쪽으로 벌어진 주둥이를 가진 술병과 항아리에 액체가 담긴 적이 있다는 것을 사실로 받아들이기로 한다면, 그 용기들에 혼합발효주가 보관되었을 가능성도 염두에 둘 수 있다. 왕머루Vitis amurensis나 모毛포도V. quinquangularis 등 몇몇 야생포도종은 무게당 19퍼센트의 단당을 함유하며, 그러한 고당도 열매는 발효를 시작하기 위해 필요한 효모(사카로미세스 세레비시아)를 품고 있다. 이 효모는 꿀에서도 서식하며 꿀 덩어리가 30퍼센트의 당분과 70퍼센트의 물의 비율로 희석되면 활동을 시작한다. 병에 과일즙과 희석된 꿀이 담겼다면 며칠 내로 그 혼합물은 적당히 높은 온도에서 자연발효가 되었을 것이다. 에탄올은 잘 휘발하고 미생물의 공격에 민감하기 때문에 에탄올의 흔적을 검출해낼 수 없을지도 모른다. 그래도 우리는 최종 생산물이 알코올 성분을 지녔다는 점만큼은 확신할 수 있었다.

고대 술의 재료로 쓰였을 법한 과일이 포도나 산사나무열매라고 발표한 뒤 실험 결과를 과학적으로 확증할 만한 성공적인 일이 일어났다. 지미는 식물고고학 연구를 통해 이 두 가지 과일의 씨앗을 식별했고, 다른 종류의 과일 씨앗은 없었다는 것을 알아냈다. 나는 이 두 가지 씨앗 모두 맛을 배가하고 발효를 촉진할 목적으로 자후의 술에 첨가되었을 것이라 생각했다.

포도와 산사나무열매와 마찬가지로, 고대 술에 들어간 쌀은 야생종이거나 재배종일 것이다. 쌀 녹말은 반드시 단당류로 쪼개져야만 과일이나 꿀에 서식하는 효소를 통해 소화될 수 있었다. 하지만 어떻게 초기 단계에서 쌀 녹말이 당분으로 바뀌었을까? 그 가능성 중 하나는 쌀이 보리처럼 발아하여 맥아가 되었고 곡물의 탄수화물 분자를 단당류로 쪼개는 효소인 디아스타아제Diastase[녹말을 분해하는 효소로 소화불량, 식욕부진, 위장장애에 처방된다]가 이 과정에서 나왔다는 것이다. 이보다 훨씬 더 그럴듯한 가능성은, 침에 들어 있는 관련 효소(프티알린ptyalin)가 녹말을 당으로 바꿀 수 있게끔 사람이 직접 그 쌀 알갱이를 씹었다는 것이다. 일본과 대만의 외딴 지역에서는 결혼식에 쓸 쌀와인을 제조하기 위해 여자들이 큰 사발 주위에 둘러앉아 식혜를 씹고 그릇에 뱉는 광경을 지금도 목격할 수 있다. 사실 곡물로 술을 만드는 이 방법은 아메리카 대륙의 옥수수맥주, 혹은 치차Chicha라고 불리는 것부터 아프리카의 수수맥주(제7장, 제8장 참고)에 이르기까지 전 세계적으로 널리 퍼져 있다.

어떤 방법이 사용되었든 간에 다량의 효모와 쌀 껍질 등은 술의 표면에 떠 있었을 것이다. 큰 용기에서 찌꺼기를 걸러내려면 번거롭기 때문에 이 문제를 해결하는 가장 좋은 방법은 대롱을 수면 아래로 넣어 액체를 빨아들이는 것이다. 빨대를 사용하는 것은 고대 메소포타미아와 대부분의 문화권에서 곡물맥주를 마실 때 쓰는 흔한 방법이었다. 오늘날에도 중국의 외진 마을(화보 4 참고)이나 캄보디아 앙코르와트의 밀림 깊숙한 곳에 거주하는 사람들은 이와 같은 방식으로 맥주를 마신다.

우리는 광범위한 분석을 통해 자후의 양조자들이 포도와 산사나무열매를 재료로 쓴 와인과 벌꿀주, 쌀맥주 등의 혼합주를 능숙하게 제조했다고 결론 내렸다.(이 책은 처음부터 끝까지 주로 과일로 만들었으며 9~10퍼센트의 상대적으로 알코올 함량이 높은 술에는 와인wine이라는 단어를, 4~5퍼센트의 알코올 함량에 쌀 같은 곡류로 만들어진 술에는 맥주beer라는 단어를 사용했다.) 특이한 성분 몇 가지를 조합해 만든 이 혼합음료를 중국 최초의 술, 또는 신석기시대 그로그주라고 부를 수 있을 것이다. 엄밀히 따지면, 그로그주는 럼주와 물, 설탕, 향신료의 혼합물로 17세기 초 영국 해군 사이에서 유명해진 술을 일컫는다. 이 술의 의미 범위가 좀더 넓어지면서 그로그주는 고대 세계에서 마셨던 다수의 혼합발효주에 각별히 어울리는 단어가 되었다.

우리 분석에서 가장 놀라웠던 점은 자후의 술에 포도가 재료로 사용되었을 가능성이 매우 높다는 것이다. 이는 전 세계 어느 지역에서든 이 열매가 술을 만드는 데 쓰였음을 보여준다. 전 세계 야생 포도종의 절반 이상을 차지하는 50종 이상의 포도를 중국에서 찾아볼 수 있게 되면서, 우리는 자후 술에서 포도를 발견하리라 예상했던 건지도 모르겠다. 그러나 역사적 기록은 중국인이 훨씬 훗날에 포도를 기르고 채집했음을 보여준다. 장건張騫 장군이 황제의 특사로 중앙아시아에 갔다가 유라시안포도Eurasian grape/Vitis vinifera ssp. vinifera가 재배되는 것을 보고, 오늘날 시안西安으로 불리는 장안長安이라는 도시에 와인 제조용 포도를 가져온 때가 기원전 2세기 말이다. 설사 추가 조사로 새로운 증거를 밝힐 수 있다 하더라도, 우리가 알고 있는 한 중국에서 찾아볼 수 있는 그 많은 포도종 중 어떤 것도 재배된 적은 없다.

조상들의 영혼

자후에 있는 엘리트 음악가 매장지에서 발견된 고고학적 퍼즐—피리와 래틀rattle[수천 년 동안 전 세계에서 음악 연주나 원시인들의 마법적 의식에 있어 중요한 역할을 해온 흔드는 딸랑이], 포크 모양의 물건, 거북이등딱지에 새겨진 초기 문자들, 신석기시대 중국의 그로그주—은 처음엔 서로 연관성이 없는 듯했다. 그것들을 중국 신석기혁명의 새로운 환경에 적합한 샤머니즘 신앙의 기미로 간주할 때 앞뒤가 맞아떨어진다. 더욱 안정된 경제 조건에서 "샤먼"이라는 직업은 오늘날의 전업專業이었다. 예를 들어 좋은 음악을 만들기 위해서는 특히 손과 눈의 동작이 일치하는 능력 같은 능숙하게 발달된 운동 기능이 필요하다. 놀랄 만한 음역대를 지닌 피리나 래틀, 악어가죽으로 만들어 표면이 팽팽한 북 등 더 좋은 악기들을 더 많이 고안하고 스스로 솜씨를 향상시킴으로써 공동체의 제례 전문가나 주술사들은 좀더 효과적으로 저승과 소통했다. 따라서 공동체 구성원의 더 나은 삶을 보장하고 악의 힘을 물리칠 수 있었으며 질병에 대한 치료를 장담할 수 있었다.

기원전 8세기경 서주西周 시대로 거슬러 올라가 이러한 종교의식과 종교 관념들을 구체적으로 기록한 『예기禮記』, 그 방법과 행동을 소개한 『의례儀禮』는 자후 유적지에서 행해졌을 의식의 단서를 제공한다. 공동체의 한 구성원이 죽으면 특별한 음식(제주祭酒, 데친 기장,

구운 양고기 등)을 씨족의 조상들과 신에게 제물로 바쳤다. 그 의식에는 특정 시간과 장소에서 동물을 죽이는 것도 포함되었으며, 노래와 춤이 바로 이어지는 등 형식이 잘 갖추어져 있었다.

장례식 일자는 점을 쳐서 결정했다. 그 뒤 일주일간 계속되는 금식재禁食齋 중 네 번째 날에 식물 줄기를 던져 일종의 제비뽑기로 사嗣("후손")를 정하게 된다. 보통은 죽은 이의 손자나 며느리다. 사는 조상들과 소통하며 매장의식을 행한다. 이날, 죽은 이의 영혼은 사의 형상으로 분해, 아마도 한 잔의 술일 테지만, "음료를 마시기 위해" 초대를 받는다. 비로소 사가 술을 마시면, 망자와 조상이 술을 마시는 것으로 인식했다.

이레 동안 금식으로 몸이 약해지고 마음이 지친 사는 고인의 얼굴 표정, 살아생전 가장 즐겼던 것과 목소리 등을 가능한 한 많이 떠올리도록 강요받는다. 이 단계에서 사와 다른 참여자들은 의식이 혼미해지기에 이르고 환각을 경험하기 시작한다.

모두가 취해가는 가운데 금식 기간 마지막 날, 최후의 일격이 가해진다. 이 일곱째 날 죽은 사람은 묻히고 제당에서 제수祭需를 사람들에게 나눠준다. 장례식을 관장하는 사는 자신과 저승 모두를 위해 먹고 마신다. 사는 고觚[곡식을 담는 예기]나 치卮[고대의 술잔] 형태의 제기에 따뜻하게 데워져 나오는 수수와인millet wine이나 쌀와인 아홉 잔을 마셔야만 했다. 높이가 최고 30센티미터에 달하는 이 굽 달린 잔(고블릿goblet)은 200밀리리터만큼의 술을 담을 수 있었다. 만약 그 시기 수수와인이나 쌀와인이 10퍼센트의 알코올 성분을 함유했다면, 사가 마신 술의 양은 지금의 포도주 두 병이나 알코올 도수 40도의 위스키 여덟 잔에 해당된다. 금식 기간이 끝난 뒤 사의 머리는 환각으로 어지러웠을 것이다.

기원전 8세기의 한 송가頌歌는 의식이 진행되는 과정의 분위기를 보여준다.

> 의식은 끝났다.
> 종소리가 들리고 북이 울린다.
> 경건한 사(자손)가 그의 자리로 돌아가고,
> 의식을 진행하는 초혼자가 말한다.
> "영혼들이 이제 모두 취했노라."
> 죽은 이의 위엄 있는 대리인이 일어난다.
> 북소리와 종소리는 그를 호위한다.
> 신성한 보호자들(영혼들)은 돌아간다(신전을 떠난다).
> (Karlgren, 1950)

자후 유적지에 있는 엘리트 음악가 매장지에서 발견된 뼈피리와 래틀이 5000년 뒤에는 종과 북 같은 역할을 했음을 상상해볼 수 있다. 제주로는 수수와인이나 쌀와인 대신에 쌀, 포도, 산사나무열매, 꿀로 만들어진 혼합발효주가 사용되었던 것으로 보인다. 자후 유적지의 용기는 모양은 다르지만 주周나라의 고블릿만큼 많은 양의 술을 담을 수 있었다. 장례식 후반에 필요한 모든 조건이 자후 유적지에 존재했던 셈이다.

자후에서 샤먼의 역할은 시간이 지나면서 전문 의사, 무당, 음악가처럼 분리되고 특수화되었다. 이 자후 음악가들은 구석기시대의 샤먼이나 현대의 시베리아 혹은 아마존 음악가와 매우 비슷한 역할을 했을 것이다. 샤먼은 음악가였을 뿐만 아니라 기호와 예술에 통달한 뛰어난 인재였을 것이다. 가장 중요한 부분으로, 발효음료를 마셔 자극을 받으면 조상신들과 접촉할 수 있는 영적인 소질도 출중해야 했다.

4000년 전 중국 왕정을 처음 확립한 사람으로 알려진 황제黃帝의 전설은 샤머니즘의 정수를 보여준다. 그 초대 통치자는 학자 중 한 명을 중앙아시아의 먼 산으로 보내 불사조 울음소리를 재현할 수 있는 피리 재료 대나무를 가져오도록 명했다. 황제는 이 특별한 악기에서 나오는 음악을 통해 자신의 통치가 우주와 조화를 이룰 것이라 믿었다. 다시 한번 강조하지만, 자후와 구석기시대의 피리와 마찬가지로, 높게 비행하는 새들과 그 울음소리는 눈으로 볼 수 없는 초자연적 영역으로의 접근 수단을 제공했다.

엘리트 음악가와 관련된 주술적인 장례식이 자후에 있었으리라는 가정은 지극히 타당해 보인다. 그러나 근거가 될 만한 무덤에서 발굴된 용기의 잔여물 분석을 통해 증명된 바는 아직 없다. 내가 실험용으로 고른 도기는 모두 주거지에서 나온 것들이었다. 이 주거지에(현재까지 50채가 발굴됐다) 특별히 독특한 점은 없었기 때문에 발효음료가 공동체 전역에 널리 퍼져 있었음을 추론할 수 있다. 특별한 행사 외에 이웃과 좋은 시간을 기념하기 위해서, 혹은 기분이 좋지 않거나 아플 때, 그리고 삶에 동기를 부여하거나 상을 주기 위한 목적으로 사람들은 술을 마셨던 것 같다. 현재 유적지의 5퍼센트만이 발굴된 상태여서 우리는 앞으로 겪게 될 놀라움에 장차 대비해두어야 한다.

과거를 소생해내다

2004년 말 자후 유적지에서 발견한 것들에 관한 글을 『국립과학원회보Proceedings of the National Academy of Sciences』에 처음 실었을 때 언론 보도에 대한 대비를 많이 했다. 우리 연구진은 세계 최초의 알코올음료를 발견했다. 사람들은 이 술이 중동에서 처음 만들어졌을 거라 예상했지만, 실은 중국에서 유래한 것이었다. 꽤나 떠들썩한 언론 반응에 그렇게 잘 대처하지는 못했지만, 그런 반응은 우리 연구진의 발견이 사람들의 보편적인 생각을 흔들어버렸다는 것을 입증했다.

『뉴욕타임스』의 존 노블 윌퍼드는 내게 처음 전화를 건 기자였다. 그는 이따금씩 술을 벌컥벌컥 마시는 술 애호가였음을 내비치면서 중동 지역 조사를 다룬 예전 기사에서 언급된 **행복한 시간**이라는 용어를 사용했다. 그의 기사는 『인터내셔널 헤럴드 트리뷴International Herald Tribune』에 실렸으며 BBC 인터뷰들과 함께 세계 각지로 퍼져 나갔다. 『필라델피아 인콰이어러Philadelphia Inquirer』의 와인 저술가인 데버러 스코블리언코브도 즉시 이 이야기를 접했고, 사진기자가 내게 계속 전화를 걸었다. 그 사진기자는 내가 19세기식으로 고고학적 화학실험을 하는 모습(고대 술 표본에 들어 있는 성분의 냄새를 맡는 모습)을 담았다. 물론 나는 100년 전에 한 화학자가 그랬던 것처럼 그 술을 직접 맛보지는 않았다. 데버러의 글은 바로 로이터통신의 기사가 되었으며, 나는 곧이어 독점 기사를 쓰고 싶어하는 유럽의 주요 잡지(『포커스Focus』나 『지오Geo』) 소속 기자들을 많이 만났다. 중국에서는 중앙정부 통신사인 『신화통신』이 우리 이야기를 주요 기사로 보도했으며, 논문의 공동 저자인 청광성은 편지를 통해 "당신은 이제 중국 공산당의 유명인사가 되었어요"라는 말을 전했다. 나는 마침내 성공한 것이다!

9000년짜리 술을 분석하는 것은 그 자체로 커다란 업적이었다. 그러나 고대의 술을 살려내어 다른 사람들이 그것을 즐기고 그 당시로 돌아간 듯한 느낌을 갖도록 하면 어떨까라는 생각을 하기 시작했다. 우리는 미다스 왕, 혹은 그의 조상 중 어느 한 명의 무덤에서 발견된 잔여물들을 기초로 최신식 고대 술을 만들어내는 데 이미 몇 차례 성공한 상태였다.(제5장 참고) 나는 델라웨어 주 밀턴에 있는 도그피시헤드크래프트Dogfish Head Craft 양조장의 소유주이자 양조업자였던 샘 칼라지오네와 이야기를 했다. 우리가 미다스의 손길Midas Touch이라 이름 붙인 고대 술을 재현해내는 데 있어 그는 영감을 불어넣어주는 존재였으며 매우 끈기 있게 일을 해나갔다. 결국 칼라지오네는 실험 정신이 투철한 양조자인 마이크 거하트와 함께 신석기시대의 술을 되살리는 마술을 부렸다.

중국 신석기시대의 술을 담그는 데에는 많은 어려움과 시작 단계에서의 수많은 실패가 있었다. 래리 갤러거라는 기자는 이것에 관한 이야기를 『디스커버』 2005년 11월호에 "석기시대 맥주"라는 기사로 재미있게 소개했다. 술을 빚을 때 포도만을 사용해야 할까? 아니면 산사나무열매만을? 그것도 아니면 둘 모두를? 자후 유적지에서 씨앗이 두 종 발견되었기 때문에 나는 그 열매들을 섞어 써야 한다고 말했다. 마이크 거하트가 마침내 서부 해안지역에서 산사나무열매 진품을 제공해줄 중국인 식물채집자를 찾아내긴 했지만 진품 중국 포도를 조달할 수 없어서 유럽 포도의 오래된 재배종인 머스캣포도로 만족하는 수밖에 없었다. 꿀을 구하는 데에도 역시 비슷한 문제가 있었다. 중앙아시아산 야생화꿀은 고대 술의 재창조라는 측면에서 특별히 가치가 있지만, 좀더 입수하기 쉬운 미국산 꿀을 쓸 수밖에 없었다. 반면에 중국산 쌀은 미국에서 쉽게 구할 수 있었다. 나는 거하트에게 제분된 쌀을 사용해야 할지 아니면 표면에 겨가 온전히 남아 있고 심지어 겉껍질조차 벗겨내지 않은 현미를 사용해야 할지 물었다. 자후 거주자들이 쌀을 가공하기 위한 돌 분쇄기를 갖고 있긴 했지만 그 처리과정이 그렇게 치밀했을 것 같지는 않았다. 그래서 우리는 미리 호화糊化[전분을 수중에서 가열하거나 알칼리 용액과 같은 용매로 처리하면 팽창되어 점도가 높은 풀로 변한다]된 쌀, 즉 겨와 겉껍질이 혼합되어 두껍고 균일한 상태의 풀로 조리되고 건조된 것을 사용하기로 결정했다.

그다음 문제는 이제 이 쌀을 어떻게 당화시킬 것인가 하는 것이었다. 최초의 당화법이 씹는 것이었을 거라 이야기하자, 칼라지오네는 "좋아요, 역사적 정확성을 기하기 위해서라도 그 방식으로 해봅시다"라고 말했다. 나는 때때로 그가 고고학 실험 수준을 너무 멀리 벗어난다고 이야기했다. 또 어찌되었든 쌀에서 맥아가 생기게 하는 방법은 초기에 발견된 것 같다고 했다. 래리 갤러거가 그의 약혼녀와 함께 쌀을 씹고 뱉어 자신만의 실험적인 술을 만들어보겠다고 제안한 덕분에 궁지에서 벗어났다. 맛을 보라고 우리에게 술을 보내지 않은 것으로 보아 안타깝게도 그가 행한 실험은 성공을 거두지 못했던 것 같다.

도그피시헤드 양조장에서 시도된 실험 초기 단계에서 거하트는 전통 중국 곰팡이를 조합해 쌀을 당화하고자 했다. 베이징에 있는 내 연줄인 청광성은 미시간주립대학 대학원생 왕카이Kai Wang를 통해 몇 가지 개시제開始劑[단위체가 들어 있는 매질에서 활성라디칼을 형성하며 종합 반응을 일으키는 물질]와 그것의 자세한 사용법을 건넸다. 개시제는 일종의 사워매시sour mash[위스키 등의 증류에 쓰이는 산성 맥아즙]를 만들어내긴 했다. 그런 시행착오는 공정상 비중이 크지 않을 거라 보고 그리 걱정하지는 않았다.

또 다른 중요한 문제는 포도껍질과 꿀에 있는 야생효모에 완전히 의존해 자연발효를 할 것인지, 아니면 배양된 몇몇 효모를 넣어 처리과정을 도울지에 관한 것이었다. 우리는 두 번째 방식을 선택했지만 곧 어떤 효모종을 사용할 것인지를 두고 문제가 생겼다. 나는 몇 가지 품종을 제안했지만 거하트는 그것이 중국 토종인지 아니면 그저 9000년 동안 존재했던 것인지 의문을 품었다. 일본의 쌀와인이 중국 술의 직계자손이라 할 수 있기 때문에 우리는 결국 건조된 사케 효모를 사용하기로 타협했다.

우리는 칼라지오네가 처음 양조를 시작했을 때 사용한 소형 장비로 첫 작품을 만들어냈다. 델라웨어 주 레호보스비치Rehoboth Beach에 있는 그의 양조장 한구석에 치워두었던 오래된 큰 통vat 몇 개였다. 우리가 조치하는 모든 과정을 철저하게 관찰해달라고 래리 갤러거에게 부탁하고는 아침 9시에 양조작업을 시작했다. 솥에 쌀 맥아를 넣어 온도를 높이자 맥아즙(맥아에서 추출한 달콤한 액)이 나왔다. 나는 처리과정에서 분말 산사나무열매를 솥으로 쏟아넣는 것이 염려스러웠다. 입이 오므라들 정도로 신맛이 나는 이 열매가 너무 많이 포함되는 것은 아닌가 걱정됐다. 하지만 거하트가 미리 함량 기준을 정해놓았던 상태라 작업을 그대로 진행했다.

시간을 다투는 급한 일도 있었다. 미국 주류담배화기단속국ATF에서 술 제조 허가를 받아내는 것이 급선무였다. 다른 하나는 2005년 5월 맨해튼에 위치한 월도프아스토리아 호텔에서 예정되어 있던 시음회로 불과 몇 달밖에 남지 않아 시간이 촉박했다. 처음에 주류담배화기단속국은 산사나무열매 사용을 불허했다. 그 이유인즉 산사나무열매를 약초나 차 원료로 활용하는 것은 괜찮지만 술에 첨가해서는 안 된다는 것이었다. 우리는 아주 적은 양만 사용하고 있었기 때문에 사용처를 구분해야 하는지도 몰랐다. 그러한 구분은 정부기관만이 가능하고 조정할 수 있었다. 끝도 없는 절충 끝에 결국 산사나무열매 사용 허가를 받아내는 데 성공했다.

탱크 상태를 점검한 후에 신석기시대 술을 병에 담아 첫선을 보일 준비를 끝냈다. 물론 이 첫 작품은 언론의 환영을 받았다. 하지만 머리에서 걱정이 떠나질 않았다. 내가 생각하기에 이 술은 신석기시대 사람들이나 샤먼이 마셨던 술보다 훨씬 더 신맛을 지닌 것 같았다. 우리가 알고 있기로 고대에는 당분과 단맛이 으뜸가는 요소였다.

이 문제를 끄집어내 칼라지오네와 거하트에게 이야기했고 몇 달 뒤에 우리는 진전된 상황을 맞았다. 도그피시헤드 양조장의 또 다른 양조업자인 브라이언 셀더스의 도움을 받아 제조법을 개선했고, 그 결과 중국 음식과 완벽하게 어울리는 새콤달콤한 맛을 첨가할 수 있었다.

이러한 일들이 진행되는 동안 칼라지오네는 주술적인 환각에 빠져 있었다. 그는 긴 머리가 허리와 엉덩이까지 내려오는 벌거벗은 신석기시대 중국 소녀가 술을 갖고 자신에게 다가오는 꿈을 꾸었다고 이야기했다. 그는 뉴욕의 디자인 예술가 타라 맥퍼슨에게 샤토 자후Chateau Jiahu라는 이름의 신석기 그로그주에 붙일 자극적인 라벨을 만들어달라고 의뢰했다. 그녀는 라벨을 빛내는 여성의 허리에 수수께끼 같은 문신을 새겨넣었다. 물론 문신 역시 칼라지오네의 꿈에 나왔던 것이다. 그것은 사실 와인, 혹은 다른 여러 종류의 술을 나타내는 한자 酒인데, '술병酉'과 술병 주둥이 가장자리에서 떨어지고 있는 세 방울의 '액체水'를 나타낸 글자다. 이 글자는 기원전 1600년 상나라 때부터 현재까지 계속 사용되고 있다.

가장 최근 출시한 샤토 자후는 사람의 마음을 끌어당기는 포도향, 샴페인과 비슷할 정도로 아주 훌륭한 거품, 술잔을 계속 기울이게끔 하는 얼얼한 뒷맛, 황제黃帝와 황허 강에 어울리는 은은한 노란 빛깔까지, 모든 면에서 부족함이 없다. 산사나무열매, 머스캣포도, 야생화꿀, 탈곡하지 않고 사케 효모로 발효시킨 쌀 맥아의 조합 덕분에 술맛은 색다르면서 상당히 만족스러웠다.

우리는 이제까지 샤토 자후를 동서 해안에서 열리는 특별한 행사들에 한해 제공해왔다. 동해안에서의 행사는 2006년 10월 뉴욕 그린위치빌리지에 위치한 코넬리아스트리트 카페에서 열렸다. 꽤나 화려한 행사였다. 나의 오랜 친구이자 동료이며 노벨상 수상자이기도 한 로알드 호프만이 사회를 봤다. 과학과 예술적인 면이 공존했던 이 행사에서는 필라델피아 프랭클린연구소에 전시되었던 글라스하모니카glass harmonica[회전식 유리그릇에 각각 다른 양의 물을 담아 음을 내는 악기]에 물 대신 와인을 채워 연주한 음악이 시음회 동안 계속해서 흘러나왔다. 신나게 취한 사람들이 청중 앞에 있던 통에 들어가서 포도를 밟기 시작하자 우리는 검붉은 포도액 세례를 피하려고 몸을 수그렸다.

그림 6. 도그피시헤드크래프트 양조장 소유주인 샘 칼라지오네는 예술가 타라 맥퍼슨에게 "세계에서 가장 오래된 술"을 위한 라벨을 만들어달라고 의뢰하여, 꿈에서 영감을 받은 이 이미지를 실체화했다. 샤토 자후라는 이름은 중국 신석기시대 유적지 이름을 따서 지은 것이다. 이 유적지에서 쌀과 꿀 그리고 과일(산사나무 열매나 포도, 혹은 둘 모두)을 사용한 술 제조법이 탄생했다. 그리고 그것들의 잔여물은 유적지의 술병(그림 3 참고)에 보존되었다.(실제 그림은 아크릴화에 12×12인치)

12월엔 관련 행사 두 건이 샌프란시스코에 있는 아시아예술박물관의 후원을 받아 개최되었다. 그중 하나는 요리사이자 음식 저술가인 파리나 웡 킹즐리의 금문교가 내려다보이는 자택에서 열렸다. 중국식 정원 경치와 향기가 감도는 가운데 킹즐리는 샤토 자후와 어울리는 상하이 진미들을 쭉 진열해 내놓았다. 다음 날 밤 박물관에서 강의가 있었는데, 다섯 종류의 일본 사케와 신석기시대의 술을 비교하여 시음하는 것으로 마무리되었다. 이 행사는 트루사케True Sake 소유주 보 팀컨이 후원했다. 더 오묘하고 복잡한 맛을 지닌 샤토 자후가 확실히 승기를 잡은 듯했다.

특수화의 시대

자후의 신석기시대 거주자들은 우수한 발효음료를 제조했던 것으로 보인다. 그렇지만 연구에서 밝힌 것처럼 사람들은 결코 거기에 만족하지는 않았던 듯하다. 신석기시대는 하나라와 상나라가 지닌 고도의 주술적인 문명 속에서 정점을 이루었는데, 이 두 나라의 수도는 자후에서 약 300킬로미터 떨어진 황허 강 북쪽에 위치했다. 왕창쑤이와 함께 탄 안양행 야간열차는 당시 가장 광범위하게 발굴된 고대 도시 은殷으로 우리를 이끌었고, 그곳에서 고고학자 탕지건Jigen Tang을 만났다. 그는 유적지 안내를 도맡았다. 3000년 전 전성기 시절에 62제곱킬로미터에 이르렀던 그 지역은 80년 전부터 줄기차게 발굴되고 있었다. 그는 중요한 볼거리들만 소개한 뒤 황허 강 바지선으로 우리를 데려갔다. 그곳에는 화려한 연회가 준비되어 있었고 무엇보다 훌륭한 쌀와인을 실컷 마실 수 있었다.

상나라 통치자의 왕후가 묻힌 무덤으로 내려가는 길가에서 그 시대의 호화로움을 엿볼 수 있었다. 높고 완만하게 경사진 통로는 묘실로 이어졌다. 그곳에는 왕후가 말과 전차들에 둘러싸여 금이나 옥으로 된 장식품과 함께 매장되어 있었다. 전차들은 기동용으로 쓰였을 뿐만 아니라 초기 시대 샤머니즘적인 몇 가지 문헌(예를 들면 기원전 3세기에 쓰인 것으로 추정되는 『장자』)에서 자세히 이야기된 것처럼 하늘로 올라가는 용도로도 사용되었다. 전차들이 같이 묻혀 있는 이 무덤은 나로 하여금 메소포타미아의 우르Ur 왕릉(제3장 참고)을 떠올리게 했다. 그 왕릉의 왕후들 역시 금과 청금석 장신구로 꾸며져 전차들과 함께 매장되어 있었다.

안양의 발굴사무소로 돌아와서 탕지건은 진정한 보물을 내보였다. 상나라 때 만들어진 아름다운 청동 용기에 담겨 있던 **액체** 표본이었다. 그전까지만 해도 나는 중국에서 발굴된 것 중에 3000년 이상 보존된 액체는 없는 것으로 알고 있었다. 나는 넋이 나갔다. 탕지건은 내게 향을 맡아보라 했고 그것은 의심할 여지 없이 진짜였다. 그 액체는 셰리주Sherry[남스페인산의 독한 황갈색 포도주]처럼 약간 산화되었고 전통적인 방식으로 제조된 쌀와인이나 수수와인 특유의 향을 풍겼다.

그 액체는 합盉이라고 불리는 용기에서 나온 것이었다. 세 개의 발, 철물로 연결된 큰 손잡이와 뚜껑, 한쪽으로 튀어나온 주둥이를 지닌 이 용기는 주전자를 닮았다. 하지만 그 당시는 중국에서 차가 아직 등장하지 않은 때였다. 이 유명한 용기는 의식에서 수수와인이나 쌀와인을 따르는 데 사용됐던 것으로 알려져 있다. 액체는 증발해서, 담을 수 있는 최대 용량의 3분의 1가량만 남아 있었다. 뚜껑이 부식되긴 했지만 주둥이가 단단하게 고정된 덕분에 3000년 뒤 발굴될 때까지 밀봉되어 있었다.

최근에는 중국의 유적 발굴 현장, 특히 매장지에서 액체가 담긴 청동 용기들이 꾸준하게 발견되고 있다. 이 사실은 언론에 크게 보도되었다. 그 예로, 진시황제의 무덤(시안에 위치한 이 무덤의 연대는 기원전 210년이며 진흙으로 만들어진 병사들이 함께 묻혀 있는 것으로 유명하다)에서 26리터의 액체가 담겨 있는 뚜껑 닫힌 용기가 2003년에 발견되었다. 이 액체는 "맛깔스러운 향과 가벼운 맛"을 지녔다고 한다. 3000년 묵은 술은 어떤 맛을 낼까? 불행히도 아직 화학 분석이 이루어지지 않았고, 왕실의 와인을 마신다는 것 또한 가볍게 생각할 수 없는 일이다. 20퍼센트나 되는 납을 합금해 청동 용기를 만들었는데 상나라 황제들은 거기 담긴 술을 너무 많이 마시는 바람에 납에 중독되기도 했다. 이 점이 많은 후대 왕이 미치거나 자살한 이유를 설명해줄 수 있을지도 모른다.

나는 안양에서 발견된 액체 표본을 필라델피아로 직접 가져와서 일련의 과학실험을 실시했다. 우리 연구진은 밀봉된 용기가 매우 특별한 수수와인을 담고 있었다는 사실을 알아냈다. 이 액체는 신석기시대 그로그주가 아니었다. 이것엔 꿀이나 과일이 들어 있지 않았다. 대신에 베타아미린β-amyrin과 올레아놀산oleanolic acid이라는 두 방향족aromatic의 트리테르페노이드 화합물이 있었으며, 이는 방향성 나무인 엘레미과(감람과)에서 나온 수지가 액체에 첨가되었다는 것을 나타낸다. 똑같은 화합물을 만들어낼 수 있는 국화꽃은 또 다른 후보였다. 나는 근동 지역의 포도와인(제3장 참고)에서 소나무와

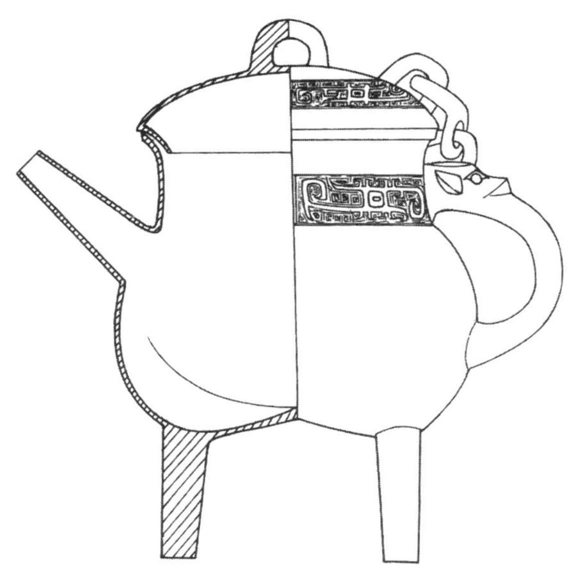

그림 7. 황허 강을 따라 들어선 안양 류자좡劉家莊의 상류층 무덤에서 발굴된 상나라 주전자(합盒).(번호 M1046:2. 기원전 1250~기원전 1000년, 높이는 30.1센티미터) 이것은 불가사의한 도철 문양으로 장식되어 있고, 발견 당시 액체가 3분의 1쯤 차 있었다. 3000년이나 지난 이 액체는 엘레미나무 수지, 혹은 국화꽃이 주입되어 향기가 좋고 셰리주와 비슷한 냄새를 간직하고 있었다.

테레빈나무의 수지가 첨가제로 쓰인 것을 발견한 일을 기억해냈다.

안양에서 발견된 액체는 약초를 쓰는 중국의 오랜 전통에서 한 단계 발전했음을 나타내는 것일까? 트리테르페노이드 화합물은 콜레스테롤을 낮추고, 암을 유발할 수 있는 프리라디칼을 찾아내어 제거하는 산화방지 특성이 있다. 그래서 이 화합물이 가미된 술은 분명 고대의 호흡기계통 질병 치료제 중 하나로 사용됐을 것이다. 또 베타아미린은 진통제이기도 하지만 맛있는 감귤향도 지닌다. 최근에 나는 고대 치료제 속 화합물의 의학적인 활용을 탐구하고자 펜실베이니아대학 의대암센터와 함께 프로젝트("고고학적 종양학: 발굴된 약품 탐구")를 시작했다. 인류는 수천 년 동안 시행착오를 겪으며 자연에서 치료제를 발견했을 것이고, 그 치료제는 우리가 찾아낸 고고학적 물품 속에 잠들어 있었던 것이다.

기차로 왕창쑤이와 정저우로 돌아온 뒤, 우리는 허난성문물고고연구소에 있는 장즈칭Zhiqing Zhang을 만났다. 그는 허난 성 지방을 총괄 담당했다. 장즈칭은 250킬로미터 동쪽에 위치한 루이鹿邑 창쯔커우長子口라는 곳에 있는 또 다른 상류층의 무덤에 관해 말해줬다. 이 무덤에서는 90개가 넘는 청동 용기가 출토되었고, 무덤을 처음 열었을 때 뚜껑이 닫힌 52개의 표본에 놀랍게도 4분의 1에서 2분의 1 정도 되는 액체가 담겨 있었다. 장즈칭은 내게 분석을 위한 액체 표본이 필요한지 물었다. 그가 재차 묻기도 전에 나는 뚜껑이 닫힌 유卣라는 용기에서 나온 액체를 담아놓은 작은 유리병을 쥐었다. 유는 안양의 "주전자"와 마찬가지로 불가사의하며 사나워 보이는 도철taotie[중국 신화에 등장하는 상상의 동물] 장식이 달린 길고 우아한 용기였다. 장식은 긴 뿔과 날카로운 눈매, 말려 올라간 윗입술을 가진 용의 얼굴, 혹은 새 형상이다.

놀랍게도 창쯔커우의 용기에서는 안양의 주전자에 담겨 있던 수수와인 흔적이라고는 없었다. 대신 쌀로만 만들어진 특수한 술을 담고 있었는데 장뇌camphor와 알파세드렌α-cedrene이라는 두 개의 모노테르펜monoterpene 성분으로 말미암아 3000년이 지난 뒤에도 술에서 좋은 향이 났다. 장뇌 냄새는 나방을 쫓을 때 사용되던 순수 혼합물 향만큼 강렬하지는 않다. 술에 들어 있는 표지 화합물들은 아마도 수지(넓은잎삼나무Cunninghamia lanceolata가 가장 유력한 후보일 것이다), 꽃(여기서도 국화가 일순위다), 혹은 쑥속에 해당하는 약초(약쑥을 포함한 것과 동일한 속이며 아주 쓰고 진한 압생트absinthe를 만드는 데 사용된다)에서 추출했을 것이다.

어떻게 해서 마취를 일으키고 향균작용을 하는 "약용" 와인이 제조되었을까? 발효가 끝난 뒤, 수집된 수지를 술에 바로 첨가했을 것이고, 술의 높은 알코올 농도는 테르페노이드를 용해하는 데 도움을 주었을 것으로 보인다. 꽃과 식물에 들어 있는 활성 화합물들은 향 제조공정과 마찬가지로, 물을 졸이거나 기름에서 추출함으로써 분리되었던 것 같다. 창쯔커우의 무덤은 스스로 가능성 높은 해답을 제공했다. 큰 청동 사발은 또 다른 방향족 나무(목서木犀, Osmanthus fragrans)의 잎으로 채워져 있었고, 이 사발에 한때 액체가 담겨 있었다는 것을 알 수 있는 국자가 있었다. 목서의 잎에서 꽃향기가 났는데, 오늘날 차를 우려낼 때처럼 이 향이 액체에 깊이 스며들었던 것 같다. 이와 유사하게 쑥이나 국화 역시 쌀와인에 첨가해 우린 다음 걸러냈을 것이다.

중국에서 가장 오래된 문자인 상나라 갑골문은 적어도 발효음료를 세 종류로 구분한다. 약초와인(창鬯), 달콤한 저알코올 쌀"맥주"나 수수"맥주"(예醴), 완전히 발효되어 걸러진, 알코올 함량 10~15퍼센트 와인(주酒)이 바로 그것이다. 고관 수행원과 양조자는 제조과정을 감독했으며, 왕족들이 하루 술 할당량을 공급받을 수 있게 했다. 그리고 연례행사나 특별한 경우에 쓰일 술 재고량이 충분한지 확실히 점검해야만 했다. 좋은 품질의 술을 만들기 위해 때때로 왕이 술을 검사하기도 했다.

그림 8. 연구실에서 3000년 된 수수맥주를 조사하며 "킁킁거리는" 필자. 안양의 상류층 무덤에서 출토되었으며, 뚜껑으로 꽉 닫힌 청동 용기(그림 7 참고) 속에 이 술이 보존되어 있었다.

상나라의 뒤를 이은 주나라는 아마도 상나라의 마지막 왕(주나라의 주周와 다른 한자 주紂를 쓰기는 하지만 상나라 왕임에도 역설적으로 주왕이라고 불렸다)을 비난했을 수도 있다. 상나라 주왕은 매일 밤 "주지육림酒池肉林"이라는 술과 고기로 가득 찬 술잔치에 빠진 술고래였다. 그럼에도 불구하고 주나라의 통치자들 역시 다른 왕조만큼 술을 즐겼던 듯하다. 상나라의 정교하면서도 세심한 술 관리체계는 주나라에도 계속 운영되었으며 실질적으로 더욱 강화되고 확장되었다. 적어도 두 종류 이상의 술이 『주례周禮』에 묘사되어 있다. 그중 하나는 과일로 만든 술(낙酪)이고, 다른 하나는 쌀이나 수수, 혹은 발효되지 않은 맥아즙으로 만들어진 술(요醪)이다. 양조기술의 발전은 의사를 뜻하는 한자의 변천과정에서도 찾아볼 수 있다. 의毉라는 글자에서, 무당을 의미하는 무巫가 주나라 때에는 술을 가리키는 유酉로 대체되어, 의醫로 바뀐 것이다. 이것은 술의 존재나 의미가 더욱더 상세해진 경향을 간단명료하게 보여준다.

상나라와 주나라의 청동 용기 수는 믿기 어려울 정도로 많다. 대부분의 용기가 그 당시 공식 알코올음료 한 종류를 담고 있었다. 대부분 얼리터우二里頭, 정저우鄭州, 타이시太溪, 톈후天湖, 안양처럼 황허 강이나 그 지류를 따라 위치한 주요 도심지의 상류층 무덤에서 많이 발굴되고 있다. 청동 용기의 생김새로 말할 것 같으면, 화려하게 장식된 세발 용기(작爵 · 가斝), 손잡이가 있는 잔(고觚), 술통(준尊), 술병(호壺 · 뇌罍 · 유卣) 형태가 있다. 각각의 모양은 술 제조법, 저장법, 대접법, 의식에서의 쓰임새, 궁극적으로는 술을 어떤 방식으로 마셨는지에 관해 많은 것을 알려준다.

오래된 중국 관습에 따르면, 술을 데우기 위해 불 위에 올릴 수 있게끔 긴 다리가 세 개 달린 용기가 필요했다. 그중 가장자리에서 돌출되어 곧게 서 있는 한 쌍의 다리(도철의 뿔을 상징하는 것 같다)는 술을 마실 때 방해가 될 수 있기 때문에 이 용기는 술을 담았다가 다른 용기에 따르는 데 사용되었을 가능성이 상당히 높다. 반면 수천 년 전에도 최고급 술을 차갑게 해서 마신 기록이 있다. 이는 서기 300년경에 만들어진 『초사楚辭』[중국 초나라 굴원屈原의 사부辭賦와 그의 작풍을 이어받은 제자 및 후인의 작품을 모아 엮은 책]에 실려 있는 시 한 편에 나타나 있다.

옥과 같은 술, 꿀의 달콤함이 날개 달린 술잔을 채우네.
얼음장을 삼키는 듯하며 티 없는 이 맛은
깨끗하며 좋고도 더없이 상쾌하구나…….

한 개의 손잡이가 달린, 즉 "날개가 달린Winged" 혹은 "귀가 달린eared" 깊이가 얕은 술잔은 종종 옥으로 만들어졌기에 차가운 술과 완벽한 조화를 이루었을 것으로 짐작된다.

중국의 위대한 청동 용기 중 상당수가 주酒 형태의 술, 혹은 약초주인 창鬯을 담고 있었던 것으로 보인다. 주나라와 한나라 때 창은 술에 수지가 함유된 나뭇잎을 우려내거나, 약초를 직접 첨가하는 방식으로 제조된 것으로 알려졌다. 우리의 화학 분석 결과는 고문古文 해석 작업에 도움을 주고 있다. 또한 이렇게 분화된 여러 종류의 술은 중국 고유의 방법인 곰팡이 당화작용이나 녹말분해로 만들어졌다는 사실을 확실하게 해준다. 이 전통 방식에서는 중국 각 지역에 자생하는 곰팡이나 균류(누룩곰팡이Aspergillus, 거미곰팡이Rhizopus, 홍국곰팡이Monascus)를 사용하는데, 곰팡이는 쌀과 여타 곡식 안에 있는 탄수화물을 단순한, 발효 가능한 당분으로 분해한다. 역사적으로도 누룩은 쪄낸 곡류나 콩류 위에 두터운 곰팡이를 키우는 방식으로 처음 만들어졌다. 선사시대 중국의 주요 곡식이었던 쌀과 수수는 아마도 초기 시대 배양기 역할을 했던 것으로 보인다.

효모는 브뤼셀 램빅맥주 양조장의 경우와 마찬가지로 술 발효과정에 우연하게 침투했다. 곤충이나 벌레가 옮겨오거나 오래된 목조건물의 서까래에서 떨어졌다. 오늘날 쑥Artemisia을 포함한 100가지 정도의 특수한 약초들이 누룩을 만드는 데 사용되며, 그중 몇몇은 효모 활동성을 일곱 배까지 증가시키는 것으로 나타났다. 타이시에서 발굴된 술병 안에는 이미 사용된 효모세포 찌꺼기가 하얗게 응고돼 있었고 그 덩어리는 무게가 8.5킬로그램이나 나갔다. 그 효모세포는 틀림없이 엄청나게 강렬한 맛이 나는 술을 만들었을 것이다.

다양한 재료로 만들어진 자후의 신석기시대 그로그주 발효과정을 결코 자세하게 알 수는 없을 것이다. 하지만 적어도 상나라 때의 술과 유사한 전통 쌀와인이 어떻게 제조되었는지는 직접 목격할 수 있다. 상하이 동남쪽으로 향하는 기차가 지나는 길에 있는 사오싱紹興의 작은 마을에서는 쌀을 쪄내 고온과 저온에서 두 번 발효시켜 진흙으로 도포된 병에 술을 걸러내는 광경을 볼 수 있다. 대나무와 연꽃잎, 제작연도를 알려주는 쪽지로 각각의 용기 입구를 채우는 과정이 최종 밀봉작업 직전에 추가된다. 용기의 외관에는 대개 다채로운 꽃과 여자아이들이 밝은 톤으로 그려져 있다. 여자아이가 태어났을 때 이 술병("붉은 딸nuer hong")을 땅에 묻었다가 그 딸이 결혼할 때 찾아내어 개봉하고 마시는 전통이 있었기 때문이다.

갑골문과 다른 고문들에 따르면, 사오싱은 중국에서 처음 술이 제조된 곳이다. 자후 유적지 분석 결과들이 사오싱의 전설을 약화시키고 있기는 하지만, 전설에 따르면 대우大禹의 딸이 기원전 2000년에 최초의 술을 만들었다. 위대한 우Mighty Yu라는 이름을 가진 그녀의 아버지는 중국 최초의 세습왕조인 하夏나라를 개국했다. 전설에 따르면 우 임금은 노아처럼 대홍수에서 살아남았을 뿐만 아니라, 수로와 둑을 건설해서 중국의 젖줄인 황허 강와 양쯔 강이 범람하는 것을 막았다고 한다. 그는 치수가 잘 이루어지고 있는지 순시하던 중 사오싱에서 사망한 것으로 알려져 있다. 우 임금의 거대한 동상은 인근에 위치한 그의 무덤 안에 여전히 장엄한 광채를 드러내며 서 있다.

나는 베이징 출신 미생물학자 청광성과 함께 사오싱을 방문했다. 우리는 그 마을의 오래된 술집에 들어가 유명한 노란색 쌀와인을 맛보았다. 50년 이상 된 이 술 대부분은 이 지역 고유 미생물의 속성이 잘 반영된, 셰리주와 흡사한 향과 맛을 지니고 있었다. 그 지방의 진미 "역겨운" 취두부도 먹었다. 술잔을 시냇물 위에 띄워 시를 한 수 짓고 그 잔이 정박한 곳에서 술을 마셨던 예술가와 시인들에 대한 낭만적인 이야기도 들었다. 그 일을 재현해보고 싶은 유혹이 있었지만 고대 양조법에 관한 식견을 쌓겠다는 원래의 목표에 집중했다. 청광성과 각각의 전통을 고수하고 있는 양조장을 되는대로 둘러보았다. 우리는 술을 시음해보라는 많은 요청을 즐거이 받아들였으며, 이는 술이 어떻게 만들어지는지 배울 좋은 기회였다.

나의 흥미를 끈 고대 기술유산은 녹말을 분해하고 발효시키는 데 누룩을 사용한다는 점이었다. 각 양조장에는 큰 방이 있었는데 면

하나의 길이가 족히 1피트나 되는 누룩 덩어리들이 높게 쌓여 있었다. 선사시대와 역사시대의 중간인 원사原史시대 중국의 양조자들은 곡물을 당화하고 발효시키기 위해 특별한 곰팡이들을 사용할 수 있게 되면서 곡물을 씹어내거나 맥아를 만드는 방식의 제조공정을 거칠 필요가 없는 단계에 이르렀다. 이는 또한 신석기시대 그로그주 제조자들에 비해 당분과 효모를 공급하는 꿀이나 과일을 덜 쓴다는 것을 의미한다. 중국 문화가 발전하면서 선사시대 그 독한 술의 인기는 점차 떨어졌고, 상나라와 주나라 때 용기 안에 보존된 액체와 같은 수수와인과 쌀와인이 그 자리를 대신했다.

과일과 꿀이 중국 술에서 완전히 자취를 감춘 것은 아니다. 상나라 도시인 타이시에서 이 지역의 술 산업이 활발했고 다분화되었음을 보여주는 많은 깔때기와 유별나게 생긴 용기들이 발견되었다. "장군의 투구general's helmet"라고 불리는 한 도기는 액체에서 생기는 침전물을 모으는 용도로 가장 이상적인 뾰족하면서도 우묵한 밑바닥 모양을 갖고 있었다. 앞서 소개한 효모들 가운데 하나를 함유한 또 다른 술병에는 전동싸리sweet clover, 재스민jasmine, 삼麻의 씨앗들뿐만 아니라 복숭아, 자두, 중국 대추씨가 들어 있었다. 우리는 이 술이 얼마나 맛있고 사람들을 취하게 만들었을지 그저 상상만 할 수 있을 따름이다. 상나라 술 가운데 고전으로 여겨지는 낙酪은 과일로 만들어졌고, 심지어 몇몇 학자는 낙이 자후의 그로그주보다 더 오래된 중국 최초의 술이라 믿고 있다. 또한 오늘날 중국의 많은 지역에서 인기를 끌고 있는 술(쑤저우 미주蘇州米酒)은 쌀로 만든 와인에 신선한 과일이 들어간 것이다.

세월의 간극을 메우다

언제부터 곰팡이 당화작용이 발효음료를 만드는 유일한 기술이 되었을까? 내가 중국 고고학에 쉽게 입문하도록 만들어준 앤 언더힐은 기원전 7000년의 자후와 상나라 사이 6000년에 달하는 간극을 답사하게 만든 장본인이다.

중국에서 발굴 작업을 재개한 최초의 미국 고고학자들 가운데 한 명인 그녀는 황허 강이 황해로 흘러들어가는 아주 비옥한 지역에 위치한 산둥 성 동남 지방을 조사했다. 시카고필드자연사박물관과 지난濟南에 있는 산둥대학 동료들과 함께한 발굴 작업에서, 언더힐은 기원전 2600~기원전 1900년대에 존재했던 룽산문화龍山文化 시대의 가옥과 무덤을 발견했다.

고대 산둥 지방은 정교하게 만든 술잔이 매우 많은 것으로 특히 유명한데 이는 무덤에서 주로 발견되고 있으며, 다원커우문화大汶口文化 시대(기원전 3000~기원전 2600년경)에 인기가 급증한 것으로 보인다. 룽산문화 시대의 용기는 정교하면서도 몸체가 길고 검은빛이 번쩍이며 달걀껍데기처럼 얇은 도기로 만들어졌다. 어깨가 높고 고리 모양의 손잡이 한 쌍을 가지고 있어 자후의 술병을 생각나게 만드는 우아한 병(뇌罍)도 있었다. 우리는 이 세련된 술병에서 현대 쌀와인의 흡수성과 증발성을 시험해보고 싶었다. 그래서 한 도공에게 그 지역의 흙으로 뇌를 복제해서 볼록한 뚜껑을 만들어달라고 요청했다. 예상대로, 아무리 높은 온도에서 구워진 도기라 할지라도 세공이 제법 많았고, 청동 주물처럼 액체의 증발을 늦추어주지도 않았다. 하지만 나는 이 우아한 물건을 화학 분석을 할 목적으로 깨뜨리는 것을 주저했다.

다리 세 개와 주둥이가 달린 주전자 규鬹도 연구 대상으로 선택했다. 이것은 청동으로 만들어진 후기 상나라의 표본 작爵과 거의 흡사했다. 연구용 도기 선정을 마칠 무렵 우리는 술잔, 병, 대접, 주전자 심지어 시루를 올려놓는 선반과 소쿠리까지 거의 모든 종류의 용기를 모을 수 있었다.

표본 27개에 대한 화학 분석은 알코올음료를 제조하고 저장하거나 마실 때 쓰였을 것으로 짐작되는 용기에 초점을 맞추었다. 이 표본들을 미국으로 가져가 실험하는 것이 허용되지 않았다. 그래서 언더힐은 마을 근처에 도움을 줄 수 있는 사람을 심어두었다. 그 지방의 중학교 화학선생인 천라오스Laoshi Chen는 수업이 없을 때 자신의 실험실을 쓰도록 배려했다. 우리는 르자오日照에서 유리그릇과 용매를 어렵게 구했다. 메탄올과 클로로포름에 토기 조각을 넣고 가열을 시작했다. 쉬는 시간 동안 학생들과 탁구시합을 했는데 내가 모두를 물리치자 다들 놀라워했다. 사실 나는 고등학교 시절 교내 탁구 챔피언이었다. 실험 중에 증류수가 부족해지자 천 선생은 증류수가 계속 유입될 수 있는 장치를 즉석에서 만들어주기도 했다.

우리는 미국으로 다시 돌아와서 추출물을 실험했다. 그 결과 이 술이 과일(포도나 산사나무열매), 쌀, 꿀을 조합한 자후의 그로그주와 매우 흡사하다는 것이 확연히 드러났다. 룽산문화에 해당한다고 여겨지는 유물 가운데 포도씨는 비록 세 개밖에 발견되지 않았지만, 량청 진 그로그주에서 야생포도를 사용했을 가능성은 충분하다. 오늘날 중국 동쪽 산둥 지방에는 야생포도 열 종이 자라고 있으며 중국에서 포도의 기원은 이 지역으로 거슬러 올라간다.

황허 강이 산둥을 관통해 흐르기 때문에 량청 진은 상류 지역의 발효음료 제조기술 등의 발전과 접촉했을 것이다. 자후 술과 비슷한 량청 진 술은 당시 곰팡이 당화기술이 강 유역에는 정착하지 못했음을 나타내고 있다. 그러나 분석 결과, 식물수지나 약초가 그로그주에 첨가됐다는 화학적 징후를 포착했다. 주술적인 술 제조자들이 훗날 상나라의 창鬯이라는 약용와인을 개발하고 있었다는 사실이 드러날 것이었다. 제조과정에서 그들은 특별한 약초와 곰팡이의 또 다른 성질을 발견했다. 쌀과 수수를 당화하고 발효를 촉진하는 데 유용하게 활용할 수 있었던 것이다.

추출물을 분석한 결과, 알쏭달쏭한 재료를 발견했다. 바로 보리였다. 맥주와 빵을 만드는 주요 성분인 보리는 중동에서 건너왔고, 그 지역에서는 기원전 8000년경부터 재배되기 시작했다. 이 곡물은 술을 만들 때 특히 유용한데, 보리를 발아시키면(맥아) 녹말을 당분으로 쪼개는 디아스타아제를 많이 만들어내기 때문이다. 버드와이저나 밀러 같은 오늘날 미국의 대형 양조업체는 맥주에 배합된 쌀을 당화하기 위해 보리의 이러한 특성을 이용한다. 유적지에서 보리의 낟알이나 다른 식물이 존재했다는 증거가 전혀 발견되지 않았다는 점에서 량청 진 술 분석 결과는 다소 아리송한 측면이 있다.

현재까지 밝혀진 증거상으로는 보리가 동아시아로 건너오기까지 오랜 시간이 걸렸다. 파키스탄 서부 발루치스탄Baluchistan에 기원전 5000년경 보리가 존재했다는 사실이 증명되었다. 중앙아시아의 보리 존재 시점인 기원전 3000년에서 앞당겨진 것이다. 룽산 유적지에서 이따금 나오는 식물학적 발굴물은 기원전 2000년까지 보리가 점점 동쪽으로 진출했음을 보여준다. 우리는 보리가 산둥 지방에서 황해를 건너가, 한국과 일본에서 기원전 1000년경에 재배되었다는 사실을 알고 있다. 나는 량청 진에서 보리 증거가 발견되는 것이 시간문제라 생각한다. 보리가 불에 타서 탄화되지 않는 한 그 습한 연안은 식물 잔존물을 보존하는 데 좋은 환경이기 때문이다.

량청 진의 혼합주를 담고 있는 용기의 출토 지점을 표시해보면 술의 종교적인 중요성이 드러나기 시작한다. 질 좋은 검은 고블릿이 무덤에서 나왔는데, 그것은 망자가 생전에 애지중지하던 물건이었거나 장례식 봉납물이었을 것이다. 수백 개의 온전한 술병과 발이 세 개 달린 규鬹, 그리고 더 많은 술잔으로 빽빽하게 채워진 구덩이들이 매장지 근처에서 발견되었다. 그런데 왜 이런 유용한 용기들이 버려졌을까? 자후의 경우와 몇 세기 뒤 황허 강의 주요 도시 공동체의 경우에서처럼 조상들을 위한 의식을 치른 후 먹고 남은 찌꺼기를 담아놓은 것일 수도 있다.

우리는 장례식 연회가 설득력이 없어 보이진 않는다는 결론에 이르렀다. 늦은 오후, 기온이 영하로 떨어졌을 때 우리는 발굴사무소에서 유일하게 따뜻한 방에 옹기종기 모였다. 입김이 유리창에 맺혀 흘러내렸다. 우리는 황해에서 잡힌 홍합, 왕새우, 온갖 종류의 생선 등 신선한 해산물을 마음껏 먹었다. 또 독일인들이 중국에서 최초의 유럽식 라거맥주를 만들어 그곳 마을 이름을 따서 붙인 칭다오라는 맥주를 종종 마셨다.

량청 진에서 출토된 용기들의 화학 분석은 자후와 상나라의 간극을 부분적으로 메워줬다. 하지만 상나라가 시작되기 전인 기원전 제2천년기 초기라는 중대한 시기에 대해 더 많이 알아낼 필요가 있었다. 하나라의 위대한 우 임금의 딸이 중국 최초의 술을 발견했다는 이야기가 곰팡이 당화작용 도입을 의미하고 있다면, 이 전설은 어느 정도 진실성을 담고 있다는 생각이 든다. 하나라의 더 많은 표본을 찾아나서지는 않았지만 그 대신, 현대 학계에서 흔히 있는 일이지만, 뜻밖의 초대를 받았다. 하나라를 조사하는 핵심 연구원들 가운데 한 명인 류리Li Liu로부터 메일이 온 것이다. 그는 나에게 후이쭈이灰嘴와 얼리터우 근처에 있는 유적지에서 출토된 도기를 분석하는 일에 관심이 있는지 물었다. 얼리터우는 하나라 수도로 여겨지고 있기 때문에 이 작업이 룽산문화 시대와 상나라의 간격을 메우는 데 필요한 증거들을 제시해줄지 모른다는 생각이 들었다.

술을 노래한 중국의 시인들

3세기 초, 중국에서 술을 찬양하는 희한한 시인 무리가 출현했다. 한나라의 몰락과 함께 유교사상의 지식과 형식성은 실패한 것처럼 보였다. 죽림칠현竹林七賢으로 알려진 이 시인들은 오랜 전통의 샤머니즘과 술로 고취된 탈속脫俗적인 영감에 의지해 과거의 종교적인 삶을 소생시켰다. 도교의 자유와 자연주의를 강조하면서 그들은 스스로를 고독한 지식인이자 자연애호가로 칭했다. 이들은 대나무 숲에서 생활하며 철학을 논하고 음악을 연주하며 시를 짓고 대부분의 시간을 술 마시며 보냈다.

당나라의 통치자들이 7세기에 당시 보기 드문 개념이었던 국제주의와 창의성을 도입했을 때, 술을 노래한 또 다른 세대의 시인들은 그 생동감 넘치는 시대를 글로 표현했다. 여양왕 이진李璡은 음중팔선飮中八仙 중 첫 번째 시인이었다. 그의 정서는 「초월적인 예술을 배우려는 제자들에게」라는 시에 잘 드러난다.

영생초를 얻기에 너무도 멀구나 층층이 켜를 이룬 도시여.
(…)
풍악을 울리는 이들은 어디로 갔는가?
술동이 속에서 솔잎이 익어가니 봄이요,
국화가 술잔 속에 노니나니 가을일세.
우연히 서로를 만난다면, 함께 향긋한 술에 빠지구려.
취하다보면 묘약이 든 술잔을 들지 못하게 되지 않겠소.
(Warner, 2003:82)

이 시에서 이진은 도술을 상기시키는, 음악이 울려퍼지는 또 다른 세계를 암시한다. 동시에 그는 솔잎과 국화로 만들어진 좋은 술을 직접적으로 표현한다. 국화주는 특별한 맛과 황제를 상징하는 노란 빛깔로 오랫동안 귀중한 술로 여겨졌다. 당나라에서는 홍국곰팡이Monascus로 만든 붉은색 술, 녹색 "대나무"와인, 후추와 꿀이 든 와인 등 여러 색상의 술을 골라 마실 수 있었다. 모든 시대를 통틀어 중국에서 가장 유명한 시인인 이백이 강에 비친 달을 끌어안으려다 물에 빠져 죽었다는 전설은 놀라운 일이 아니다. 그는 이미 다음과 같은 시를 적어두었다.

꽃 사이에서 한 동이 술을
홀로 마시며 벗하는 이 없다.

술잔 들어 밝은 달을 맞이하니

그림자까지 마주하여 모두 셋이로구나.

(Berger, 1985)

일본에서는 어떤 일이 일어났는가?

돌니베스토니체Dolní Věstonice의, 도기와 같은 방식으로 구워진 2만6000년 전의 점토 입상(제9장 참고)을 제외하면 일본은 세계에서 가장 오래된 도기 가운데 몇 점을 소유하고 있는 나라다. 그것은 바로 초기 조몬 시대繩文時代 도기들로 그 연대가 지금으로부터 1만2000년 전(B.P.)으로 거슬러 올라간다. 내가 예상했던 대로 중국은 이제 일본을 능가하기 시작했다. 방사성탄소연대 측정법에 따르면, 서남쪽 후난 성湖南省 다오 현道縣에 있는 위찬옌玉蟾巖 동굴에서 출토된 도기가 1만5000년 전(B.P.)에 제작된 것이라고 탐사 공동감독자이며 하버드대 교수인 오페르 바요세프는 보고했다. 발효음료의 발달과정에서도 중국은 우위를 점하고 있다. 우리가 자후 그로그주를 쌀와인의 한 종류로 볼 때, 그것은 일본의 사케를 7000년 이상 앞서게 된다. 쌀 재배와 곰팡이 당화작용이 중국에서 발달하지 않았더라면 사케는 존재하지 않았을 것이다. 일본은 서기 3세기가 되어서야 중국으로부터 양조 전통을 배웠다.

초기 조몬 시대 도기의 화학 분석이 아직 이루어지지 않았다는 것은 인정한다. 이 도기 대부분은 발효음료를 제조하고 마시는 데 쓰인 커다란 사발이다. 음주 문화에 안성맞춤인 주둥이가 튀어나온 큰 술병, 목이 높은 병, 화려하게 장식된 사발 등 불과 기원전 400년에 만들어진 것으로 추정되는 후기 조몬 시대 도기도 아직 실험을 거치지 않은 상태다.

고대 일본 문화에서의 알코올음료 역할을 기술한 문헌에 따르면, 확실히 일본은 중국에게 빚지고 있다. 당나라의 음중팔선이 재미있는 이야기를 사람들에게 들려주고 있을 당시 일본에도 술을 노래한 시인들이 있었다. 8세기에 오토모노 다비토大伴旅人는 「술을 칭송하는 송가 열세 편」에서 다음과 같이 노래했다.

고요히 앉아 있으며 현명한 행세를 할 바에
사케를 들이켜고 야단을 떨어보구려
그 흥이 도무지 비견될 수 없구려
(Berger, 1985)

중국과 마찬가지로, 사케는 장례식 연회에서 제공되었고 신에게 봉헌되었다. 술의 신, 대국주신大國主神을 모시는 신사들이 나라奈良[오미와 신사大神神社]와 교토[마쓰노오 대사松尾大社]의 주요 양조 구역에 있다. 삼나무Cryptomeria cypress tree에서 채집한 침엽 뭉치는 여전히 이 신사에서 만들어지고 있으며 이것들은 그 양조장 서까래에 매달려 있다. 이는 사케가 제조되고 있다는 것을 알리기 위해서다. 솔잎과 나뭇진이 와인에 들어가던 시절을 생각나게 한다.

양조기술이 일본으로 전해졌을 때 곰팡이 당화작용 방식으로 중국의 쌀와인처럼 사케를 제조했다. 그러나 상대적으로 일본은 지리적으로 고립되었기 때문에 미생물이 다양하게 존재하지 않았다. 이에 따라 다른 방식의 접근이 필요했다. 쌀 낟알의 겨를 많이 벗겨내자("정미精米") 더 정제된 술을 만들 수 있게 되었다. 발효과정에 사카로미세스 세레비시아 한 종만 사용한 이유는 앞서 언급한 원리와 동일하다. 술을 깨끗한 상태로 유지하기 위해 첨가제를 제거해야 했다. 하지만 이로 인해 미적인 면과 과학적 방법론의 관점에서 다양한 향이 사라지게 된 것은 아닌지 다시 생각해볼 필요가 있다.

제3장

근동의 도전

기원전 7000년 중국의 신석기시대 그로그주는 문명이 근동에서 시작되었다는 전통적인 개념에 도전하고 있다. 나는 펜실베이니아대학에서 근동의 고고학과 역사를 연구했으며, 중국과 인연을 맺기 전까지 중동에서 발굴 작업을 하면서 경력의 대부분을 쌓았기 때문에, 나 역시 같은 선입견을 가진 채 1999년 중국으로 갔다. 중국 이야기는 근동의 모든 문헌에서 로마 시대까지만 해도 전혀 언급된 바 없다. 심지어 인류의 역사와 만물에 대한 일반 사항을 알려주는 성서에서조차 중국에 관한 내용은 쏙 빠져 있다. 마태복음(2장 1~12절)에는 세 명의 동방박사가 동쪽에서 예수의 출생지인 베들레헴까지 별을 따라간 이야기가 나온다. 하지만 이 신비한 사람들도 아마 이란에서 그리 멀지 않은 지역 출신의 조로아스터교 사제였을 것이다.

나는 다른 이유로 인해 근동을 문명의 발상지라 생각하려는 경향이 있었다. 고대 발효음료를 화학적으로 식별한 첫 번째 성공작이 바로 이 지역의 표본에서 나왔기 때문이다. 게다가 한 이론에 따르면, 지금으로부터 10만 년 전(B.P.) 현생 인류가 아프리카에서 벗어나 밟아온 길은 온화한 기후와 이용 가능한 다양한 동식물이 있는 중동 지방으로 이어진다.(또 다른 경로로는 홍해 남쪽 끝에 있는 바브엘만데브Bab el-Mandeb 해협을 건너 아라비아 반도로 오는 길이 있었다.) 현생 인류는 시나이 육로를 통과해 북쪽 경로를 따라 구릉지에 위치한 이스라엘과 팔레스타인으로 나아갔고 풀이 우거진 요르단 계곡으로 내려갈 수 있었다. 또한 다마스쿠스의 오아시스 북쪽과 그 너머로 동아프리카의 그레이트리프트밸리를 쭉 따라 나갈 수 있었다. 동쪽으로 가기 위해 이 만만찮은 육지의 장벽을 넘기 전, 진취적인 조상들은 새로운 땅의 가능성과 불가사의를 탐색하는 시간을 가졌을 것이다. 이러한 추리과정에 따라, 중국에서 발효주가 발견되기 전까지만 해도 나는 중동에서 발효주가 개발되었다고 생각했다.

문명화된 세계의 가장자리에서

신기 있는 무당이 장차 내게 벌어질 일을 알려주었더라면. 1988년 버지니아 지니 배들러에게서 걸려온 전화는 현재까지 20년 넘게 진행 중인 고대 중동 지방 발효음료 연구의 첫 단추가 되었다. 그녀는 큰 병에 들어 있던 불그스름한 침전물을 주의 깊게 관찰했고 그것을 와인 찌꺼기라 믿었다.

배들러는 이란 서부의 자그로스 산맥 중심부 높은 곳에 위치한 고딘테페Godin Tepe라는 고고학 유적지에 대해 설명했다. 토론토의 왕립온타리오박물관이 수행한 발굴 작업에서 드러났듯이 메소포타미아의 티그리스·유프라테스 협곡 저지대, 그러니까 현재 이라크 남부 지방에 살던 최초의 도시 건설자 중 일부는 해발 2000미터 이상의 높은 산에도 진출했다. 호람 강을 따라 들어선 고딘테페는 그들의 주거지로부터 수백 킬로미터 떨어져 있다. 도시 건축가들은 그곳에 군사 및 교역 기반시설을 만들었다. 그 시기는 약 기원전 3500년에서 기원전 3100년 사이로 이 지역의 고고학자들은 이 시기를 후기 우루크 시대라고도 부른다.

후기 우루크 시대는 최초의 법전, 최초의 관개시설, 최초의 관료제도 등 많은 '최초'로 잘 알려져 있다. 그중에서도 특히 세계 최초로 문자체계를 개발한 것으로 유명하다. 인쇄술이 발명되기 이전만 해도 기록관들은 우르, 우루크, 라가시Lagash, 키시Kish 같은 큰 도시들의 궁궐이나 신전에서 일어나는 복잡한 책략의 중심에 있었다. 점토판 위에 도식적인 상형문자들을 첨필尖筆로 새겨넣음으로써 그들은 경제적 거래, 헌납, 공물에 대한 사항을 항상 빠짐없이 적었다. 그들은 또한 훗날 「길가메시 서사시Gilgamesh Epic」와 「창세기」에 나오는 인류와 신의 역사도 함께 그렸다. 이 정보는 수메르어로 기록되었는데 수메르어는 어떤 다른 언어체계와도 유사성이 없는 것으로 알려져 있다. 자후 유적지의 거북이등딱지 위에 새겨진 것과 같은 상형문자는 사물이나 생각을 표현한 것이다. 하지만 메소포타미아 기록관들은 각각의 기호나 약호를 단어나 문장으로 결합하는 등 한 걸음 더 발전된 단계까지 나아갔다.

때마침 카룬 강의 범람원에서 물이 넘쳐났고, 티그리스·유프라테스를 끼고 진행되던 도시 개발은 현재 이란의 시라즈와 고딘테페 하류가 있는 동쪽으로 방향을 틀었다. 다른 언어를 사용하는 사람들(원시 엘람인)은 이미 도시국가인 수사Susa에 자리를 잡았다. 그들의 물질 문화는 이웃 국가 문화와 별반 차이가 없었다. 그들은 유사한 쐐기문자 목록을 가지고 있었으며 동일한 문자 표기체계를 공유했다.

배들러는 약호가 새겨진 43개의 점토판들이 후기 우루크 고딘테페의 평지에서 발견되었다고 말해주었다. 독특한 저지대 건축양식과 수입된 도기도 발견할 수 있었는데, 이 모든 것은 저지대에 살았던 사람들의 존재를 알려주는 것이라고도 했다. 점토판과 기타 인공 유물에 새겨진 글자는, 그것이 고대 수메르어든 엘람어든 간에, 그 자체만으로 판단하기엔 근거가 불충분했다. 다만 수사 평원에서 호람강으로 올라가는 직통 경로가 있었기 때문에, 고딘테페 유적 발굴가들의 생각은 점토판에 고대 엘람어가 적혔을 것이라는 쪽으로 기울었다.

점토판 하나가 유독 내 관심을 끌었다. 주둥이가 좁고 밑부분이 뾰족한 병 모양의 도기 용기(고대 수메르어로는 dug)를 뜻하는 기호가 표현돼 있었다. 또한 세 개의 원 한 묶음과 세 개의 세로획 한 묶음이 새겨져 있었다. 원은 숫자 10을, 세로획은 1을 의미한다. 그렇다면 총 33개의 술병이 판 위에 기록된 것으로 볼 수 있다. 아쉽게도 더 이상 상세한 내용은 발견되지 않았다. 하지만 나는 우리 연구진의 화학 분석법이 용기가 담고 있던 그 무언가에 대한 한 줄기 희망을 던져줄지 모른다고 생각했다.

그것들이 고대 수메르어로 적혔든 엘람어로 적혔든, 어쨌든 초기 개척자들이 이처럼 멀리 떨어진 장소에 자리잡은 이유는 고지대의 풍부한 자원을 이용하기 위해서였다. 그들은 금과 구리 같은 금속과 준보석準寶石에 속하는 광석들, 건축용 목재들 혹은 저지대에서 키울 수 없거나 생산이 불가능한 다수의 유기농산물을 얻었다. 산의 무성한 목초지는 양질의 직물섬유와 유제품을 생산하는 양과 염소에게 좋은 영양분이 되었다. 많은 식물(그중에서도 야생유라시안포도)은 메소포타미아 저지대의 건조하고 뜨거운 기후를 견디진 못해도 고지대에서는 무성하게 잘 자란다.

고딘테페는 저지대 발전을 촉진한 광범위한 교역망의 한 고리에 불과하다. 하지만 이곳은 술을 포함한 물품을 종종 거래하던 장소가 어떻게 장거리 교역의 통로가 될 수 있는지를 잘 설명해준다. 뒤늦은 판단이지만 이제야 나는 고딘테페가 서쪽의 메소포타미아 도시국가들에만 치우쳐 교역을 한 것이 아니라는 사실을 알았다. 고딘테페는 짙푸른 광물 청금석의 주요 공급국 중 하나인 동쪽의 아프가니스탄과도 접촉했다. 사실 이 유적지는 아시리아와 페르시아 제국의 주요 도로인 하이 로드The High Road, 혹은 호라산 로드The Great Khorasan Road를 따라 위치해 있다. 이 경로들은 훗날 유명해진 비단길과 연결되었다.

호라산 로드는 자그로스 산맥을 통해 높은 지대의 이란 고원, 동쪽의 주요 거점들과 이어지는 몇 안 되는 경로 중 하나다. 깊은 협곡 사이로 난 구불구불한 길과 가파른 산비탈을 가로지르는 뒤틀린 길을 거쳐야 하지만 말이다. 왕과 장수들은 몇 곳의 높은 절벽 위에 올라 여기에 후세를 위한 그들의 성공담을 기록해두었다. 예를 들어 페르시아 제국의 다리우스 대왕Darius the Great은 베히스툰Behistun("신의 땅")이라는 인상적인 산봉우리에 올라 자신이 거둔 승리에 대해 조로아스터교의 창조신인 아후라 마즈다Ahura mazda에게 감사드렸다. 그리고 고대 페르시아어, 엘람어, 바빌로니아어의 쐐기문자를 사용해 역사적 의미가 있는 비문을 새겨넣었다.

신석기 인류, 혹은 구석기 이주자들은 하이 로드의 최초 개척자였을 것이다. 그들은 후손들이 그랬듯 기록을 남기지 않았으며, 길

중간중간에 있을 만한 역사驛舍들의 고고학적 증거도 아주 희박하다. 하지만 더 나은 길이 없기 때문에 초기 인류가 이 길을 따라 이동했을 것이라 생각할 수밖에 없다. 실제 내가 주장하는 바처럼 신석기시대 이런 여행자들이 우연이든 의도적이든 식물들을 재배하고 발효음료를 만드는 방법에 관한 지식을 전파했을 가능성은 매우 높다. 이러한 지식들은 양방향으로 광활한 중앙아시아를 가로질러 점차 이동하면서 그 길을 따라 존재하던 여러 문화권에 커다란 영향을 주게 되었다.

고딘테페에서 나온 증거들은 비록 연대상으로 7000년 뒤의 것이지만 이 신석기시대 시나리오와 잘 맞아떨어진다. 기원전 제4천년기 후반, 저지대 출신 이방인들은 고지대 환경의 대부분을 만들었다. 그들은 소위 흙무더기 요새 위 타원체Oval on the Citadel Mound라는 것을 건설하고 유지했다. 술병들에 관한 배들러의 최초 추측은 맞는 것으로 증명되었다. 여러 지역에서 발굴된 수많은 술병 바닥과 옆면에서 그녀가 관찰한 붉은 침전물은 포도와인 잔여물이었다. 분석 결과는 중동 지방 포도의 화학적 지문이라 할 수 있는 화합물인 타르타르산이 존재했음을 보여주었다.

우리는 20번 방에 있는 특이한 외형의 술병 두 개부터 조사하기 시작했다. 각각의 높이는 60센티미터, 용량은 30리터였다. 유적지의 다른 것들과 확연하게 대조되는 좁은 주둥이와 긴 목 부분은 액체를 잘 보관하고 따를 수 있도록 설계되었다. 메소포타미아에서 배peer 모양 술병은 곳곳에서 발견된다. 하지만 밧줄을 꼬아놓은 것처럼 선이 새겨진 점토 고리는 고딘테페 현장에서는 독특한 축에 들었다. 그 고리 두 개는 뒤집힌 U자 모양으로 용기 양쪽에 부착되어 있었다. 이 형태는 아무 의미가 없는 것처럼 보였다. 점토 고리가 술병을 지탱하는 데 사용되었을 수도 있다고 배들러가 주장하기 전까지는 그랬다. 그녀의 주장은 병을 눕혔을 때 고리 덕분에 병이 제자리에 고정되어 있을 수 있다는 것이었다. 이어 몇 가지 간단한 실험을 거친 결과 그녀의 주장이 그럴듯한 가능성을 지닌다는 점이 신속히 확인되었다. 이 병들은 옆면으로 지면에 누워 있는 상태였다. 병의 주둥이와 동일한 지름을 가진 점토 병마개가 술병 근처에서 발견되었다. 이 병마개는 주둥이를 막고 있을 때 내용물 때문에 축축한 상태를 유지했던 것으로 보인다. 그로 인해 이 마개는 내부로부터 액체가 증발하는 것을 막고 술을 변질시키는 공기의 유입을 차단했을 것이다. 또한 이는 붉은 침전물이 용기의 한쪽에서만 발견된 이유를 설명해주는데, 다시 말해 코르크마개가 나오기 전에 고대 양조가는 산소 때문에 필연적으로 와인이 식초로 변하는, "변질"을 방지할 방법을 찾아냈으며, 세계 최초로 와인 받침대wine rack를 만들어냈다고 할 수 있다.

우리는 상상력을 동원하여 고대의 어떤 장면을 재현해볼 수 있다. 여러 개의 와인병이 마개가 닫힌 채로 흙무더기 요새 위 타원체 내 지하 창고나 후미진 곳에 저장되어 있다. 숙성이 덜 된 깔깔한 맛의 와인은 1~2년이 지난 뒤 점차 향기롭게 익어가고 주석산염 결정체와 효모의 앙금은 침전한다. 저지대 지방의 왕실특사나 고위관료가 도착하거나, 특별한 행사가 있어 요청을 받을 때 이 술병들은 불려나온다. 병들은 곧게 세워지고, 그 결과 앙금의 일부가 벽면을 타고 흘러내려 바닥 부분에 쌓인다. 용기의 주둥이를 조심스럽게 벗겨내 마개와 그에 들러붙은 흙 부스러기들이 귀중한 액체에 떨어지지 않도록 한다. 이 암포라 "마개 제거" 방법은 1500년 뒤 이집트 신왕국에서 증명되었다. 포트와인[포르투갈산의 적포도주] 애호가들 또한 이 방식을 여전히 사용하고 있다. 뜨거운 집게로 유리병 주둥이를 달군 뒤 젖은 수건을 갖다대면 갑작스러운 온도 변화로 병목이 부드럽게 통째로 떨어져나간다.

또 다른 종류의 와인병들은 마개를 따는 더욱 세련된 기술이 있었다는 증거를 보여준다. 이 병 바닥에서 위쪽으로 10센티미터 정도 되는 측면에는 작은 구멍이 뚫려 있었고 맞은편에 불그스레한 침전물이 남아 있었다. 이런 방식은 바닥 부분에 축적되어 있는 앙금을 휘젓지 않고서도 병에서 와인을 따라낼 수 있음을 보여준다. 그러나 술을 마시다 어느 단계에 이르면 몇몇은 그 작은 구멍으로 따르는 시간을 견디지 못했던 모양이다. 몸체에서 병목을 깔끔하게 제거해버린 것이다. 그런 식으로 파티나 연회가 시작되었다.

선사시대의 술자리는 간혹 정도가 너무 지나쳤던 듯하다. 눈에 띄는 유물 가운데 하나였던 200개가 넘는 흑·백색의 돌구슬로 이루어진 독특하고 화려한 목걸이는 분실되어 술병과 함께 묻힌 것으로 짐작된다. 그러한 장신구를 차고 있었을 지도자의 아내는 아무리 도가 지나친 행동을 하더라도 묵인됐다. 작은 방에 장막을 침으로써 시선을 차단했던 것이다.

이 "연회실"에 인접한 18번 방에서 발견된 것들 역시 무언가를 생각하게끔 한다. 타원체 심장부에 해당하는 이 방 뒷벽에는 추운 겨울 동안 온기를 공급해줄 큰 난로가 있었다. 두 개의 창문으로 안뜰을 내다보았다. 방은 엉망진창이었다. 탄화되어버린 렌틸콩과 보리 낟알들이 바닥에 어질러 있었고, 타원체를 방어하기 위해 투석投

石 용도로 쓰였을 법한 2000개가량의 둥그런 돌이 구석에 쌓여 있었다. 우리가 추진하는 생체분자 고고학적 연구의 초점은 60리터까지 액체를 담을 수 있는 여러 개의 큰 술병에 집중되었다. 이 병에 술을 가득 채우면 운반할 때 너무 무거워 담겨 있던 내용물은 반드시 밖으로 흘러넘쳤을 것이다.

18번 방은 외국 상인, 병사, 관료 대표단에게 필요한 물품들을 배급하던 중요한 분배 기지로 보인다. 여분의 무기, 글을 적을 점토판, 빵과 맥주를 만들기 위한 보리나 특별한 때 필요한 좋은 와인 등 보급품 및 식량이 이곳에서 두 개의 창문을 통해 사람들에게 나누어졌던 것 같다.

18번과 20번 방에서 나와 안뜰을 곧장 가로지른 곳에 위치한 2번 방에서는 직경이 약 50센티미터인 거대한 깔때기와 좀더 작은 크기의 원형 "덮개"가 발굴되었다. 이 깔때기는 그것이 발견된 장소에서 수지 첨가 와인이 제조되었다는 것을 강하게 암시한다. 이와 유사하게 생긴 커다란 깔때기들은 철기시대와 그 이후의 와인 제조시설에 있던 도구로 알려졌고, 오늘날 야생유럽포도가 자라는 장소인 터키 동부와 시리아 북부에 위치한 후기 우루크 시대 유적지에서 발견되었다.

깔때기는 액체를 한 용기에서 다른 용기로 옮길 때 편리할 뿐만 아니라 훌륭한 여과기 역할도 수행했다. 거칠게 짠 천(오래전에 분해되었을 것이다)으로 깔때기 안감을 대거나, 식물섬유 혹은 모직물 덩어리를 깔때기에 채워넣음으로써 정제되지 않은 포도즙이나 포도액 찌꺼기를 여과할 수 있었다. 포도알을 그 깔때기에 수북하게 담아서 무게가 1킬로그램 정도 나가는 덮개로 누르면 천과 깔때기를 통과한 포도즙만 병으로 흘러들어갔을 것이다.

술병 파편도 역시 2번 방에서 발견됐는데, 뒤집힌 U자 모양의 밧줄 패턴 고리가 달린 두 개 혹은 세 개의 병 파편들로 보인다. 그러나 그중 어떤 것도 내부에 주목할 만한 붉은 침전물을 지니지 않았다. 그것들은 채워질 순서를 기다리던 빈 병일 수도 있다.

2번 방이 와인 제조시설 역할을 했을 가능성은 있지만 확실한 증거는 충분하지 않다. 종종 아주 잘 보존된 상태로 발견되곤 하는 포도씨조차 이 방에서 나왔다는 보고가 없다.(식물고고학적 자료들을 발견할 수 없을 정도로 땅이 완전히 밀폐되거나 요동치지도 않았는데 말이다.) 따라서 깔때기를 와인이 아닌 다른 액체를 옮기는 데 사용했을지 모른다는 추측이 가능하다. 아울러 "덮개"는 그저 주둥이가 큰 용기의 뚜껑일 수도 있다. 1979년 이란혁명 탓에 발굴 작업이 중단됐을 때 2번 방의 절반만이 발굴된 상태였다. 네모난 상자(혹시 포도를 으깨던 발판이었을까?)가 서서히 모습을 드러내고 있었지만 이 상자의 기능에 관해 더 많은 단서를 찾으려면 발굴 작업이 재개될 때까지 기다려야만 했다.

메소포타미아 저지대의 도시국가에 와인을 공급해주었던 생산지를 굳이 찾는다면 고딘테페가 안성맞춤이다. 이 유적지는 자그로스 산맥을 관통하며 역사적으로 중요한 무역로 중심에 위치한다. 또한 후기 우루크 시대는 물론 지금도 울창한 포도덩굴이 이 지역을 뒤덮고 있다. 와인을 제조한 것으로 보이는 2번 방의 시설은 오늘날 상류층의 부티크와인 양조장boutique winery[자신이 손수 기른 포도를 사용해서 자신만의 기호와 스타일에 맞게 와인을 만드는 곳]의 그것과 흡사하다. 좀더 큰 규모로 와인을 생산하려면 포도밭에서 가까운 시설이 있어야만 했을 것이다. 이런 시설들은 미발굴 상태로 남아 있다. 저지대의 광범위한 교역, 도시화, 관개농업, 원예 등을 고려해볼 때 분명한 것은 당시 고지대의 와인 제조과정에 실험적이며 기업가적인 정신이 깃들어 있다는 것이다. 폴 드레이퍼는 산타크루즈 산맥Santa Cruz Mountains에 있는 샌안드레아스San Andreas 단층의 가장자리에서 자라는 포도로 리지 카베르네 소비뇽Ridge Cabernet Sauvignon을 만든다. 고딘의 큐베cuvée[한 통에서 생산되는 포도주, 커다란 양조용 통에 들어 있는 와인]는 바로 이 리지 카베르네 소비뇽에 대한 고대 세계의 답이 될 수도 있다.

잔여물에 숨어 있던 두 번째 술

고딘테페의 고대 발효음료 이야기에는 또 다른 혼합음료가 등장한다. 고딘에 거주하던 저지대의 고대 수메르인이나 엘람인 가운데 자긍심 있는 어느 누구라도 와인뿐만 아니라 맥주도 마시고 싶었을 것이다. 우리는 후세의 문헌을 통해 맥주가 저지대 메소포타미아 대중이 마시던 술이라는 것을 알고 있다. 심지어 상류층도 일반적으로 이 맥주를 마셨으며, 그 종류도 순한 맥주, 진한 맥주, 호박맥주, 단맛맥주, 특별히 여과된 맥주 등 매우 다양했다.

이 유적에서 맥주가 제조되고 소비되었다는 가정을 한 지니 배들러는 다목적 잡화점으로 짐작되는 18번 방에서 출토된 기원전 제4천년기 후반의 도기 파편들을 다시 조사하기 시작했다. 그녀는 부서진 용기의 파편들에서 필요한 부분을 따로 분리해서 아주 유력한 고대 맥주 용기를 복원해낼 수 있었다. 여기서 용기란, 일반적으로 손잡이가 달린 항아리를 가리키는 고고학적 명칭인 bottle이나 jug를 말한다. 이 50리터들이 술항아리(화보 5-a 참고)의 넓은 주둥이는, 마개로 닫을 수 있는 긴 목과 좁은 주둥이를 가진 술병들과 구별되었다. 이것은 그 당시의 와인 용기와 그 외 다른 시대 용기와 마찬가지로 진짜처럼 보이는 밧줄 모양을 표면에 갖고 있었다. 그러나 이는 독특하고 여전히 잘 설명되지 않는 형태다. 이 인위적인 밧줄은 용기의 윗부분을 에워싸며 바깥면에 서로 가깝게 붙어 있던 두 개의 손잡이(현재는 행방불명)를 관통한다. 두 손잡이 사이 중간쯤에 매듭을 지어 묶음으로써 밧줄의 사실성은 극대화되었다. 끝부분은 아래로 늘어뜨려놓았다. 용기를 굽기 전에 매듭 아래에 작은 구멍을 하나 뚫어놓았다는 점이 호기심을 자극했다.

이 술항아리의 내부는 더욱 낯설었다. 안쪽은 십자 모양으로 새겨진 홈들로 덮여 있었다. 보통 용기들은 내부보다 외부가 홈으로 장식되어 있으며, 내부는 가공되어 있지 않은 편이다. 배들러는 안쪽에 홈이 있는 이 용기에서 맥주를 나타내는 고대 수메르의 기호, kaş를 생각해냈다. 이 기호는 dug(내 호기심을 자극했던 고딘의 점토판에 새겨진, 병을 의미하는 기호)로 시작한다. 술병 상형문자 안에는 수평선, 수직선, 사선 표시가 추가되어 있다. 내부에 신기한 자국을 지닌 술항아리가 맥주를 나타내는 kaş와 관련되어 있기나 한 것일까? 다시 말해서, kaş라는 기호는 내부에 홈이 나 있는 이 흥미로운 항아리를 그림으로 표현한 것일까? 만약 그렇다면 그 항아리는 원래 맥주를 제조하거나 저장하는 용도, 혹은 사람들에게 따라주는 용도로 사용된 것은 아닐까?

항아리 안의 홈을 채우고 있는, 수지를 함유하고 있는 것처럼 보이는 노란색 물질은 고딘테페의 저지대 사람들도 맥주를 마셨다고 주장할 수 있는 결정적인 증거다. 배들러는 18번 방에 있는 도기 조각을 살펴보던 중에 이 잔여물에 처음으로 주목했다. 우리 연구는 그것이 무엇이며 어떻게 거기 있게 되었는지 식별하는 작업으로 옮겨갔다.

내가 이미 자후 그로그주에서 설명한 것과 동일한 절차에 따라 조사가 진행됐다. 동료 루돌프 루디 미셸과 나는 용기 내부 내용물을 보리맥주라고 정확하게 식별해줄 혼합물을 알아보고자 문헌을 찾아보기 시작했다. 다행스럽게도 한 특별한 화합물이 보리맥주를 처리하고 저장하는 과정에서 검출되었다. 양조업자들에게 비어스톤beerstone으로 알려진 옥살산칼슘은 이온화칼슘과 결합된 가장 단순한 형태의 유기산성염이다. 이것은 쓴맛을 지니며 잠재적으로 독성이 있는 혼합물이기에 양조과정에서 소멸시키는 것이 좋다. 도기의 세공들은 맥주에서 옥살산칼슘을 제거함으로써 그 과정에 기여했으며, 동시에 우리가 수천 년이 지난 뒤에도 혼합물을 추출하고 분석하는 데 도움을 주었다.

옥살산칼슘은 프리츠 파이글에 의해 개발된 표준화학얼룩 테스트를 통해 1피피엠 수준까지도 검출이 가능하다. 이 실험법으로 고딘테페 술병의 홈 속에서 나온 오래된 잔여물을 검사하자 옥살산 양성반응이 나왔다.

비교 작업을 위해 현대 맥주의 표본을 구하러 가는 "귀찮은onerous" 작업은 미셸이 맡았다. 그는 필라델피아에 있는 독스트리트 양조장Dock Street Brewery에 다녀왔다. 이곳은 필라델피아를 한때 서반구 최대 양조도시로 만든 양조장 수백 곳이 문을 닫는 이후 개업한 최초의 소형 양조장microbrewery 가운데 하나였다. 이 표본도 역시 고대의 잔여물과 똑같은 결과를 냈다.

최종 확인을 하려고 우리는 로열온타리오박물관에 있는 이집트 신왕국산産 용기에서 나온 잔여물을 가지고 실험했다. 이는 보리맥주를 원래부터 담았을 가능성을 염두에 둔 것이었다. 이집트 학자들은 깔때기 모양으로 벌어진 주둥이와 원형 바닥을 가진 이 병을 맥주병beer bottle이라고 부른다. 이 용기는 이집트의 파란색 안료로 그린 연꽃잎과 맨드레이크 과일로 장식되었다. 무덤의 그림과 부조에 기초해, 빵과 맥주가 주가 된 특별한 의식을 치를 때 이 용기를 사용했을 것이라 연구자들은 짐작하고 있다. 여기에서도 역시 옥살산 양성반응 결과가 나왔다.

이러한 결과물로 판단해볼 때 고딘테페의 18번 방에 있던 이 별난 용기가 한때 보리맥주를 담았다고 말하는 것은 합당할 듯하다. 아울러 이러한 증거들에서 좀더 중요한 정보를 도출해낼 수 있었다. 탄화된 재배종 육모보리sixrow barley/Hordeum hexastichum가 18번 방과 타원체 곳곳에 흩뿌려진 사실로 보아 이 곡물은 도처에서 자랐던 것이 확실하다. 마을 주위의 들판에서 육모보리를 파종하고, 재배하고, 추수하고, 까불렀을 것이며 낟알을 현무암 절구와 절굿공이로 빻았을 것이다.

그러고 나서 최아催芽[종자의 싹을 약간 틔워서 파종하는 것, 또는 이 과정을 촉진하는 조작]로써 보리를 맥아로 바꾸었을 것이다.(입으로 씹어내는 방법도 있다. 제2장 참고) 이 과정에서 디아스타아제가 활성화되어 곡물의 녹말이 당분으로 전환된다. 새싹이 식물로 자라기 전에 수분이 빠져나간다. 맥아를 만들기 위해 그 낟알을 바짝 말리거나 때때로 볶기도 한다. 화학적인 활동은 맥아즙을 제조하고자 맥아에 물을 다시 추가할 때까지 중단된다. 이 단계에서 보면 곡류맥주를 만드는 것에 비해 과일주나 벌꿀주를 만드는 것이 상대적으로 더 쉽다는 점이 드러난다. 맥주를 제조하는 작업에는 녹말을 당분으로 바꾸는 추가 단계가 필요하다. 보리 낟알은 자연적으로 발생하는 효소를 지니고 있지 않아서 곧바로 발효될 수가 없다. 고대 양조업자는 발효를 진행시키기 위해 두 가지 방법 중 하나를 선택할 수 있었다. 오늘날 중국의 쌀와인이나 벨기에의 램빅맥주를 만들 때처럼 자연적으로 발생하는 효모가 섞여들기를 기다리거나, 과일 혹은 꿀을 첨가함으로써 사카로미세스 세레비시아를 직접 주입하는 것이다.

보리가 맥주로 변하는 과정은 주로 당화와 발효작용에 의하여 촉진된다. 오늘날 소형 양조장은 스테인리스 강철통과 자동 온도조절기와 같은 현대식 시설만 제외한다면 위의 경우와 상당히 비슷한 방식으로 운영되고 있다고 할 수 있다. 고대의 술 처리과정은, 놀랍게도 기원전 1800년, 수메르의 주신酒神 닌카시에게 바치는 메소포타미아의 찬가에 묘사되어 있다. 이 찬가는 기록으로 남아 있는 최초의 맥주 "제조법"으로, 몇 가지 번역하기 어려운 용어들을 포함하고 있으며 상당히 시적이다. 예를 들어 격렬한 발효과정을 다음과 같이 묘사했다. "파도가 출렁거리며 물결이 일어나고 다시 가라앉는다…… 밀려오는 티그리스·유프라테스 강의 물결처럼."

그러나 사실상 이 구절은 보리 낟알에 물을 덮어씌워 맥아를 만드는 과정을 보여주고 있을 뿐이다. 이렇게 만들어진 맥아즙(물을 섞은 혼합액에서 보리 낟알을 걸러내면 이 당액이 남는다)에 꿀과 술을 첨가한다. 이는 사카로미세스 세레비시아를 충분히 주입해 발효를 확실하게 진행시킬 목적인 듯하다. 또 이 찬가는 감미로운 향료가 혼합물에 섞여 있다는 것을 매혹적으로 언급한다. 그 어구는 모호하지만 대추야자나 무, 감자개발나물skirret, 아니스anise[씨앗이 향미료로 쓰이는 미나리과 식물] 약초처럼 좀더 쓴맛의 첨가물을 일컫는 듯하다.

미국 소형 양조장 부흥운동microbrewery revolution 개척자 가운데 한 명인 프리츠 메이태그와 샌프란시스코에 있는 앵커스팀 양조장Anchor Steam Brewery에서 일하는 그의 유능한 양조업자들은, 1989년 고대 수메르 맥주를 복원하는 작업에 도전했다. 닌카시라고 이름 붙인 술의 두 가지 버전을 맛볼 기회가 생겼다. 첫 번째는 펜실베이니아대박물관 소속의 마이클 잭슨(그저 단순한 명인 정도가 아니라 맥주와 스카치 전문가다)과 함께했던 시음회에서 맛볼 수 있었다. 아주 적은 양의 대추야자가 첨가된 이 술은 거품이 일었고 샴페인과 비슷한 특성을 보여줬다. 두 번째는 『고고학Archaeology』이라는 잡지가 주최한 뉴욕 특별 행사에서 모습을 드러냈다. 이 술은 첫 번째 것과는 뚜렷하게 달랐다. 두 번째 술은 닌카시 찬가에도 언급되어 있는 것처럼 훈훈하고 캐러멜과 비슷하며 거품이 있는 특성을 지녔다. 이는 잘 구운 빵을 양조 솥에 첨가했기 때문에 가능한 것이었다. 메이태그는 이 술의 오래된 기원을 존중하여 닌카시를 상업적으로 생산하지 않기로 했다. 우리는 여전히 감자개발나물 술을 손꼽아 기다리고 있다.

기원전 3500년으로 다시 돌아가 당시의 원시적인 양조기술을 살펴보자. 우리는 고딘테페의 술항아리가 왜 내부에 홈을 가지고 있었는지 여전히 궁금한 상태다. 그 홈들을 고대 수메르어에서 술을 의미하는 기호인 kaş라고 해석하는 것은 논쟁의 여지가 있다. 현재 화학적인 증거에 기초하여 그 홈이 액체의 잔여물로 채워져 있었다는 사실을 이제는 알기 때문에, 홈의 실용적인 이유가 갑자기 떠오른다. 이 홈들은 술을 망쳐놓았을 법한 쓴맛의 옥살산칼슘을 한곳에 모아두는 역할을 했다.

맥주가 마련되면 사람들은 오늘날 맥주통beer keg 꼭지에서 술을 따라내는 것과 유사하게 큰 항아리에 든 술을 바로 마셨을 듯하다. 술을 따르는 구멍에 딱 맞는 꼭지를 열고 닫는 대신, 고대 수메르인과 엘람인은 귀중한 술에 접근하는 또 다른 방법을 알고 있었다. 그들은 대롱이나 빨대로 표면에 떠 있는 낟알 껍질이나 거품을 피해 수면 아래쪽에서부터 술을 빨아마셨다. 이것이 보리맥주를 마시는 방법이었다는 것은 수많은 원통인장cylinder seal[돌, 조개, 금속, 유리 등으로 원통에 기하학 문양, 동물 무늬, 종교적 신화적 장면 등의 무늬를 음각한 인장](개인 소유 토지를 표시하기 위해 음각된 원통도장을 진흙 위에 굴렸다) 삽화에 잘 드러난다. 이 인장들은 메소포타미아 역사에 수천 년간 나타난다.(그림 13 참고) 이 인장에 새겨진 몇몇 장면은 자신의 빨대를 몰래 술에 꽂고 있는 사람의 모습을 보여준다. 또 다른 장면은 함께 술을 즐기고 있는 한 쌍의 남녀를 보여준다. 계속해서 반복되는 이러한 주제의 그림 중 가장 이른 시기의 예는 펜실베이니아 발굴팀이 북쪽 이라크에 있는 자그로스 산맥 테페가우라Tepe Gawra에서 발견해낸 점토인장(인장을 찍어 점토에 남겨진 자국)에서 찾아볼 수 있다. 이것은 고딘테페의 술항아리보다 몇 세기 앞선 기원전 3850년의 것이다. 이 인장은 매우 도식적으로 표현된 두 명의 인물을 보여준다. 이들은 술병 양쪽에 서 있는데, 이 술병의 높이는 인물의 키의 3분의 2 정도 된다. 이 그림은 어떤 술병 어깨 부분에 두 번씩이나 찍혀 있다. 아마도 그 술병이 특별한 음주 용기임을 표시하기 위해서인 듯하다. 각각의 인물은 술을 휘젓기 위해 막대를 잡고 있거나 뚜렷하게 꺾인 대롱을 통해 술을 마시고 있는 것으로 해석되어왔다. 또한 후기의 원통인장들에서 나타나고 있는 것처럼, 술을 빨아마시다가 입에서 빨대를 떼어 똑바로 들고 있는 것으로도 해석 가능하다.

다른 인장들에는 고딘테페의 술병처럼 크고 주둥이가 넓은 술병에서 여러 개의 빨대가 돋아난 듯하게 묘사된 장면도 있다. 아마 이 술병은 규모가 좀더 큰 친목 모임을 위해 만들어진 것으로 짐작된다. 오래 보존할 수 있거나 숙성이 잘 되는 것도 아니라서 공용으로 마시고자 비치된 맥주는 하루나 이틀 안에 신속히 마시는 편이 좋다. 술을 담은 용기에서 술을 바로 마시는 데에는 몇 가지 실용적인 이유도 있다. 맥주를 한 용기에서 또 다른 용기로 옮기면 효모, 쓰고 난 낟알, 용기 표면과 밀접한 관계에 있는 영양소나 휘발성 성분이 소실될 수 있다. 세계의 대형 양조회사에서 만들어지는 맥주를 통해 알 수 있는 것처럼, 가공된 맥주는 잘 팔릴지는 몰라도 맛과 향이 부족하기 그지없다. 만약 용기를 급속도로 비우고 다음 일회분을 만들기 위해 용기를 재사용했다면, 세공에 서식하던 효모들이 한 번 더 작용할 수 있다. 효모를 재사용하는 또 다른 방법은 미생물이 풍부한 표면의 유기분해물을 걷어내어 비축해두었다가 다음번 술 제조 시 주입하는 것이다. 오늘날 중동 전역에서는 이와 같은 방식으로 요구르트를 만들고 있다.

빨대를 사용해 공동으로 맥주를 마시는 전통이 비옥한 초승달 지대The Fertile Crescent[이집트 나일 강 유역으로부터 시리아·팔레스타인의 동지중해역을 거쳐 티그리스·유프라테스 유역의 메소포타미아에 이르는 고대 농업지대] 주위에 사는 일부 고대인들만의 특권은 아니었다. 이는 전 세계(중국과 태평양, 아메리카 대륙, 아프리카) 여러 곳에서 여전히 널리 행해지는 전통이다. 이 풍습은 아주 일반적이기 때문에, 이 단순한 방법에 또 다른 유용함이 있지는 않을까 생각해볼 수 있다. 확실히 갈대와 줄기는 구하기 쉽고 속이 일정하게 비어 있어서 사람들이 쉽게 불고 빨아들일 수 있었을 것이다. 술 표면에 떠 있는 낟알 껍질과 거품은 산소를 차단하고 맥주를 오랫동안 보존시키기 때문에, 술을 손대지 않은 상태로 두고 빨대를 이용해 수면 아래에 있는 액체를 마시는 일은 충분히 가치 있다고 할 수 있다. 이러한 실용적인 전통이 서로 영향을 주고받지 않았던 각 나라, 각 문화권의 독창적인 풍습이라고 치자. 곡물맥주에 관해서는 빨대를 사용해 마시는 것이 지극히 보편적인데, 왜 과일주나 벌꿀주를 마실 때 빨대가 사용되었다는 증거는 여태 나오지 않는지에 대한 궁금증은 여전히 남아 있다.

우리는 고딘테페의 맥주 항아리에 관해 한 가지 질문을 더 던지지 않고서는 논의를 계속 진행할 수 없다. 손잡이들 사이에 있는 밧줄 매듭 아래에 뚫린 구멍은 어떤 목적으로 만들어졌을까? 확실히 그 구멍은 액체를 따르기 위해 만든 것은 아닐 것이다. 대신 구멍의 지름은 술을 마시는 대롱을 꽂기에 알맞다. 우리는 고딘 부락의 수장이나 수메르 교역집단의 우두머리가 공동체 행사에서 최고의 자리에 오르는 모습을 상상해볼 수 있다. 다른 사람들은 술항아리의 넓은 입구에 빨대를 꽂지만 이 우두머리는 자신만의 특별한 구멍을 할당받는 것이다.

고딘테페의 맥주 항아리는 최소한 전통적인 보리맥주만큼은 세계 어느 곳에서나 제조되고 소비되었음을 보여주는 최초의 화학적 증거를 제시한다. 또한 이 술에서 조금 변형된 종류가 동시대에 멀리 떨어진 서쪽 지중해 지역에 존재했다는 것이 기록으로 증명된다.(제6장 참고) 하지만 보리가 처음 재배된 기원전 제9천년기와 고딘의 술항아리가 생산된 시기 사이에는 여전히 긴 공백이 존재한다. 사람들이 수렵과 채집 생활에서 정착 생활로 옮겨감에 따라 이 공백은 그 과정에서 무슨 일이 발생했었는지, 그에 대한 몇 가지 중대한 논쟁을 불러일으키고 있다.

빵이 먼저냐, 맥주가 먼저냐

1950년도에 열린 한 인류학 회의에서 대단한 호기심을 불러일으키는 논쟁이 제기되었다. 빵의 발견이 맥주 제조의 길을 연 것인가, 아니면 그 반대인가? 다시 말해서 빵이 먼저인가, 맥주가 먼저인가 하는 논쟁이었다. 과학 학술잡지 『사이언티픽 아메리칸Scientific American』의 한 기사에서 시카고대 동양연구소의 선사시대 중동고고학 연구 분야 원로인 로버트 존 브레이드우드는 인간이 신석기시대에 일 년 내내 정착하기 시작한 것과 야생보리wild barley/Hordeum spontaneum 재배가 직접적으로 관련되어 있다는 의견을 펼쳤다. 들판에서 곡식을 충분히 공급받고 빵을 만들어낼 수 있게 되면서 신석기시대 사람들이 무한한 잠재성을 지닌 식량을 단일 경작하기 시작했다는 것이다.

이 가설은 소위 힐리 플랭크Hilly Flanks[구릉이 많은 측면]라 불리는 자그로스 산맥의 구릉지를 광범위하게 조사하고 얻은 결과였다. 현재의 기후와 식물 종류가 마지막 빙하기의 영향을 받아 형성됐다는 가정 아래, 그는 동부 터키의 토로스 산맥Toros Mountains까지 걸쳐 있는 비옥한 구릉들과 협곡들이 문자 그대로 보리 모판이라 생각했다. 연간 강수량이 250~500밀리미터에 이르는 알맞은 기후 덕에, 초기 경작자는 낟알이 날리지 않는 야생식물을 가려낼 수 있었을 것이다. 그전에는 바닥에 떨어진 낟알을 주워모으기 바빴겠지만 낟알을 꽉 붙들고 있는 식물을 발견한 다음에는 탈곡하고 까부르는 방법도 곧 터득했을 것이다.

『사이언티픽 아메리칸』 기사에서 브레이드우드는 한 걸음 더 나아가 간단한 가공식품(보리빵)이 "신석기혁명"의 원동력이라고 주장했다. 그의 접근법은 인류가 수렵, 채집을 하는 단계에서 벗어나 정착하여 농사를 짓는 존재로 급진적으로 변화하게 된 역사적 배경을 획기적으로 설명한다. 이 주장은 신석기혁명의 원동력이 인구 과잉, 혹은 부족한 자원을 차지하기 위한 경쟁이었다는 기존의 환경결정론적인 설명과 큰 차이가 있다.

브레이드우드가 그런 주장을 하자 위스콘신대학의 조너선 사워는 그 당시 사람들에게는 빵보다 맥주가 보리를 재배하는 더 큰 이유가 됐을 거라는 의견을 내놓았다. 이에 불만을 품은 브레이드우드는 "인간이 맥주로만 살았을까?"라는 제목으로 세미나를 개최했다. 양측이 서로 다른 입장만 세웠을 뿐 어떠한 결론에도 이르지 못했다.

실용적인 관점에서 생각해보면 대답은 정말로 간단하다. 만약 당장 선택해보라고 하면 어떤 것을 고르겠는가? 빵? 아니면 맥주? 신석기시대 사람들은 우리와 똑같은 신경로神經路와 감각기를 지녔다. 그리하여 그들의 선택 역시 지금 우리의 선택과 별반 다를 것이 없었다. 좀더 과학적인 논쟁을 원하는 사람들에게는 보리맥주가 더 많은 비타민 B와 필수아미노산인 라이신을 포함하고 있어 빵보다는 영양가가 높다고 이야기할 수 있다. 하지만 맥주를 좋아하게 된 더 중요한 이유는 무엇일까? 4~5도 알코올을 함유한 맥주를 다량으로 흡수하면 강력한 향정신적·의약적 효과가 나타난다.

하지만 무엇이 먼저냐 하는 인류학적인 문제의 답변은, 빵과 맥주 그 어느 것도 아니다. 맥주는 만들기 어렵다는 단순한 이유에서 아마도 최초의 발효음료는 아니었을 것이다. 아울러 이미 언급된 것처럼, 보리는 파종하고 까부르고 빻고 맥아즙을 만들고 발효시키기까지 상당히 많은 가공이 필요하다. 게다가 낟알에 들어 있는 녹말은 단당으로 쪼개져야 하고 발효를 시작하기 위해 효모가 첨가되어야 한다. 다시 말해 고대의 발효음료 경연에서 와인과 벌꿀주가 손쉽게 승기를 잡았을 것이다.

신석기시대의 평등한 삶과 손쉽게 술 마시기

신석기시대의 중동세계와 그 시대의 여러 발효음료에 대한 내 연구는 1991년 로버트몬다비 양조장Robert Mondavi Winery에서 열린 '와인의 기원과 역사The Origins and Ancient History of Wine'라는 학회에 참석하면서 처음 시작되었다. 와인에 대한 더 이른 증거를 발견할 가능성에 불을 지핀 학회였다. 기원전 8500년에서 기원전 4000년 사이에 해당하는 신석기시대가 가장 높은 가능성을 제시해줄 것 같았다. 이 시기에 사람들은 다양한 동식물을 재배하고 기르며 그 식량자원을 관리함으로써 근동에서 처음 일 년 내내 계속되는 영속적 정착생활에 진입했다. 기원전 6000년경 도기가 발명되면서 사람들은 술, 음식, 음료 등을 특별한 용기를 이용해 만들 수 있었고, 마개로 닫힌 병 속에 이것들을 저장하여 부패를 막을 수 있게 되면서 정착과정은 추진력을 얻었다. 즉 신석기시대의 요리라고 부를 만한 것이 나타나게 된 것이다. 발효, 담그기, 가열하기, 양념하기 등 다양한 음식 가공기법이 개발되었고, 신석기시대 사람들은 오늘날 우리가 즐겨 찾는 음식인 빵, 맥주, 고기, 곡류 앙트레entrées 등을 처음 만들어낸 것으로 인정받고 있다.

또한 도기 발명은 고대 음식과 음료의 잔여물을 검출해낼 가능성을 현저하게 높였다. 가공하고 대접하고 마시고 저장하는 데 필요한 용기를 점토로 손쉽게 만들었다. 이런 용기는 와인과 기타 발효음료를 제조하고 소비하는 데 적합했다. 한번 고열로 구운 다음에는 사실상 거의 부서지지 않기 때문에 설사 산산조각 난다 하더라도 그 파편들은 몇천 년 동안 보존된다. 제일 중요한 점은 액체와 그 침전물이 쉽게 도기 세공에 축적된다는 것이다. 점토의 화학조직 내 고립된 혼합물은 환경오염으로부터 보존될 수 있었다.

펜실베이니아대박물관은 출토된 인공 유물 관련 증거를 많이 소장하고 있어서 신석기시대 와인의 화학적 증거를 찾아볼 수 있는 최적의 장소다. 나는 그곳 직원으로 있는 고고학자나 박물관에 소속되어 발굴 작업을 수행했던 사람에게 전화를 걸어 이야기를 나누어야 했다. 고고학 자료 일부는 발굴 국가의 위탁을 받아 영구 소장품으로 보유 중인 것들이었다. 연줄이 닿은 첫 인물은 현재 윌리엄메리대학에 있는 메리 포크트였다. 나중에 안 사실이지만, 다른 사람을 물색할 필요가 없었다.

포크트는 신석기시대의 작은 마을에서 1968년에 진행했던 발굴 작업에 대해 말해주었다. 그 마을은 우르미아 호수Lake Urmia 동남쪽, 자그로스 산맥 북쪽에 있는 하지피루즈테페Hajji Firuz Tepe로 해발 1200미터 이상 고지대에 위치해 있었다. 신석기시대에 그 마을 사람들은 아주 편안한 삶을 살았던 것으로 보인다. 동식물자원은 풍부했고, 아울러 잘 만들어진 진흙 벽돌집에는 큰 거실(침실 겸용이었을 것이다)과 주방, 창고 두 곳이 있었으며, 대략 정사각형 모양이었다. 이 건물은 오늘날 볼 수 있는 집과 거의 동일하고 대가족을 수용할 수 있는 크기였다.

그곳은 기원전 5400~기원전 5000년경의 도기 발명 이후 신석기시대 유적지였기 때문에 포크트에게 물어볼 질문은 너무 뻔했다. 와인을 담았을 만한 도기 용기를 봤나요?(화보 5-b 참고) 정말로 그랬다. 그녀는 누르스름한 잔여물을 지니고 있던, 훗날 하나의 완성된 술병으로 복원될 도기 조각들을 기억해냈다. 잔여물은 병의 중간 이하 아랫부분에만 있었는데, 이는 내용물이 원래 액체였음을 시사한다. 생김새가 동일하고 대략 9리터들이 병 여섯 개가 신석기시대 가옥 주방 벽을 따라서 쭉 정렬돼 있었다. 맞은편에는 조리할 때 사용했을 법한 난로가 있었다. 조각 난 도기 용기도 바닥에 산재했다.

그 여섯 개의 병이 원래 무엇을 담고 있었는지는 몰라도 신석기시대 그 마을 요리와 관련된 것으로 보인다.

메리 포크트는 도기 파편에 남은 물질을 처음 관찰했을 때 그것이 우유나 요거트, 혹은 여타 유제품에서 생겨난 것이라고 생각했다. 용기를 분해해서 잔여물을 식별하기 위한 과학적 분석을 했지만 1990년 이전에는 생체분자 고고학이 미숙한 단계였던 탓에 결과는 부정적이었다.

1993년 우리는 펜실베이니아대박물관의 창고 "지하묘지catacombs"로 내려가 그 현대 매장지에서 도기 파편을 재발굴했다. 화학 분석 덕에 우리 연구소는 그 병이 원래 무엇을 담고 있었는지에 대한 수수께끼를 해결할 수 있었다. 검출된 타르타르산은 그 병이 와인으로 채워졌다는 것을 확증해주었다. 우리의 발견 성과가 『네이처Nature』에 게재되어 상당한 주목을 받으면서 나는 온전한 상태로 박물관에 전시되어 있던 또 다른 병에 접근할 기회를 얻었다. 가옥의 주방에서 발견된 이 병 내부에는 불그스름한 잔여물이 있었다. 분석 결과, 이 잔여물 역시 수지 처리된 와인에서 나온 것으로 밝혀졌다. 이것이 첫 번째 병을 분석했을 때 확인된 백색(황색) 와인에 달려나온 적색 와인인지 아닌지는 색소를 적색 안토시아닌(시아니딘)이나 황색 플라보노이드(케르세틴)로 분리해야 판단할 수 있다. 이 일은 아직 숙제로 남아 있다.

훨씬 이른 시기에 만들어진 이 용기들은 고딘테페의 술병처럼 귀중한 액체를 보존할 수 있도록 훌륭하게 설계되었다. 산소를 차단하고 와인의 "변질"을 방지하기 위한 점토마개들이 근처에서 발견되었으며, 병의 좁은 주둥이 부분은 이 마개와 크기가 꼭 들어맞았다.

하지피루즈의 두 술병에 대한 화학 분석은 또 다른 큰 관심을 낳았다. 독특한 트리테르페노이드 화합물의 존재는 와인에 산화방지 및 항균작용을 하는 것으로 알려진 테레빈나뭇진이 첨가되었음을 보여주었다. 테레빈나무Pistacia atlantica(파스타치오과科)는 중동에서 광범위하고 풍부하게 퍼져 있으며 심지어 사막지대에도 분포한다. 테레빈나무는 높이 12미터, 지름 2미터까지 자랄 수 있는데 포도가 수확되기 알맞은 철인 늦여름이나 가을에는 2킬로그램에 달하는 수지를 산출할 수 있다.

나뭇진은 구석기시대에서부터 인간이 사용해온, 아주 길고도 고귀한 역사를 지닌다. 수지는 풀, 심지어 통증완화용 껌으로도 이용할 수 있다. 신석기시대 스위스의 호수 근처 주거지에서 발견된 박달나뭇진 덩어리에 난 사람 잇자국이 바로 이러한 점을 증명한다. 초기 인류는 나무껍질이 상처를 입으면 수지를 분비하여 오염을 막고 스스로를 치료한다는 것을 알고 있었던 듯하다. 이 점에 착안하여 수지를 사람의 상처에 적용하는 이른바 지능적인 도약을 이루어냈다. 같은 논리로, 인체 질병 또한 나뭇진이 가미된 와인을 마심으로써 치료할 수 있다. 와인 "변질"을 방지하기 위해서도 수지의 이 같은 특성을 이용했을 것이다.

신석기시대에서 비잔틴시대에 이르기까지 중동 모든 지역에서 만들어진 와인들을 분석하여 알 수 있듯이, 나뭇진을 섞은 와인은 고대에 상당히 높게 평가되었다. 와인을 마시는 몇몇 사람이 수지를 넣은 와인에 콧방귀를 뀌고 있긴 하지만 그리스에서는 수지 첨가 와인이 만들어지고 있다. 그 기법은 오크나무통에서 술을 숙성시키는 것과 유사한데, 그 결과물은 꽤나 매력적이다. 가이아 이스테이트 리티니티스Gaia Estate's Ritinitis는 그리스포도에 알레포Aleppo 소나무진을 소량 첨가해 만든 와인으로 부드러운 감귤맛이 난다. 심지어 로마인들은 극도로 좋은 와인을 제외하고는 모든 와인에 소나무, 향나무, 테레빈("수지의 여왕"으로 알려져 있다), 유향乳香, 몰약에서 나오는 수지를 첨가했다. 대大플리니우스가 저술한 『박물지』 14권 중 수지를 넣은 와인을 언급한 내용에 따르면, 몰약이 가미된 와인을 최고로 여겼으며 당시 값이 가장 비쌌다.

우리가 신석기시대 중국에서 이미 본 것처럼 나뭇진 사용법은 여타 진전과 함께 그 당시 광범위하게 퍼진 약물 및 식물에 관한 지식의 일부였을 것이다. 와인이나 그 외 발효음료는 수지를 첨가하지 않더라도, 적당량 마셨을 경우에 한해서, 각각의 고유한 의학적 장점을 발휘한다. 수지의 구성 요소와 마찬가지로 식물 색소에서 나오는 알코올과 폴리페놀 계열 물질에는 매우 요긴한 산화방지 효과가 있다. 그중 레스베라트롤Resveratrol은 최근에야 그 장점이 드러났다. 이것은 다수의 폴리페놀 계열 화합물질 중 하나일 뿐이지만 체내에서 고활성 종들의 증식을 억제한다. 그렇게 함으로써 심혈관계 질환 발병률을 낮추고 암이나 그 외 질병으로부터 인간을 보호한다.

수지가 첨가된 신석기시대의 발효음료들은, 만들어진 곳이 중국이든 중동이든 간에, 새로이 등장한 신흥계급인 주술사 집단에 특별히 제공되는 경우를 제외하고는 공동체 전체에 평등한 방식으로 분배되었던 것 같다. 유적지에서 사회적 계급 분화 흔적이라고는 찾아볼 수 없었다. 그 사회가 평등했다는 것은 집집마다 동일한 도기가 계속해서 나온다는 점만 봐도 알 수 있다.

평범한 가옥의 주방에 있던 병 여섯 개를 통상적인 것으로 본다면 마을에서만큼은 음주가 부유하고 유명한 사람들만의 특권이 아니었다는 이야기다. 9리터들이 이 병들을 술로 채우면 50리터에 상당하는 양을 담을 수 있다. 유적지(아직 완전히 발굴되지 않았다)의 가옥들이 이와 동일한 양을 확보했을 경우, 100개의 집이 대략 5000리터에 달하는 와인을 보유했던 셈이다.

이렇게나 많은 양의 와인은 사람들이 유라시안포도나무를 이미 하지피루즈에서 경작하고 있었음을 암시한다. 그 지역은 포도를 길러내는 데 매우 적합하다. 또한 우르미아 호수 근처의 침전된 토사에 구멍을 내서 발견해낸 꽃가루의 핵으로 알 수 있듯이, 하지피루즈는 예나 지금이나 야생유라시안포도 재배지 동쪽 한계선에 해당된다. 하지만 이 야생종은 재배종에 비해 근접성과 생산성 면에서 뒤처질 수밖에 없다. 하지피루즈에서 빚어냈던 와인의 양을 통해 우리는 한 걸음 더 나아가 포도 재배와 와인 제조가 공동체의 노력이 모인 결과라고 말할 수 있다. 오늘날에는 와인이 고급 지위에 올라 있지만, 신석기시대에는 경제적으로나 사회적으로나 싸고 보편적인 상품이었을 것이다.

하지피루즈는 우리가 신석기시대 와인에 대해 어렴풋하게나마 윤곽을 그릴 수 있도록 많은 도움을 줬다. 그러나 아직까지 이 초기 시대의 맥주나 그 외 발효음료에 관한 사항은 확증된 바 없다. 연구의 많은 부분이 분석용 도기 선택에 좌우되고 있기 때문에 와인 용기에 더 많은 주의를 기울이고 있다. 지니 배들러처럼 신석기시대의 도기 전부를 자세히 살펴보고 맥주와 벌꿀주 등 발효음료 제조용으로 쓰였을 법한 용기를 골라낼 수 있는 능력을 지닌 사람이 더 필요하다.

사제계급의 등장

하지피루즈가 위치한 이란령 아제르바이잔의 비옥한 구릉지는 메소포타미아 평원 북부 토로스 산맥과 합쳐진다. 1983년, 터키 동부의 이 합지대, 그러니까 아나톨리아 반도 동부에 있는 유적지 네발리초리Nevali Çori에서 신석기시대 연구에 있어서 변화의 바람이 감지됐다. 이곳은 유프라테스 협곡 상류의 매우 아름다운 석회암지대에 자리잡고 있다. 저 멀리 유프라테스 강을 따라 들어선 무성한 초목들이 겨우 한 줄기 이어져 있을 뿐인 이 척박한 땅을 바라보고 있노라면 고고학자들이 왜 더 일찍 이 지역에 뛰어들어 도전을 감행하지 못했는지 알 수 있다. 하지만 아타튀르크 댐Atatürk Dam 건설이 임박해지면서 일대 반전이 일어났다. 하랄트 하웁트만이 지휘하는 하이델베르크대학의 과학아카데미와 샨르우르파고고학박물관은 댐 뒤에 있는 호수가 차올라 고대 인류의 모든 흔적을 없애버리기 전에 구조작업에 돌입했다.

발굴자들은 네발리초리에서 발견된, 토기 제작 이전 신석기시대(기원전 8500년에서 기원전 6000년) 유적을 보고 놀라움을 금치 못했다. 거의 정방형에 가까운 건물 두 동이 T자형 석회석 통기둥을 벽이 될 곳에 일정 간격으로 줄지어 세우는 방식으로 정교하게 건축돼 있었던 것이다. 건물은 차례로 쌓아올려졌으며, 한 변의 길이는 대략 6미터였다. 기둥들은 내벽을 빙 둘러 사면에 비치된 석재 벤치 위에 띄엄띄엄 박혀 있는 형국이었다. 좀더 나중에 만들어진 구조물 내 중앙에 위치한 기둥 두 개에는 두 팔을 굽혀 맞잡은 손들이 얕은 돋을새김으로 조각돼 있었다. 그래서 이 기둥들을 건물 내부에서 일어나는 일을 지켜보는 조용한 구경꾼 무리라고 상상하는 이도 있을 수 있다. 이 신석기시대 구경꾼들은 예의 그 석재 벤치에 앉아서 주변을 관찰했을 것이다. 초기 신석기시대 유적지에서 이처럼 정교함을 지닌 기념비적 건축양식이 발견된 것은 처음이었다.

이 건물들은 벽감[상像 등을 넣기 위해 벽을 움푹 판 곳]을 하나씩 가지고 있었다. 최종 단계에서, 특이한 조각품이 이 벽감에 세워졌거나 혹은 벽감 뒤에 묻혔다. 이것은 대머리 조각상의 파편으로, 뒤통수에는 남근을 빼닮은 뱀이 기어 올라가고 귀는 양쪽으로 툭 튀어나왔다. 불행하게도 얼굴 부분이 파손되어 인물의 성별은 확실하지 않다. 비록 목 부분에서 부러지긴 했지만 실물 크기 조각상의 일부인 듯하다. 하웁트만은 이 조각상이 원래는 건축 초기 단계에 만들어진 벽감의 전면 대臺 위에 서 있었을 것이라 추측했다. 이 벽감에서는 커다란 맹금을 묘사한 석회암 조각상도 출토되었다.

먼저 세워진 건물이 파괴되었다가 재건된 흔적은 찾을 수 없었다. 이 건물은 열한 개 이상의 석상으로 의도적으로 채워져 있었다. 이를테면 의식적으로 함께 묻혀 있었다. 석상 중 가장 눈에 띄는 것은 토템폴totem pole[토템 상을 그리거나 새겨서 집 앞 등에 세우는 기둥]처럼 생긴 삼차원 기둥이었다. 이 기둥에서는 등을 맞댄 두 형상, 뒤엉킨 팔과 다리, 각각의 머리 위에 선 커다란 맹금 등을 관찰할 수 있다. 길게 땋은 머리 모양은 그 형상들이 여성이라는 것을 나타낸다. 두건을 쓴 또 다른 흉상은 맹금류 발톱으로 꽉 잡혀 있다. 다른 석상에서는 새 두 마리가 서로를 마주보고 있다. 네 번째 표본에는 새와 인간이 한 몸에 뒤섞여 있다. 팔 혹은 날개를 몸통 앞으로 접고 납작한 얼굴에 머리만 툭 튀어나온 모양새가 올빼미를 닮았다. 그것은 으스스하게도 모딜리아니의 그림을 연상시켰다.

확실히 네발리초리의 건물들은 평범한 주택이 아니었다. 터키 동남부에서는 이런 유적지가 독특한 축에 들지도 않는다. 근처에 있는 괴베클리테페Göbekli Tepe만 봐도 그렇다. 이곳 역시 토기 제작 이전 신석기시대 유적지로, 하웁트만의 동료인 클라우스 슈미트가 중점적으로 탐사하고 있다. 유프라테스, 티그리스, 발리크Balikh 강이 접해 있어 소위 골든트라이앵글Golden Triangle로 불리는 곳에 위치한 이 유적지는 높은 언덕에서부터 시작되는 비옥한 하란 평원을 내다보고 있다. 유적지 건물에서 발견된 T자 모양의 기둥들은 네발리초리에서 나온 것들보다 훨씬 더 화려하게 장식되었다. 꼭대기에서 뛰어내리는 사자들, 위아래로 파도처럼 굽이치는 뱀들, 도약하는 여우들, 돌격하는 멧돼지들, 떼 지어 몰려다니는 오리들이 기둥에 박혀 있다. 어떤 기둥에서는 세 종류의 동물(들소, 여우, 두루미)이 한데 모여 위에서 아래로 내려간다. 그 기둥 한쪽 좁은 곳에는 소의 뿔만 묘사되어 있다. 사람들도 물론 나타난다. 맹금의 발톱에 머리를 잡힌 여성의 조각은 네발리초리에서 발견된 것과 흡사하다. 두 다리를 벌린 나체의 여성에게 음경이 삽입되는 장면도 평판에 생생하게 새겨져 있다.

두 유적지에서 나온 조각상들은 건물의 원래 기능이 무엇인지를 가늠할 수 있는 실마리를 제공한다. 우리는 이미 다른 지역의 샤먼들이 높이 나는 새와 그들의 노래 및 짝짓기춤을 내세로의 접촉과 관련지었다는 것을 알고 있다. 새의 부리처럼 긴 주둥이를 가진 호화로운 후대 아나톨리아 술병들을 보면, 이러한 전통이 계속되었던 모양이다. 신석기시대 이후에도 새와 인간(이 경우에는 여성) 사이의

그림 9. 기원전 9000년경의 것으로 추정되는 기이한 석회암 구조물이 괴베클리테페의 "신전들"을 장식하고 있다. T자형 기둥에 야생 들소, 여우, 두루미가 사실적으로 묘사돼 있다.

특이한 연관성은 프리기아 사람들이 위대한 어머니 여신mother goddess 마타르Matar를 표현하는 방식에 남아 있다. 마타르는 맹금을 잡고 있거나 아니면 그 맹금의 깃털로 둘러싸여 있다. 결론적으로 말하자면 네발리초리와 괴베클리테페의 특이한 구조물은 신앙과 관련된 것들이며 중동에서 조직화된 종교가 출현했음을 보여주는 최초의 징후들 중 하나라고 할 수 있다.

무엇을 마시고 무엇을 제물로 바쳤을까

만일 우리가 네발리초리와 괴베클리테페의 특이한 구조물을 신앙과 관련된 것으로 인정한다면 종교적인 행사에 발효음료가 등장했을까 하는 의문을 품게 된다. 석재 고블릿과 사발이 네발리초리에서 발굴되었다. 이 작은 두 개의 인공 유물은 술이 의식 중에 사용되었음을 보여준다. 고블릿에는 한 쌍의 남녀가 유프라테스 거북이와 춤을 추고 있는 모습이 새겨져 있다. 사발에는 마치 힘차게 노래를 부르는 것처럼 입을 벌리고 뛰어다니는 세 인물이 표현되어 있으며 이는 일종의 축제 의식을 나타내는 듯하다. 나는 캅카스의 조지아에서 발견된 신석기시대 술병에서 비슷한 장면(거북이는 없었다)을 본 적이 있다. 그들은 포도나무 아래에서 춤을 추고 있는 것처럼 보였다. 조지아는 고대 세계의 위대한 와인 문화를 지닌 곳 가운데 하나이기 때문에 와인과의 연관성이 이 장면에 강하게 함축되어 있는 것이다. 아울러 예비로 실시한 실험에서, 슐라베리스고라Shulaveris-Gora와 크라미스디디고라Khramis-Didi-Gora에서 발굴된 병들도 한때

그림 10. 석회암으로 만들어진 사발 혹은 고블릿. 네발리초리에서 발견되었고 연대는 기원전 8000년경으로 추정된다. 높이는 13.5센티미터. 두 사람과 거북이 한 마리가 열광적으로 춤을 추는 장면이 독특하다.

와인을 담고 있었다는 것을 보여주는 화학 분석 결과가 나왔다.

네발리초리에서 만들어진 것들과 유사한 돌사발과 돌잔은 괴베클리테페, 차이외뉘Çayönü 등 도처의 중요 유적지에서 발견되고 있다. 연구자들은 사람들이 종교적인 건물을 사용하지 않게 된 후에 의식절차에 따라 그것들을 흙과 함께 묻어버렸으며, 이러한 건물들이 하나의 긴 시간적 행렬을 이루고 있다는 것을 알아냈다. 티그리스 강의 지류를 따라 동쪽에 위치해 있는 쾨르티크Körtik와 할란체미Hallan Çemi에서 나온 증거들은 양도 많고 용기들이 더 이른 시기에 만들어졌다는 점에서 특히 더 흥미롭다.

델라웨어대학의 마이클 로젠버그가 지휘하는 가운데 발굴된 할

란체미는 심지어 괴베클리테페보다도 더 이른 시기의 토기 제작 이전 신석기시대의 모습을 보여주고 있다. 이 유적지의 종교적인 건물들은 원형 구조이며, 괴베클리테페의 건물들에 비해 규모와 완성도 면에서 뒤처진다. 돌로 만든 사발과 고블릿 파편들은 대개가 민무늬였지만, 장식이 새겨진 것들은 쾨르티크에서 발견된 것과 동일한 모티프(특히 정형화된 뱀과 새)를 갖고 있다. 티그리스대학의 베키히 외즈카야가 수행한 발굴 작업에서 사발과 고블릿은 오직 무덤에서만 발견되었다. 동물 그림과 정교한 기하학 무늬가 있는 이 용기의 수는 수백 개에 이른다. 네발리초리의 춤추는 거북이뿐만 아니라 나란히 배치된 새와 뱀 등 많은 용기에 새겨진 이 그림은, 세상을 하늘과 땅이라는 위와 아래 영역으로 나누어 생각하는 주술적인 사고방식을 나타낸다. 최근에 장애가 있는 노파 유해가 이스라엘의 동쪽 갈릴리의 한 동굴에서 발견되었는데, 조사 결과 이 사람은 무당이었다. 그곳에는 50개가 넘는 온전한 거북이등딱지와 야생멧돼지, 독수리, 소, 표범, 두 마리 담비의 잔해들이 함께 묻혀 있었다. 이 매장 방식은 기원전 1만2000년 전의 나투프문화the Natufian culture[팔레스타인의 중석기시대 문화](제6장 참고)에 속한다. 이 특이한 매장 방식이 이로부터 몇천 년 후의 것인 터키 동부 지방의 용기와 기둥에 새겨진 그림, 그리고 중국 자후의 "주술적인" 음악가들과 같이 묻힌 거북이등딱지의 전조가 될 수 있을까?

할란체미와 쾨르티크의 사발과 고블릿은 높은 흡착성을 지닌 점토광물인 녹니석chlorite으로 조각되었다. 이런 용기들은 기원전 6000년 근경에 만들어지기 시작한 최초의 도기로 이어졌고, 이 도기류는 와인을 가공하고 저장하는 데 가장 적합했을 더 큰 술병과

체를 포함하며, 가끔씩 조지아의 병처럼 포도송이 모양 점토 아플리케로 장식되어 있기도 했다.

내가 2004년 터키 동부를 여행하고 있을 때였다. 베키히 외즈카야는 쾨르티크에서 출토된 녹니석 용기 두 점을 분석할 수 있도록 해줬다. 정말 운이 좋게도 다량의 고대 유기화합물이 녹니석의 세공 속에 간직되어 있었다. 우리 분석은 적외선 촬영 결과와 타르타르산을 검출해내기 위한 표준화학 얼룩 테스트에 기초하여 여전히 진행되고 있다. 연구 결과, 이 용기에 원래 담겨 있던 것이 보리맥주가 아니라 포도와인이었다는 데 힘을 실어주는 증거들이 나타나고 있다. 앞으로 이 결과를 정확하게 입증해내기 위해서는 액체혼합체질량 분석법이 필요하다.

티그리스·유프라테스 강 상류로

분석을 위한 돌과 도기 표본을 확보할 목적으로 터키 동부 여행을 시작했지만 그 여행에는 또 다른 목적이 있었다. 포도가 재배되던 에덴동산 같은 곳을 찾으려는 게 아니냐는 질문을 받을지도 모르겠다. 토로스 산맥 동쪽과 캅카스, 자그로스 산맥 북쪽은 오랫동안 유라시안포도의 세계적 중심지로 여겨져왔다. 유라시안포도는 이 지역에서 유전적으로 가장 훌륭하게 변이했으며, 그 결과 그곳에서 포도를 처음 재배했던 것으로 보인다. 고고학적인 면과 화학적인 면을 결합해서 조사를 진행함에 따라 세계 최초의 와인 문화가 적어도 기원전 7000년경에 이 고원지대에서 출현했다는 것이 점차 확실해지고 있다. 이 와인 문화는 포도 재배와 와인 제조 분야로 이루어져 있으며 경제, 종교, 사회를 전체적으로 지배하게 된 듯하다.

와인 문화는 차츰 시공간을 넓혀서 이후 몇천 년 동안 그 지역과 유럽 각지에서 경제적·사회적 영향력을 발휘했다. 빙하기가 끝난 뒤 1만 년 정도 지나자, 수만 개의 유라시안포도 변종이 생겼으며 전 세계 와인 재료의 99퍼센트 비중을 차지하게 되었다. 현재 북아메리카와 동아시아에 당분이 매우 높은 다수의 토종 포도가 있음에도 불구하고, 놀랍게도 현대 이전에 이런 포도를 재배했다는 증거는 아직까지 없다.

우리는 이 핵심 지역에서 포도 재배를 촉진한 특별한 일이 일어났었는지, 그 일을 찾아내는 데 관심이 있었다. 위와 같은 명제는 노아의 가설The Noah hypothesis이라 불린다. 이 가설은 방주가 아라라트 산으로 올라간 뒤 노아의 첫 번째 목표가 포도밭을 일구어 와인을 만드는 것(창세기 8장 4절, 9장 20절)이었다는 성서의 내용을 간접적으로 암시한다.

오늘날 터키 동부 지방의 여러 조건이 포도를 재배하기에 적합한 것 같지는 않다. 그러나 신석기시대에는 지금과 상황이 달랐다는 것을 최근에 발견된 유물들이 입증해준다. 빙하기가 끝난 직후 강수량은 지금보다 훨씬 더 많았다. 그리고 토로스 산맥이 예나 지금이나 격렬한 지각운동을 하고 있는 횡아시아 지진대에 해당하기 때문에 이 지역의 토양은 수많은 야생과일, 견과류, 곡류뿐만 아니라 포도에게도 필요한 금속원소, 광물 그리고 다른 영양소를 풍부히 지니고 있다.

이 고원지대의 석회질 언덕과 협곡은 보통 테라로사terra rossa라고 알려져 있는데 철분이 풍부한 붉은 양토[진흙, 모래, 유기물로 된 흙]가 특징이다. 붉은 양토가 포함되어 있으면 배수가 잘 되고 뿌리가 잘 발달한다. 아울러 충분한 점토를 함유하고 있어 건기에도 수분을 유지할 수 있다. 약한 염기성을 띠며 부식함량 정도가 낮은 점 역시 포도가 서식하는 데 좋다. 하지만 아무리 조건이 좋더라도, 문제는 초기 인류가 정말로 토로스 산맥의 어딘가에서 유라시안포도를 재배하고 이곳에서 와인을 만들기 시작했을까 하는 것이다.

유럽과 미국 동료들에게 도움을 받아 이 문제를 해결하기 위해 최신 DNA 분석법을 활용했다. 우리는 터키, 아르메니아, 조지아의 야생종 포도와 재배종 포도 속에 있는 핵과 엽록체 게놈의 특정 부분인 미소부수체microsatellites[통상 2~3개의 염기쌍이 15~40회가량 반복되어 있는 DNA 배열 부분]를 차례로 나열했다. 그리고 그 결과를 유럽과 지중해의 재배종들과 주의 깊게 비교해봤다. 우리는 중동 지방의 포도종들이 공통 조상을 가지고 있다는 것, 서유럽의 변종 포도(샤슬라Chasselas, 네비올로Nebbiolo, 피노Pinot, 시라Syrah)가 조지아 재배종과 밀접하게 관련돼 있다는 것, 이 네 가지 종의 조지아 계통 선조가 있었을 것이라는 점을 이미 증명했다. 현재 식물의 씨나 다른 부분에서 고대 DNA를 추출해내는 작업이 진행 중이며 그것은 우리에게 더욱 직접적인 증거를 제시해줄 것이다.

터키 동부에서 야생포도를 찾아내는 것은 상당한 모험이었다. 스위스 뇌샤텔대학(조제 부야모즈)과 앙카라대학(괴크한 쇠일레메조을루, 알리 에르굴) 동료들과 함께 2004년 봄 농림부 전용 차량 랜드크루저를 타고 먼지투성이 길을 돌아다녔다. 표본 수집차 들러야 하는 지역 중에는 가파른 협곡도 있었다. 그곳은 기원전 1세기 통치자였던 안티오코스 1세가 석회석을 깎아 정상(2150미터)에 신들과 자신의 상을 세운 넴루트 산 아래에 위치한다. 비틀리스Bitlis와 시이르트Siirt 근처의 토로스 산맥을 뚫고 지나가는 강 골짜기, 할페티Halfeti에 위치한 샨르우르파Şanliurfa 북쪽의 유프라테스 강 유역도 야생포도를 수집할 가능성이 많은 장소였다.

우리는 티그리스 강 상류에서 하자르 호수 하류와 엘라즈으Elazığ까지 계속 탐사했다. 티그리스 강은 고대 근동에서 야금학冶金學[야금이란 광석에서 금속을 골라내는 것을 의미했으나, 현재는 금속 정련, 합금 제조까지 포함하는 개념이다]적으로 가장 중요한 지역 중 한 곳을 관통한다. 마덴Maden(터키어로 "광물"이라는 뜻)은 아직도 지각운동이 활발하게 일어나는 곳으로 중요한 신석기시대 유적지인 차이외뉘와 25킬로미터밖에 떨어져 있지 않다. 운이 좋게도 지각은 별다른 움직임을 보이지 않았지만, 나는 강둑에 접해 있는 특이한 포도나무에 다가가려다 하마터면 티그리스 강 상류의 맹렬한 급류에 휩쓸릴 뻔했다. 동료 알리가 손을 잡아주지 않았다면 나는 지금 이 이야기를 쓰고 있지 못했을 것이다.

야생포도 수나무, 암나무 사이에서 그것들과 다른 나무 한 그루를 발견했을 때, 우리는 이제까지 겪었던 고난과 위험을 보상받을 수 있었다. 우리가 그것을 발견해낸 상황은 고대의 포도 재배자들이 경험한 것과 완전히 같을 것이다. 재배종 유라시안포도가 이토록 매력적인 이유는 이 포도가 자웅동주라는 점 때문이다. 일반적인 야생포도종은 암수딴그루이지만, 이 종은 한 개의 꽃에 암술과 수술을 함께 품고 있다. 서로 다른 생식기관이 아주 가까이 붙어 있으면 열매를 훨씬 더 많이 생산할 수 있다. 스스로 수정受精하는 이 식물은 더 달콤하고 더 과즙이 많은 열매, 더 얇은 껍질 등의 바람직한 특성 덕분에 선택되었다. 사람들은 가지나 싹, 혹은 뿌리를 번식시켜 복제했을 것이다.

돌연변이종인 자웅동주 포도나무는 야생포도 개체 수의 5~7퍼센트를 차지한다. 꽃의 생식기관 크기가 극히 작기 때문에 이런 나무들을 골라 재배하려면 여전히 날카로운 눈이 필요하다.

포도가 씨에서 바로 자라날 때 예상치 못했던 특성이 나타나기 때문에, 포도나무를 재배한다는 것은 인간들이 인공 번식법을 발견했다는 뜻이다. 야생포도나무의 자연적인 성질은 최고의 와인 재료를 만드는 데나 열매를 쉽게 채집하는 데 결코 적합하지 않다. 가만히 놓아두면 야생포도는 높이 자라서, 경쟁하고 있는 나무를 가려버린다. 특히 자신의 씨를 퍼뜨려주는 새 등의 동물에게는 열매 맛이 매혹적인지 몰라도 우리에게는 너무 시어서 그다지 쓸모가 없었다.

신석기시대의 포도 재배자가 뿌리로부터 포도나무를 번식시켜 인근에서 나무를 키울 수 있게 된 휘묻잇법[1~2년생의 가지를 구부려 그 가지의 일부를 흙으로 덮어 뿌리가 나도록 한 뒤 분리시켜 싹을 얻어내는 방법으로 압조법壓條法이라고도 한다]을 개발해낸 것은 가능성의 범위를 벗어난 이야기가 아니다. 주위 나무를 타고 자라난 포도를 보고 인공 지지대로 그 포도를 떠받치는 법을 생각해냈을 것이다. 또한 그들은 훨씬 쉽게 열매를 딸 수 있도록 포도의 키와 모양을 손질하기 시작했을 것이다.

터키 동부, 캅카스 지역에서 수집한 표본들에 기초한 우리의 DNA 연구는 노아의 가설을 뒷받침하는 듯 보이지만 사실 더 많은 연구가 필요한 상태다. 특히 이란령 아제르바이잔과 같은 중동 지방에서 나온 표본들이 더 필요하다. 아제르바이잔은 작업하기에 아직 어려운 지역으로 남아 있다. 식물의 꽃 속에 암술과 수술의 성장을 설명해주는 유전자를 분리해낼 수 있다면, 우리는 고대와 현대 포도 원료의 분석을 위해 그 유전자의 연구를 목표로 삼을 수 있을 것이다. 아마도 가까운 미래에 우리는 그 해답을 얻게 될 것이다.

검은 산맥 속으로

신석기혁명을 촉진하는 데 맥주의 역할이 와인의 역할에 비해 미미한 것 같지는 않다. 괴베클리테페 유적지 발굴자인 클라우스 슈미트와 함께 이 지역을 돌아다니며 조사할 때, 레딩대학의 스티븐 미던은 재배되는 동식물에서 얻는 경제적인 이득보다는 종교적인 관념 때문에 사람들이 이곳에 정착하게 되었을 것이라고 말했다. 미던은 신석기시대를 설명하는 기존의 방식을 뒤집었다. 종교적인 건물을 건설하기 위해 동원되는 많은 일꾼의 식사 문제를 해결해야 했기 때문에(여기에 그들의 갈증을 해소시켜줘야 했다는 점도 추가하고 싶다) 확실한 음식 자원의 필요성이 대두되었을 것이라고 그는 주장했다.

그러자 슈미트가 30킬로미터가량 떨어져 있는 카라자다으 산맥Karacadağ Range, 즉 검은 산맥을 지목했다. 검은 현무암으로 이루어진 이 화산지대에는 야생 외알밀einkorn/Triticum monococcum ssp. boeoticum이 빽빽하게 들어서 있으며 봄에는 무성한 풀로 가득 찬다. 포도를 탐사하는 용맹한 우리 팀은 그곳에 있는 야생포도를 찾으러 갔다가 빈털터리로 돌아올 수밖에 없었다. 이 구릉지에서는 밀이 우리를 이긴 것이다.

아주 설득력 있는 한 DNA 연구는, 중유럽에서 이란까지 넓게 보급된 다른 현대 야생식물들과 비교했을 때, 카라자다으 밀 품종이 현재 재배되고 있는 곡류(일립밀T. m. monococcum)와 유전적으로 훨씬 더 가깝다는 것을 증명한다. 식물고고학적인 증거 또한 이 점을 확실하게 뒷받침하고 있다. 최초의 야생 및 재배 외알밀이 시리아 북부와 차이외뉘 그리고 네발리초리 등의 초기 신석기 유적지에서 발견되고 있다. 인간이 농경을 시작하도록 도와준 여덟 개의 "시조식물" 가운데 세 개(외알밀, 병아리콩, 쓴살갈퀴)는 이 지역에서 그 기원을 찾아낼 수 있다. 또 다른 시조식물인 에머밀 역시 차이외뉘와 네발리초리에서 야생 및 재배 형태로 존재했다는 것이 증명되고 있다.

슈미트나 미던 모두 그 지역의 밀이 빵이나 맥주를 만드는 데 사용되었는지 추측해보지는 않았다. 그리고 그 유적지에서 나온 용기들에 대한 화학 분석 역시 이루어지지 않았다. 외알밀이나 에머밀은 싹이 돋아났을 때 전분을 당분으로 쪼개는 디아스타아제를 충분히 생산하지 못하기 때문에 맥주를 만드는 데 적합하지 않다. 하지만 보리는 이 일을 효과적으로 완수할 수 있다. 오늘날 밀맥주는 다당류의 당화를 촉진하는 맥아를 섞어서 제조된다. 우리의 창의적인 조상들은 우연히 비슷한 해결법을 알아낸 듯하다.

특히 최초의 술을 제조할 때 신석기시대의 진취적인 양조자는 무엇이든 닥치는 대로 실험해야 했다. 순수하고 정제된 술은 그들의 목표가 아니었을 것이다. 대신에 활기찬 실험을 계획한 이들은 터키 동부에 있는 신석기시대 마을의 발효 술통 주위로 몰려들었을 것이다. 그들은 과일, 곡물, 꿀, 약초, 향신료 등 찾아낼 수 있는 모든 천연 재료를 여러 방식으로 조합해봐야 했다. 여기서 맛과 향은 중요한 기준이 되었을 것이다. 그리고 그들이 만들어낸 술이 공동체 구성원에게 최종 평가를 받았을 것이란 사실은 말할 나위가 없다.

고대 양조자들은 외알밀이나 에머밀의 맥아보다 맥아 첨가 보리에서 단맛이 더 난다는 것을 알아냈던 게 분명하다. 게다가 재배종이 아닌 야생보리만이 이 초기 시대 정착지에서 발견된 점으로 볼 때, 밀은 아마도 당시에 가장 널리 퍼져 있던 곡물이었을 것이다. 밀을 야생보리로 만든 맥주에 첨가하면 밀 고유의 좋은 특성들이 가미됐고, 또한 많은 양의 술을 생산해내는 데 도움이 되었다.

근방에서 도입된 재배종 보리인 여섯줄보리는 후기 신석기시대에 출현했다. 야생종 보리가 재배종으로 변화되는 데 필요했던 것은 두 유전자의 변이였다. 그 결과 민감한 잎대는 거친 것으로 바뀌어 낟알들이 땅에 떨어져 유실되는 것을 방지할 수 있었다. 어쨌든 전통적인 보리맥주나 밀맥주를 만들기에 충분한 보리가 있었다고 해도, 신석기시대 양조자들은 발효를 진행시키기 위해 고당분의 꿀이나 과일을 첨가해야만 했을 것이다. 아니면 일전의 발효과정에서 작용한 효모들이 남아 있는 용기를 재사용했을 것이다.

차탈회위크의 두루미 춤

티그리스 강과 유프라테스 강 상류에서 서쪽으로 500킬로미터가량 떨어진 곳에 토로스 산맥의 낮은 구릉지가 있다. 이곳에는 차탈회위크Çatal Höyük라는 예사롭지 않은 유적지가 있다. 발효음료의 발달과정을 찾아낼 가능성이 풍부한 곳이다. 여기에서 내가 "가능성"이라는 표현을 사용하는 이유는 생체분자 고고학적 조사가 아직 수행되지 않은 상태로 남아 있기 때문이다.

카파도키아의 코니아 평원에 위치한 차탈회위크에서, 제임스 멜라트는 1960년대에 발굴 작업을 했고, 이언 호더는 1993년 이후 발굴 작업을 해왔다. 그 결과, 연대가 약 기원전 6500년에서 기원전 5500년 사이이거나 토기가 제작되기 이전 신석기시대 후기에 해당하는 일련의 건물들이 발견되었다. 주거지와 딱 붙어 있으며, 신전이었던 듯한 40여 곳의 건물들은 근동의 신석기 부락 가운데 제일 규모가 큰 것으로 알려진 이 유적지에서 가장 강한 인상을 줬다. 신전의 벽들은 초기 구석기시대의 동굴미술을 떠올리게 하는 프레스코 기법으로 꾸며져 있었다. 역시 그곳에서도 맹금은 의례활동에서 중요한 위치를 점하고 있었다. 직접 눌러 찍은 자국과 붉은 물감을 발라 찍은 손의 윤곽이 줄줄이 이어져 있었다. 그들끼리의 결속과 신과의 교감을 표현한 빙하시대의 동굴을 떠올리게 했다.

차탈회위크에서는 독수리(흰목대머리수리Gyps fulvus)가 머리 없는 사람을 포식하는 모습을 찾아볼 수 있고, 또 다른 벽에는 여러 개의 거대한 가슴에 해골들이 가득 차 있는 그림이 그려져 있다. 두 마리의 수사슴과 새끼사슴 한 마리를 활과 화살로 공격하고 있는 열 명 이상의 사냥꾼 무리도 나타난다. 머리가 없는 이들과 북을 잡은 사람으로 구성된 춤을 추는 무리는 이 사냥꾼들의 분투를 격려하는 듯하다. 실제로 신전 바닥 아래에 묻혀 있는 몇몇 사람은 머리가 없었고, 그런 경우 가슴은 보통 나무판자, 올빼미 똥owl pellet이나 동물의 음경처럼 정체 모를 물건들로 채워졌다. 주거지 바깥쪽에 묻혀 있던 해골 무더기는 아마도 머리 없는 몸통들과 짝을 이룰 것이다.

육각형 모양의 세포들이 연결된 듯한 이상한 그림 한 점은 가장자리가 부서져 있었는데, 제임스 멜라트는 이 그림을 벌집으로 해석했다. 각각의 육아방 속에 들어가 있는 벌이나 꽃밭에서 날아오르는 벌일 수도 있다는 것이었다. 이러한 생각이 기하학적 형상을 과장되게 해석한 것이라 여겨서는 안 된다. 벌들은 또한 괴베클리의 종교 건축물 내 매우 정교하게 조각된 기둥뿐 아니라 쾨르티크에서 출토된 석판들에도 표현되었다. 아나톨리아는 꿀로 이름난 고장으로, 서쪽 해안지방에서 만들어지는 꿀은 달콤한 감귤향이 난다. 중부 고원지대에서는 야생화로 꿀을 제조하며, 동남부 삼림지역에서는 적송에 사는 벌레가 분비하는 단물을 재료로 꿀을 만든다. 아라라트 산의 가장 높은 꼭대기에서 꿀 사냥꾼들은 곰이 건들지 못하는 높은 나무 위에 있는 야생벌집들을 오늘날에도 찾아 헤매고 있다. 다시 한번 강조하지만 발효주 제조과정에서 꿀을 첨가하면 대단한 이점이 있다. 꿀은 천연재료 중에서 최고 농도의 단당을 함유하며, 물에 희석되었을 때 자신이 지닌 효모로 발효된다.

소위 어머니 여신이라고 불리는 풍만한 몸매를 지닌 여성이 옷을 다 벗은 채 아이를 대동하고 있는 모습을 표현한 석상과 도기 조각상은 신석기시대의 비너스를 떠올리게 한다. 이 여성은 표범 발을 닮은 두 팔을 가졌으며 의자 혹은 왕좌에 당당하게 앉아 있다. 벽화에서 이 "어머니 여신"은 들소와 숫양을 낳고 있다. 독수리 부리는 벽 위에 회반죽으로 만든 가슴을 뚫고 튀어나왔다. 이런 작품에 등장하는 인물은 주로 여성이지만 들소나 표범 위에 올라탄 남성, 수염이 있는 남성·남신을 묘사한 것도 있다. 사람과 동물이 뒤섞인 그림은 혼란스럽긴 해도 많은 부분에서 후대의 신화적인 생각과 합치한다.

새 날개 하나를 살펴봐도 신석기시대 조상의 신비한 세계에 부분적으로나마 발을 들여놓을 수 있다. 이 날개는 접근이 거의 불가능한 작은 구덩이에 들소뿔 하나, 염소뿔 두 개와 함께 묻혀 있었다. 분석 결과, 두루미(검은목두루미Grus grus) 뼈로 밝혀졌는데, 이는 특이한 일이 계획 중이었음을 의미한다. 우리가 이미 알고 있는 것처럼 두루미나 백조의 날개뼈는 남부 독일에서 동아시아에 걸친 넓은 지역에서 피리로 제작되었다. 아울러 중국 두루미의 복잡한 짝짓기춤은 아나톨리아 계통의 두루미 춤과 거의 동일하다. 하지만 차탈회위크의 날개뼈에 있던 자국들은, 그 날개가 송곳 같은 도구로 뚫렸음을 보여준다. 아마도 특별한 춤을 위한 복장을 어깨에 걸치기 위해서 그 구멍을 통해 섬유를 꿰었을 것이다.

이 유적의 어떤 방에는 두루미 한 쌍이 서로 마주보고 있는 벽화와, 춤추는 인물 다섯 명이 표범가죽과 두루미깃털로 만든 듯한 꼬리를 찬 그림이 있다. 이것들은 위의 가설을 부분적으로 뒷받침한다. 유프라테스 강을 따라 위치한 시리아의 부끄라스Bouqras 지방에 조각된 네모꼴의 한 그림은 자연에서 나타나는 행동처럼 두루미 열일곱 마리가 같은 방향으로 자세를 취해 춤을 추는 모습을 표현하고 있다. 그리고 나는 이미 괴베클리테페에 있던 기둥에 묘사된 두루미를 언급했었다.

그림 11. 표범을 양옆에 둔 신석기시대 "어머니 여신" 조각상. 터키 차탈회위크에 있는 구덩이에서 발견되었으며, 연대는 약 기원전 6500년에서 기원전 5500년이다.(높이는 11.8센티미터, 머리 부분 복원) 이 조각상은 그 기원이 구석기시대에서 유래하는 "비너스" 입상들의 위대한 전통을 영속시키고 있다.

신석기시대 차탈회위크의 특별한 두루미 춤은 시베리아, 중국, 호주, 일본 그리고 태평양의 섬들과 남아프리카에서 사람들이 두루미 춤을 추었다는 사실을 생각해보면 신빙성이 더 높아진다. 『플루타르크 영웅전Plutarch legend』을 보면, 그리스의 영웅 테세우스는 크레타 섬에 있는 미노타우로스에게서 용감하게 탈출하여 에게 해의 델로스 섬에 상륙했을 때 두루미처럼 춤을 추었다고 한다.

우리는 아직 신석기시대의 두루미 춤이나, 차탈회위크 조각상 및 그곳 벽화의 기하학적이며 수직적인 이미지가 발효음료와 연관됐음을 보여주는 생체분자 고고학 증거를 찾아내지 못했다. 그러나 그 연관성을 시사하는 유물은 발굴됐다. 도기 성배(몇 개는 나무로 만들어졌으며, 혐기성을 띠고 습한 성질을 지닌 신석기시대의 환경 조건 덕분에 잘 보존되었다), 액체를 옮기는 데 사용된 것으로 보이는 깔때기, 술을 보관하고 따르는 데 적합한 용기(앉아 있는 "여신"과 새·멧돼지상의 좁고 긴 목을 지닌 저장용 병과 잔을 포함한다)로 볼 때, 고도로 발달된 음주 문화가 있었다는 것을 쉽게 짐작할 수 있다. 재배된 보리와 밀이 유적지에서 상당량 발견된 것은 맥주 원료가 도처에 충분했다는 증거다. 놀랍게도 동쪽으로 50킬로미터 정도 떨어진 고지대에서 품질 좋은 포도가 번성하고 있음에도 불구하고, 포도가 존재했다는 식물고고학적인 증거는 쏙 빠져 있다. 프레스코 벽화에 근거해 꿀이 사용됐을 가능성을 생각해볼 수 있으나 이 역시 증명된 바 없다. 이 유적지를 최근에 탐사한 식물고고학자 크리스틴 하스토프에 따르면, 이곳에서 어떤 술이 만들어졌든 상관없이 고당분의 과일(느릅나무열매Celtis sp.)이 술의 주요한 원료로 쓰인 듯하다. 이 영양 만점의 과실은 시간이 흘러도 변하지 않는 맛을 선사한다. 나무 파편은 그 부근에서 이 식물이 자랐음을 암시한다.

이 가운데 한 가지는 확신할 수 있다. 차탈회위크 거주자들은 알코올음료를 몇 종류 가지고 있었다. 그들은 신석기시대의 "시조식물" 재배 중심지 근처에 자리를 잡았다. 포도씨는 기원전 9000년경의 것으로 추정되며 거의 모든 신석기 유적지(예를 들면 차이외뉘)에서 발견되고 있다. 그리고 산딸기, 블랙베리blackberry, 산수유나무

cornelian cherry, 딱총나무열매elderberry, 노박덩굴bittersweet 등의 과일 역시 재배되었던 듯하다. 이처럼 수중에 발효시킬 수 있는 과일이 풍족한 상태에서 차탈회위크의 양조자들은 시대정신을 담아 느릅나무열매와 꿀이 포함된 실험적인 술을 만들었다.

아시아 열곡을 가로지르다

남부 터키와 북부 시리아의 신석기시대 중심지에서 공고하게 자리잡은 와인 문화는, 보통 과일, 곡물, 꿀, 다양한 약초들을 포도에 첨가해 술을 만들었기 때문에 혼합발효음료 혹은 독한 음료extreme beverage 문화로 명명하는 것이 적합할 듯하다. 우리는 다른 근동 지역으로 확산된 술 혁명을 더듬어갔는데 요르단 계곡The Jordan Valley이 특별한 흥미를 끄는 지역으로 부상했다.

갈릴리 호수에서 사해까지 뻗어 있는, 지구에서 가장 낮은 곳인 요르단 계곡은 북쪽으로 아프리카 그레이트리프트밸리와 이어져 서아시아와 맞닿아 있다. 10만 년 전 아프리카에서 나온 조상들은 다른 지역들로 흩어지기 전에 이 길을 통과했다. 하지만 계곡 전역에 있는 구석기시대 야영지의 윤택한 자연환경으로 판단해볼 때 대다수 조상들은 정착하기 좋은 풍족한 야생생물과 푸릇푸릇한 식물의 유혹을 엄청나게 받았을 듯하다. 이 지역을 지나가려면 반드시 선사시대 유적을 밟고 가야 한다지만 이 계곡에 처음 발을 들여놓으면 정반대의 인상을 받게 될 것이다. 나 역시 1971년 첫 번째 중동 여행에서 같은 심정을 느꼈다. 예루살렘에서 예리코Jericho로 가는 현대의 간선 도로를 타고 있노라면 마치 지옥으로 내려가는 듯한 기분이 든다. 고도가 내려갈수록 고지대의 온화하고 상쾌한 기후는 더 뜨겁고 건조한 환경으로 바뀐다. 필사적으로 마실 것을 찾을 때 예리코의 초록빛 오아시스가 당신 시야에 들어온다. 곧 당신은 망고 주스를 마시고 파파야를 먹으며 야외카페에 축 늘어져 쉬고 있을 것이다.

해수면보다 300미터가량 낮은 곳에 위치하며 사해와 접한 고대의 예리코에는 기원전 1만 년 이래로 사람들이 정착해온 흔적이 남아 있다. 우리는 옥스퍼드대학의 데임 캐슬린 케니언에게 감사해야 한다. 그녀는 1950년대에 예리코 유적의 시간차를 주의 깊게 구분하고, 토기 발명 이전 신석기시대 초기의 매장 풍습을 발견했다.

케니언은 고대 예리코 건물 바닥 아래에서 해골 무더기를 찾아냈다. 이 해골은 차탈회위크의 벽에 있던 사람 및 동물 모형과 비슷했다. 모든 인물은 잘 묘사되어 있었는데 기묘하게도 벌거벗은 정수리에 아래턱뼈는 온데간데없이 회반죽으로 대체되어 있었다. 수백 킬로미터 떨어진 홍해와 지중해에서 가져와야만 했을 개오지cowrie와 조가비가 눈구멍에 삽입되어 두 눈을 감은 채 자고 있는 무시무시한 형상을 연출했다.

회반죽 해골들은 반상회라도 하는 듯 보였다. 같은 방향을 향해 무리지어 있는 세 개의 해골이 발견되었고, 어떤 경우에는 해골이 빽빽하게 원을 이루어 안쪽을 바라보고 있기도 했다. 여기서 50킬로미터 정도 떨어진, 암만의 바카흐 계곡Baq'ah Valley에서 비슷한 풍습을 목격했다. 그곳 초기 철기시대 매장굴에서 227개의 해골이 발견된 것이다. 그 해골에는 회반죽이 칠해져 있지 않았으며 기원전

1200년에서 기원전 1050년 사이에 매장된 것으로 추정되는 시체에서 분리된 것이었다. 그것들은 시체 매장 후에 동굴 벽 주변에 원을 그리며 정렬됐다. 그 당시 나는 이러한 배치가 저승(히브리어로 시올 Sheol)에서의 가족 모임을 상징하는 것이라 믿었다.

요르단 계곡과 인접한 고원지대의 발굴 작업 속도가 이후 몇 십 년간 빨라져 회반죽으로 처리된 해골도 더 많이 발견되었다. 그런데 이 중에서 가장 놀라운 발굴물이 우연히 세상의 빛을 보게 되었다. 1974년 암만 북쪽의 트란스요르단 고원 위에 새 고속도로 건설작업이 진행될 때 도기 발명 이전 신석기시대의 광활한 마을, 아인 가잘 'Ain Ghazal이 드러났다. 게리 롤레프슨과 자이단 카파피가 이끄는 발굴팀은 마을을 보존하기 위해 움직이기 시작했다. 그곳에서 발견된 것은 해골이 아니라 제법 형태를 갖춘 인간 조각상 서른두 점이었다. 조각상은 구덩이 두 곳에 나뉘어 동서 방향으로 조심스럽게 누워 있었다. 발굴 장소에 따라 200년가량 차이가 나긴 했으나 모두 기원전 제7천년기에 속했다.

아인 가잘의 조각상은 형태에 따라 두 종류로 구분된다. 아랫도리처럼 보이는 몸체에 머리가 하나 달린 상, 상반신 하나에 머리가 두 개 달린 상이 바로 그것이다. 두 경우 모두 방호 기관만 회반죽으로 덮여 있었다. 누가 봐도 눈에 띄는 완전히 열린 눈과 눈동자는, 역청으로 그릴 때 세심하게 주의를 기울였던 것 같다. 회반죽 표면은 반질반질했고 황토색 윤기가 흘렀다. 복부가 볼록한 것으로 보아 몇 점은 명백히 여성을 표현한 것으로 보인다. 두 손을 배 위에 올려놓았는데 이 자세는 구석기시대부터 보편화되어 수천 년 동안 이어졌다. 상반신 하나에 머리가 두 개 달린 조각상은 팔과 다리 등 다른 신체 부위가 전혀 표현되어 있지 않아 성별을 판단할 수 없었다. 높이는 30센티미터에서 1미터까지에 이른다. 이 조각상들은 별도의 지지대 없이 똑바로 서 있을 수 있었고, 따라서 분명히 진열용으로 만들어진 듯했다.

아인 가잘에서 출토된 또 다른 유물은 신석기시대 우리 조상의 시각을 그대로 느끼게 해줄지도 모른다. 그리고 회반죽이 칠해진 해골과 조각상에 숨어 있는 복잡한 상징성을 이해하는 실마리를 그 유물에서 발견할 수 있을지도 모른다. 또한 죽은 사람처럼 두 눈이 거의 감겨 있는 석고 마스크 세 점이 함께 발견됐는데, 이는 매장되어 있는 해골의 얼굴을 감쌌던 것일 수도 있지만 죽은 조상의 대리인이나 샤먼이 착용했을 또 다른 가능성도 있다. 다산의 여신과 그 배우자를 나타낸 듯한 이 마스크들은 의식을 치를 때 진열되었던 것인 듯싶다. 그들의 커다랗게 뜬, 마음속을 꿰뚫어보는 듯한 눈은 저승을 바라보고 있으며, 산 자와 죽은 자를 연결하고 있다. 의식이 끝난 뒤 이 상들은 종교적인 건물에 계속 보관되어 불가사의한 힘을 계속 발휘했다. 발굴자들은 원형 및 정방형 구조물도 많이 발견했다. 그곳에는 제단, 화로나 애프스apse[제단 뒤쪽의 둥근 지붕이 있는 반원형으로 된 부분] 등의 장소를 구분해주는 입석立石이 있었는데, 그것들은 그 장소에 본래부터 서 있었을 것이다.

두 원형 제단은 종교활동을 파악하는 데 더 많은 실마리를 제공한다. 석고로 포장된 면 중간에 나 있는 큰 구멍에 석고를 여러 번 덧발랐던 것으로 보인다. 매번 의식을 치를 때마다 그 구멍으로 술 따위를 흘려넣었던 모양이다. 이런 형태는 차이외뉘에 있는 특이한 건물 중 하나를 상기시킨다. 그 건물 역시 발굴자들이 헌주獻酒의식

그림 12. 두 명의 신석기 "조상들"(요르단 아인 가잘 소재). 그들의 몸은 하나로 합쳐져 있으며, 역청으로 그린 튀어나온 두 눈은 외부를 응시하고 있다.(높이는 85센티미터) 실제 사람의 절반 정도 크기다. 요르단 아인 가잘에서 발견된 이 상은 기원전 제7천년기 중반에 만들어진 구덩이에 다른 조각상과 함께 묻혀 있었다.

과 관련 있는 것으로 보는 지하와 지상 간 통로를 갖추고 있었다.

신석기시대의 다른 유적지와 마찬가지로, 우리는 아인 가잘에 살았던 사람들의 상징세계를 엿볼 수 있지만 발효음료가 종교의식과 통합되었다는 확실한 증거는 갖고 있지 않다. 병과 슬립[도기 제조에 쓰이는 고체입자의 현탁액]을 바르고 색을 입힌 잔을 포함해서, 후기 신석기시대에 술을 저장하고 차려내고, 또 의식절차상 술을 따르는 데 쓰인 도기들을 분석한 연구 역시 아직 없다. 트란스요르단 고원이나 요르단 계곡에 재배종 포도가 신석기부터 있었다는 증거도 없다. 재배종 포도는 기원전 4000년경 전까지는 남쪽으로 이식되지 않았다. 보리뿐만 아니라 재배종 에머밀과 외알밀이 맥주 재료로 쓰였다. 물론 꿀도 사용됐을 것이다.

예리코에서 북쪽으로 12킬로미터밖에 떨어지지 않았으며, 요르단 계곡 저지대에 있는 또 다른 유적지에서 최근 발견한 것들은 이 문제에 새로운 실마리를 제공한다. 길갈Gilgal은 대략 1만1400년에서 1만1200년 전(B.P.)의 초기 신석기시대 부락이다. 30여 년 전에 발굴됐음에도 불구하고 이곳에서 나온 과일 잔여물을 최근에서야 바일란대학의 모르데하이 키슬레브가 자세히 분석했다. 건조된 보통 군群의 무화과열매 아홉 개와 수백 개의 소핵과小核果 그리고 안에 들어 있는 과육을 분석한 결과, 이것들의 종자 혹은 배胚가 무화과와 공생관계에 있는 무화과꼬마벌Blastophaga psenes에 의해 수정된 것이 아니라는 사실이 드러났다. 이 결과를 두고 키슬레브와 그의 동료들은 무화과가 이미 그 지역에서 재배되었다는 것을 보여주는 증거라 주장했다. 어떤 단순한 유전자 변이 때문에 나무가 단위결실parthenocarpy(꽃가루나 벌에 의해 수정이 일어나지 않고도 열매가 만들어지는 현상)을 할 수 있게 되면서 땅에 떨어지지 않는 달콤한 무화과 열매를 생산한 것이다. 하지만 이 식물은 종자로 증식할 수 없으므로 사람들이 직접 관여해서 나뭇가지를 잘라내 옮겨심어 번식시켜야만 했다. 무화과나무는 사람들이 이렇게 조작하는 것에 금방 적응하는데, 그 이유는 다른 어떤 과일나무보다도 뿌리를 쉽게 발달시키기 때문이다.

길갈의 무화과열매만이 그런 유별난 특징을 지닌 것은 아니었다. 키슬레브는 그가 작업했던 또 다른 유적지에서 출토된 식물고고학적 유물을 조사했다. 유적지는 네티브하그두드Netiv Hagdud로, 길갈에서 약 1.5킬로미터 서쪽에 위치해 있으며 그 연대가 서로 비슷하다. 여기서 발견된 5000개가량의 무화과 소핵과는 위의 경우와 마찬가지로 배가 없었으며 이들 역시 단위결실을 통해 생산되었다는 것이 입증되었다. 무화과열매는 같은 시대의 예리코와, 요르단 계곡에서 좀더 북쪽에 위치한 게셰르Gesher에서도 발견되었다.

무화과나무가 포도, 대추야자, 견과류, 그 밖의 다른 과일나무보다 이른 시기인 기원전 9500년 근경에 재배되기 시작했다는 추론은 확실히 논의의 여지가 있다. 요르단 계곡의 이 유적지들에 있던 무화과열매는 수정이 안 된 상태이며 달콤한 열매를 맺는 암무화과나무female fig trees에서 채집되었을 가능성도 있다.

재배 문제에 대한 판단을 보류하더라도 길갈과 다른 초기 신석기시대 유적지에서 발견된 무화과들은 상당히 중요한 자원이다. 이것들은 형태가 잘 갖춰진 상태였으며 사람들에 의해 의도적으로 건조되었던 듯싶다. 사실 건조된 무화과열매는 자연에 있는 과일 중에서 가장 당도가 높으며, 건조중량[동물이나 식물을 건조시켜 측정한 무게]

당 50퍼센트의 단당이 들어 있다. 그러나 액체 형태에서의 무화과열매는 포도나 바나나의 당분 비율보다 낮은 15퍼센트의 당분을 포함한다. 이러한 단맛 과일은 발효음료를 만들기 위한 자연발생적인 후보 중 하나일 것이다. 그 당시 사람들이 이미 무화과나무를 잘라서 번식시키는 것이 얼마나 쉬운 일인지 알고 있었을 수도 있다.

우리는 무화과가 요르단 계곡에서 발효음료를 제조할 때 중요한 역할을 했다는 것을 알 수 있는 6000년 후의 좋은 증거를 발견했다. 길갈에서 수백 마일 떨어진 곳에 위치한 아비도스Abydos(제6장 참고) 왕릉에서 발굴된 유물이 바로 그것이다. 왕릉 내 병을 화학 분석한 결과, 수지 첨가 와인이 남부 레반트에서 만들어져 이집트로 수출되었다는 것을 알 수 있었다. 이곳의 와인에는 고유한 특성이 하나 있다. 몇 개의 술병 안에 무화과열매가 하나씩 담겨 있었는데, 얇게 썬 열매에 구멍을 뚫고 이를 끈으로 매달아 액체 속에 떠 있게 되어 있었다. 아마도 이 무화과열매는 달고 특별한 맛을 내는 향료였거나 발효촉진제였을 것이다. 열매를 저며 끈으로 매달아 띄우면 와인과의 접촉면이 더 많아진다.

그렇다면 세계에서 가장 먼저 재배된 식물로 알려진 무화과는 예리코와 그 근처에서 어떤 발효음료가 제조되었든 간에 그 첨가제로 사용되었을 것이다. 이 지역들에서만 고유하게 나타나는 이 전통은 기원전 3150년경에 아비도스의 무덤에 묻힌 스코르피온 1세 시대에서부터 이어져 내려온 것이다.

근동의 음주 문화가 활짝 꽃피다

신석기시대부터 발효음료 제조자들은 이것저것 혼합된 형태에서 벗어나 하나의 개별 재료로 술을 만들면서 점차 전문성을 띠기 시작했다. 신석기시대의 핵심 지역에 속하는 아나톨리아는 이러한 발효음료 제조 발전과정에 대해 우리에게 알려줄 것이 많은 지역이다.

아나톨리아의 도기, 금과 은으로 만들어진 와인 용기 목록은 과연 우리의 상상 범위를 능가한다. 터키 앙카라 아나톨리아문명박물관에서 붉은 광택이 도는 술주전자들을 구경할 수 있었다. 새의 부리가 연상되는 긴 주둥이에다 손잡이에 앉아 있는 맹금류까지, 그 형체가 자못 위풍당당했다. 맹금류, 황소, 사자, 고슴도치 등 동물의 상이 부착된 거대한 음주용 뿔들은 그 당시 상류층 애주가들을 만족시켰을 것이다. 상부 입구와 바닥면이 좁은 "방추紡錘형 병spindle bottle"들은 그 높이가 사람 허리에까지 이른다. 이 병은 특별한 와인을 마시기 위해 만든 작은 용기를 본뜬 것으로, 언제라도 채워져 있었을 것이다.

우리는 기원전 제2천년기 중반에서 후반까지 중앙아나톨리아를 지배한 히타이트인의 문헌을 통해 한때 이러한 용기 대부분에 포도와인을 담았다는 사실을 알게 되었다. 고대의 하투샤Hattusha, 지금의 보아즈칼레Boğazkale는 포도밭으로 둘러싸여 있다. 히타이트인들은 실생활에서 마실 수 있는 와인을 상당량 남겨두고도 신들에게 엄청난 양을 바쳤다.

아나톨리아에서 제조되던 술의 종류가 점차 와인으로 옮겨가긴 했어도 고대 관습은 쉽게 사라지지 않았다. 우리는 올리브기름, 꿀,

나뭇진이 와인에 첨가되었음을 보여주는 히타이트의 문헌들을 읽었다. 심지어 맥주와 와인을 나타내는 두 개의 수메르 상형문자가 합성된 카시게슈틴kaš-geštin이라는 단어도 있다. 이는 문자 그대로 "맥주와인"을 뜻한다.

수도 하투샤에서는 왕에게 진상하거나 왕을 보좌하는 수행원들이 마시는 혼합주를 지극정성으로 만들었다. 앙카라박물관에 있는 이난드크 항아리Inandık Vase로 증명되는바, 외견상 자질구레해 보이는 용기들은 겉보기와 달리 좀더 중요한 용도로 쓰였다. 고대 히타이트 전시관 중앙에 당당하게 들어선 이 항아리는 입구를 두른 빈 고리를 갖고 있다. 한쪽에 있는 큰 구멍을 통해 액체가 이 입구 부분으로 흘러들어갈 수 있었다. 액체는 고리를 따라 유입되어 코와 입에 구멍이 뚫린 소머리 형상을 거쳐 항아리를 채웠다. 이 용기는 아직까지 표본화되거나 분석되지 않았지만 와인(건포도 향과 맛이 나는 술이거나, 히타이트 사람들이 잘 만들기로 유명한 약초혼합주였을 것이다)에 꿀이나 과일 심지어 맥주 등의 다른 재료를 섞었다는 것을 히타이트의 문헌을 통해 알 수 있다.

이난드크 항아리의 특이한 점은 술의 제조과정과 종교적 쓰임새가 항아리 외부에 붙어 있는 네 개의 판에 생생하게 묘사되어 있다는 것이다. 이 그림은 아래에서 위로 내용이 전개된다. 맨 아래 그림판에는 한 남성이 이난드크 항아리로 추정되는 용기 내부를 혼합주 제조에 필수적인 장비로 보이는 긴 막대기로 휘젓는 장면이 묘사돼 있다. 이 남성 위에 있는 수평 메토프[유럽식 돌 건축물에서, 처마 밑 벽장식인 트리글리프triglyph 사이 벽면]에는 왕으로 보이는 인물이 나타난다. 왕은 근동의 평상복 차림으로 휴대용 접의자와 비슷하게 생긴 왕좌에 앉아서 술시중을 받는다. 그는 새부리를 닮은 긴 주둥이를 가진 항아리에서 잔으로 술을 따라내고 있다. 바로 위에 또 나오는 그림판에는 음악가들과 칼춤을 추는 무용수들 그리고 그 외 참가자들이 열을 지어 있다. 뒤쪽에 왕과 왕비가 긴 의자에 함께 앉아 있는 가운데, 이 사람들은 신전과 제단 쪽을 향해 걸어가고 있다. 아쉽게도 그다음 장면은 파손되었지만, 아마 왕이 그의 배우자가 쓰고 있는 베일을 벗기는 모습이 묘사되어 있었을 것이다. 맨 마지막 장면에서는 왕과 왕비 혹은 성스러운 창녀가 상징적인 성행위 아니면 성스러운 혼인(그리스어로는 히에로스 가모스hieros gamos라 불린다)을 치르고 있다. 이 행위는 모든 자연물이 다산하기를, 왕의 제국이 번영하기를 도모하는 것이다. 이 장면에서도 음악가들이 등장해 피리, 하프, 심벌즈 등을 연주하고 무용수들은 공중으로 도약하고 있다.

이난드크 항아리는 히타이트 도예가들의 기예와 전문성의 극치다. 이 항아리는 기원전 제2천년기에 왕실이 술 제조업을 어떻게 통제했는지, 또 발효음료가 어떻게 종교 및 예술 분야와 융합되었는지 여실히 알려주고 있다. 또한 지금의 터키를 여행하다보면 쉽게 알 수 있듯이, 혼합주는 개별 재료로 만드는 특수한 술에 결코 자리를 내주지 않았다. 터키 시골에서는 당신을 집이나 야영지로 초대해 발효된 무화과열매와 대추야자가 조합된 바카Baqa라는 술을 마셔보라고 권할지도 모른다. 당신은 산뜻한 맛을 지닌 무無알코올 요구르트 음료인 아이란ayran을 대접받을 수도 있다. 하지만 히타이트 시대의 유행처럼 오늘날 아나톨리아 사람들은 아무것도 첨가되지 않은 와인을 압도적으로 선호한다. 지난 10년간, 부티크와인 산업이 외퀴즈괴쥐Őkűzgőzű("황소의 눈")와 같은 재래종들을 원료로 삼아 고대 와인 산업의 활기를 재현해왔다.

관개농업 방식으로 곡물을 대량 재배하는 메소포타미아 저지대에서 보리맥주와 밀맥주는 수천 년에 걸쳐 완벽한 술로 거듭났다. 나는 이미 농도, 맛, 당도 등이 다양한 고대 "소형 양조장"을 언급한 적이 있다. 기원전 제1천년기에는 더 달콤한 대추야자와인이 각광을 받았다. 대추야자는 티그리스·유프라테스 계곡의 저지대에서 풍부히 자랐다. 포도보다 두 배 높은 당분을 함유했기 때문에 그 과실이 발효되어 술이 될 경우 15퍼센트에 달하는 알코올을 지니게 된다.

농부에서부터 왕에 이르기까지 메소포타미아의 모든 사회계층은 신분에 관계없이 이러한 술을 매우 즐겼다. 고딘테페에서 분석했던 것과 비슷한, 입구가 큰 술병에 모여들어 빨대로 함께 술을 마시면서 공동체의 유대의식은 차츰 확립되었다. 일정한 간격을 두고 두 개에서 일곱 개의 주둥이가 달린 특이한 병은 바로 위의 경우처럼 여러 사람이 동시에 술을 마실 수 있도록 만들어진 것이었다. 이렇게 병에 든 맥주를 함께 마시는 것은 특히 기원전 제3천년기에 인기가 있었다. 이는 주둥이가 여러 개 있는 술병이 넓은 지역에 걸쳐 발견되고 있다는 것을 통해서도 증명된다. 저지대 메소포타미아에서부터 티그리스·유프라테스 강 지역과 터키 전역, 그리고 에게 해에 있는 섬들에서 이 병이 발견된 바 있다.

술을 마시는 대롱 중에 가장 화려한 표본은 기원전 2600년에서 기원전 2500년에 해당하는 초기 우르 왕조 시대의 것이다. 이 대롱은 펜실베이니아대학과 대영박물관이 공동 발굴 작업을 통해 공동묘지에서 발견했다. 푸아비 여왕Queen Puabi의 무덤에는 금, 은, 청금석으로 만든 "빨대Straw"가 다량 묻혀 있었다. 은으로 만든 술병 또한 묘실에서 발견되었다. 아마도 여왕의 일일 할당량인 6리터의 맥주가 담겨 있었을 것이다. 하지만 여왕이 묻힐 때 함께 순사殉死했을 보통 남녀들은 그렇게 좋은 대접을 받지 못했다. 이들은 초기 도시국가를 건설하는 데 공헌한 대가로 고작 하루에 맥주 1리터를 받았을 뿐이다.

물을 대고 강한 햇볕을 차단해야만 포도가 자라날 수 있는 메소포타미아 저지대 남쪽 지방에서만큼은 와인이라는 사치품이 오직 왕족에게만 허락되었다. 그리고 저지대에도 포도주를 보급하고자 기원전 3000년대 초반 시라즈Shiraz의 자그로스 산맥 저지대에 포도나무를 심기 시작했다. 어떤 왕이 좀더 북쪽에 위치한 양조장에서 만들어진 와인을 입수하려고 했다면 그것을 배나 노새에 실어 운반하는 데 상당한 비용이 발생했을 것이다. 아르메니아나 터키 동부에서 유프라테스 강을 따라 운반된 싸구려 술의 가격은 기원전 제2천년기 초반 메소포타미아 저지대에서 3배에서 5배가량 뛰어올랐다.

왕족사회에서 와인의 위상이 갈수록 높아졌음에도 불구하고 곡류맥주와 대추야자맥주는 결코 그들의 매력을 잃지 않았다. 때로는 대추야자와 포도가 혼합된 술이 제조되기도 했다.(2세기에 활동한 그리스 작가 폴리아이누스Polyaenus의 저서 『전략Stratagems』에 기록돼 있다.) 연회를 뜻하는 수메르어 "banquet"는 "맥주와 빵이 있는 장소"로 해석된다. 왕들은 호화스러운 연회를 여는 것, 높은 신들이 있는 신전에서 맥주를 마시는 것, 사랑의 여신 이난나Inanna(아카드어Akkadian로는 이슈타르Ishtar)와 어울려 지내는 것을 자랑으로 여겼다. 성스러운 혼인 의식에서 왕은 저지대 메소포타미아 도시국가 중 하나였던 우루크에서 신으로 추앙받는 왕 두무지Dumuzi의 역할을 맡게 된다.

이 기념행사는 그 당시 새해의 시작인 3월이나 4월에 에안나Eanna 신전에서 며칠 동안 성대하게 열렸다.

중동사회에서 맥주의 위상이 얼마나 높았는지는 기원전 5세기의 그리스 역사가 크세노폰Xenophon의 저서 『소아시아 원정기Anabasis』에 기록되어 있다. 기원전 401년, 소小키루스Cyrus the Younger가 죽자 만인대萬人隊로 알려진 용병들은 페르시아에서 퇴각하면서 티그리스·

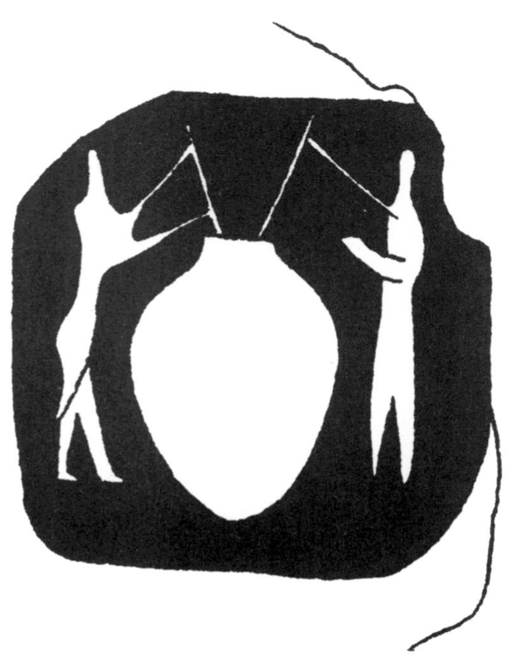

그림 13-a. 메소포타미아의 보리맥주는 빨대를 이용해 마셨다. 테페가우라에서 출토된 점토인장에 나타난 이 그림은 이와 비슷한 장면을 묘사한 것 중에서는 시기가 가장 앞선 것으로 알려져 있다. 약 기원전 3850년. 목마른 사람 두 명이 대롱을 이용해 거대한 술독(그림 24-a, b와 화보 4, 10 참고)에 담긴 술을 마시는 듯하다.

그림 13-b. 청금석 원통인장(길이 4.4센티미터)으로 눌러찍은 이 자국처럼, 연회에서 술을 마시는 장면은 메소포타미아 원통인장에 계속해서 등장한다. 우르의 왕족 공동묘지 내 푸아비 여왕 무덤에서 발굴되었다. 연대는 기원전 2600년에서 기원전 2500년. 위쪽 그림판에서는 연인 한 쌍이 맥주 한 통을 나눠 마시고 있다. 아래쪽 그림판에서는 이미 술을 들이켠 애주가가 한 잔을 더 건네받고 있으며, 술이 담겨 있는 병은 축 늘어진 주둥이를 가지고 있다.

유프라테스 강이 시작되는 곳인 중동부 아나톨리아의 험한 지형을 헤쳐나갔다. 그들은 외떨어진 마을에 가서 보리"와인"이 들어 있는 큰 병에 빨대를 꽂아 술을 마시는 것으로 고난을 달랬다. 보리와인이라 함은 오늘날과 마찬가지로 오직 보리만으로 만들었으며 매우 독한 맛을 지닌 비非혼합주를 일컫는다. 그 당시 용병들에게도 이 술은 너무 독해서 물에 희석해서 마셔야 할 정도였다고 한다. 그리스 신화 속 주신 디오니소스가 바빌로니아 사람들에게 너무 화가 난 나머지 포도와인을 빼앗고 그들에게 오직 맥주만 마시도록 했다는 이야기는 전혀 놀랍지 않다.(3세기의 여행가 겸 역사가인 섹스투스 율리우스 아프리카누스Sextus Julius Africanus의 『케스투스Cestus』에 기록돼 있다.)

와인과 맥주는 성스러운 혼인 의식에서 중요한 상징적 역할을 수행했다. 이러한 의식은 토지가 비옥하기를, 왕과 백성이 번영하기를 기원하기 위해서였다. 신화 내용 중에 신 두무지가 그의 술친구들과 함께 지하세계 양조장에 빠지는 이야기가 나온다. 그다지 나쁜 장소인 것 같지 않지만 두무지는 자신의 여동생이며 주신인 게슈티난나 Geshtinanna(그녀의 이름에 "포도" "포도밭" 혹은 "포도주"를 의미하는 수메르어 단어인 게슈틴geštin이 들어 있다)에 의해 구출된다. 게슈티난나를 문자 그대로 해석하면 "잎이 무성한 포도나무"를 뜻하며, 그녀는 흔히 아마게슈티나Ama-Geshtinna("포도나무의 근원" 혹은 "모든 포도나무의 어머니")라는 별칭으로 불린다. 게슈티난나의 노력으로 두무지는 지상에서 새 삶을 얻는다. 그녀 또한 천상에서 본인이 바라는 바를 이루게 된다.

지하세계인 저승에서 빠져나오려면 족히 몇 달은 걸렸기 때문에 우리는 두무지를 봄철의 보리로, 게슈티난나를 가을의 포도주와 동일시할 수 있을 것이다. 이난드크 항아리에 붙어 있는 그림판에서 나타나듯이 두 종류의 술, 혹은 그 둘의 혼합주는 신전에서 행해진 성스러운 결합 의식에 일조했을 것이다. 우리 연구소는 우루크 유적지 내 이난나 신전에서 발굴된 기원전 제4천년기 후반의 용기들을 분석해왔다. 아래로 축 처진 주둥이가 달린 술병과 우루크에서만 유일하게 찾아볼 수 있는 아주 작은 술병 역시 분석 대상이다. 두 종류의 병 모두 수지 첨가 와인을 담았던 용기다. 주둥이가 처진 병은 잔이나 고블릿에 술을 따라내는 형상으로 수많은 원통인장 위에 묘사되어 있다. 이러한 결과와 더불어 다른 도시국가 유적지에서 발견된 병으로 볼 때, 주둥이가 처진 병과 술잔에 들어 있던 액체를 와인으로 여기는 것은 합당하다. 몇몇 원통인장에는 와인을 마시는 장면이 입구가 커다란 술독에 빨대를 꽂고 맥주를 마시는 장면과 나란히 놓여 있다. 신전 밑 파편 층에서는 아주 작은 병이 다른 많은 표본들과 함께 발견됐다. 이 작은 병은 신전에서 치러진 봉헌 의식에 사용된 것으로 추정된다.

국가 형성 초기 단계에 중동 통치자와 상류층은 갈수록 좀더 특별하게 제조된 술을 원했고 또 실제 그것을 손에 넣었다. 만약 기후가 포도를 재배하는 데 적합하지 않았다면, 오늘날 우리가 페트뤼스Pétrus, 수퍼 투스칸 사시카이아Super Tuscan Sassicaia, 리지 카베르네Ridge Cabernet를 지인에게 대접할 때처럼, 와인은 비싼 고급품으로 수입됐을 것이다. 맛이 좋거나 향정신적 효과를 내는 약초가 들어간 특별한 술 역시 마찬가지였다. 이러한 유별난 소비행태를 흉내 내려고 왕들은 하나둘씩 현재 근동 각지에서 찾아볼 수 있는 발효음료 문화를 만들어나가기 시작했다.(제6장 참고)

근동의 통치자들은 때때로 특별한 술로 채워졌을, 특별한 와인잔을 서로 교환하기도 했다. 공동의 신석기시대 문화라는 뿌리에서 출발한 의식들은 필요한 부분만 약간씩 수정되어 한 문화에서 다른 문화로 그 가지를 다양하게 뻗어나갔고, 그에 적합한 술은 의식의 일부로 포함되기에 이르렀다. 인류학자들은 이 과정을 지배층 경쟁elite emulation이라 부른다. 자존심 강한 통치자들은 틀림없이 사후세계에서도 영양분을 제공해줄, 자신이 좋아하는 술을 무덤에 잘 갖춰두도록 했을 것이다.

술 취한 시인들

서기 제1천년기 중반, 이슬람교가 중동의 고대 발효음료 전통의 토대를 훼손하려 했지만 강건한 정신을 지닌 일부 사람들은 굴복하지 않았다. 코란은 음주에 관하여 다음과 같이 노골적으로 비판하고 있다. "믿는 자들아, 음주와 도박과 우상숭배와 점술은 사탄이 행하는 더러운 일이니 그것들을 삼가라."(5장 90절)

아랍이 중동에서 패권을 잡은 6~8세기부터 13세기까지 술 취한 시인들Bacchic poets이라 불리는 아랍과 페르시아 작가, 시인과 같은 지식인들이 사랑, 술과 관련된 시의 한 장르(아랍어로는 캄리야트 khamriyyát)를 발전시킨 것을 어떻게 설명할 수 있을까? 에로티시즘과 과음에 관한 내용으로 흘러넘치는 이 시들은 분명 전통적인 이슬람주의와는 완전히 상반된 것으로 보인다.

우마이야Umayya 왕조의 메카 출신 시인 중 우마르 븐 아비 라비아Umar b. Abī Rabī'a는 다음과 같은 열정적인 시구를 남겼다.

> 어디에도 비할 수 없는 사향과 꿀이 섞인 포도주를 마시며 긴긴 밤을 지새웠네
> 이대로 그녀에게 다가가 입술을 훔치리 비틀대는 그녀는 상쾌한 입맞춤으로 나를 즐겁게 하리니
> (Kennedy, 1997:23)

같은 시에는 아래와 같은 시구도 있다.

그녀는 내게 달콤함(타액)을 맛보게 했으니 차갑고 맑은 물에 뛰어든 꿀을 즐기는 듯
아니면 붉은 바벨 포도주의 맛과 같으리
(Kennedy, 1997:24)

동시대 작가인 우마르 알 아사Umar, al-A'sā의 긴 시구들도 인용할 만한 가치가 있다.

당신은 (사랑을) 참아본 적 있는가? 아니다, 그대의 열정이 다시 돌아왔나니…….
기쁨에 빠져 나는 와인을 마셔댔네, 그리고 첫 잔의 취기를 이겨내기 위해 또 한 잔 더 들이켜네…….
(순수한) 붉은 와인은 바닥에 가라앉은 티끌로 일렁이네.
장미꽃, 재스민 그리고 갈대 피리를 부는 여자들이 우리를 에워싸네.
거대한 북이 그 웅장한 소리를 자랑하니, 이 세 가지 (즐거움) 느낀다 한들 누가 나를 비난할까
심벌즈 소리도 북 (가락) 맞추어 흥겹구나
(Kennedy, 1997:253)

술, 여자 그리고 노래에 대한 이런 찬양은 페르시아 시인인 오마르 하이얌이 짓고 에드워드 피츠제럴드가 아름답게 번역한 「루바이야트Ruba'iyyat」에도 잘 드러나 있다.

나는 술 한 통, 한 권의 시집

그리고 약간의 빵조각만 있으면 된다오
그대와 나, 어느 한적한 곳에 앉아
술탄의 왕국보다 더 많은 풍요를 누리리!
(Aminrazavi, 2005:331, stanza 12)

술 취한 시인들은 세속적인 즐거움을 솔직하게 추구했다. 그 당시부터 오늘날까지 쾌락주의자의 칭송과 금주론자의 비난을 동시에 받은 것은 그릴 놀랄 일도 아니다. 8세기의 가장 유명한 시인 중 한 명인 아부 누와스는 이러한 초기 방랑풍 연가들을 페르시아 궁궐의 고상한 분위기를 풍기고 좀더 형식적인 캄리야트khamriyyāt로 변형시켰다. 이 시인은 한 칼리프caliph[이슬람제국 주권자의 칭호]에 의해 투옥되어 술 대신 신과 왕을 찬양하는 글을 쓰도록 강요받았다. 아부 누와스를 제외한 나머지 시인들은 모두 처형되었다. 오마르 하이얌은 1890년까지만 해도 미국의 금주론자 사이에서는 "술을 좋아하는 늙은 페르시아인"이자 악마의 전형이었다.

이슬람 학자들과 그 외 신학자들은 술 취한 시인들의 에로티시즘을 그들이 믿고 있는 교의와 조화시키고자 매우 노력하고 있다. 신학자들은 성서에 있는 솔로몬의 노래Song of Solomon와 성서 해석학을 바탕으로 아랍과 페르시아 시 속 여자의 사랑과 젊은 남자의 사랑이 신의 사랑을 상징하는 것이라고 재해석한다. 이러한 해석 방식이 가장 잘 표현된 것은 신비주의 그노시스파(기독교, 유대교, 조로아스터교)[헬레니즘 시대에 유행했던, 다양한 지역의 이교 교리가 혼합된 종파]에 기초하는 수피교[이슬람교의 신비주의적 분파]의 여러 규율에서 찾아볼 수 있다. 수피교인들은 신을 직접 체험하여 그 영광 안에서

"도취intoxication"라 불리는 상태로의 도달을 추구해왔다. 이들은 와인이나 다른 발효음료를 마시는 것이 금지됐을 때도 신비스럽고 황홀한 상태에 이르기 위해서라면 육체적인 자극을 사용하는 것에도 반대하지 않는다. 그들은 빙빙 도는 데르비슈dervish[수피교들이 예배 때 추는 춤, 혹은 그 춤을 추면서 명상하는 수행자]처럼 원을 그리며 돌거나, 코란의 구절과 사랑 및 술에 관한 시를 무한히 반복해서 읊기도 한다.

오마르 하이얌의 시에도 신비한 맥락을 지닌 구절들이 뚜렷하게 나타나 있다. 예를 들면 다음과 같은 구절이다.

> 그가 존재하며, 그 외엔 다른 어떤 것도 존재하지 않음을 안다네
> 창조의 서書에는 이 사실이 드러나리니
> 가슴속에 그의 광채가 차오르면
> 신을 믿지 않던 몽매함은 광명으로 변하리
> (Aminrazavi, 2005:138)

한편 아부 누와스는 이슬람교도들의 압박에도 꿈쩍하지 않았다. 그는 다음과 같은 글을 적었다. "계속 날더러 회개하라고 한다면 당신네는 유혹받은 자일 것이니, 차라리 스스로 옷을 다 찢어버리시오! 나는 절대로 회개하지 않겠소!"

아랍과 페르시아의 술 취한 시인들은 황제를 모시다가 한 손에 술병을 들고 환락을 즐기기 위해 자연으로 도피한 동시대의 중국 시인들과 공통점이 많다. 중국의 시 구절에는 에로티시즘적 요소가 빠져 있다. 하지만 이들 시가 나타나고 발전하는 데 압도적인 영향

을 준 것은 바로 발효음료(서아시아에서는 포도와인, 동아시아에서는 곡물와인)였다.

결론

자후에서 발견된 중국 혼합주는 현재로선 세계의 술 가운데 가장 오래된 것으로 알려져 있다.(제2장 참고) 그러나 중동 역시 시기상으로 그렇게 뒤처져 있는 것이 아니기 때문에 새로운 증거가 발견된다면 상황이 바뀔 수 있다. 자후 그로그주가 황허 강의 강둑 근처 지역에서 만들어지던 바로 그 시기에 터키 동부의 혁신적인 마을에서는 포도와인(화학 분석에 의한 최종 결과는 아직 나오지 않았다)이 만들어지고 있었을 것이다.

두 지역의 선구적인 양조자들이 다양한 재료로 술을 제조함에 따라, 신석기시대의 평등한 민주주의 의식은 왕이 정점에 선 계층사회로 점차 표면화되었다. 샤먼이 맡고 있던 여러 역할은 사제, 점쟁이, 치료사, 술 제조가 등으로 분화됐다. 한 가지 재료로 만들거나 단 하나의 첨가물(예를 들어 술을 보존하기 위한 나뭇진)만이 들어간 특수한 술은 알코올의 규범이 되어갔으며, 전통적인 혼합주는 한쪽으로 밀려났다.

한 가지 놀라운 점은 신석기시대 실험이 근동과 중국이라는 아시아 양쪽에서 비슷한 시기에 나타났다는 것이다. 그 실험은 특수한 술Specialized beverage을 만들기 위해 재료와 제조공정을 개선하려는 것이었다. 재료에서는 다소 차이가 있지만 꿀과 포도만은 두 지역 모두에서 사용됐다. 술을 의미하는 고대 중국의 상형문자 '주酒'는 바닥이 뾰족한 술병 주둥이 가장자리에서 세 개의 물방울이 떨어지는 형상을 나타낸 것이다. 이 문자는 맥주를 의미하는 원시 수메르 상형문자 kaş와 매우 비슷하며 또한 묘사 대상이 된 술병 역시 매우 유사하다. 여기에는 우연의 일치 이상의 의미가 있다. 이 유사성에 관한 설명은 몇천 년 전 고대 메소포타미아 사람들이 맥주를 마실 때 사용한 방법처럼 아시아에서 쌀와인을 마실 때 빨대를 쓰는 이유와 관련되어 있다.

신석기시대에 지역 간 직접적인 교류가 있었다는 고고학적 증거가 없기 때문에 나는 **아이디어**가 조금씩 다른 지역 사람들에게 옮겨간 것이라 주장하고 싶다. 어떻게 기원전 제1천년기에 중동과 중국에서 술과 여자에 관한 서정시가 비슷하게 나타났는지 설명하고자 할 때, 상호교류의 고고학적 밑그림은 더욱 확실하게 그려진다. 우리가 와인 용기였다는 것을 화학적으로 처음 분석한 고딘테페의 술병은 대륙을 가로지르는 교역로를 통해 아이디어와 발효주 기술이 전파되었을 가능성이 있음을 보여주는 표지로서 기능하고 있다.

제4장

비단길을 따라서

비단길은 과거의 낭만적인 이미지를 상기시킨다. 1797년 새뮤얼 테일러 콜리지는 아편 2그레인에 취해 영감에 가득 찬 시를 지었다. 그 시는 "재너두Xanadu에 쿠블라 칸Kubla Khan이 장대한 호화 궁전을 지으라고 명령했다"로 시작한다. 재너두, 혹은 상도上都는 서기 13세기 몽골 제국의 여름 궁전이다. 여름 궁전은 몽골 고원의 고지대 초원에 위치한 험난한 고비 사막 동쪽에 세워졌다. 칭기즈 칸의 몽골 군단은 북에서부터 중국까지 휩쓸고 다니면서 중국 북쪽과 비단길에서 영광을 누렸다. 그들의 동쪽 종착점은 중국 진시황의 장대한 병마용갱兵馬俑坑이 있는 산시 성陝西省 시안이었다.

콜리지가 쓴 시는 음악, 성, 신비로운 경험, 이국적인 술이 뒤얽히면서 별천지 비단길을 환기시킨다. 이 시는 한 아비시니아Abyssinian 아가씨가 덜시머dulcimer[두 개의 나무망치로 철선을 두드려 소리를 내는 타악기]를 "큰 소리로 길게" 연주하고 있는 모습과 밝은 정원과 매혹적인 향을 풍기는 향나무를 묘사하고 있다. 그런데 이러한 목가적인 풍경을 방해하는 어두운 요소들이 있다. 격렬한 급류에 의한 "깊고 기묘한 균열"과 "전쟁을 예언하는 조상들의 목소리"가 바로 그것이다. 이 시의 화자는 이러한 감각적 경험이 그에게 술에 취한 효과를 가져다준다고 상상한다.

그러고는 이렇게 울부짖을 것이다. 경계하라! 경계하라!
그의 빛나는 눈을, 그의 날리는 머리칼을!
그의 주위에 세 겹으로 원을 그리며 둘러싸라,
그리고 신성한 두려움으로 눈을 감아라.
그는 꿀로 이루어진 이슬을 먹었으며
천국의 우유를 마셨으니!

이런 술은 신석기시대 샤먼을 고양시켰을 것으로 여겨지는 자후 유적의 그로그주와 근동 지역의 수지 첨가 와인과 맥주를 생각하게 한다.

마르코 폴로에 따르면, 그는 아버지, 삼촌과 함께 더 일찍 베니스에서 동쪽으로 여행을 해 고비 사막을 힘겹게 횡단했고 칸의 궁궐로 인도되었다고 한다. 물론 현재 일부 학자들은 이 이야기를 진지하게 의심하고 있다. 유명한 무역로를 따라 위치한 또 다른 중요 기착지인 중앙아시아의 둔황을 왕복하던 중, 비행기가 모래바람 때문에 우회한 적이 있다. 나는 그때 고비 사막의 멋진 광경을 보았다. 비행기 창문에서 보든 지구에서 100킬로미터 떨어진 인공위성에서 보든, 하늘에서 내려다본 비단길은 육로, 사막, 고원지대, 높은 산길의 중앙을 5000킬로미터 넘게 가로지르며 이어진다. 실로 이곳을 지나는 상인들과 모험가들의 광대한 여정을 실감나게 보여준다고 할 수 있다.

고고학자들은 통신과 원격탐사선 자료를 활용해서, 알아보기 힘든 지도 속 장소나 오지에 대한 정보를 더 많이 얻을 수 있다. 위성에 나타난 이미지들은 고대에 만들어진 길을 1미터 단위로 보여줄 정도로 해상도가 높다. 이 위성들은 사우디아라비아 사막의 전설적인 도시 우바르Ubar의 위치를 찾아내는 데 사용되기도 했다. 위성으로 페루의 해안사막을 따라 수킬로미터 펼쳐진 거미, 원숭이, 새의 이미지를 포착할 수도 있다. 그러한 신기한 현상은 에리히 폰 데니켄이 주장한 바 있는 외계생물체의 창조물이 아니라 고대 나스카Nazca(기원전 200~서기 700년) 사람들이 만든 문양이다. 어둡고 이끼 낀 바위가 씻겨나가면서 사막 모래와 밑에 깔려 있던 더 밝은 색의 돌이 노출되어 지상에 드러났던 것이다. 위성은 중앙아시아에서 100킬로미터 떨어진 엄청나게 큰 타림 분지 내 타클라마칸 사막을 열흘간 걸어야 만날 수 있는 우거진 오아시스도 발견해낸다. 위성을 통해 우리는 파미르 산맥, 힌두쿠시Hindu Kush 산맥, 톈산天山 산맥의 높은 봉우리를 내려다볼 수 있고, 고비 사막에서 구르는 모래, 아랄해를 향해 수천 킬로미터 흘러가는 아무다리야Amu Darya 강과 시르다리야Syr Darya 강을 볼 수 있다.

그 길은 수 세기 동안 존재해왔음에도 독일 탐험가 페르디난트 폰 리히트호펜(제1차 세계대전 당시 붉은 남작으로 불린 전투기 조종사 만프레트의 형제)에 의해 19세기 후반이 되어서야 **비단길**로 명명됐다. 리히트호펜의 이 절묘한 표현은 로마를 홀리고 그 제국의 고상한 취향을 들끓게 한, 중국의 아름답고 반투명한 비단직물을 떠올리게 한다. 비단뿐만 아니라 수많은 물품이 말과 낙타, 당나귀 등에 실려 비단길을 횡단했다. 중국의 복숭아와 오렌지, 섬세하고 화려하게 장식된 자기, 아름다운 청동 제품, 화약, 종이 등이 포도와 와인, 금은 그릇, 온갖 종류의 견과류와 교환되었다. 종교(이란의 조로아스터교와 마니교, 북부 인도의 불교), 미술, 음악 등 좀더 추상적인 상품도 중국으로 유입됐다.

둔황 천불동에는 종교적·예술적 이념들이 어떻게 비단길을 따라서 전파되었는지를 알려주는 그림들이 있다. 마을이 한창 번성했을 때는 상인, 수도승, 학자로 그 좁은 길이 미어터질 지경이었다. 그곳은 중국이 중앙아시아의 유목민을 방어하기 위해 수 세기에 걸쳐 지은 만리장성 서쪽 끝에 있다. 서기 1세기, 불교는 고비 사막 서쪽을 통과하는 간쑤甘肅 성 지역을 통해 중국에 처음으로 들어왔다. 중국 심장부에 있는 목조 사원들은 도교와 유교 양식으로 지어진 데 반해 둔황은 불교예술의 보고라 할 만하다. 이곳에 있는 500여 개 동굴은 벽과 천장이 모두 선명하고 화려하게 채색되어 있다. 나는 동굴 궁륭[천장의 아치형 곡면 구조]마다 파도치는 하늘색 가운을 입고 빛을 내며 서 있는 보살을 얼어붙은 채 쳐다보았다.

중국 신장新疆 위구르 자치구와 러시아 투르키스탄을 이어주는 파미르 고원 산길을 4500미터 이상 올라가야 하는 것을 제외한다면, 서쪽에서 중국으로 가는 여정에서 가장 고된 길은 아시아 대륙 중간에 떡하니 자리잡은 타클라마칸 사막을 통과하는 것이다. 이 길은 장장 1000킬로미터나 이어진다. 지구상에서 가장 거대한 사막 중 하나인 타클라마칸은 그래서 죽음의 사막으로 불린다. 타클라마칸은 원시 튀르크어로 "돌아올 수 없는"이라는 의미를 담고 있다. 풀어서 말하면, "만약 당신이 그곳으로 들어간다면, 빠져나올 수 없을 것이다"라는 말이다. 하지만 이름의 첫 마디인 타클리takli는 위구르족의 "포도밭"이라는 말에서 유래했다.

용감무쌍한 여행자들은 이 길고 힘든 길을 걸으면서 변덕스러운 모래바람과 척박한 황무지를 통과해야 했다. 그러한 어려움을 극복해야 타클라마칸을 둘러서 북쪽으로 갈 수 있었다. 톈산의 높은 봉우리에 덮인 눈이 녹아 평야로 흘러내리는 곳에는 가끔 초원이 나타나기도 한다. 비단길은 사막 남쪽을 둘러 더 길게 뻗어 있지만 그 길에는 쿤룬崑崙 산에서 흘러내려오는 물을 공급받아 여행자들에게 아늑한 휴식처를 제공하는 오아시스가 많다. 많은 상인과 순례자, 마르코 폴로를 포함한 모험가들은 이 길을 따라 걸었다. 세 번째 길은 톈산 북쪽에 있는 좀더 시원하고 촉촉한 초원을 가로지른다. 이 길은 훠옌火焰 산을 통과해 흐르는 바이양 강白楊河을 따라 아래로 내려와, 타림 분지 동부의 누란樓蘭을 지나 둔황과 중국으로 이어진다.

전설적인 페르가나 계곡

파미르 고원을 가로지르는 여러 길 중 하나를 선택해야 하는 기로에 서면, 대부분의 여행자는 높은 테레크 산길Terek Pass을 넘는 북쪽 통로를 선택한다. 그들은 충분한 음료 및 식량 공급이 용이한 길을 선호했다. 여행자들은 기원전 2세기 후반에 전한前漢 무제가 파견한 장건張騫 일행이 중국의 서부 변두리까지 탐험해 서역 통로를 개척하는 데 이바지했다는 유명한 이야기를 익히 알고 있었다. 긴 여정을 마치고 돌아온 장건은 파미르 고원 서쪽의 신록으로 우거진 오아시스(페르가나 계곡)에 20년 혹은 그 이상 숙성된 수천 리터의 포도와인이 풍부하게 저장되어 있다고 묘사했다. 한 세기 뒤 로마의 역사학자 스트라보도 『지리지Geography』에서 엄청난 양의 와인이 이 외떨어진 현장에서 생산되고 있다고 기록했다. 스트라보는 중앙아시아의 오아시스(말의 젖Mare's Teat)에서 나는 갈색을 약간 띤 자줏빛의 독특한 포도에 주목했다. 50년 정도 숙성된 이곳의 와인은 수지를 첨가하지 않아도 될 만큼 그 맛이 너무나 절묘했다. 오늘날 중국 와인 제조자들은 오래전부터 말의 젖으로 전해져온 훠옌 산 포도 계곡에서 여전히 그 달콤하고 즙이 많은 과일을 아낌없이 사용하고 있다.

모든 모험가가 그러하듯 장건도 고난에 부닥쳤다. 한나라에 저항하는 흉노에게 사로잡힌 것이다. 당시 흉노족은 월지족을 정벌한 뒤 왕의 해골로 술잔을 만들었다. 지독한 생활을 해야 했지만 다행히도 장건의 운명은 나은 편이었다. 그는 흉노족 여성과 강제로 혼인하여 슬하에 아들을 하나 두었다. 그러나 장건은 안주하지 않고 틈을 보다가 페르가나(지금의 우즈베키스탄 동부) 계곡으로 탈출을 감행했다. 그는 이곳에서 다량으로 재배되고 있던 유라시안포도넝쿨을 잘라 수도 장안으로 돌아갔다. 고대 문서에 따르면 그들은 포도넝쿨에서 씨를 받아 경작을 시작했고, 황제를 기쁘게 하고자 중국의 첫 번째 와인을 생산했다. 물론 자후 유적지의 신석기시대 사람들은 훨씬 전부터 황허 강 분지에서 혼합주 원료로 토종 포도를 경작하고 있었다.

기원전 제1천년기 후반, 시기적으로 매우 앞선 페르가나 계곡의 포도주 제조업은 선사시대 비단길 양 끝에서 신석기혁명이 일어나는 순간과 그 이후에도 내내 많은 영향을 미쳤다. 유라시안포도는 여전히 페르가나에서 야생으로 자랐고, 타슈켄트, 사마르칸트, 메르프 등 비단길 서부의 다른 전설적인 오아시스 주변에서도 자랐다. 비록 최종적인 고고학적·화학적 연구가 진행 중이지만, 우리는 매우 일찍부터 페르가나 계곡에 재배용 유라시안포도가 있었다고 추측할 수 있다. 이를 이끈 촉매로 추정되는 것은 고대 페르시아의 와인 문화이지만 중국에서 건너온 발효음료 생산기술과 독특한 식물발아법에 영향을 받았을 가능성도 배제할 수는 없다.

페르가나 계곡은 서기 제1천년기에 비단길 무역으로 유명해진 고대 페르시아 영토 소그디아나Sogdiana에 위치한다. 고대에 뿌리를 둔 듯한 매력적인 춤 두 가지가 그곳의 와인 문화를 상당 부분 설명해 준다. 이 춤은 후한後漢(서기 25~220년) 초기에 중국으로 건너왔고 서양(페르시아 및 중앙아시아 오아시스 문화)의 모든 문물을 맛보았던 7~8세기 당나라 때도 맹위를 떨쳤다. 프레스코화나 와인 용기, 옥으로 만든 장신구에 묘사된 호등무胡騰舞에는 한 남자 무용수가 진주로 장식된 고깔 모양의 모자를 쓰고, 은이나 양단으로 만든 포도 장식 혁대를 차고, 팔을 걷어올린 딱 달라붙는 윗옷에 펠트 장화를 신고 있다. 무려 열 명의 무용수가 그들 각자의 융단 위에서 차례로 춤을 췄을 것이다. 와인잔을 손에 들고 있거나 와인을 담는 조롱박을 몸에 매달고 빠르게 왼쪽에서 오른쪽으로 돈다. 양손으로는 북, 심벌즈, 하프, 류트lute[16세기 전후 유럽에서 유행했던 발현악기. 류트란 아랍의 알루드al'ud에서 나온 말로 초기엔 플랫이 없는 형태였다. 같은 종류의 악기가 페르시아를 통해 중국으로 건너와 비파琵琶가 되었다는 설도 있다] 반주에 맞춰서 하늘 높이 박수를 치거나 때로는 작은 북을 치기도 한다. 그들은 마치 데르비슈가 추는 춤처럼 카펫 주위를 빙빙 돌다가 공중제비를 넘으면서 춤을 마무리 지었다. 당나라의 한 시인은 시에서 이 움직임을 묘사하길 마치 파닥거리는 새 같다고 했다. 그러나 춤이 끝나고 몇 시간 뒤에 큰 와인병에서 와인을 따라 그들의 잔을 다시 채웠고 무용수들은 취해서 비틀거리거나 와인을 바닥에 쏟기도 했다.

두 번째 춤 호선무胡旋舞(선旋은 "빙빙 돈다"라는 뜻)는 여자가 추는 훨씬 더 격렬한 춤이긴 하지만 역시 호등무와 상당히 비슷하다. 둔황 천불동에 있는 단독 무용수의 그림처럼, 그림 속 제한된 단서는 이 춤이 당나라 후기 중국에 전해졌으며, 여성 무용단 역시 그때 이 춤과 함께 소그디아나에서 건너온 것임을 보여준다.

중동과 지중해 동부의 여행자들은 지금도 가끔 술에 자극받은 이러한 춤이 주는 짜릿함을 경험할 수 있다. 아내와 나는 에게 해 미코노스Mykonos 섬에서 늦은 밤 이러한 격렬한 춤을 구경한 덕분에 즐거웠다. 한 남자가 음악에 맞춰서 혼자 춤추고, 뛰어오르며 빙글빙글 돌고, 살아 있는 바닷가재 두 마리를 잡아 높이 들어올렸다. 여성 무용수들은 약간 조심스럽게 그 주위를 돌았는데, 마치 벨리댄스를 추는 무희의 이국적인 몸짓 같았다.

당나라 중국인들은 포도와인이나 품질 좋은 승용마 같은 서양의 값비싼 물품과 관습에 매료되었다. 한 궁정 관리는 "술 동굴ale grotto"을 만들기까지 했다. 거대한 흙벽돌 동굴에 지인들의 갈증을 해소할 엄청난 양의 술을 보관했다. 당나라의 가장 유명한 통치자 태종은 이웃한 적 돌궐에게 화해의 표시로 돌궐 말을 수입하기도 했다. 당 태종은 "천마天馬"라 불리는 페르가나에서 온 말들을 선호했다. 태종에게는 여섯 마리의 애마가 있었다. 그는 지금의 시안 서북쪽에 위치한 그의 거대한 무덤의 묘실에 장식된 석판에 그 말들을 새겨넣음으로써 불멸하게 했다. 각각의 말은 중앙아시아풍의 안장 및 등자와 함께 매우 현실적으로 묘사되어 있다. 현재 펜실베이니아대박물관에는 한 마부가 이 말 가운데 한 마리의 가슴에서 화살을 조심스럽게 제거하는 그림이 소장되어 있다.

페르시아: 와인의 천국

정치적·종교적 제약을 고려한다면, 다시 말해 이슬람교에서 술을 금한다는 것을 염두에 둔다면, 선사시대 비단길 서쪽 가장자리에 위치한 이란에서 가장 먼저 포도와인의 화학적 증거가 발견됐다는 점은 아이러니한 일이라고도 할 수 있다. 하지만 미국에 사는 이란인들은 기원전 제6천년기에 최초로 출현했다는 하지피루즈 와인을 그들의 역사와 문화에 대한 발견으로 받아들인다. 나는 테헤란젤레스[로스엔젤레스와 이란의 수도 테헤란의 합성어] 구역 50만 명 이상의 이란 이주민들이 청취하는 24시간 라디오방송국과 인터뷰를 한 적이 있다. 당시 많은 이란 출신 청취자가 전화를 걸어왔는데 자신들의 고향이 와인 제조 발상지라는 것에 열광했다. 나는 그들의 주신 바쿠스를 노래한 시인들(제3장 참고) 가운데 한 사람이 "누구든 와인의 근원을 찾는다는 것은 미친 짓이다"라고 말했다는 것을 그들에게 상기시켜주었다.

초기 이란의 와인 제조술은 고대 이란 왕조의 기초를 다진 잠시드Jamshid 왕 시대로 거슬러 올라간다. 물론 그는 신화적인 존재로,

고고학적·역사적 기록으로 입증된 바 없으며 기원이나 출처가 불분명하다. 조로아스터교의 고위 성직자처럼 잠시드는 실크 염색법과 향수 제조법을 발명했을 뿐 아니라, 마치 창세기의 노아가 진보를 이루어내듯 세계에서 처음으로 와인을 발명했다. 잠시드는 특별히 그의 궁전에 있는 커다란 병에 가득 저장된 포도를 좋아했다. 하루는 심한 편두통으로 고생하던 하렘의 여자가 병에 든 포도를 꺼내 먹었는데 그 후 그녀는 깊은 잠에 빠졌고, 깨어났을 때는 두통이 말끔히 사라졌다. 이 사건이 말해주는 것처럼 잠시드는 그 액체에 강력한 약효가 있다는 것을 알았고 그것을 더 만들라고 명했다.

우리가 알고 있는 범위 내에서, 이란의 고대 와인 제조술은 역시나 흥미롭다. 특히 병 형태에 대한 생체분자 고고학 연구를 보면 재배용 포도나무가 이란 북부의 자그로스 산맥을 따라 남쪽으로 점차 내려오면서 경작되었다는 것을 알 수 있다. 이 시나리오는 고딘테페 근처 제라바Zerabar 호수에서 출토된 화분석핵pollen core 덕분에 탄력을 받았다. 이는 기원전 5000년에는 이 지역에 포도가 없었음을 말해준다. 기원전 제4천년기 후반만 해도, 카룬 강 평야지대에 자리잡고 있던 엘람의 초기 수도 가운데 하나인 수사Susa는 와인 집산지이자 중앙시장이었다. 고딘테페 같은 동쪽 고지대에서 저지대의 메소포타미아 도시로 가는 길목에 자리잡고 있던 수사 사람들은 와인을 전부 내다팔지 않고 일부는 남겨두었다. 얼마쯤은 마셨고 또 얼마쯤은 신에게 바쳤으며, 기름 대용으로 쓰거나 향수를 만들어 쓰기도 했다.

수사의 왕은 동남쪽 해발 1800미터에 위치한 시라즈 산에 궁전을 짓기 위해 돈을 끌어모았다. 이 지역은 오래전 바쿠스 신을 찬미했던 페르시아 시인 오마르 하이얌의 고향이다. 수사의 왕은 엑바타나Ecbatana에 궁전을 여러 채 세웠다. 그중 가장 빼어난 궁전은 페르세폴리스에 세운 것이었는데, 우뚝 솟은 기둥과 양각으로 문양을 새긴 웅장한 계단이 왕의 접견실(아파다나Apadana)을 향해 뻗어 있는 아주 훌륭한 건축이었다.

1974년 아내와 함께 이라크를 여행하고 있을 때였다. 우리는 직접 이 현장을 보고 싶었다. 우리는 샤트알아랍Shatt-al-Arab 강 어느 항구에서 연락선을 타면 국경을 넘어 그곳에 갈 수 있을 것이라는 이야기를 들었다. 이 강은 바스라Basra의 남쪽 수로로, 이란과 이라크 국경 사이에 있으며 티그리스·유프라테스를 페르시아 만과 이어준다. 우리는 그곳이 바스라의 혹독한 8월 더위를 식혀줄 것이라고 간절히 기대했다. 그러나 연락선 운행이 취소되었다는 소리를 들었다. 우리는 바스라로 돌아갔다. 유프라테스를 가로질러 몇 킬로미터 떨어진 이란의 한 유전에서 조로아스터교의 배화신전拜火神殿 같은 거대한 불꽃 첨탑들이 불을 뿜고 있는 것을 볼 수 있었다. 시원하고 높은 시라즈의 고원이 손짓하고 있었다. 그러나 우리에겐 이미 이라크 비밀경찰의 간섭으로 빚어진 끔찍한 여행 경험이 있었다. 마지못해 페르세폴리스를 보기로 한 계획을 미루어두고 그 대신 다음 날 시리아 사막을 건너 암만으로 건너가는 열다섯 시간짜리 여행을 했다.

다른 여행자들의 이야기와 고고학적 발견 덕에 우리는 페르시아 아케메네스Achaemenes 왕국을 상상할 수 있었다. 그리고 곧 그곳 고대 와인 문화에 빠져들었다. 페르시아 시라즈 출신 키루스Cyrus 왕은 기원전 539년 당시 거대했던 왕국 바빌론과 메디아를 정복하는 업적을 세웠다. 그는 원래 작은 왕국의 통치자였다. 그 왕국의 수도는 오늘날 테페말얀Tepe Malyan이라고 알려진 안샨Anshan이다. 고고학적으로 가치가 있는 흙더미가 남아 있는 이곳은 시라즈의 서북쪽에 위치해 있으며, 오크나무로 뒤덮인 언덕에 자리잡고 있다. 1970년대 펜실베이니아대박물관은 윌리엄 섬너의 지휘 아래 발굴작업을 하던 중 기원전 제4천년기 후기의 바네시Banesh 시대의 거주지로 보이는 지층을 발견했다. 대략 같은 시기에 수사 왕의 군대와 상인들은 터덜터덜 느리게 걸어 하이 로드(비단길 이전의 길)를 통해 고딘테페를 지나다녔다. 포도씨가 이 유적지에서 발견된 것으로 보아 테페말얀에서 와인을 즐겼다는 것을 알 수 있었다. 경작된 두줄보리와 육모보리, 외알밀과 에머밀은 그곳 사람들에게 와인뿐만 아니라 시원하게 갈증을 해소할 수 있는 원료를 제공한 셈이다.

지금까지 발견된 증거들로 볼 때 포도나무는 원래 시라즈의 고지대에서 자란 것이 아니라 그보다 더 북쪽에 있던 포도를 옮겨 심은 것으로 보인다. 수입된 와인의 찌꺼기 속에 포도씨가 끼어 있었을 수도 있고 수입해온 신선한 과일과 건포도를 먹고 버린 자리에서 포도나무가 자라났을 것으로 추측된다. 하지만 그로부터 500년 후(기원전 제3천년기 중반 카프타리Kaftari 시대) 생겼을 것으로 추정되는 한 구덩이에서 발견된 것들을 보면, 메소포타미아 저지대의 인구 증가에 따른 수요와 정확히 맞아떨어지는 시점에 이 지역에도 이미 재배용 포도나무가 자리잡고 있었다. 구덩이에는 탄화되었거나 탄화되지 않은 포도씨가 포도나무 조각들과 함께 가득 차 있었다. 상당한 양의 포도씨가 발굴 현장에서 발견됐다. 포도씨는 일반적으로 먹다 남은 찌꺼기나 잔여물에서 보인다. 과즙은 와인을 만들기 위해 포도를 압착한 흔적이다. 완전히 다 자란 포도나무 유물은 포도나무들이 그 근처에서 자랐다는 것을 직접적으로 말해준다. 짐작건대 그것들은 이식된 포도나무와 그 생물학적 기원이 매우 가까울 것이다. 시라즈 포도의 정확한 유전적 기원을 알려줄 새로운 정보가 언젠가는 분명 나올 것이다. 우리는 적어도 기원전 2500년 혹은 그보다 훨씬 이전에 포도밭이 수도 주변에 펼쳐져 있었고 포도와 와인을 생산했다는 결론에 이를 수 있다.

이제 외국 원정대가 이란으로 들어갈 수 있는 길이 다시 열렸다. 재배용 유라시안포도나무가 이란 북부의 자그로스 산맥 남쪽을 통과해서 시라즈로 이식되었다는 새로운 증거도 속속 드러나기 시작했다. 그러나 불행하게도 테페말얀 발굴 작업은 재개되지 못했다. 키루스는 파사르가드Pasargad 부근 기념비적인 무덤 아래 묻혀 있다. 그곳으로부터 멀리 떨어지지 않은 볼라히 계곡Bolahi Valley의 유물을 발굴하기 위해 박차를 가해왔으나 시반드Sivand 댐 건설로 강물이 불어나면서 이 지역은 수몰 위기에 처해 있다. 고고학자들은 와인을 만들기 위해 포도를 발로 다지던 대형 통과 그 통이 묻혔던 장소를 찾아냈다. 이 대부분의 설비는 사산 왕조 후기(서기 224~651년)의 것으로 추정된다. 그러나 여전히, 포도밭이 아주 많았던 아케메네스 지역 내 와인 제조법의 기원에 관해서 더 많은 것이 탐구되고 연구되어야 할 것이다.

시라즈 와인 제조법 초기 역사는 그 시대 원통인장을 보면 알 수 있다. 시라즈에서 발견된 원통인장에는 근동 지역 궁정 내 일상생활이 기록되어 있다. 가장 초기의 것으로 알려진 "심포지움"(원래는 술 파티라는 의미)에 대한 묘사가 카프타리 인장 위에 나타난다. 포도송이가 빽빽하게 달린 나무 아래에 주름진 모자나 직물로 짠 모자를 쓴 남녀 주인공, 혹은 신들이 격식을 갖춘 차림새로 등장한다. 그들은 분명 와인이 가득 찬 작은 잔을 손에 쥐고 있다. 거의 비슷한 장면은 2000년 뒤, 키루스와 아케메네스가 거대한 강국으로 등장하는 시기에 니네베Nineveh(현재 이라크 북부에 있는 도시 모술Mosul)의 아슈르바니팔 궁전Assurbaniapal's palace 아시리아 양각Assyrian relief에도 나타난다. 왕은 화려하게 장식된 긴 의자에, 뒷날 고대의 그리스 심포지움과 로마 콘비비움 참석자들이 선호하게 될 자세로 몸을 편안하게 기대고 누웠으며, 여왕은 점잖게 그의 앞에 있는 꼿꼿한 옥좌에 앉아 있다. 카프타리 인장의 두 인물은 모두 하프 연주를 배경 삼아 풍성한 와인덩굴 아래에서 와인잔을 들고 있다.

왕이 와인잔을 높이 들어올리는 그림은 근동 예술에서 수천 년 동안 반복되어왔다. 이는 군주의 통치를 자축하고 신들에게 영원히 감사하는 마음을 상징한다. 서기 100년 소그디아나의 긴 의자에서도 이런 그림이 나타났다. 기름기가 번지르르하게 흐르는 아주 풍족해 보이는 한 가장과 그 아내의 일상적인 모습을 보여주는데, 모두 둥글고 평편한 모자를 쓰고 있다. 이는 카프타리 인장보다 시대가 훨씬 앞서는 것으로 역시나 손에 잔이 들려 있으며, 이들은 음악과 무용수의 공연을 즐기며 케이크를 먹고 있다.

페르시아 제국 당시에는 와인을 마시는 것이 수준 높은 통치술의 일환으로 받아들여졌다. 기원전 5세기 그리스의 역사학자 헤로도토스는 이렇게 기록했다. "페르시아 사람들은 취했을 때에야 비로소 중대사에 대해 숙고하는 관행이 있다. 그리고 아침에 술이 깨서 맨 정신으로 돌아오면 가장家長 앞에는 어제 내린 결정이 놓여 있고, 가장은 술에 취했을 때 내린 그 결정을 무엇보다도 더 중요하게 여기며 따른다. 다시 말해 술이 취했을 때 승인된 것은 승인된 것이고, 승인되지 않은 것은 승인되지 않은 것이다." 헤로도토스는 또 다른 지역에서의 그 반대 절차에 대해서도 언급했다. 사람들은 취하지 않았을 때 먼저 심사숙고하고, 그런 다음에 술을 마신다. 그리고 취했을 때와 그렇지 않았을 때에 정한 결정이 같은지 비교해본다. 역시 역사학자인 타키투스도 서기 100년경 "미개인barbarian"이라고 불리는 음탕한 게르만족에게서 같은 행태를 목격했다. 그들에 의하면 알코올은 섹스를 할 때 어색함을 누그러뜨리며, 매우 조심스러운 정치가를 자유롭게 해주고, 혁신적인 해결책을 찾게 도와주며, 친밀감을 만들어낸다는 것이다. 물론 감당할 수 없을 정도로 과음을 하는 경우도 있기 때문에 맨정신일 때 더 명확하게 문제를 재고할 필요가 있다.

10세기 페르시아의 유명한 시인 피르다우시Firdausi가 쓴 「왕의 서사시The Epic of Kings」(페르시아어로 샤나메Shahnameh)는 전쟁과 평화 문제를 결정하는 오랜 전통을 상기해냈다. "왕 중의 왕"과 전설 속 영웅들은 저녁 식사 뒤에 중요한 문제들을 논의했으며, 토론하는 동안 참석자들의 술잔이 비면 시중드는 사람이 계속해서 술을 따랐다.

페르세폴리스 요새 중앙 플랫폼에 위치한 탑에서 점토판을 발견했다. 우리는 그 판 위의 왕실 가족과 그 수행원들이 많은 양의 와인을 마시는 모습에서 몇 가지 추정을 할 수 있다. 수십 년에 걸쳐 엘람어로 쓰인 수천 개의 텍스트에는 왕실 각각의 개인에게 할당된 와인 양이 하루 평균 5리터라고 기록되어 있다. 고위직에 있는 관료들, 왕실 정예부대, 궁전 관리책임자들로 내려올수록 그 양이 점차 줄어들긴 했지만 여전히 만족할 만큼의 충분한 와인을 받았다. 군부대 유적지에서 발견된 유물 중에는 꽤 큰 도기 병, 주전자 같은 술 용기들이 있었는데 이를 통해 믿기 어려울 정도로 많은 양의 술이 소비됐다는 것을 알 수 있다.

특별한 경사가 있는 날에 세계 최대 왕국의 통치자는 더욱더 호사스럽게 와인을 마셨다. 구약 에스더서(1장 7~10절)를 보면 수사에서 일주일간 술 연회가 열렸는데, 아하수에로 왕Ahasuerus(아마도 크세르크세스Xerxes 1세일 것이다)이 "풍부한 양의 왕실 포도주"를 금으로 만든 여러 종류의 술병에 담아 제공했다고 쓰여 있다. 와스디Vashti 여왕이 주최하는 연회에서도 풍부한 술이 제공됐으며 여자들도 알코올에 빠져들었다. 그 떠들썩한 연회는 일주일간 계속되었다. 일곱 번째 날 여왕은 왕을 거역했고, 악마 하만은 모르드개와 유대인을 죽이려는 계략을 짜기 시작했다.

금속세공가, 석조기술자, 도예가, 유리공예가 등의 이란 장인들은 근동 지역 왕국을 통틀어 가장 솜씨가 좋았다. 그들은 매우 멋진 와인 용기를 만들어 축하연의 식탁을 아름답게 꾸몄다. 거대한 뿔잔은 특히나 황제의 마음을 사로잡았다. 이 잔은 바닥에 세울 수 없어 일단 마시기 시작하면 잔에 담긴 3~4리터의 와인을 한꺼번에 들이켜야 했다. 잔은 보통 삼차원으로 화려하게 꾸며져 있었으며 거기에는 사자, 양, 새, 황소뿐만 아니라 상상 속의 스핑크스와 그리핀griffin[머리와 앞발, 날개는 독수리이고 몸통과 뒷발은 사자인 상상의 동물. 건축이나 장식미술에서 많이 볼 수 있다]이 등장한다. 중국 시안 근처의 소그디아나의 무덤(허자 촌何家村 보물Hejiacun Treasure)에서 발견된,

마노agate[보석의 일종]를 깎아 만든 표본들에는 동물의 다양한 특징을 강조하기 위해 얼룩덜룩한 색깔의 돌이 사용되었다. 기다란 물병, 주둥이가 뾰족한 주전자, 다면체의 잔에는 무희와 음악가, 사냥하는 광경, 영웅 이야기가 종종 그려져 있기도 했다. 주둥이가 뾰족한 주전자는 좁은 주둥이를 통해서 와인이 흘러나올 때 나오는 소리가 새의 노랫소리와 같다 하여 볼보레bolboleh(페르시아어로 노래하는 새 불볼bolbol에서 유래했다)라고 불렸다. 또 꽃무늬와 기하학적 디자인들도 매우 인기를 끌었다. 허자 촌 보물 중 팔각형의 금잔과 은잔에는 각 면마다 다양한 음악가가 그려져 있다. 아마도 소그디아나 사람들은 그들의 중국인 팬에게 호등무나 호선무를 보여주기 위해 이 보물을 사용했을 것이다.

중앙아시아의 이국적인 약물 세계

이란에서 비단길을 따라 멀리 동쪽, 거대한 소금사막 카비르 사막Dasht-e Kavir 쪽으로 돌아가다보면 알렉산더 대왕, 마르코 폴로 그리고 수많은 모험가와 여행자의 발자국을 따라가고 있다는 것을 느낄 수 있다. 그 길은 마르기아나Margiana(메르프 오아시스의 중심지)를 지나, 박트리아Bactria, 힌두쿠시 산맥Hindu Kush Mountains, 사마르칸트, 소그디아나의 페르가나 계곡까지 거슬러 올라간다. 이 모든 지역은 아케메네스 왕국에 합병되었으며 알렉산더가 죽은 뒤에는 셀레우코스Seleucos 1세의 통치 아래 들어갔다.

키루스와 알렉산더 이전 시대의 고고학적 유물은 중앙아시아에서는 수십 년간 발견되지 않았다. 이 상황은 1970년대, 모스크바고고학협회 소속의 끈기 있고 카리스마가 넘치는 고고학자 빅토르 사리아니디가 마르기아나(현재의 투르크메니스탄)에서 발굴 작업을 시작하면서부터 극적인 전환을 맞았다. 몇십 년이 지나서 그는 메르프 근처, 풍부한 물이 흐르는 무르가프Murgab 강 분지 세 곳(고누르데페Gonur Depe, 토홀로크Togolok 1구역, 토홀로크 21구역)에서 큰 발견을 했다. 그가 찾은 것은 관개농업과 자랑할 만한 건축술이 있던 큰 정착지들로, 최소한 기원전 2000년경에 지어진 것으로 보였다. 보수적이며 회의론적인 고고학자들조차 그 성과를 인정할 정도로 대단한 발견이었다. 그러나 조로아스터교 최초의 숭배의식(하오마haoma라고 불리는 성스러운 음료가 중요한 역할을 하는 종교의식)을 포함하여 사리아니디가 펼친 주장들은 너무 도발적이라 학자들의 반발을 사기도 했다.

사리아니디는 세 곳에서 초기 조로아스터교의 배화신전을 찾아냈다고 믿고 있다. "창조되지 않은 창조자One Uncreated Creator"인 아후라 마즈다(조로아스터교의 주신)를 모시는 배화신전은 고대 그리스의 헤로도토스 시대에 이르기까지 종교적으로 중요하게 인식되고 있었다. 헤로도토스는 조로아스터 신자들이 열린 하늘 아래에서 그들의 신을 위해 언덕에 올라 불을 피운다고 기술했다. 사리아니디가 발견한 신전들은 헤로도토스의 언급뿐만 아니라 배화신전의 존재를 증명하는 또 다른 명백한 고고학적 증거들이 가리키는 시기보다 1500년이나 앞서 만들어졌기 때문에, 그의 이론이 상위 증거를 충족시킨다는 주장은 타당해 보인다.

배화신전에 대한 사리아니디의 핵심 증거는 간단하게 다음과 같다. 초기 청동기시대의 가장 큰 정착지는 마르기아나의 고누르사우스Gonur South에서 발견되었다. 그는 여러 개의 개방된 뜰과 밝게 빛나는 하얀 석고반죽으로 만든 벽들, 이렇게 2단계로 정교하게 건축된 건물에서 증거를 모았다. 건물이 어떤 용도로 쓰였는지 알려주는 단서는 희끄무레한 재로 채워진 구덩이에서 나왔다. 심하게 탄화된 향로들이 방 여기저기에 흩어져 있었는데 그것들은 강렬한 화염을 만들어내는 데 사용됐다. 하얀 재는 후기 조로아스터교 정화의식에 없어서는 안 될 소품이었다. 그러나 일상적으로 접근하자면 이곳이 궁전이나 별장이었을 수도 있다는 점을 배제할 수 없다. 석고반죽이 잘 발라진 벽들도 마찬가지다. 재가 있는 구덩이는 요리용 오븐이 있었던 곳이거나 조명처럼 불을 공급해주는 화로였을 것이고, 새까맣게 탄 방들은 우발적인 화재의 결과라고 간단히 볼 수도 있다. 어쩌면 배화신전이 아닐 수도 있는 것이다. 그러나 사리아니디는 중요한 사실을 숨겨두고 있었다. 그 건물 내 회반죽을 바른 "하얀 방들" 가운데 한 방에서 석고반죽을 입힌 세 개의 큰 그릇과 물병들을 찾았는데 거기엔 잔여물이 남아 있었다. 식물고고학적 분석을 거치고 모스크바의 화분학자들palynologists(화석 속의 꽃가루를 연구하는 학자)이 전자현미경 분석으로 알아본 결과 그 잔여물에는 두 가지 향정신성 꽃가루가 스며든 것으로 밝혀졌다. 이는 마황ephedra과 대마 혹은 마리화나다. 많은 양의 대마 꽃과 씨, 마황줄기 조각, 다른 식물(중국과 서유럽에서 사용한 발효음료 첨가제인 쑥속屬 식물 아르테미시아Artemisia)도 들어 있었다. 마황과 마리화나 모두 조로아스터교의 성스러운 음료 하오마의 중요한 구성 성분으로 알려져왔다.

고누르사우스와 가까운, 시기상으로는 몇백 년 뒤처진 토홀로크 1구역과 토홀로크 21구역에서도 비슷한 양식의 석고반죽 복합건물이 중앙 정원 주변에 세워져 있다. 사리아니디는 토홀로크 21구역에서 제단과 같은 원형 구조와 숯과 재로 덮인 지층 그리고 심하게 탄 방들을 다시 찾아내 그것들이 배화신전이라는 이론을 제시했다. 모스크바 화분학자들은 다시 몇 개의 큰 병 안에 든 잔여물을 분석했다. 그 병들은 석회반죽으로 된 방에 있는 진흙 선반 위에 놓여 있었는데, 그들은 여기에서 더 많은 마황 꽃가루, 잎, 1센티미터에 달하는 줄기를 검출했다. 그뿐만 아니라 아편을 만드는 다른 향정신성 식물인 양귀비 꽃가루도 찾아냈다. 커다란 눈이 새겨진, 뼈로 만든 대롱도 이 하얀 방 마루에서 발견했는데, 그 대롱 역시 양귀비 꽃가루 성분을 함유하고 있었다. 페르시아의 불사조라 불리는 하오마를 흡입하거나, 다른 환각제를 코로 들이마실 때 사용되었을 법한 이 대롱은 예리코와 아인 가잘의 회반죽 발린 두개골처럼, 근동의 신석기시대에 대한 관심을 불러일으킨다.

사리아니디가 내놓은 가설은 이렇다. 그 신성한 음료는 하얀 방에서 만들어졌다. 사람들은 음료용 식물을 큰 그릇에 넣어 불린 다음, 그것을 갈아서 큰 병이나 도기받침대에 고정된 더 작은 병에 양모를 채운 깔때기를 끼워 거른다. 그 병들에서 발효된 음료를 신에게 바치는 헌주獻酒로 사용하거나 공공장소에서 제사의식에 참여한 사람들에게 제공했을 거라는 것이다. 그는 더 나아가 토홀로크 1구역 신전에서 나온 원통인장이 선사시대 의식을 설명한다고 주장했다. 가면을 쓴 듯 원숭이 머리 모양을 한 두 사람이 장대를 잡고 서 있고 한 무용수가 그 위를 뛰어넘는다. 음악가들은 큰 북을 두드리면서 반주를 한다. 우리가 이제까지 알고 있는 것처럼 향정신성 물질의 영향을 받아 추는 춤은 소그디아나 주변에서 크게 성행했다.

또한 사람들이 동물 흉내를 내는 가면 의식은 초기 구석기시대가 시작될 때부터 아시아의 샤머니즘적인 문화에서는 일반적이었다.

그릇과 병, 그리고 정교하게 장식된 대롱에 남아 있는 잔여물에 대한 사리아니디의 해석은 배화신전과 초기 조로아스터교에 대한 그의 이론과 조화를 이루지 못한다거나 이론의 설득력을 떨어뜨리지도 않는다. 우리가 모스크바 화분학자들이 발견한 것들을 완전히 묵살하지 않는다면, 줄기, 잎, 씨를 포함해 마황과 마리화나의 존재를 액면 그대로 받아들여야 한다.(하지만 네덜란드의 고고학자들이 고누르사우스 표본을 다시 분석한 결과, 단지 수수 성분만 있었을 뿐이다.) 아마 주위에서 날리던 꽃가루가 입구 좁은 도기 용기 속으로 들어갔을 것이다. 그러나 크기가 큰 식물 부스러기는 그 입구를 통과하지 못했던 것 같다. 이는 용기에 담겼던 음료의 첨가제에 대해 가장 알맞은 설명을 해주고 있다. 게다가 많은 용기 안에 담겼던 다양한 혼합물에서 같은 종류의 향정신성 첨가제가 발견되었다. 500년 이상에 걸쳐 무르가프 강 계곡 근처의 세 곳에서 같은 종류의 첨가제가 존재했던 것으로 보아 이 음료가 그 지역 사람들에게 매우 중요한 음료였다고 추측할 수 있다.

이러한 사항들을 고려해볼 때, 그 용기와 대롱에 남은 잔여물이 후기 조로아스터교의 하오마와 관련 있을 것이라는 사리아니디의 이론이 그렇게 허무맹랑한 것만은 아니다. 중앙아시아의 혼합주와 그로그주는 천 년이 넘도록 오아시스 주변의 주거지에서 잘 발전해왔다. 이처럼 사람의 심신에 강한 영향을 미치는 음료에는 종교적 의미가 깃들어 있다고 믿어왔으며, 종교의식에 자연스레 통합되었던 것이다. 그리하여 이 전통술은 아케메네스 왕들 치하에서 국교가 된 조로아스터교에 융화될 수 있었다. 심지어 그보다 훨씬 더 이전, 즉 메르프 오아시스 주변에 기념비적인 건축물이 건설되고 있을 즈음에 그 술은 인도유럽어족Indo-European 침입자들에 의해 인도로 옮겨갔을 것이다.

하오마(언어학적으로는 인도의 가장 오래된 브라만교 근본 경전인 『리그베다Rig Veda』에 나오는 소마soma와 동일하다)는 이란의 『아베스타Avesta』에 언급되어 있다. 『아베스타』는 기원전 6세기에 처음 쓰였고 서기 4세기경에 마지막으로 개정된 조로아스터교의 경전이다. 불사의 명약으로 알려진 하오마의 명확한 제조법은 많은 해석학자의 흥미를 자아내고 있다. 그들은 하오마가 하얀 수송아지의 오줌, 인삼, 페가눔Peganum Harmala/Syrian rue, 혹은 광대버섯amanita muscaria으로 만들어졌다고 생각하고 있으며, 또한 시베리아의 샤먼들(제7장 참고)이 여전히 선호하는 환각제라고 주장한다. 가장 최근에는 호밀 등에서 자라는 맥각ergot이 가장 주된 성분으로 제시되고 있다. 맥각 알칼로이드 에르고타민ergotamine은 강력한 환각제인 LSD(리세르그산 다이에틸아마이드lysergic acid diethylamide)와 매우 연관이 깊다. 중세시대 이후 쓰인 문서 중에 맥각에 얽힌 에피소드가 담겨 있는 것도 많다. 감염된 곡물로 만든 빵을 먹다가 우연히 맥각을 삼켰던 사람들이 환각증세를 보였다고 한다. 그들은 성 앤서니 열熱Saint Anthony's fire로 알려진 증세를 보였고 마치 몸이 불타는 듯한 느낌을 받았으며 때로는 미친 듯이 길거리를 달리곤 했다.

투르크메니스탄에서 발굴이 이뤄지기 전까지만 해도 상반된 가능성들 중에 하나를 결정할 만한 증거가 전무했다. 기록된 자료에 나타난 설명만으로는 그 술의 성분을 자세히 규명하기에 역부족이었다. 버섯이 관련됐을 거라는 가능성은 배제됐다. 왜냐하면 『아베스타』에 관련 식물이 녹색에다 크고 향이 좋다고 언급되어 있기 때문이다. 그러나 여전히 의문의 여지는 남아 있다.

『아베스타』의 예배식용 첫 텍스트인 「야스나Yasna」에는 조로아스터교 성직자가 돌절구에 식물을 넣어 빻고, 다시 거기에 황소털을 넣어 절구질로 분해한 다음, 물에 용해시킨 뒤 알려지지 않은 다른 성분들을 첨가해 하오마를 만든다고 쓰여 있다. 이 술이 인도로 건너갔을 때는 인도 대륙의 온대성, 열대성 식물이 첨가됐다.

어떻게 하오마가 조로아스터교 의식에 쓰이게 되었는지에 대한 가장 자세한 설명은 훨씬 뒤 9세기경에 나온 문서 『아르다 위라즈의 책Book of Arda Wiraz』에서 찾을 수 있다. 알렉산더에게 굴욕적인 패배를 당한 이 책의 주인공 아르다 위라즈는 성직자와 신도들의 위임을 받아, 그들이 과연 올바른 의식을 거행하고 있는지 알아보기 위해 천국으로 여행을 떠난다. 신앙심이 굳건한 아르다 위라즈는 확인되지 않은 환각제가 담긴 와인을 금잔으로 세 잔 마시고 다른 세상으로 던져진다. 그는 아름다운 여인을 만나고, 천국으로 가는 다리를 건넌다. 그리고 최고의 신 아후라 마즈다 앞으로 인도된다. 아르다 위라즈는 평온한 상태에서 신성한 영혼을 영접한 후, 신앙의 중심 교리인 좋은 생각, 좋은 말, 좋은 행동을 따르지 않은 자들을 기다리고 있는 무언가를 일별하게 된다. 마치 연옥과 지옥에 다다른 단테처럼, 아르다 위라즈는 눈물의 강(그리스 신화의 스틱스Styx 강)을 건너 절망과 고통 속에서 아우성치는 죄인들을 본다. 그들은 이승에서 저지른 죄에 상응하는 영원한 벌을 받고 있었다. 아르다 위라즈는 조로아스터교의 교리야말로 유일한 믿음이라는 아후라 마즈다의 확언과 더불어 일주일 후 잠에서 깨어난다.

이 이야기에서 눈에 띄는 점은 하오마가 와인에 주입되어 있다는 것이다. 하지만 이 작품이 나타난 당시 이 지역에서는 이슬람과 불교의 영향으로 주류 판매를 엄격히 금지하는 운동이 대대적으로 일어나고 있었다. 그래서 『아르다 위라즈의 책』에 술과 관련된 상세한 내용을 실어서 술에 좀더 관대했던 과거의 전통을 상기시키는 것일 수도 있다. 화학적인 관점에서, 알코올음료를 사용할 때의 이점은 그것이 식물체 알칼로이드를 용해시킨다는 것이다.

내가 와인을 하오마 음용 수단으로 처음 고려했을 때, 이는 마르기아나 유적지들이 중앙아시아 깊숙이 위치했지만 페르가나 계곡의 와인 문화권 안에 있었다는 가정하에 가능했다. 나는 베니스에 있는 리가부에학술연구센터Ligabue Study and Research Center의 가브리엘레 로시오스미다로부터 고누르사우스에서 포도씨앗 세 개가 발견됐다는 말을 들었다. 심지어 메르프 북쪽의 아지쿠이Adji Kui 오아시스에서 이루어진 새로운 발굴 작업 중에 로시오스미다는 기원전 제3천년기에서 기원전 제2천년기에 와인 제조에 쓰인 것으로 보이는 커다란 대야들에서 더 많은 포도씨앗을 발견했다. 내가 이 글을 쓰고 있는 2008년 초 로시오스미다는, 이곳과 사리아니디가 발굴 작업을 했던 동일한 장소에서 이론을 확정지을 수 있을 것이라는 희망을 품고, 권위 있는 식물고고학 전문가들과 함께 현장에 나가 있다.

투르크메니스탄 발굴지에서 나온 고고학적·식물학적 증거는 적어도 선사시대 중앙아시아에서 하오마가 무엇이었는지 규명하는 데 새로운 단서를 제공한다. 우리가 만약 그 특별한 음료가 하얀 방에서 만들어졌으며 와인과 환각제를 함께 섞었다는 아르다 위라즈의 이야기에 동조한다면, 도기 용기와 대롱에 남아 있던 마황, 대마, 양귀비 화분이 하오마를 제조하는 데 사용됐을 것이라는 주장은 탄력을 받게 된다. 확실한 것은 대마와 양귀비가 직물 제조나 장식, 요리나 연료(양귀비씨앗으로 만든 기름은 요리하는 데 사용된다) 등 다른 목적으로도 사용되어왔다는 사실이다. 이 두 가지 식물뿐 아니라 마황도 고대에서부터 중앙아시아와 중국에서 의학용 마약성 진통제로 잘 알려져왔다.

더 많은 고고학적·화학적 조사를 토대로 고대의 하오마(혹은 소마)나 중앙아시아의 그로그주를 지금 우리가 알고 있는 것보다 더 강력한 음료로 재연할 수 있다. 만약 사리아니디의 가설이 계속 유지된다면, 사람들이 정기적으로 소마("기독교와 술의 장점만을 취했으되, 그 어떤 결함도 없는")를 섭취했다던 유토피아(올더스 헉슬리, 『멋진 신세계Brave New World』)와 매우 닮은, 마르기아나 오아시스에 있는 일종의 멋진 신세계를 상상할 수 있다. 매 순간 각각의 첨가물이 정신에 작용하는 영향을 면밀히 조사하면 그 혼합주는 가치를 인정받게 될 것이다.

마황의 알칼로이드, 에페드린, 노르아드레날린 화학적 유사체는 교감신경계를 자극하여 가벼운 행복감을 유발한다. 적은 양으로도 고농도의 암페타민을 생산한다. 많은 양을 섭취할 경우 환각을 겪거나 심장마비가 올 수 있다. 마황으로 만든 약초 엑스터시를 기분전환용으로 사용하는 사람들이 그것의 향정신적 효능을 증명하고 있다. 마리화나는 THC(테트라하이드로 카나비놀Tetrahydro Cannabinol) 성분을 함유하고 있는데 이것은 신체 내에서 자연적으로 발생하는 내생內生 신경전달물질인 아난다미드anandamide와 관련이 있다. 마리화나는 또한 희열감을 불러일으키고 가끔 상상을 자극하기도 한다. 양귀비씨앗 포자낭에 있는 우유 같은 유액이 굳으면 아편이 되는데 이것은 매우 높은 농도의 강력한 향정신성 알칼로이드 혼합물 마흔 가지로 코데인, 모르핀, 파파베린, 나르코틴 등을 포함하고 있다. 담배처럼 말아서 피울 수 있는 잎사귀에는 이러한 성분이 씨앗보다는 적게 들어 있다.

이 알칼로이드 식물들이 인간의 신경체계에 영향을 미치는 술과 결합되면 환각적인 경험에 대한 가능성을 더 증대시키고 결국 인간은 혼수상태에 이르게 된다.

말을 탄 북방의 유목민들

토홀로크와 아지쿠이 오아시스 그리고 고누르사우스의 거주자들은 어디서 왔을까? 어떻게 환각성 음료를 선호하는 문화가 선사시대의 비단길을 따라 동쪽 먼 곳에 있는 사람들에게까지 영향을 미쳤을까?

중동에서는 일찍부터 마황을 환각물질로 사용한 전례가 있다. 랠프 솔레키는 고고학적으로 아주 흥미로운 발굴을 했다. 그것은 4만~8만 년 전(B.P.)의 네안데르탈인 무덤이었다. 한 무리를 이루고 있는 이 무덤들은 하지피루즈(제3장 참고)에서 불과 서쪽으로 75킬로미터 정도 떨어진 자그로스 산맥 북쪽 샤니다르Shanidar 동굴에서 발견되었다. 솔레키는 유골 가운데 하나(별칭 낸디Nandy, 샤니다르 1구역)가 마치 인간처럼 심리치료를 받았으며 간호를받은 흔적도 있다는 주장을 펴 고고학계에 큰 충격을 안겨줬다. 마흔에서 마흔다섯 살 정도 된 남성 유골은 한쪽 눈을 실명했고 신체적으로 장애가 있었다. 다시 말해서 어떻게 장애를 가진 이 유골의 주인은 마치 동물사회와 다름없는 네안데르탈인 사회에서 비교적 고령인 40대까지 살아남을 수 있었을까?

또 다른 유골은 서른 살에서 마흔다섯 살 사이의 남자(샤니다르 4구역)로 약초 성분이 있는 식물들로 치장된 채 "꽃무덤"이라고 알려진 무덤 안에 있었다. 마황 외에, 서양톱풀(아킬레아Achillea spp.), 그레이프히아신스(무스카리Muscari), 접시꽃Althea, 금방망이 혹은 개쑥갓Senecio, 성 바르나비의 엉겅퀴Saint Barnaby's thistle(센토레아Centaurea)가 그의 시신 근처에서 발견되었다. 나는 아킬레아가 발견됐다는 사실에 깜짝 놀랐다. 이를 통해 향정신성 식물과 관련된 의식을 떠올릴 수밖에 없었다. 아킬레아는 그루이트gruit[야생허브를 일컫는 단어로 여러 향초와 약초의 조합물]의 한 성분으로, 중세 맥주 제조 시 사용된 쓴맛 물질이다.(쓰고 떠름한 맛을 내는 늪도금양Bog myrtle, 야생로즈메리와 다양한 다른 약초들도 포함되어 있다.) 그러나 일부 최음 효과가 있다는 이유로 아킬레아는 결국 북유럽에서 금지됐고 홉열매가 그 자리를 대신했다. 꽃무덤에서 발견된 식물들은 모두 약용식물로 이뇨제, 흥분제, 지혈제 혹은 소염제 역할을 하는 약제로 잘 알려져 있다. 이러한 발견은 어떤 개인이 사후세계로 떠나면서 샤머니즘적인 배웅을 받았거나 아니면 그 공동체에 샤먼이나 심리치료사가 있었을 것이라는 가능성을 열어준다.

물론 이에 동의하지 않는 학자도 많다. 그러한 꽃가루들은 바람에 실려 무덤이 있는 동굴 안으로 들어올 수도 있고 동물들이 동굴에 옮겨놓을 수도 있다는 것이다. 다시 말해 현생 인류가 아닌 네안데르탈인이 심리치료를 하고자 그러한 식물들을 모아놓은 것은 결코 아니라는 입장이다. 하지만 꽃가루가 세찬 바람에 휘말려 동굴로 들어왔다는 주장은 타당성 있어 보이지 않는다. 꽃 전체, 꽃밥이 온전한 형태를 유지하고 있는 것으로 보아 이들이 바람에 실려 들어왔다는 것은 설득력이 없다. 나비의 날개비늘은 나비가 약초와 꽃무더기에 우연히 포함되었다는 것을 보여준다. 일부 학자들의 주장처럼 만약 동굴 어딘가에 파고들어 사는 설치류가 이 이상한 성분이 담긴 식물들을 물어다놓은 것이라면, 이 동물은 분명 약초들만을 고르는 예리한 본능을 타고났다고 할 수 있다.

펜실베이니아대학의 내 동료 빅터 메어 또한 타림 분지 북쪽 마을에 있는 우루무치박물관에 거의 방치되다시피 한 갤러리에서 아주 잘 보전된 미라를 "발굴"해 학계를 흔들어놓았다. 그 미라들은 기원전 1000년경의 것으로 후기 토홀로크 궁전이나 신전들과 동시대의 것이다. 그것들은 애초에 타림 분지 동남쪽 체모且末에 있는 무덤에서 발굴되었다. 체모는 사막을 통과하여 비단길의 서쪽길을 따라 나 있는 중요한 위치에 자리잡은 도시다. 이곳 남자들과 여자들이 밝은 색상의 소박한 옷이나 양모로 짠 옷들을 입고 펠트나 실로 만든 둥글거나 뾰족한 모자를 쓴 모습은 카프타리 인장과 소그디아나의 긴 의자에 묘사된 그림과 흡사했다. 어떤 남자는 모자 열 개와 함께 묻혔다. 이 모자들은 기원전 제1천년기 초기 중앙아나톨리아에 정착한 동유럽 사람 프리기아인의 트레이드마크였다. 그들은 그곳에서 그들 고유의 그로그주를 즐겼다.(제5장 참고)

메어는 우루무치박물관의 미라 얼굴 형상이 현재의 몽골 출신 사람들과 너무나 다른 것을 발견하고 놀라움을 금치 못했다. 이 남자는 덥수룩한 턱수염과 커다란 매부리코를 가졌다. 큰 키는 전형적인 캅카스 인종 남자의 특징이었다. 메어는 이 사람들이 과연 누구이며 그들이 어디에서 왔는지 알아내기 위해 많은 전문가(유전학자, 언어학자, 고고학자)에게 도움을 요청했다.

이는 마침내 고누르사우스 왕국이 건설되던 시기인 기원전 2000년경의 미라로 드러났다. 연구팀은 더 흥미로운 사항들을 밝혀냈다. 타림 분지의 동쪽 끝 두 갈래 비단길이 만나는 지점에 있는 누란樓蘭 접경지에서 나온 모든 미라의 수의壽衣 끝자락에 마황가지가 묶여 있었다. 코카나무, 캇khat[씹어 먹거나 차로 만들어 마시면 약의 효용이 있는, 아라비아나 아프리카산 식물의 잎], 담배, 커피가 일상생활에 끼어들어 간간히 활력을 주듯 이 작은 뭉치의 자극제는 사람들에게 사막이라는 환경에서 요구되는 주의를 환기시켰다. 아마도 죽어서는 사후세계로 가는 여정을 도왔을 것이다.

또한 메어는 투르크메니스탄에서 중국의 황허 강 분지로 이어져 나가는 중요한 장소에서 발굴된 도기 조각상 가운데 많은 부분이 캅카스인의 특징을 가진 미라들과 닮았다고 지적했다. 그들은 뾰족하고 긴 모자를 썼으며, 거기에는 깃털로 된 장식물들이 달려 있었다. 일부 표본들은 그 연대가 기원전 4000년으로까지 거슬러 올라간다.

인도유럽어가 초기에 중국어로 들이닥쳤다는 사실은 그들이 누구인지, 그리고 어디에서 왔는지에 대해 추가적인 단서를 제공했다. 메어는 고대 중국어 *m^{y}ag(별표는 재구성된 가설을 나타냄)가 조로아스터교의 사제를 뜻하는 페르시아어 단어 마구스maguš에서 파생되었다고 주장했다. 영어 단어 마술magic과 마술사magician도 마구스에서 파생되었다. 마술사는 높다란 고깔모자를 쓴 사람으로 종종 묘사되는데 이는 중앙아시아에서 발굴된 미라와 작은 조각상의 모습과 흡사하다. 시라즈에 있던 조로아스터교 사제 계급은 마기magi라고 불렸는데, 신약성서 속 동방박사 세 명이 바로 이러한 사제로, 성서에서는 그들이 베들레헴 마구간에서 태어난 아기 예수를 보기 위해 동방에서 이곳으로 여행했다고 언급하고 있다.

짐수레chariot와 벌꿀주mead를 포함해 다른 일부 중국어 단어들 또한 페르시아어 어근을 가지고 있다. 그러나 반대로 비단silk이라는 말은 중국에서 나와 서역으로 퍼져나갔다. 심지어 비단길의 중요한 거점인 '둔황敦煌'이라는 이름에도 페르시아의 종교적 요소인 불(황煌의 부수 火)을 포함하고 있어 언어와 기술 그리고 발효음료는 두 가지 방식으로 중앙아시아로 건너왔다는 주장이 제기되고 있다. 이 논쟁에서 우리가 눈여겨볼 것은 인도유럽어족 계보에 속하며 한때 비단길 북쪽 지역에 번성했던 토하라어Tokharian가 몽골과 시베리아 초원지대로 확대됐다는 것이다.

인도유럽어족이 중앙아시아로 들어왔다는 초기 증거는 사육한 말들에서 볼 수 있다. 주인의 분신이나 다름없는 말은 주인이 죽으면 함께 묻히는데, 이러한 말들이 바로 인도유럽어족이 중앙아시아로 들어왔음을 입증한다. 가장 초기의 것은 기원전 4500년에서 기원전 3500년 사이의 말들로 추정되며, 중앙우크라이나 서쪽에서 발견되었다. 그 이후 말이 발견되는 빈도는 증가한다. 말을 순장하는 풍습은 적어도 기원전 2000년경 카자흐스탄 동쪽에서 시행되었던 것으로 보인다. 같은 시대에 다른 무리의 인도유럽어족은 이란과 인도 남쪽으로 들어오고 있었다. 살이 있는 바퀴를 단 수레는 딱딱한 나무로 된 바퀴를 단 수레보다 말들이 끌기 훨씬 더 쉬웠고 이 바퀴살은 같은 시기에 중앙아시아에서도 나타난다.

사육한 말은 사람들이 농사짓기 힘든 초원에 살 때 큰 이점을 안겨줬다. 말을 탄 채로 양떼와 소떼를 훨씬 더 효율적으로 몰 수 있었기 때문이다. 그들은 가축으로 인해 이차적인 생산품(유제품, 양모, 털)을 얻을 수 있었고 마차에 사유물들을 싣고 여러 곳을 옮겨 다닐 수 있었다.

초원에서는 좋은 발효음료를 만들기 위한 재료(과일, 곡류, 꿀)를 얻기 힘들었다. 늘 그렇듯 인간은 임시변통한다. 당나귀 젖으로 술을 만들어낸 것이다.(터키어로 kimiz, 카자흐어로 koumiss라고 한다.) 당나귀 젖은 염소나 소의 젖보다 당도(젖당)가 훨씬 높았고 결과적으로 알코올이 많이 포함된 술(최고 2.5퍼센트)을 만들어낼 수 있었다. 그들은 아마 발효시키지 않은 우유를 마실 수 없었을 것이다. 왜냐하면 많은 중앙아시아, 동아시아 사람들은 젖당을 분해해 소화시킬 수 있는 효소가 부족하기 때문이다.

동물고고학 연구에 따르면, 기원전 제2천년기와 기원전 제1천년기에 새끼망아지의 사망률이 높게 나왔는데 이는 필요한 만큼 충분한 음료를 생산하고자 유목민족이 취한 조치 때문일 것으로 보인다. 예를 들어 동물은 출산할 때 젖을 분비하기 시작한다. 이때 새끼를 어미와 떨어뜨려놓음으로써 사람들은 더 많은 젖을 모을 수 있었다. 오늘날 중앙아시아에서는 전통적으로 5월과 10월 사이에 젖을 모으는 착유搾乳 기간이 지속되는데, 일반적으로 암탕나귀 한 마리당 1200리터의 젖을 생산할 수 있다. 추운 겨울이 다가오면 옛날 사람들은 냉혹한 환경과 씨름하다가 특별히 30개월 정도 된 망아지를 도살해 음식과 음료로 대신했다.

체모 북쪽으로 800킬로미터 정도 떨어진 파지리크Pazyryk의, 높은 알타이 산맥에 있는 영구 동토층凍土層에서 보기 드물게 발견된 무덤을 보면 툰드라 북쪽 유목민의 삶을 이해할 수 있다. 러시아의 고고학자 세르게이 루덴코는 기원전 5세기 것으로 보이는 파지리크 유목민들의 무덤(러시아어로 kurgan)을 발굴했다. 무덤 일부는 이미 도굴당한 상태였다. 터키 중심부에 있는 아주 약간 앞선 시기의 고르디온Gordion 고분처럼(제5장 참고), 다섯 개의 파지리크 고분의 묘실은 매우 정교하게 다듬어진 통나무를 연결해 만들었고, 인위적인 봉분으로 덮여 있었다. 루덴코는 뜨거운 물을 이용해서 얼음 안에 보존되어 있던 그 놀라운 유물들을 밖으로 꺼냈다. 그곳에는 복잡한 문양의 나무탁자와 술병, 화려한 색상의 모직과 펠트로 된 태피스트리와 양탄자, 금은 장신구가 달린 머릿수건과 허리띠, 하프와 북, 가죽으로 만든 주머니, 손질된 맹금류와 사슴, 살 달린 바퀴를 장착한 완전한 짐수레와 짐수레를 끌던 말도 있었다. 수놓은 비단과 거울은 중국으로부터 건너왔다. 미라가 된 시체 몇 구는 목관에 안치되었는데 마치 고르디온에 있는 미다스 고분처럼 왕실의 저명인사를 묻은 것 같았다. 몇몇 시체에는 우아한 그리핀, 날개 달린 표범, 맹금류 등의 문신이 새겨져 있었다.

루덴코는 모든 묘실에서 체모와 투르크메니스탄의 오아시스 정착민들과 초원지대의 유목민들을 연결하는 또 다른 증거를 발견했다. 가죽이나 펠트로 덮인 원뿔형 천막 등을 세울 목적이었던 막대기 여섯 개 한 묶음이 각각의 묘실에 있었던 것이다.(2인용 묘실에서는 두

그림 14-a. 시베리아 초원지대 유목민들은 기원전 400년경 환각성 물질을 피우고 마시던 도구들과 함께 러시아 파지리크 돌더미 아래에 묻혔다. 살아 있을 때처럼 죽어서도 그들은 펠트로 덮인 소형 천막 안에 있었는데, 그 천막은 막대기 여섯 개로 구성된 골조로 지탱되고 있었다. 다리가 긴 가마솥과 긴 손잡이가 있는 향로는 마리화나의 씨앗으로 가득 차 있는데 마치 사우나실 같은 환경 속에서 연기를 흡입했다.

그림 14-b. 사람들은 가죽 수탉 장식이 부착된 큰 병에서 뿔 모양 손잡이가 달린 작은 잔에 술을 따라 마심으로써 갈증을 해결했을 것이다.

묶음이 발견되었다.) 탄화된 대마씨앗들과 자갈들로 채워진 가마솥이 천막의 중앙에 놓여 있었다. 불쏘시개용 자작나무껍질이 가마솥 손잡이와 막대기 주변에 흩어져 있었다.

마황으로 가득 찬 가마솥과 천막은 무엇을 위한 것이었을까? 헤로도토스가 그의 저서 『역사History』(4.75.1~2)에서 그 답을 말해준다. 그는 멀리 서쪽에 살고 있는 초원지대 사람들, 즉 스키타이인이 갖고 있는 특이한 관습을 이렇게 묘사했다. 그들은 목욕을 하기보다 펠트로 만든 천막으로 기어들어가서 뜨겁게 달군 돌 위에 마황을 던져놓았다. 스칸디나비아의 환각 사우나 속에서 그들은 "늑대처럼 울부짖을" 때까지 그 마약이 내뿜은 연기 속에 푹 빠졌다.

찌는 듯한 무더위가 물러난 뒤에는 아마도 마실 것이 필요했을 것이다. 입구가 좁은 큰 병이 각각의 무덤 안에 놓여 있었지만 루덴코의 추측처럼 그것들이 과연 쿠미스koumiss나 와인, 물 혹은 우유가 들어 있는 보드카(증류법은 거의 알려지지 않았다)와 같은 종류의 알코올음료를 담고 있었는지는 확실하지 않다. 서쪽 지역에 살던 스키타이인들은 그리스인들과 접촉하면서 와인에 대해 익히 알고 있었다. 이란과 캅카스 남쪽 사람들을 통해 그보다 훨씬 이전부터 와인을 접했을지도 모른다. 그들의 영역이 투르크메니스탄과 중앙아시아의 오아시스들이 있는 동쪽으로 확장되었을 때, 그들은 포도 재배로 번창하고 있는 비옥한 산의 계곡이나 타림 분지 접경지 오아시스에 있는 다른 인도유럽어족들과도 접촉을 했을 것이다. 고대 역사 저술가들에 따르면 심지어 그들은 특별한 종류의 맥주를 즐기기도 했다.

오늘날 타림 분지와 톈산을 아우르는 중국의 신장 위구르 자치구에서는 그곳에서 나는 [익히거나 가공하지 않고 날것으로 먹기에 적합한] 생식용 포도가 인기를 끌고 있다. 최근에는 사막기후에서 어느 정도의 물만 있어도 잘 자라는 프랑스 품종들이 재배되고 있다. 나는 선타임 양조장Suntime Winery에서 만든, 소위 웨스트리전West Region이라 불리는 2002년산 카베르네 소비뇽을 대접받았다. 이 사업은 정부 관할하에 빠르게 확장되고 있다. 대량의 중국산 와인을 유럽으로 수입하는 프랑스 와인업자와 연락을 취했고, 오래지 않아 DHL을 통해 중앙아시아로부터 온 병 하나가 내 문 앞으로 배달됐다. 겨우 2달러의 싸구려 중국산 포도주에 100달러나 되는 세금을 지불하라는 통지를 받고서 좋은 와인도 아닌데 왜 이렇게 세금을 많이 내야 하는지 항의했다. 결국 배달료는 면제받았다.

근동의 생동감 넘치는 와인 문화 속에서, 아주 오래전 이곳에 정착한 사람들은 이 지역이 와인용 포도를 재배하기에 적합하다는 사실을 깨달았을 것이고, 그리하여 유라시안포도를 그곳으로 옮겨 심었을 것이다. 확실한 사실은 서기 2세기에서 4세기 사이 버려진 포도밭으로 둘러싸인 "유령 마을"이 비단길 남쪽에 산재한다는 것이다. 지금은 타클라마칸 사막에서 날아온 모래에 덮여 있지만 그 마을들은 한때 찬란했던 산업의 말없는 증인으로 그곳에 존재한다. 와인 제조법은 말과 다른 가금류에서 동력을 얻는 유목민족의 삶의 방식처럼 훨씬 이전부터 정립되어 기원전 2000년경에 폰토스와 카스피의 초원지대로 뻗어나갔을 것이다. 루덴코는 왕의 해골을 와인잔으로 만들어 사용했다고 지금까지도 비난받는 고대 중국의 월지족에 파지리크 미라가 속할 것이라고 지적했다. 비록 유목민들이 포도밭을 가꿀 수 없었고 자주 이동해야 했기 때문에 와인을 만들 수도 없었지만, 그들은 정착민들과 접촉하면서 와인을 조달할 수 있었다. 그들은 고대의 하오마와 소마에 쓰이는 일부 재료들을 손에 넣었다. 파지리크에서 가장 선호하는 음료는 기분을 들뜨게 하는 마리화나와 알코올이 섞인 음료다.

인도유럽어의 조상인 고대어 인도게르만공통조어Proto-indo-European, PIE에 관한 역사언어학은 비록 정확한 과학은 아닐지라도 평범한 사람들의 민족적 기원을 추적하거나 그들의 음주습관을 짐작하는 데 또 다른 관점을 제공한다. 토머스 감크렐리제와 뱌체슬라프 이바노프는 한 중요한 연구에서 'wine'(PIE *woi-no 혹은 *wei-no)에 해당하는 고대와 현대 단어들(라틴어 vinum, 고대 아일랜드어 fín, 러시아어 vino, 초기 히브리어 yayin, 히타히트어 *wijana, 이집트어 *wnš 등)이 널리 퍼지기 시작한 현상이 인도유럽인들의 이동 지표가 된다고 주장했다. 여전히 치열한 논쟁이 벌어지고 있지만 펜실베이니아대학 연구자들은 컴퓨터를 이용한 독자적인 연구를 통해 이러한 주장을 증명했다. 감크렐리제와 이바노프는 PIE의 진원지를 남캅카스(트란스캅카스)와 터키 서쪽 지역으로 생각하고 있다. 그 지역은 기원전 7000년경에 유라시안포도가 처음으로 재배되었던 곳이라고 추측된다. 그들은 넓은 오차 범위 안에서 가장 초기의 PIE 사용자들이 기원전 5000년경에 이주를 시작했을 것이라고 본다. 유목민이었는지 정착민이었는지 아직 명확하지 않지만 이들은 이란과 중앙아시아의 오아시스 지역들뿐만 아니라 남쪽으로는 팔레스타인과 이집트, 서쪽으로는 유럽까지 퍼져나갔다.

이러한 이동을 더 명백하게 설명할 수 있는 인간의 DNA 증거는 아주 제한적이다. 중앙아시아와 중국의 인구에 대한 일부 연구로 기원전 500년 이전에 인도유럽인들이 더 강한 영향을 미쳤다는 고고학적·언어학적 시나리오가 입증됐다. 그러나 중요한 것은 동아시아 사람들이 점차 밀려오면서 인도유럽 또한 이들의 영향을 받게 됐다는 사실이다.

중앙아시아의 영구 미스터리

우리는 선사시대 비단길을 따라 오갔던 발효음료와 향정신성 첨가제의 이동의 원동력에 대해서 아직도 많은 부분을 밝혀내지 못했다. 타림 분지, 투르크메니스탄 그리고 파지리크에서의 발견들은 어떻게 해서 가장 초기의 발효음료들(예를 들어 근동 산악지대에서 나타난 자후 그로그주와 수지 첨가 와인)이 신석기시대라는 동시대에 나타났는지 그 이유를 하나둘씩 밝혀주고 있다. 그러나 우리 지식에는 아직 다 밝혀내지 못한 커다란 지리적·시간적 공백이 존재한다. 고누르사우스와 토홀로크에서 나온 증거는 기원전 2000년까지밖에 입증하지 못한다. 스트라보와 장건 장군이 극찬한 무성한 포도나무와 숙성된 와인이 있는 페르가나 계곡에는 고고학적 암호가 남아 있다. 새로운 증거가 발견되기를 기다리는 동안 우리에겐 두 가지 선택지가 있다. 그중 하나는 발효음료를 만드는 방법에 대한 지식이 구석기시대에 발달했다는 것, 그리고 동시대에 아시아 양쪽에서 서로 독립적으로 그 결실을 맺었다는 것이다. 또 다른 하나는 중요한 아이디어가 신석기"혁명" 기간에 한 방향이든 두 방향이든 선사시대의 비단길을 따라 통과했다는 것이다. 나는 후자 쪽에 마음이 더

쏠린다.

중앙아시아의 신석기시대 초기에 무슨 일이 있었는지 밝혀줄 진취적인 고고학자들이 필요하다. 앞으로 고고학적 발견에서 중요한 것은 이란에서부터 인도의 아대륙(파키스탄의 도시 발루치스탄의 메르가르)으로 이어지는 육상 경로 위에 있는 신석기시대 장소를 발견하는 일이 될 것이다. 기원전 7000년에서 기원전 5500년 사이에 세밀히 계획된 진흙벽돌 건물들이 들어선 마을에서 식물고고학적 증거가 나왔다. 그 증거는 재배용 외알밀과 에머밀이었는데, 이는 근동 지역에서부터 전해졌을 것으로 추측된다. 대추나무Ziziphus jujuba와 대추야자phoenix dactylifera 씨앗 또한 발견되었다. 분명 메르가르 사람들은 발효음료를 만들 수 있는 광범위한 천연 생산물들과 접촉해왔다. 기원전 4000년경 만들어진 듯 보이는 최초의 도기는 키가 큰 고블릿 형태가 지배적이었다. 재배용 유라시안포도의 고고학적 기록이 그 직후에 나타나고, 기원전 2500년부터 포도는 확실히 경작되었던 듯하다. 이 유적지에서 발견된 큰 포도나무 조각을 봐서는 그렇다. 화학적 시험을 거치지 않고서는 옛날 사람들이 맥주나 와인을 만들었다고 정확하게 이야기하기 어렵다. 그러나 현존하는 고고학적 증거들은 그 현장에 알코올음료가 있었다는 강력한 추정증거가 된다.

우리는 메르가르의 경우처럼 더 많은 신석기시대의 현장들을 발견하고 발굴해야 하며 인도와 러시아로 향하는 주변 경로를 포함해 중앙아시아에 대한 전반적인 연구를 해나가야 한다. 그런 다음에야 중국과 근동 지역의 초기 신석기 발효음료가 각각 독립적으로 발전했는지, 아니면 선사시대의 비단길을 따라 아이디어가 상호 교류되었는지를 알 수 있기 때문이다.

제5장

유럽의 습지, 그로그주, 장례, 폭음

유럽이라는 단어는 수많은 발효음료를 떠올리게 한다. 프랑스의 루비처럼 붉은 클라레claret, 달콤한 샴페인과 천상의 버건디burgundy, 독일의 리슬링Riesling wine과 이탈리아의 네비올로Nebbiolo wine, 벨기에의 훌륭한 램빅맥주와 애비 트리펠Abbey Tripel, 그리고 붉은 에일 맥주. 이들 술의 기원은 중세시대로 거슬러 올라간다.

현재 우리가 대부분의 유럽 술을 즐길 수 있는 것은 중세시대의 수도원 덕분이다. 수도사들은 현생에서 영적인 삶을 위해 끊임없이 노력하는가 하면 내세에 대한 준비도 한다. 또한 수도사들은 (홉열매를 포함하여) 현세의 식물에 대해 연구하고, 좋은 품종을 선택해 길러냈으며 새로운 알코올음료를 섞어 만들어 대규모로 맥주와 와인을 제조했다. 12세기 초반 프랑스 부르고뉴의 시토 수도회Cistercian 수도사들은 코트도르Côted'Or[문자 그대로 황금 언덕이라는 뜻]라는 토양을 연구해, 무려 한 세기의 오랜 시행착오 과정을 거치면서 어떤 특정 산지(테루아르terroir)에서 어떤 특정 품종을 재배하는 것이 가장 적합한지 결정했다. 그들은 샤르도네Chardonnay[부르고뉴와 샹파뉴에서 재배되는 백포도주 포도 품종]와 피노 누아르Pinot Noir[부르고뉴가 원산지인 적포도주 포도 품종]를 개발해서 정착시켰다. 시토 수도회에서 나와 멀리 북쪽에 자리잡은 트라피스트 수도회Trappists는 맥주를 전문으로 삼았다. 그중 가장 잘 알려진 수도원이자 양조장인 시메Chimay는 아직도 매우 복합적이며 향기로운 에일맥주를 만들고 있으며 맥주는 족히 오 년 이상 숙성된 것들이다. 필라델피아에 있는 몽크스 카페Monk's Café의 소유주인 톰 피터가 일 년 된 시메 맥주를 대접했을 때 나는 깜짝 놀랐다. 이것이 맥주일 수 있는가? 그 맥주는 고급 와인의 감각적인 풍부함(복합적인 향과 맛)을 지니고 있었다.

일반적으로 혼합발효주 범주에 속하는 이탈리아와 프랑스 특유의 베르무트vermouth는 뿌리 깊은 과거가 있다. 그들 특유의 배합법에는 다양한 나무껍질과 뿌리, 오렌지껍질, 꽃 추출물, 약초와 향신료를 부드럽게 불려 와인으로 만들어내는 과정이 수반된다. 베르무트라는 단어는 약초의 일종인 약쑥wormwood을 뜻하는 독일어 'Wermut'에서 유래했다. 이 약초는 세상에서 가장 쓴 천연 화합물이며 향정신성 효과가 있는 알파투욘α-thujone 성분을 포함하고 있다.

1995년 코펜하겐 공항에서 작은 사고를 겪은 후 위와 같은 화합물이 소화를 돕고 쓴맛을 지녔을 뿐만 아니라 그 효과가 꽤나 오래 지속된다는 것을 알게 되었다. 나를 초청해준 존 스트레인지에게 쓴맛이 나는 식전주(비터bitter) 페르네 브랑카Fernet Branca를 선물할 작정이었다. 이 맥주는 마흔 가지의 약초와 식물, 송진으로 만들어지는데 거기에는 사프란, 대황, 몰약, 생강과의 식물이 포함되어 있다. 나는 겨우 한 티스푼 정도만 삼킬 수 있는데도, 존은 매일 아침 식사 전에 한 모금씩 마시겠다고 장담했다. 나는 그 술병이 깨지지 않도록 알루미늄 여행 가방에 조심스럽게 담았다. 결국 공항에서, 수하물 수레에 실었던 가방이 미끄러져 바닥으로 떨어졌다. 동시에 코를 톡 쏘는 갈색 액체가 스며나왔다. 우리는 재빨리 깨진 페르네 브랑카 병을 치우고 혼란스러운 상황을 제대로 정리하려고 노력했다. 세관 반대편에 있던 존은 우리를 딱한 눈으로 바라보았다. 숙소에 도착해서는 여행 가방 안에 들어 있던 (내 강의 노트를 포함한) 물건들을 꺼내 매달아 말렸다. 그로부터 몇 년이 지났지만 그 종이 가장자리는 여전히 갈색으로 물들어 있고 비터 냄새를 풍긴다. 아마 향후 고고학을 연구하는 화학자는 수천 년이나 된 이 음료로 현장 조사 활동을 할 수 있을 것이다.

'미다스의 손길'이 닿은 혼합발효주

유럽 중세시대는 알코올음료가 발달한 황금시대였다고 할 수 있다. 그러나 이러한 술의 역사는 훨씬 더 과거로 거슬러 올라간다. 다르다넬스 해협과 보스포루스 해협은 흑해와 지중해를 연결하는 지점으로 유럽과 아시아의 경계를 이룬다. 1000년 이상에 걸쳐 지식과 기술은 끊임없이 한 지역에서 다른 지역으로 흘러들어갔다. 신석기시대가 시작될 무렵 종종 아시아는 유럽에 공물을 바쳤다. 유럽이 곡물을 경작하고 가축을 기르기 시작했을 때다. 그러나 때로는 그 반대의 경우도 있었다. 북유럽의 대초원지대 사람들은 말을 타고 남부 지역으로 침입해오기도 했다. 종교적 의식, 장례식 등에서 술은 절대적으로 필요한 것이었기 때문에 이러한 교류와 술은 강한 연결고리를 갖고 있다.

아나톨리아 고원 중앙에 자리한 터키 수도 앙카라 근처의 고르디온 발굴 현장은 우리를 유럽의 초기 발효주의 세계로 안내한다. 청동기시대에서 철기시대로 급하게 넘어오던 기원전 1200년경, 프리기아 사람들이 동유럽에서 아시아로 들어왔다. 강력한 철기문화를 꽃피웠던 히타이트 제국이 터키의 동남부와 시리아로 터전을 옮기자 그들이 떠난 자리를 프리기아 사람들이 채웠으며 고르디온에 수도를 건설했다.

근 50년간 고르디온은 펜실베이니아대박물관의 발굴 작업 중심에 있었다. 고르디온의 매듭Gordion's Knot을 푸는 사람이 아시아를 지배할 것이라는 신탁의 예언을 실현한 알렉산더의 이야기로 유명한 곳이기도 하다. 전설에 따르면 그 매듭은 원래 미다스와 그의 아버지 고르디우스를 고르디온으로 태우고 가던 수레를 신전에 묶어 놓기 위한 용도였다고 한다. 알렉산더가 매듭을 단칼에 잘라냄으로써 프리기아의 황금시대가 열렸다.

나는 『고대의 와인』이라는 책에서 기원전 750~기원전 700년경 미다스의 고분으로 알려진 거대한 왕릉에 대해 기술했다. 흙과 석재를 50미터 높이로 쌓아 만든 묘실은 고분의 중앙에 떡하니 자리잡아 과거에서만큼이나 오늘날에도 엄청난 규모를 자랑한다. 노간주나무 기둥과 소나무 널빤지로 두 겹의 벽을 세운 무덤은 세상에서 가장 오랫동안 온전히 보존된 목재건축물이다. 지하수면 바로 위에 놓인 이 무덤은 수십 톤의 흙으로 밀폐된 덕분에 단단히 봉인된 타임캡슐이라고 할 수 있다.

1957년 발굴 작업자들이 왕릉의 벽을 깨고 묘실로 들어갔을 때, 그들은 투탕카멘의 고분을 발견한 하워드 카터가 처음으로 그 광경을 목격했을 때처럼 놀라운 광경에 직면했다. 제왕의 색이라고 할

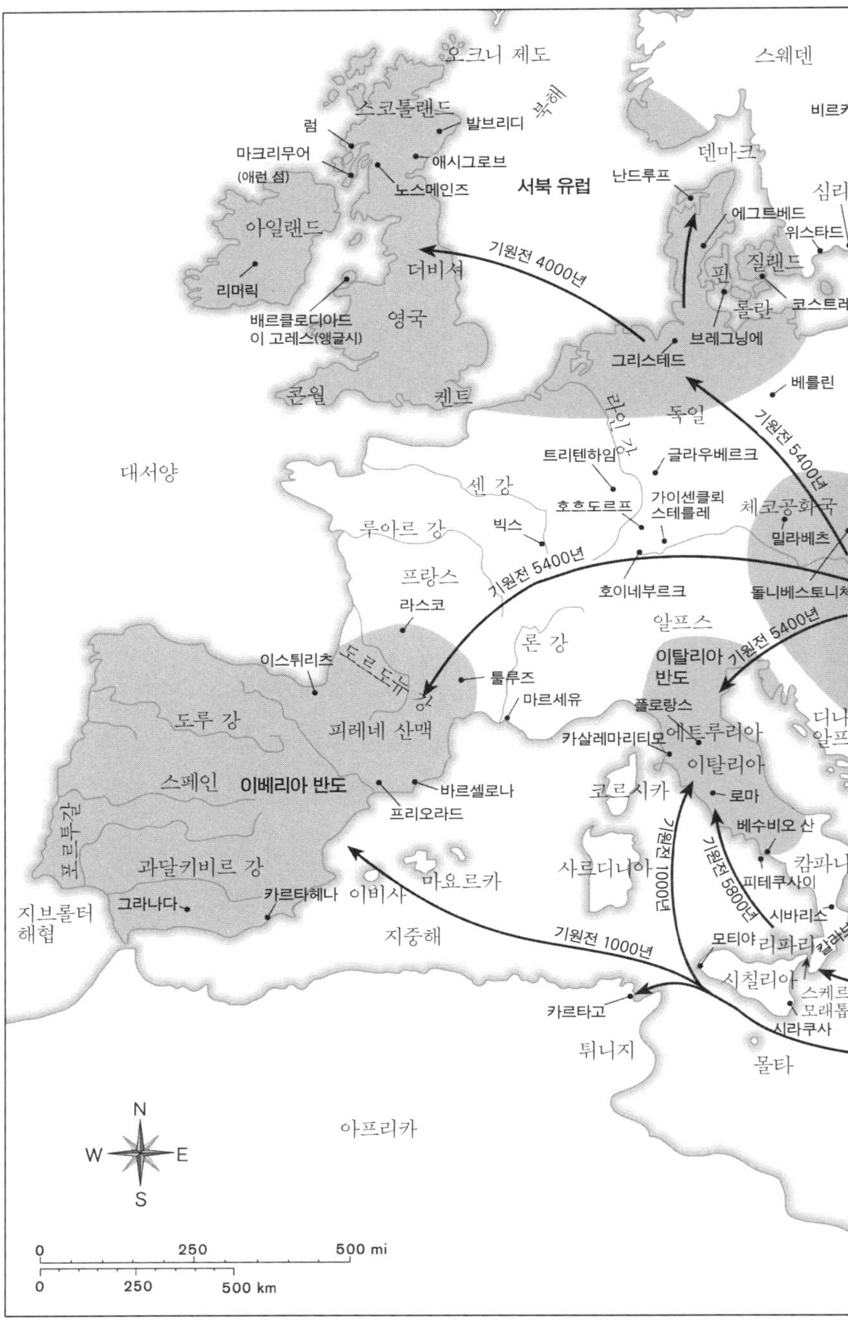

오크니 제도
스웨덴
북해
비르카
스코틀랜드
럼
발브리디
마크리무어
(애런 섬)
애시그로브
노스메인즈
서북 유럽
덴마크
난드루프
심리
아일랜드
에그트베드
위스타드
질랜드
기원전 4000년
더비셔
리머릭
핀
롤란
코스트러
배르클로디아드
이 고레스(앵글시)
영국
브레그닝에
그리스테드
베를린
콘월
켄트
라인 강
독일
기원전 5400년
대서양
트리텐하임
글라우베르크
센 강
가이센클뢰
스테를레
호흐도르프
체코공화국
루아르 강
빅스
밀라베츠
기원전 5400년
프랑스
호이네부르크
돌니베스토니처
라스코
알프스
기원전 5400년
론 강
이탈리아
반도
이스튀리츠
도르도뉴 강
툴루즈
마르세유
플로랑스
디나
알프
도루 강
피레네 산맥
카살레마리티모
에트루리아
이탈리아
스페인
이베리아 반도
바르셀로나
코르시카
로마
포르투갈
프리오라드
베수비오 산
기원전 1000년
기원전 5800년
사르디니아
캄파니
과달키비르 강
마요르카
피테쿠사이
지브롤터
해협
그라나다
카르타헤나
이비사
시바리스
지중해
기원전 1000년
모티아
리파리
칼라브
시칠리아
스케르
모래톱
카르타고
시라쿠사
튀니지
몰타
아프리카
N
W
E
S
0
250
500 mi
0
250
500 km

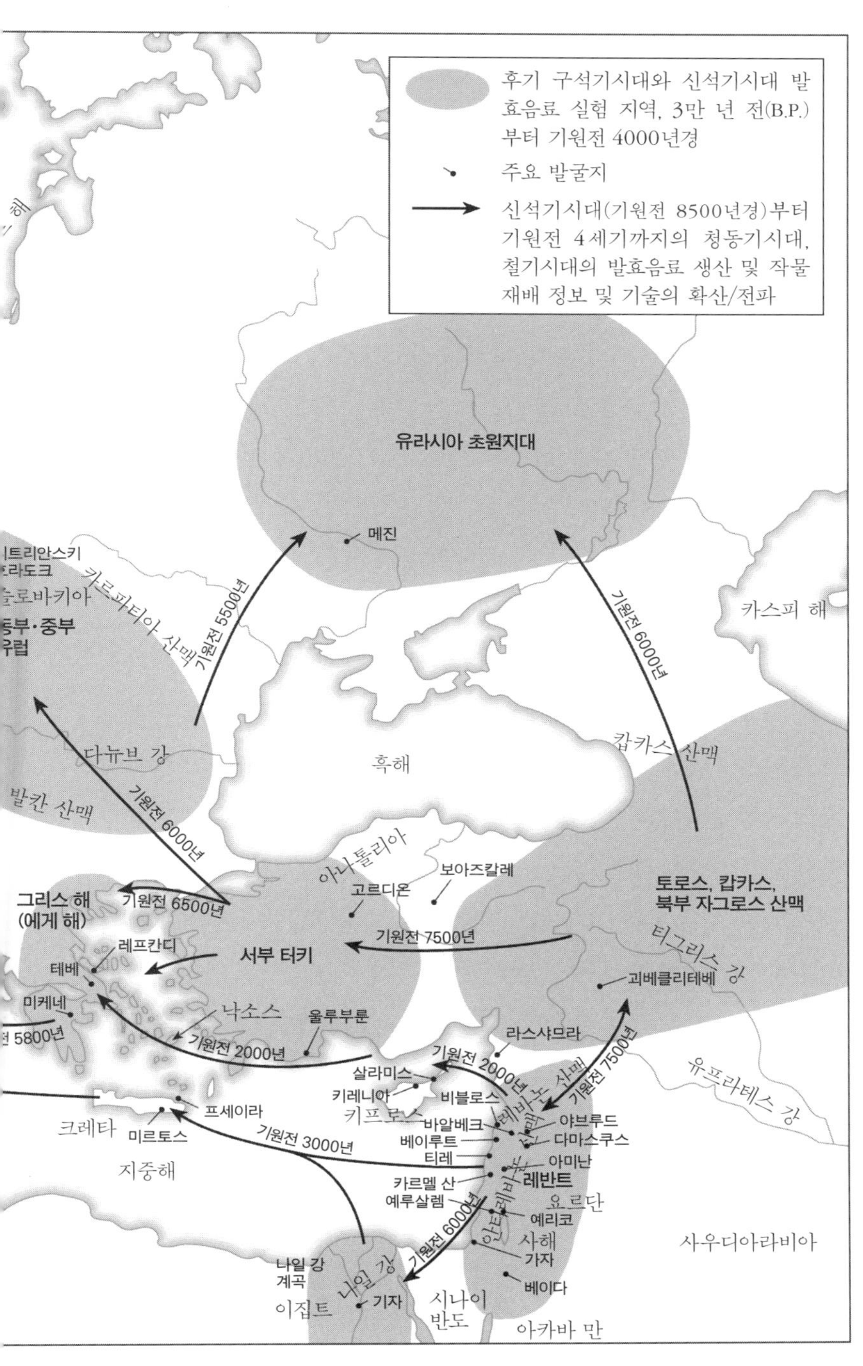

후기 구석기시대와 신석기시대 발효음료 실험 지역, 3만 년 전(B.P.)부터 기원전 4000년경
주요 발굴지
신석기시대(기원전 8500년경)부터 기원전 4세기까지의 청동기시대, 철기시대의 발효음료 생산 및 작물 재배 정보 및 기술의 확산/전파
유라시아 초원지대
메진
카스피 해
흑해
카르파티아 산맥
동부·중부 유럽
다뉴브 강
발칸 산맥
캅카스 산맥
기원전 5500년
기원전 6000년
기원전 6000년
기원전 6500년
그리스 해 (에게 해)
아나톨리아
보아즈칼레
고르디온
토로스, 캅카스, 북부 자그로스 산맥
기원전 7500년
서부 터키
티그리스 강
괴베클리테페
레프칸디
테베
미케네
5800년
낙소스
울루부룬
기원전 2000년
라스샤므라
기원전 2000년
기원전 7500년
살라미스
키레니아
비블로스
키프로스
레바논 산맥
유프라테스 강
프세이라
크레타
미르토스
바알베크
야브루드
베이루트
다마스쿠스
기원전 3000년
티레
아미난
지중해
카르멜 산
레반트
예루살렘
요르단
예리코
기원전 6000년
사해
가자
사우디아라비아
나일 강 계곡
나일 강
베이다
이집트
기자
시나이 반도
아카바 만

지도 2. 유럽과 지중해. 지금으로부터 3만 년 전(B.P.) 발효음료의 생산 전통이 유럽과 지구상에서 가장 큰 내해를 따라 퍼져나갔다. 초기 신석기시대(기원전 8500년경)부터 기원전 4000년까지 계속해서 중동 지방에 경작용 식물들이 도입되었다. 그리스인들과 레반트에서 항해를 시작한 페니키아인들은 그들의 와인 문화를 지중해 건너 서쪽으로 전달했다. 현재까지 입증된 유물과 생물고고학적 증거(재배된 곡물을 포함하여)를 바탕으로 추정해볼 때 술을 둘러싼 초창기의 접촉은 여행 경로를 따라 이루어졌다.

수 있는 화려하고 웅장한 파란색, 자주색 직물 더미 위에 누워 있는 60~65세 정도의 남자 시체를 발견한 것이다. 뒤쪽에는 최대 규모의 석기시대 주기酒器 세트가 어슴푸레 빛나고 있었다. 술을 저장했을 통과 항아리, 술잔을 포함한 157개의 청동 용기는 아마도 이 무덤의 주인에게 이별을 고하는 만찬에서 사용되었을 것이다.

동시대 아시리아 점토판 기록에 의하면, 미다스 왕은 그저 전설 속에서나 등장하는 인물이 아니라 실제로 프리기아를 지배했다고 한다. 고르디우스라는 이름을 가진 그 혹은 그의 아버지나 할아버지가 이 무덤에 묻혔다고 기록돼 있다. 비록 알기 쉽도록 “이곳에 미다스 왕이 묻혔다”라는 비명碑銘이 있는 것은 아니지만, 현재까지 발견된 것 중 가장 정교한 세공과정을 거친 고대 가구들이 들어 있는 화려한 이 고분은 그 자체로 이것이 왕의 고분임을 분명히 증명해준다. 프리기아 왕이 죽자 사람들은 생전의 명예와 성공적인 치세를 찬양하기 위해 마음껏 먹고 마셨다. 그러고는 왕을 안장했다. 영생불멸을 기리는 차원에서 그가 섭취할 음식과 술을 한데 묻었으며 이는 최소한 2700년간 보존돼왔던 것이다.

만약 이 고분이 손에 닿는 것은 무엇이든 황금으로 바꿨다는 전설 속 미다스 왕의 묘지라면 황금은 어디에 있는 걸까? 로마 시인 오비디우스의 『변신 이야기Metamorphoses』에 따르면, 미다스 왕은 무한정의 부를 약속받았지만 결국 굶어 죽는 운명을 맞게 되었다. 맛좋은 스튜, 한 모금의 와인에 그의 손이 닿을 때, 그 음식은 소화 불가능한 금으로 바뀌어버렸다. 이는 중세 암흑시대에 이 고분 안에서 호화스러운 사자머리와 숫양머리 모양의 청동 물통이나 양동이를 얼핏 본 그리스 여행자가 꾸며낸 이야기일 수도 있다. 청동 용기는 녹색을 띠지만 녹을 닦아내면 마치 금처럼 반짝거리기 때문이다. 이 용기는 각각 150리터들이 세 개의 커다란 통에서 더 작은 통으로 술을 옮겨 담을 때 사용되었다. 이 술을 100개 이상의 술잔에 1~2리터씩 따랐다.

내 입장에서는 이들 용기에 담겼던 것이 황금이라고 생각하지 않을 수 없다. 시툴라situla[고대에 만들어진 밑바닥이 깊은 항아리 모양의 용기] 안에 있는 짙은 노란색 잔여물을 화학 분석한 결과 매우 특별한 발효음료가 검출됐다. 이 음료는 포도와인과 보리맥주, 벌꿀주가 혼합된 것이었다. 적외선 분광법과 기체혼합체질량 분석법을 비롯한 이용 가능한 기술을 총동원해 우리 연구팀은 옥살산칼슘(비어스톤)을 식별해냈다. 이들은 보리맥주 혼합물이다. 또 중동 지방 포도와인의 독특한 성분인 주석산과 주석산염도 발견했으며, 꿀과 그 발효주인 벌꿀주도 확인했다. 벌꿀주는 꿀에서 결코 완전히 여과되지 않는 물질인 독특한 밀랍 혼합물의 존재를 확인시켜주었다.

우리는 "프리기아의 그로그주"라고 부를 수 있는 정말 특이한 헌주獻酒를 발견했다. 내가 그랬던 것처럼, 독자들 역시 이런 칵테일을 마신다는 상상만 해도 겁이 나서 움츠릴 것이다. 나는 와인과 맥주를 섞는다는 생각에 깜짝 놀라, 2000년 3월 맥주의 권위자 마이클 잭슨을 기리는 뜻에서 펜실베이니아대박물관에서 열린 "로스팅 앤드 토스팅Roasting and Toasting" 축제 후에 지역 소형 양조장 업자들이 모인 자리에서, 와인과 맥주를 섞어 마셔보자고 제안했다. 목표는 그런 술의 개념을 증명하거나 반증하기 위해 우리가 화학 분석한 동일한 성분으로 실험을 수행하는 것이었다. 그들은 구성 성분의 양과 종류를 달리하고 방법을 바꿔가면서 다양한 양조법을 여러 달 시도했다. 그렇다고 항상 성공한 것은 아니었다. 내 일은 그들이 새롭게 제조한 술을 갖고 내 집에 찾아왔을 때 완성된 술을 맛보고 평가하는 것이었다.

화학 분석만으로는 풀 수 없는 결정적인 문제가 있었다. 쓴맛을 내는 물질의 흔적은 없었지만 꿀과 포도당, 보리 맥아의 단맛을 상쇄하기 위해서는 그런 물질이 반드시 필요했다. 홉열매는 터키에서 재배되지 않았고 중세시대 북유럽에서 처음으로 맥주 첨가제로 사용되었기 때문에 후보에서 제외되었다. 우리는 크로커스 꽃crocus의 암술머리에서 추출한 터키 고유 향신료 사프란saffraan을 사용하기로 결정했다. 사프란은 황금색과 높은 가격으로 인해 미다스의 손길을 연상시키기도 한다. 이 세상에서 가장 값비싼 향신료인 사프란 1온스를 만들기 위해서는 5000여 송이의 크로커스 꽃이 필요했다. 사프란은 아름다운 향기와 특유의 쓴맛을 지녔으며 심지어 진통효과까지 있다. 사프란으로 왕의 색이라고 할 수 있는 자주색이 약간 포함된 황금색을 만들 수도 있다.

신석기시대의 양조법을 응용한 도그피시헤드크래프트 양조장의 샘 칼라지오네는 소형 양조장들의 도전을 물리치고 승리했다. 그의 창조물 미다스의 손길Midas touch은 샤토 자후(제2장 참고)와 밀접한 관계가 있다. 향기와 맛이 다르고, 미다스의 손길이 약간 더 달콤하다는 차이가 있지만 둘 다 혼합발효주라는 공통점이 있다. 샤토 자후에서는 쌀이 사용되었지만 미다스의 손길에는 중동 고유의 맥아를 사용한다. 기원전 8세기 아나톨리아에서 사용된 포도 품종에 대한 명확한 증거는 부족하지만 우리는 노란 머스캣포도를 사용했다. 머스캣포도가 중동에서 가장 먼저 재배되기 시작한 포도와 관련되어 있다는 것을 DNA 분석 결과를 통해 알 수 있었기 때문이다. 맛좋은 들꽃의 꿀과 사프란을 조합했더니 왕에게 정말로 어울릴 만한 황금빛을 띤 술을 만들 수 있었다.

2001년 초, 미다스의 손길이 세상에 처음 소개되었을 때만 해도 경쟁이 치열한 맥주 시장에서 살아남을지 확신할 수 없었다. 도그피시헤드는 아직도 여느 소형 양조장이 처한 운명을 피하기 위해 애쓰고 있다. 미다스의 손길은 "왕"의 황금 엄지 지문이 찍힌 라벨을 달고 세상에 던져졌다. 코르크마개로 닫힌 750밀리리터짜리 병이 첫선을 보였다. 품질이 고르지 않다는 게 문제였다. 제멋대로 삐뚤어지곤 하는 코르크마개 때문에 술병 내부에 공기가 차면서 변질된 술로 여겨지는 것들도 있었다. 샘 칼라지오네는 이 문제를 해결하는데 별 관심을 두지 않았으며 장비를 개선하려는 움직임도 거의 없었다. 그러다 그의 직원 가운데 한 명이 기계를 조작하다가 손가락 하나를 잃은 뒤(특별한 손길이라는 개념과는 확실히 상반된다), 그는 대부분의 맥주처럼 병마개를 씌워서, 12온스짜리 병 네 개가 들어가는 형태로 출시 방법을 바꿨다. 오늘날 미다스의 손길은 도그피시헤드의 술 중에서 가장 많은 상을 받았다. 주요 시음대회에서 금메달 세 개, 은메달 다섯 개를 획득했으며 그 뒤 유행을 선도했다. 미다스 왕 입장에서는 더 바랄 게 없을 듯하다.

전全 대륙의 전통

프리기아 그로그주는 혼합발효주나 독한 음료extreme beverage만큼이나 후발주자다. 그러나 이는 어떻게 양조 전통이 유럽과 아시아 사이를 왔다 갔다 했는지, 또 어쩌다가 양조 전통이 유럽의 전통을 들먹이게 됐는지 알 수 있는 전형적인 사례라 할 수 있다. 미다스 왕의 황금빛 영약을 만들기도 전에 샘 칼라지오네는 이미 2001년 마이클 잭슨 축하 만찬에서 디저트와 함께 벌꿀주를 만들어 가져와 우연하게도 유럽 술의 귀중한 유산을 보여줬다. 오늘날에는 대부분 잊혔지만 중세의 벌꿀주는 꿀과 맥아 그리고 종종 과일까지 혼합하여 만들어졌다. 칼라지오네가 만든 벌꿀주는 향기가 그윽하고 서양자두가 첨가된, 질리지 않는 디저트 와인이었다. 포도를 서양자두로 간단하게 바꿈으로써 미다스의 손길 기본 공식을 만든 셈이다.

프리기아 그로그주는 프리기아 "고국"의 전통 음료를 대표한다고 할 수 있다. 이주민들은 아나톨리아로 가는 여정에 그 술을 가져갔다. 이 인도유럽 민족은 우크라이나 서쪽의 대초원지대 부근에서부터 진로를 서남쪽 방향으로 바꿔 헝가리와 루마니아 카르파티아Carpathia 산맥 분지를 지나 발칸 반도 혹은 북부 그리스로 향했다. 프리기아인의 기원지가 대초원지대라는 것은 그들의 여러 관습을 통해서도 잘 알 수 있다. 그들은 펠트로 만든 특유의 차양 모자를 썼는데 이것은 중앙아시아 체모의 무덤에서 발견되는 것과 거의 동일한 종류의 모자다. 미다스 고분 내 제왕이 누워 있던 파란색, 자주색 직물 더미의 재료가 바로 펠트이며, 이는 유목민 사회에서 흔히 발견된다. 이 재료는 수분을 머금고 있는 양모를 압축하여 촘촘하게 말아가는 방법으로 만들어졌다. 열과 마찰로 섬유조직이 엉켜 하나의 천으로 만들어질 때까지 그 롤을 말등 위에 올려놓고 여러 날 동안 계속해서 양모를 타고 다녔다.

프리기아 사람들과 그들의 그로그주가 도착하기 훨씬 이전, 기원전 제6천년기 신석기시대부터 아나톨리아는 문화적·기술적 영향(재배 작물, 가축, 야금술, 그리고 알코올음료를 확실히 포함했을 것이다)을 아시아 서부에서 유럽으로 전달하는 역할을 했다. 사발, 항아리, 그리고 작은 비커나 잔으로 구성된 주기 세트 전통은 기원전 제4천년기 바덴문화(빈 근처 유적지 이름을 따서 명명되었다)에서 확고한 입지를 굳혔다. 실례로 이는 헝가리 카르파티아 산맥 분지에서 다뉴브강을 따라 수많은 무덤에서 발굴되었다. 사발과 항아리는 각기 다른 종류의 술을 담았으며 그 술을 섞어서 술잔에 따라 마셨다고 추측해볼 수 있다. 주기 세트 발굴지를 보면, 주기 세트를 사용하는 것이 범汎유럽적인 현상이었을 것도 같다.

바덴문화에서 알코올음료는 때때로 그 이면을 보여주었다. 서부 슬로바키아의 니트리안스키Nitriansky의 흐라도크Hrádok 유적지에 기원전 제4천년기 말의 것으로 보이는 시신 열 구가 기도를 하거나 신을 숭배하는 것처럼 같은 방향으로 무릎을 꿇고 두 손을 얼굴 앞으로 내민 채 소위 죽음의 구덩이라고 불리는 곳에 묻혀 있었다. 이 섬뜩한 수행원들 바로 밑에서 발견된 잔과 암포라는 그들이 어떻게 죽음에 이르렀는지 짐작하게 해준다. 중국이나 메소포타미아의 "문명세계"에서 지배자를 묻을 때 순장당하는 하인, 여성, 말들처럼 이들 역시 독을 탄 술을 마셨을 것이다.

바덴의 음주 문화는 기원전 제4천년기와 제3천년기에 중부 유럽에서 다른 유럽 대륙으로 퍼져나갔다. 독일과 덴마크의 여러 지역에서 발견된 깔때기비커Funnel Beaker/trichterbecher는 윤기가 흐르고 아름답게 장식되어 있다. 특히 엄청나게 긴 목은 내용물의 중요성을 강조하기 위함이라고 한다. 뒤집어놓은 종처럼 생겼다고 하여 이름 붙여진 벨비커Bell Beaker는 체코 공화국에서 스페인, 노르망디, 영국으로까지 넓은 호를 그리며 급격하게 퍼져나갔다. 유럽 풍경에 점을 찍은 거석이나 기념물(유명하기로는 스톤헨지)이 더 익숙하긴 하지만 어디에서나 발견되는 5리터들이 비커는 이 문화권의 또 다른 특징이라 할 수 있다. 한번에 열 개 또는 그 이상의 비커들이 때로 항아리 하나와 함께 묘지에 묻혔다. 다시 한번 말하지만, 이것들이 최후의 헌주와 고인을 위한 건배에 사용됐다는 것은 명백하다. 설사 확증적인 화학적 증거가 없더라도 말이다.

거듭 살펴보게 되겠지만, 유럽에서 음주 문화가 확립될 때 이는 아시아와 근동에서처럼 심한 저항에 부딪혔다. 그럼에도 어떻게 프리기아 그로그주가 광범위한 유럽의 양조 전통을 반영할 수 있었으며, 또 프리기아 그로그주는 아나톨리아의 고유한 관습에 어떤 영향을 끼쳤을까?

극북極北에서 온 해답

놀랍게도 그리스 북쪽 발효음료에 대한 가장 초기의 증거는 이곳에서 4000킬로미터 정도 떨어진 스코틀랜드 본토와 주변 섬들에서 나왔다. 스코틀랜드는 늘 매우 추웠지만, 멕시코 만류Gulf Stream에 접해 있고 마지막 빙하기 이후 주기적으로 따뜻한 시기가 있었다. 이런 환경은 당분이 술로 잘 전환되도록 돕는다. 그러나 어찌 되었든 이 지역의 신석기시대 술은 오늘날 스코틀랜드의 국민적인 술과 전혀 관계가 없다. 중세 초기에 도입된 스카치위스키(게일어로 usage beatha에서 유래했다. 즉 "생명의 물"이란 뜻)는 증류과정을 거친 술이라 알코올의 농도가 훨씬 더 진하다.

스코틀랜드가 유럽 발효주의 가장 초창기 장소라고 밝혀진 것은 과학자들, 특히 화분학자들의 선구자적인 노력 덕분이다. 그들은 꽃가루와 여타 다른 식물의 잔여물이 무엇인지 알아보기 위해 비커와 다른 용기 내부에 남아 있는 물질을 처음으로 면밀히 조사했다. 똑같은 기술과 화학 분석을 유럽의 남쪽 유적지에 적용했더라면, 스코틀랜드에서 발견된 유물에 필적할 만한 기존의 발효음료 증거 유물을 활용할 수 있었을 것이다.

스코틀랜드의 화분학자들은 에든버러 북부 파이프Fife 애시그로브Ashgrove의 무덤에서 완벽히 보존된 비커 속 검은 침전물을 정밀 검사했다. 그리고 약간 더 북쪽에 위치한 스트래댈런Strathallan의 노스메인즈North Mains라는 헨지와 고분 유적도 조사했다. 이곳은 기원전 1750~기원전 1500년경의 유적으로 추정된다. 에든버러 북부 지방인 테이사이드Tayside에서는 이보다 훨씬 더 오래된 기원전 제4천년기 중반의, 무려 100리터나 들어가는 큰 술통이 발견돼 분석작업에 들어갔다. 스코틀랜드의 북쪽 끝에서 조금 떨어진 오크니 제도 the Orkneys 메인랜드Mainland 섬에 있는 반하우스Barnhouse의 해안지대 주거지에서도 마찬가지였다. 메인랜드 섬에 있는 유명한 신석기시대 유적지 스카라브레아Skara Brea에서뿐만 아니라 테이사이드와 반하우스에서도 술통 뚜껑이 발견되었다. 만약에 그 뚜껑들이 큰 술통을 덮는 용도로 사용되었다면, 그 안에 담겨 있는 당이 풍부한 액체의 혐기성 발효과정이 촉진되었을 것이다.

연구자들은 애런Arran 섬 서남부 해안을 따라 마크리무어Machrie Moore에 있는 헨지 유적지 부근 서부 연안과 이너헤브리디스 제도 Inner Hebrides 중부 연안의 럼Rhum 유적지에서도 용기 내부에 들러붙어 있는 잔여물들을 조사했다. 마크리무어의 헨지 유적지는 그 연대가 기원전 1750~기원전 1500년으로 기록된 반면, 럼 유적지는 기원전 제3천년기 후반에 속한다. 럼 유적지에서는 테이사이드와 오크니 제도에서도 발견된 커다란 술통을 연상시키는, 홈이 있는 도기를 찾았다.

스코틀랜드 유물에 대한 화분학적 분석을 통해, 매우 일관된 결과를 얻을 수 있었다. 모든 표본에서 작은 잎이 달린 라임나무Tilia cordata와 참터리풀Filipendula vulgaris, 혹은 위성류아재비Calluna vulgaris의 꿀이 입증되었다. 노스메인즈의 비커와, 럼, 테이사이드, 오크니 제도에서 나온 큰 용기에도 곡류의 꽃가루가 포함되었다. 열매 잔여물이 보고된 적은 없다. 하지만 꽃의 꿀과 비교했을 때, 열매는 최소한의 꽃가루를 가지고 있기 때문에 열매의 존재를 배제할 수는 없다. 메도스위트meadowsweet의 꽃가루는 꿀이 아니라 식물에서 직접 나온다. 16세기 초기 약초학자와 식물학자는 약초의 독특한 향과 맛을 알리면서 나아가 어떻게 메데스위테medesweete나 메데베르테medewurte("벌꿀주를 위한 만족스러운 물질, 혹은 본질"을 의미한다)의 잎과 꽃이 와인, 맥주, 벌꿀주에 첨가되었는지 설명했다. 들리는 바로는, 테이사이드의 잔여물에 향정신성 특성을 가진 사리풀Hyoscyamus niger과 치명적인 가지과nightshade의 꽃가루가 들어 있다고 한다. 하지만 이런 발견을 공식화해줄 후속 연구는 이루어지지 못했다.

몇몇 꽃가루 증거는 해석의 여지가 있긴 해도, 잔과 큰 용기에 발효음료(벌꿀주, 가당 에일맥주, 혹은 약초 첨가 "노르딕 그로그주")가 담겨 있었다는 괜찮은 주장을 도출해낼 수 있다. 애시그로브 비커에서 발견된 꿀은 깨끗하게 희석된 것이었는데, 그곳에 매장된 남자를 덮은 이끼와 잎 위로 흘러나와 있었다. 물을 타면 꿀에 있는 자연효모가 활성화되어 벌꿀주로 쉽게 발효된다. 이러한 가설과 럼에서 발견된 증거에 의거해, 스페이사이드Speyside(현대 스카치 생산의 중심지)에서 글렌피딕 증류소를 운영하는 회사 윌리엄그랜트앤드선William Grant and Sons이 헤더 꿀heather honey을 이용하여 벌꿀주를 만들었다. 이 술을 시음해본 사람들은 알코올 함량 8퍼센트인 이 새로운 술이야말로 "완벽하게 입에 맞는" 술이라고 칭찬했다.

노스메인즈 잔여물에서 힌트를 얻은 가내양조업자 그레이엄 디넬리와 그의 아내 메린은 다른 개작물을 만들었다. 그들은 향미료로 사용하는 메도스위트를 첨가해 맥아 보리로 만든 "스트래댈런 브루Strathallan brew"를 선보였다. 실험과정에서 거름을 구워 만든 도기를 사용했는데, 이것이 술에 톡 쏘는 듯한 맛을 냈다. 맛을 본 사람들은 이 술을 마음에 들어했다.

이 음료에 들어 있는 성분의 범위와 특성을 확정 지으려면 더 많은 화학적·식물학적 연구가 필요하다. 아마도 북유럽 사람들은 꿀뿐만 아니라 곡류와 열매에서 얻은 당분을 발효시키는 방법을 이미 알고 있었을 것이다. 유적지에서 발견된 클라우드베리cloudberry와 월귤lingonberry 역시 술 만드는 데 동원돼왔다. 오늘날 이 과일들은 맛좋고 달콤한 코디얼cordial을 만들어낸다.

더 독한 술?

신석기시대 유럽인의 환각 기질에 대한 꽤 알려진 이야기는 아직도 가설에 지나지 않으며 그 이야기를 믿기 위해서는 확증적 증거가 더 필요하다. 영국의 고고학자 앤드루 셰럿과 리처드 러글리가 주장한 바와 같이, 노르딕 그로그주에는 종종 양귀비Papaver somniferum 포자낭 유액에서 얻은 아편, 대마Cannabis sativa에서 얻은 마리화나, 치명적인 유독식물인 사리풀이 첨가된다. 이 가설은 상당히 흥미롭다. 왜냐하면 헨지문화보다 앞서 나타난 거석문화의 변천과 석실묘는 눈 내부의 모양과 무늬[내시內視 현상 눈의 내부에 있는 것을 보는 시각 현상, 혹은 착시 현상](나선, 바둑판, 포개진 기하학 도형 등)가 조각된 커다란 대야와 석비 중심으로 이루어져 있기 때문이다. 데이비드 루이스 윌리엄스를 위시한 학자들은 신석기시대 고분 공예품에 대해 내세를 위한 의식이 치러졌을 것으로 보이는, 색칠된 구석기시대 동굴의 신비한 분위기를 재현한 것이라고 해석했다.(제1장 참고) 웨일스의 앵글시Anglesey 섬에 있는 배르클로디아드 이 고레스Barclodiad y Gawres의 중앙 석실에서 개구리, 두꺼비 두 종, 뱀, 물고기, 뾰족뒤쥐 그리고 토끼의 유해가 포함된 이상한 혼합물이 나왔다. 그 혼합물을 화로에 부어 의도적으로 돌과 흙, 조개껍데기로 덮어둔 채였다. 『맥베스Macbeth』에서 마녀가 큰 냄비에 도롱뇽의 눈과 살무사의 혀, 그 외 진미를 넣고 저어 만든 것처럼 신석기시대 마법의 술일까?

이미 오래된 과거의 뿌리를 갖고 있는 투르크메니스탄에서 기원전 2000년경에 아편과 마리화나가 특별한 의식용 음료를 준비하는데 어떻게 사용되었는지 봤기 때문에 이 가설을 배제할 수는 없다. 초기 바덴의 음주 문화는 서부 유라시아 초원지대의 발전된 문화와 접촉했고, 이에 이 약물들이 주는 기쁨(위험 역시)이 유럽에 전달되었다. 또 우리는 후대의 문자 기록을 통해 아편이 이집트와 그리스, 로마에서 통증완화 약물로 사용되었다는 사실을 알고 있다.

양귀비 씨앗은 신석기시대 이후 중부 유럽과 남부 유럽 도처에서 매우 많이 나타났으며 철기시대에는 영국과 폴란드에도 출현했다. 양귀비 씨앗 자체는 환각 유발제라기보다 가연성 기름과 조미료로 쓰인다. 그러나 씨는 화학적인 분해가 가능해 마약이 될 수 있다. 스페인 남부 그라나다의 박쥐 동굴에서 기원전 4200년경으로 보이는 온전하게 보존된 양귀비 씨가 풀로 짠 가방 안에서 발견됐다. 이는 누란樓蘭의 미라를 싼 천에 끼워넣은 마황을 생각나게 한다.(제4장 참고)

마리화나 씨도 신석기시대 초기의 유럽 도처에서 발견된다. 이 식물의 일부는 섬유조직과 씨앗기름에 다양하게 사용된다. 유럽인들은 술에 식물의 잎과 꽃을 우려내 환각성 알칼로이드를 풍부하게 만들어내는 방법을 금세 알게 됐을 것이다. 고대 스키타이인들이 그들의 천막 안에서 그랬던 것처럼(제4장 참고) 다리가 많은 화로와 "담배 파이프" 등 약물을 피우고 흡입하기에 편리한 도구가 유럽 대륙 구석구석에 있었다. 이들 공예품 내부에서 탄화된 대마초 씨를 발견할 수 있었는데, 대마초 잎과 꽃을 태우고 남은 재 부스러기인 모양이다. 만약 마리화나가 당시 유럽에서 약물로 이미 받아들여졌다면 그 뒤 역시 칸나비노이드cannabinoid[대마와 화학 성분의 총칭]에 속하며 맥주의 주요 첨가제인 홉Humulus lupulus을 받아들인 것은 자연스러운 발달 단계로 사료된다.

그러나 알코올음료에 그런 향정신성 약물을 넣었다는 구체적인 증거는 포착되지 않았다. 바르셀로나대학 연구원들은 다양한 기술, 즉 식물고고학적·화학적·식물화석학적(식물 안에 축적된 특이 규소를 현미경으로 확인한다) 기술을 적용하여 진보적인 연구를 이끌어냈다. 그들은 보리맥주와 에머밀맥주에서 쑥 같은 첨가물들을 정확하게 밝혀냈으며, 때로는 꿀이나 도토리가루 같은 것도 추가되었다는 사실을 알아냈다. 이러한 음료 잔여물은 80~120리터가 들어갈 수 있는 큰 술통에 담겨 있었으며, 병과 비커를 비롯한 더 작은 술잔에도 담겨 있었다. 그것들은 바르셀로나(산트사두르니Can Sadurní, 헤노Genó, 칼바리 동굴Cova del Calbari, 테헤리아 구릉Loma de la Tejería)와 스페인 중부(암브로나 계곡Valle de Ambrona, 수르 고원La Meseta Sur)의 여러 유적지에서 나온 것으로, 그 연대는 기원전 5000년에서 서력기원이 시작될 무렵으로 보인다.

바르셀로나대학 연구원인 호세 루이스 마야, 호안 카를레스 마타말라, 그리고 호르디 후안 트레세라스는 스페인에 본사를 두고 있는 산미겔 양조장San Miguel brewery의 도움으로 5100년 전의 헤노 음료를 재현했다. 스페인 북부 아스투리아스Asturias에 마지막까지 남아 있던 밭에서 구한 에머밀과 보리에 피레네 산맥에서 가져온 깨끗한 물을 부어 잔여물이 담긴 고대의 술병처럼 손수 만든 도기 용기에 양조시켰다. 그 지방 고유의 로즈메리, 백리향, 박하는 풍미를 더했고 또한 방부제 역할도 했다. 알코올이 8퍼센트 포함된 이 진하고 검은 죽 같은 술 첫 출시분(모두 400병)은 맥주에서 김이 빠지기도 전에 불티나게 팔려나갔다. 다음 출시분은 2004년 바르셀로나에서 열린 제1차 국제 선사·고대시대의 맥주 세미나용으로, 덜 까다로운 방법으로 만들어졌다. 나는 세미나가 끝나는 날 참가해 이 맥주를 맛볼 기회가 있었다. 불행하게도, 맥주가 살짝 변한 탓에 본래의 자극적인 맛은 온데간데없었다.

만약 향정신성 음료라는 구체적인 증거가 확실하지 않다면, 아일랜드 고고학자 빌리 퀸과 데클란 무어가 최근에 제안한 내용은 믿기 어려울 만큼 놀랍다. 두 학자는 아일랜드 도처에 산재한 신석기시대에서 기원전 500년까지의 기이한 말굽 모양(게일어로 fulachta fiadh, 즉 "야생 구덩이") 구덩이 수천 개가 초기 아일랜드 맥주를 만들기 위해 사용되었다고 주장했다. 맥아 곡물과 물로 구덩이를 채워 열이 발생하는 혼합물을 만들었거나 시뻘겋게 달아오른 돌로 으깨 당으로 분해했을 것이라고 했다. 그러나 불행히도 이 현장에서는 곡물이 용해되거나 짓이겨졌다는 사실을 뒷받침할 어떠한 증거도 발견되지 않았다. 흔하게 발견된 것은 곡물이 아니라 동물 뼈였는데 일부 고고학자들은 열에 의해 갈라진 이 돌이 고기를 굽는 데 쓰였을 것이라고 주장했다.(초기의 콘비프corned beef일지도 모르겠다.)

맥주 세미나에 참석했을 때 바르셀로나의 람블라 대로Rambla boulevard에 있는 바에서 퀸과 무어가 자신들의 이론을 나에게 설명했다. 전날 밤의 숙취를 어르고 있던 어느 날 아침 문득 떠오른 생각이었다고 한다. 만약 신석기시대에 음식이 뜨거운 돌 위에서 요리되었다면, 맥주도 같은 방법으로 만들어지지는 않았을까? 이러한 전통은 현대사회에서도 여전히 남아 있다. 오스트리아와 바이에른(마르크토베르도르프Marktoberdorf 소재)의 작은 양조장에서는 뜨거운 돌을 이용하여 맥주를 만드는데 이를 슈타인맥주Steinbier라고 부른다. 신대륙에서는 볼티모어의 브림스톤 양조회사Brimstone Brewing Company에서 특별한 돌맥주Stone Beer[슈타인맥주의 영어 표기]가 1998년까지 만들어졌다. 그 과정을 보면, 지게차에서 가열된 휘록암diabase을 맥아즙에 떨어뜨려 인상적인 형태의 소용돌이치는 증기구름을 만들어낸다. 20분 후 맥아즙 솥에서 암석을 꺼내 냉장고에 보관한다. 이차 발효 때 그 암석을 다시 넣는데 이때 마지막으로 맥주에 캐러멜리Caramelly[추출된 커피의 향기 중 하나. 커피를 삼킬 때 생기는 휘발성 약한 당 카르보닐 화합물에 의하여 이 향기가 만들어진다]를 추가한다. 유감스럽게도 이 양조장은 팔렸고 새로운 소유자는 이러한 노동집약적인 양조법을 중단하기로 결정했다. 그러나 테네시와 아칸소에 있는 보스코스 브루펍Boscos brewpubs[자가 양조 맥줏집]에서 만들어진 불타는 돌맥주가 미국의 이러한 전통을 이어나가고 있다.

퀸과 무어는 야생 구덩이에서 곡물이 용해되거나 으깨진 흔적이 없다고 해서 자신들의 믿음을 포기할 사람들이 아니었다. 두 사람은 고대에 사용된 것과 유사한 크기의 나무물통을 만들었다. 그리고 여기에다 물과 보리를 채워 맥아즙으로 변할 때까지 뜨거운 돌들을 계속 떨어뜨렸다. 홉열매 대신 향신료 다발인 부케가르니bouquet garni도 액체에 넣었다. 다시 이 발효액을 큰 플라스틱병으로 옮겨 효모를 추가한 뒤 사흘 만에 "신석기시대"의 맥주를 만들어냈다. 오늘날 기네스맥주와는 상당한 차이가 있었지만 이것을 맛본 사람들은 아일랜드의 전통적인 에일맥주와 같은 맛이 난다고 의견 일치를 보았다.

고고학자들은 신석기시대 영국인들이 유럽 대륙의 곡물 생산 혁명과는 동떨어져 고립된 생활을 했다고 오랫동안 믿어왔다. 그 혁명은 사람들이 좀더 큰 규모의 건물을 세우고 그곳을 영구 정착지로 삼게 되는 일련의 발전을 이끌어냈다. 영국인들은 거석문화 시대의 무덤이나 헨지를 세우는 경우에도 유목생활에 만족했던 것으로 보인다. 이러한 견해에 대한 재평가가 이루어진 것은 스코틀랜드 동부 해안의 애버딘Aberdeen 내륙에 있는 발브리디Balbridie에서 커다란 건물 한 채가 발굴되었을 때다. 그것은 항공 사진에 처음으로 포착되었다. 이곳은 애시그로브와 노스메인즈 비커가 발견된 곳에서부터 불과 150킬로미터밖에 떨어져 있지 않았다. 기원전 3900~기원전 3500년경의 것으로 보이는 발브리디 목조건물은 칸칸이 나뉘어 있었다. 칸마다 대량의 보리와 에머밀, 빵밀과 아마씨가 배당돼 있었다.

지난 10년 동안 신석기시대의 많은 "곡물 창고"들이 영국(더비셔Derbyshire 리즈모어필드Lismore Fields와 켄트Kent 화이트호스스톤White Horse Stone), 스코틀랜드(퍼스셔Perthshire의 칼란더Callander), 아일랜드(리머릭Limerick의 탱카즈타운Tankardstown)에서 발견되었다. 이와 같은 건물 일부에는 난로와 넓은 공간이 있어 맥주를 만들고 저장하는 양조시설을 겸비할 수 있었다. 숭배 시설물에서 주택지에 이르기까지, 이 건축물의 용도에 대해서는 아직도 의견이 분분하다.

당糖은 어디에서 구했을까

남쪽 지역과 비교해볼 때 북부 유럽인들은 단당을 구할 수 있는 방법이 전무하다시피 했다. 꿀은 가장 확실한 원료로서, 가을 숲에서 채취할 수 있었다. 석기시대 중반과 신석기시대 사이에 그린 것으로 보이는, 스페인 동부에 있는 바위에 그려진 그림은 놀라울 정도다. 벌꿀 사냥꾼이 깎아지른 절벽에서 꿀을 채취하고 있다.

서기 1세기경 그리스테드Gristede의 통나무 꿀벌통과 독일 북부 올덴부르크Oldenburg 주변에서 발견된 두 그루의 너도밤나무beech-tree에서도 볼 수 있는 것처럼, 유럽에서는 비교적 늦게까지 양봉이 실시되지 않았던 것 같다. 비슷한 시기의 것으로 추정되는 통나무 꿀벌통이 폴란드의 오데르 강Oder River 근처에서도 발견되었다. 그러나 꿀벌이 들어오고 나갈 수 있도록 구멍을 뚫어 만든 꿀벌집이 신석기시대만큼이나 이른 시기에, 특히 서부 유럽의 숲 지역에서 사용되었을 가능성은 얼마든지 있다. 잘 만들어진 꿀벌집은 신석기시대의 스위스 호수 주거지와 스페인과 독일 남서부 지역에서도 발견되었다.

근동 지역에서 발생한 다양한 곡류들은 싹을 틔워 곡류에 포함된 녹말을 당으로 바꿀 수 있었다. 사과, 체리, 월귤나무cowberry, 덩굴월귤, 월귤, 심지어 극북 지방의 호로딸기까지도 비록 제한적이기는 하나 부가적으로 당의 원료로 사용 가능했다. 발효를 일으킬 수 있는 효모를 가진 사과껍질은 사과가 우리에게 준 보너스다.

스웨덴 남부에서 타버린 것으로 보이는 야생유라시안포도의 흔적이 신석기시대의 도기 파편에서 발견되었다. 이는 이 식물이 기원전 2000년쯤 일부 지역에서 자라고 있었으며 날씨가 따뜻한 시기에 채취되어 발효음료를 만드는 데 쓰였다는 것을 암시한다. 이와 같은 시기의 포도 꽃가루가 덴마크 지방에서 보고되었다. 주목할 만하지만 다소 거슬리는 증거는 잉글랜드 남부 도싯Dorset 둑길에서 발견된 재배종 포도의 씨다. 설사 야생포도가 노르딕 그로그주에 그들만의 방식으로 들어갔다고 해도, 포도 잔여물이나 꽃가루는 아직 북유럽의 초기 도기 내부에서는 발견되지 않았다.

폭음과 춤

당을 구하기가 어려웠음에도 불구하고 북유럽 사람들의 술에 대한 갈증은 신석기시대 이후 1000년 동안 급격히 증가했다. 청동기시대 북유럽 사람들이 그로그주를 즐겼다는 매우 설득력 있는 기록은 기원전 1500년에서 기원전 1300년경에 묻힌 18~20세 정도로 보이는 한 여성의 무덤에서 나왔다. 덴마크의 청동기 유적지 에그트베드Egtved의 무덤에서 발견된 시신은 오크나무로 짜인 관 속에 있었다. 철이 풍부한 경토층이 유틀란트Jutland 반도 중부를 완전히 봉쇄한 덕에 유기물질(드레스, 여자를 감싸고 있는 소가죽, 타버린 어린아이 유해를 싼 직물)이 잘 보존되었다. 발효음료의 역사를 연구하는 사람들에게 가장 큰 관심은 자작나무껍질로 만든 바구니였다. 이 바구니는 젊은 여성의 오크로 만든 관 발치에 놓여 있었다. 현재 코펜하겐국립박물관에 전시되어 있다. 식물학자 빌레 그람은 그 용기 속 내용물을 면밀히 조사한 끝에 월귤나무(상록수관목류Vaccinium vitis-idaea)와 덩굴월귤(크랜베리상록수류Vaccinium oxycoccus), 밀의 낟알, 들버드나무bog myrtle(소귀나뭇과의 낙엽 관목Myrica gale)의 잔해와 라임나무, 메도스위트 그리고 흰꽃클로버(세입식물Trifolium repens) 꽃가루의 잔해를 감별했다. 그 가운데 들버드나무는 특별한 향을 가진 양조맥주를 만드는 데 사용되며 여전히 스칸디나비아 증류주의 인기 있는 첨가물이다.

무덤에서 발견된 이 에그트베드 여성은 도발적인 차림이었다. 짧은 보디스 블라우스 하며 엉덩이 부분에 매달린 끈을 풀어서 틀 수 있는 스커트가 바로 그랬다. 허리를 강조한 벨트는 커다란 청동 원반으로 고정돼 있었다. 청동 원반은 역시 내시 현상에서 딴, 맞물린 나선형 문양으로 꾸며졌다. 넓은 완장과 팔찌, 청동 반지로도 치장했다. 덴마크 다른 지역에서의 청동기시대 조각상도 이와 비슷한 의류와 장신구를 걸쳤으며 허리에 손을 올려 춤을 추는 모습, 곡예 동작처럼 등을 구부리는 모습, 젖가슴이 드러난 모습, 그릇을 받들고 있는 모습이 있다. 이러한 종류의 춤은 아시아에서만큼 유럽에서도 대중적이었던 것으로 보인다. 나선형 문양으로 둘러싸인, 옷을 거의 입지 않은 무용수나 나체의 무용수는 스칸디나비아 바위에도 새겨져 있다. 공중제비를 넘고 라인댄스를 추는 모습이란 마치 고대의 지그jig 춤이라 할 만하다. 발효음료가 담긴 용기와 함께 묻힌 이 에그트베드 여성은 상류층이라기보다 유명한 무용수였을지도 모른다. 살아생전 다른 사람에게 그 용기로 술을 담아 대접하고 창의적인 동작을

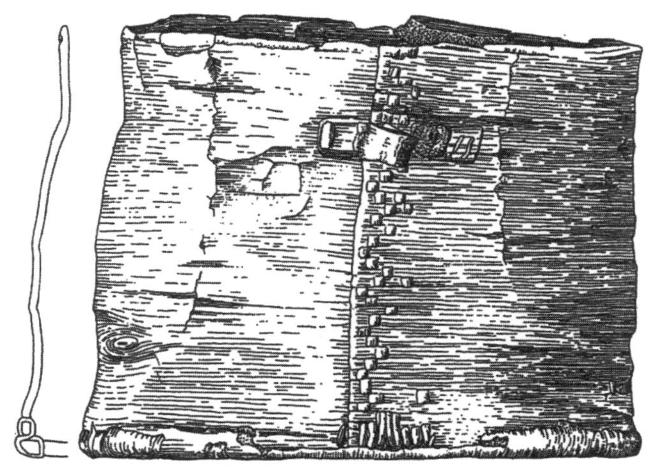

그림 15. 자작나무껍질로 만든 바구니.(높이 13센티미터) "노르딕 그로그주"(벌꿀주, 보리맥주, 발효된 월귤나무와 덩굴월귤 열매 혼합물)를 담았을 이 바구니는 기원전 1500년에서 기원전 1300년경의 것으로, 덴마크 에그트베드 고분 속 여성 "무용수"의 오크로 만든 관 발치에 놓여 있었다.

극대화시키기 위해 역시 그 용기에 담긴 술을 마셨을 것이다.

이와 거의 비슷한 시기에 남성 전사들은 유틀란트 반도 내 모르스Mors 섬의 난드루프Nandrup와 질랜드Zealand 섬의 브레그닝에Bregninge 고대 무덤에 매장되었다. 뿔로 만든 칼자루 속 고래이빨로 마무리한 아름다운 청동 단검과 함께 묻힌 스코틀랜드의 애시그로브 남성들처럼, 덴마크의 이 전사들도 잘 다듬은 긴 칼과 청동 단검과 함께 묻혀 있었다. 덴마크의 각 무덤에는 시신 옆이나 발끝에 병이 하나씩 놓여 있었다. 토끼풀, 메도스위트의 꽃가루와 함께 충분한 라임나무 꽃가루가 용기 내부 검은 잔여물 속에 박혀 있었다. 향신료가 가미된 벌꿀주가 있었다는 증거다. 최근 내 실험실에서 미량물질 분석법인 기체혼합체질량 분석법을 이용해 이를 확인했다. 밀랍의 탄수화물과 산은 꿀이 실제로 있었음을 보여준다. 물질의 잔해 또는 액체가 차 있던 지점(액체 표면의 고체 물질은 액체가 증발된 후에도 남아 있다는 점을 이용한다)을 이 분석법으로 알 수 있는데, 난드루프에서 나온 병은 한 번에 반 이상 채워졌다. 우리는 이 무덤과 다른 많은 무덤을 통해 청동기시대, 거친 유럽 남성 전사들이 자신들의 이득을 철저히 지킬 수 있었으며, 그리하여 그들 중 최고들과 술도 마실 수 있었을 것이라고 결론 내릴 수 있다.

고전주의 작가들이 믿고 있는 바에 따르면 폭음은 철기시대 알프스 산맥의 북유럽 사람들의 습관이었다. 예를 들어 기원전 1세기 초기 역사학자 디오도로스 시켈로스는 고대의 골 사람들Gauls(유럽 대륙에 사는 켈트족을 지칭하는 일반적인 라틴 용어)이 "벌집을 씻어낸 액, 아마도 벌꿀주"(『역사의 도서관Library of History』)인 맥주를 마셨으며 와인을 수입했다고 기록했다. 또한 기원전 390년 골 사람들이 로마에 불 지른 후 술에 취해 인사불성으로 쓰러져 있을 때 기습을 당해 로마의 문에서 추방됐다고도 한다. 켈트족의 음료는 교양 있는 로마인들에게는 혐오의 대상이었다. 로마인들은 산속의 야만인들이 아무것도 넣지 않고, 희석시키지도 않은 액체를 들이켜는가 하면 잔을 사용하지 않고 대롱을 이용해 빨아먹으며 덥수룩한 수염을 여과기로 활용한다고 생각했다. 특히 기원전 1세기 후반에, 맥주는 역겨운 냄새로 비난받았다. 소아시아 할리카르나소스Halicarnassus의 디오니시우스는 켈트족의 맥주가 물속의 썩은 보리로 만들어진다고 주장했다. 그러나 설사 물속의 썩은 보리로 맥주를 만들었다는 것이 사실일지라도, 과연 어느 누가 당 원료도 구하기 힘든 환경에서 춥고

어두운 긴 겨울을 견뎌야만 하는 그들의 양조법을 비난만 할 수 있겠는가? 북유럽 사람들에겐 기회가 있을 때 발효음료를 만들어 즐길 만한 이유가 충분히 있었다. 당신은 이렇게 말할지도 모른다. 더 많을수록 더 즐겁다.

습지로 내려가다

발효음료로 채워졌던 용기들은 비단 무덤에서만 발견되는 것이 아니다. 유럽 대륙의 북쪽 평원과 덴마크 본토와 인접한 섬들에 습지가 여러 군데 있다. 본래 호수나 강이었던 이 지역들은 오랜 세월이 흐르면서 점차 이끼를 비롯한 습지식물들로 채워져 토탄습지로 변했다. 토탄은 연료로 이용될 수 있다. 특히 제2차 세계대전 기간에 토탄 채굴작업이 성행했는데, 토탄을 파내는 과정에서 신석기시대까지 거슬러 올라가는 많은 유물이 발견되었다. 토탄의 3분의 1은 인화성 물질, 다른 3분의 1은 재災, 마지막 3분의 1은 고대 유물로 이루어졌다는 우스갯소리가 있다. 토탄 채굴자들은 유물을 발견하면 해당 지역 박물관에 그것을 넘겨주고 때때로 작게나마 보상을 받았다. 코펜하겐국립박물관은 가장 많고 가장 광범위한 시대의 유물들을 축적했다. 노르딕 그로그주를 한 번쯤은 담았을 것으로 생각되는 신석기시대의 깔때기 모양 비커들이 습지 수십여 곳에서 발견되었다. 도끼, 무기, 선박, 동물과 사람의 유해도 함께 발굴됐다. 습지 미생물들은 사용 가능한 산소를 모두 소모해버리기 때문에 토탄습지에 묻힌 유기물은 잘 보전되어 있는 경우가 많다. 많은 잔의 내부에서 나온 잔여물들은 그러나 아직 완전히 분석되지 않았다.

어떻게 유물들이 그 늪지로 가게 되었는지 그 이유를 설명하고자 고고학자들은 특정한 부족이나 종족이 눈에 띄는 자연경관이 있는 곳(여기에서는 열린 물줄기가 있는 곳)에서 제사를 올렸을 거라고 가정했다. 이러한 곳은 아주 신성한 기운으로 가득 차 있다고 생각했을 것이기 때문이다. 또한 이곳에 있는 기이한 바위나 오래되어 울퉁불퉁하게 자란 오크나무 역시 종교적 열정이나 상상력을 집중시켰을지도 모른다. 초기 북유럽 사람들이 영위했던 문화 수준과 비슷한 문화 수준을 가진 현대의 아프리카, 태평양, 아메리카 대륙의 사회와 비교해보면서 우리는 악한 영혼을 진정시키거나 더 많은 복을 얻기 위한 방법으로 조상신을 달래고 부족의 번영을 보장받기 위해서 제사를 올렸다고 추측할 수 있다. 인간이란 항상 불안정한 상태이기 때문에 음식과 술을 영혼에게 바치는 등의 의식이 사고를 막고 병을 치료하고 여성의 출산을 도우며 비옥한 땅을 선사할 것이라 믿었다.

습지에서 출토된 모든 유물을 고대의 교감적 주술이나 애니미즘적 의식의 증거라고 보기에는 의문의 여지가 많다. 예를 들어 선박에 있는 한 남자는 사고로 숨진 것이거나 아니면 수 세기가 지난 뒤 바이킹 배의 장례식에서처럼 매장되었을 수도 있다. 목에 밧줄이 감긴 채 발견된 또 다른 사람은 희생양이었을 수도 있다. 그러나 단순히 범죄를 저질러 처벌을 받은 것으로도 추측할 수 있다. 특별한 의식이 거행됐던 게 아니고서야 엄청난 양의 병이 밀집된 장소, 특히 붕괴되거나 고의적으로 침수시킨 나무제단 위에서 발견된 병들을 설명하기란 쉽지 않다. 베를린 근교에 있는 리히터펠데Lichterfelde에서 도기잔 100여 개가 유리와 돌로 이루어진 층에 꽉 들어찬 채 발견되었다. 내용물을 살피고자 꽃가루 분석을 한 결과 그 잔이 꿀과 보리맥주의 혼합물을 담았으리라 학자들은 추측하고 있다. 그러나 이 유물을 발굴한 연구가들은 신에게 술이 아니라 "꽃 공물"을 바치는 의식의 결과물이라고 해석하기도 했다.

늪지에서 출토된 기원전 제1천년기 후반의 음주 용기는 기원전 1000년경의 리히터펠데의 용기보다 더 호사스럽게 치장돼 있었다. 덴마크 퓐Fyn 섬의 마리에스민데 모세Mariesminde Mose에서, 큰 청동 양동이 하나와 금잔 열한 개가 발견되었다. 잔 손잡이에는 말머리가 조각되었다. 각 용기는 동심원과 함께 새로운 유럽 세력으로 발흥한 켈트 예술에서만 나타나는 기하학적 모티프로 화려하게 꾸며져 있었다. 양동이나 잔 안에선 어떠한 잔여물도 발견되지 않았다. 그래서 우리는 그러한 용기들이 무엇을 담고 있었는지 정확히 알 수 없었다. 그러나 이 습지대에서는 다른 양동이도 많이 나왔다. 상당수가 그리스나 로마에서 수입된 것으로 와인용 시툴라 혹은 가마솥 같은 것들이다. 이상하게 생긴 이 용기들이 호수나 강에 던져졌거나 떨어졌다 생각할 수도 있지만 값비싼 금속으로 만든 이렇게 귀중한 용기들, 심지어 주기 세트 전체를 이런 식으로 처리한 것은 도저히 사고라고 볼 수 없으며, 이 용기들이 왜 거기서 발견됐는지에 대해서는 더 설득력 있는 설명이 필요하다.

의심할 여지 없이, 제물로도 설명이 된다. 벌꿀주는 고대 스칸디나비아 신화의, 게르만족이 숭앙한 최고의 신 오딘Odin과 밀접하게 연관되어 있다. 그는 먼 길을 돌아 그 음료를 발견했다고 한다. 신들과 반스Vans로 알려진 사람들은 큰 병에다 침을 가득 뱉어서 크바시르Kvasir라는 이름을 가진 아주 현명한 사나이를 창조해낸다. 그러나 이 현명한 사나이는 두 난쟁이에게 살해된다. 난쟁이들은 그의 피를 세 개의 거대한 용기에 받고 다시 꿀을 섞어 꿀물을 만들었는데 이 꿀로 된 술을 마시는 사람은 시를 잘 짓는 재능을 갖게 된다. 이후 벌꿀주는 지혜롭고 작시作詩에 능한 사람에게 선물로 수여되었다. 스칸디나비아의 이러한 신화는 혈액과 벌꿀주의 혼합이 결국 혈액과 와인을 동등하게 생각하도록 만드는 계기가 되었다는 것을 보여준다. 고대 근동 지역, 이집트, 그리스 신화에서도 유사한 내용이 나오며 고대 아메리카의 유명한 초콜릿음료에서도 비슷한 이야기가 전해진다.(제7장 참고)

스칸디나비아 설화 속 다양한 권모술수에 따르면, 혈액이나 타액, 벌꿀주가 거인의 지배하에 들어가면 신들이 속임수를 써서 결국엔 그것을 도로 되찾는다. 오딘은 거인들이 있는 평범한 농장 일꾼으로 취직해 특별한 벌꿀주 한 모금을 삯으로 요청했다. 그 삯을 받지 못하게 되면서 그는 뱀으로 둔갑해 술이 보관된 동굴로 기어 들어갔다. 오딘은 거인의 딸들 가운데 한 명에게 접근해 유혹하고는 하룻밤을 같이 보낼 때마다 일정량의 술을 제공해줄 것을 요구했다. 그는 세 용기에 있던 술을 완전히 비우고 난 뒤 독수리로 변해 발할라로 되돌아가서는 준비돼 있던 병에 특별한 음료를 뱉어냈다. 또 다른 독일 신화에는 하늘과 땅 사이를 연결하는 고리로 하늘 끝까지 뻗어 있는 "세계수world tree" 옆에 있는 벌꿀주 우물이 묘사되어 있다. 오딘은 그 우물에 스스로 몸을 던져 술을 다 마신 뒤 지혜를 얻었다고 한다.

현실세계로 돌아와 추정을 해보자면, 솥을 소유하고 있던 사람들은 사회적·종교적 혹은 정치적 엘리트 계층 구성원이었을 것이다. 술을 마신다는 것은 다양한 문화 속에서 권력을 과시하는 수단이기도 했다. 최고로 존경받는 사람들이란 호화스러운 술을 마시고 대규모 연회를 개최할 여유가 있는 사람들이다. 미국 서북부 지역에서는 발효음료와 음식을 대접하고 선물을 배분하는 행사가 포함된 연회를 최고로 치는데, 문학인류학계와 현대 미국에서는 이것을 과시적 소비라고 칭한다. 콩고의 아잔데 사람들 사이에서는 예부터 "추장은 모름지기 술을 마시는 법을 알아야 하고, 자주 그리고 아주 잘 마셔야 한다"라는 말이 전해 내려오고 있다. 공식적인 의식이나 종교적 축제는 지도자의 부에 대한 관심을 유도하기 위해 계획된 행사로서, 이 행사를 통해 대중으로부터 충성심을 이끌어낸다. 북유럽에서는 인상적인 의식이나 호화로운 연회의 말미에 지도자가 노르딕 그로그주가 담긴 귀중한 술잔을 높이 쳐들고 생명수와 습지의 신들에게 마지막 건배를 했다. 그래서 말인데, 술에 너무 취해 연회와 축제가 통제할 수 없는 지경에 다다랐을 때 용기를 깊은 강이나 호수로 던졌을지도 모른다는 상상도 가능하다.

정말 엄청난 음주

유럽의 최북단에 위치한 주거지(그린란드 프록시마툴레Proxima Thule) 통치자들은 알프스 남쪽에서 주기 세트를 들여왔을 때 국민이나 신의 눈에 자신의 지위가 더 높아 보이도록 애썼다. 고대 장인들의 모든 기술을 동원해서 전형적인 음주 용기를 만들었고, 보다시피 그 용기들은 현재 박물관 갤러리를 가득 채우고 있다. 북부 지역의 통치자들은 더 강하고 독특한 형태의 노르딕 그로그주를 사람들에게 제공할 때 그리스의 심포시온symposion이나 로마의 콘비비움convivium과 같은 향연의 주인만큼이나 스스로를 돋보이게 했다. 그 술에는 여느 때보다 귀한 꿀과 수입 와인이 더 많이 들어갔을 것이다. 켈트족 족장들은 연회와 종교의식을 위해 최고의 음식과 술을 구입하기 위한 경쟁을 치열하게 벌였다. 그래서 나바로는 "켈트족의 예술은 술에 대한 갈증이 있었기에 존재했다"라고 주장하기도 했다.

야생의 북부와 번화한 남부 사람들의 초기 음주 문화는 천양지차였다. 부와 명성을 보여주는 표식은 남쪽에서 북쪽으로, 주기 세트와 용기들은 점점 화려해지면서 매우 순조롭게 이동했다. 그로그주는 와인, 특히 물로 희석한 와인으로 대체됐다. 좀더 순한 술을 소비하는 경향에, 새로운 신념과 관습도 서서히 몰려오기 시작했다. 골 지방으로 실어 나른 암포라 수만으로 수 세기에 걸쳐 북유럽 곳곳에 와인 무역이 침투했다는 것을 밝혀낼 수 있을 정도다. 로마의 와인이 실려 있던 50척이 넘는 난파선들이 리구리아와 프랑스의 리비에라 해안에서 발견되었다. 프랑스의 와인 역사가이자 고고학자인 앙드레 체르니아에 따르면, 철기시대 끝 무렵 4000만 개의 암포라가 한 세기 동안에 수입되었다. 기원전 58년 줄리어스 시저의 골 정복이 절정에 달했던 시기다. 암포라 하나에 25리터가 들어간다고 했을 때, 1년 동안 소비된 양은 1000만 리터에 이른다. 이것을 벌꿀주와 보리맥주, 밀맥주, 발효 과실주스 같은 본토의 음료와 섞어 마시면서 일반 이방인barbarian들은 풍족함을 누렸다. 얼마간의 재고를 습지에 처박았을지라도 말이다.

와인이 유럽 내륙으로까지 진출하는 데에는 수 세기가 걸렸다. 마르세유에서부터 툴루즈에 이르기까지, 프랑스 남부에는 기원전 6세기 초에 해당하는 수천 개의 로마, 에트루리아 암포라 파편이 산재해 있다. 통설에 의하면 부유한 엘리트들은 와인 암포라 하나와 노예 한 명을 교환했다고 한다. 그러나 이와 반대로 유럽 최북단(독일과 스위스, 프랑스가 만나는 소위 서부 할슈타트 지대Western Hallstatt Zone)에서는 암포라가 좀처럼 발견되지 않았다. 대신 벌꿀주와 맥주, 노르딕 그로그주와 같은 전통적인 주류가 여전히 남아 위세를 부렸다. 슈투트가르트 근처 호흐도르프 고분은 북부와 남부 유럽 간의 생활양식 차이를 극명하게 보여준다.

대략 기원전 525년으로 연대가 추정되는 호흐도르프의 고분 묘실은 목재로 된 이중벽으로 구성돼 있었다. 쌓아올린 네 겹의 통나무로 둘러친 공간은 돌로 채웠으며 봉분 높이는 10미터였다. 매장 지역을 표시하고 보호하기 위한 이러한 봉분 형태는 유럽과 아시아 전역에 널리 보급된 매장 형식이다. 그러나 이러한 이중벽 묘실 축조 기술은 미다스 봉분에서 사용된 것과 같았다. 1977년 호흐도르프 고분이 공개되고 고분 내 시체와 유물들이 빛을 보게 되었을 때 고고학자들은 바이에른 주 바덴뷔르템베르크Baden-Württemberg에 있는 무덤과 중부 아나톨리아 프리기아 수도에 위치한 무덤 사이의 유사점에 깜짝 놀랐다.

호흐도르프 무덤 안에는 마흔 살 정도 된 남자가 긴 청동 소파 위에 누워 있었다. 소파 뒷면은 검을 든 무용수들과 마차 한 대로 장식되었고 소파 반대편에는 실물 크기의 사륜마차가 있었다. 그 옆에 놓인 청동 식탁에는 구인용 상차림이 차려져 있었다. 아마 생전

그림 16. 독일 호흐도르프에서 발견된 켈트족 왕자의 기원전 525년경 고분은 신기하게도 2세기가 앞선 터키 고르디온의 미다스 왕의 무덤을 연상시킨다. 고분실은 통나무 이중벽으로 둘러싸여 있었으며, 화려한 옷과 보석을 걸친 남성은 최후의 장례식 연회에 사용된 거대한 "가마솥", 주기 세트, 음식 그릇들과 함께 누워 있었다. 500리터 용량의 가마솥은 "프리기아 그로그주" 대신 벌꿀주가 많이 들어간 음료로 한때 채워졌다.

에 친했던 친구들을 위해서였을 것이다. 고분 바닥은 깔개로 덮여 있었고 벽은 질 좋은 직물로 감싸여 있었다. 자작나무껍질로 만든 챙이 있는 모자와 끝이 뾰족한 가죽 신발 그리고 장식된 금장 덮개는 프리기아의 초기 양식과 닮았다. 그러나 두 고분의 언급할 만한 유사점은 주기 용품에 있었다. 500리터 용량의 가마솥은 시신의 발 옆에 놓여 있었는데, 묵직한 손잡이가 세 개 달리고 드러누운 사자 세마리가 솥 어깨에 새겨진, 전형적인 그리스 본토 디자인이었다. 용기 내부에 담겼던 액체의 흔적으로 보아 무덤에 놓일 당시 4분의 3 정도가 채워졌던 것으로 보인다. 우델가르트 쾨르베르그로네의 검은 얼룩화분학적 분석에 의하면, 그 솥 안에 채워져 있던 350리터의 용액은 전부는 아니더라도 그 대부분이 벌꿀주였다는 것이 밝혀졌다. 그 꿀에는 각기 다른 식물 60종의 꽃가루가 포함되었는데 야생백리향을 비롯해 목초들과 나무들 그리고 보리수와 수양버들에 이르기까지 다양했다. 가장자리에 고리가 달린, 반점 무늬가 새겨진 황금 술잔은 솥 안에 빠져 있었다. 청동 징이 박히고 금과 청동 부품을 단 뿔잔 여덟 개, 높이 1미터가량의 5.5리터들이 철제 잔 하나, 도합 아홉 개 잔이 고분실의 남쪽 벽에 걸려 있었다. 솥 내부 잔여물은 물론이거니와 이러한 공예품은 죽은 이에게 경의를 표하기 위해 공동체적인 장례연회가 열렸으며 이 과정에서 술이 중요한 역할을 했다는 꽤 강력한 지표다.

술을 담은 거대한 솥은 기원전 6세기와 기원전 5세기 중부 유럽 모든 지역에서 나타났다. 그리스에서 발견된 것 가운데 가장 큰 크라테르krater[포도주의 원액과 물을 혼합하기 위한 항아리 따위 용기로 주연酒宴 등에서 탁상에 두고 사용했다]는 높이 1.6미터, 1200리터들이 용기로 호흐도르프 무덤과 대략 같은 시기의 부르고뉴 빅스Vix의 켈트족 여성 무덤에서 발견되었다. 그 굉장한 물건을 가까이서 상세하게 관찰할 수 있는 기회가 있었는데, 소용돌이 모양의 손잡이 아래에 사나운 사자 그림이 있었고, 크라테르 목 주변에는 전차와 전사의 행렬이 그려진 띠 장식이 있었다. 호흐도르프 무덤에서와 같이 빅스의 켈트족 여성 무덤에도 사륜전차가 있었다. 그녀는 멋지고 커다란 황금목걸이와 모서리 장식이 천마天馬로 된, 목에 꼭 끼는 초커choker로 치장하고 있었다.

가장 큰 유럽 고분 중 하나가 슈투트가르트의 다뉴브 강 남쪽이 내려다보이는 호이네부르크Heuneburg 언덕 꼭대기 호미헬레Hohmichele에서 발굴되었다. 오크 기둥으로 구성된 중앙 묘실 안에는 남성과 여성이 보석과 무기들, 큰 청동 솥이 실린 사륜마차와 함께 매장되어 있었다. 음료(화분학적 연구에 의하면 꿀이 포함돼 있었다)를 떠 담는 청동 국자가 그 솥 안에서 발견됐다.

프랑크푸르트의 동북쪽 글라우베르크Glauberg의 또 다른 고분 안에는 무덤이 두 개나 있었다. 이는 지위가 서로 다른 남성들이 죽을 때 어떤 대우를 받았는지를 보여준다. 한 시신은 황금으로 된 화려한 옷과 보석으로 치장된 채 철로 만든 창, 검과 함께 나무관에 묻혔다. 50센티미터 높이의 4리터들이 청동 항아리가 꽤 눈에 띄었다. 이 항아리는 옷감에 싸여 파란 리본이 둘러져 있었다. 항아리에 있는 상당량의 잔여물을 통해 매장될 때 이 용기 안에 벌꿀주가 가득 차 있었다는 것을 알 수 있었다. 두 번째 시신은 화장된 후 아주 단순한 무덤에 묻혔다. 무기를 제외하고는 금으로 된 보석이라곤 전혀 없었다. 그의 무덤에서 유일하게 좋은 것은 첫 번째 무덤에 있던 것보다 두 배 이상 커다란 항아리였다. 그러나 분석 결과, 상대적으로 더 적은 양의 꿀은 순수 벌꿀주보다 덜 비싼 혼합주가 담겨 있었다는 것을 의미했다. 사회적으로 더 낮았을 그 남자의 계급과 일치하는 대우다.

기원전 6세기부터 가마솥은 많이 사용됐다. 서부 할슈타트와 기원전 5세기 초반의 중부 유럽 라텐La Tène은 한 문화가 다른 사회의 장비들을 어떻게 받아들이며 또 개조하는지 보여준다. 와인은 당시 중부 유럽에서 흔한 음료가 아니었으며 남부 지역에서처럼 와인과 물을 섞는 용도로 가마솥을 사용하지도 않았다. 대신 북쪽 수출 시장을 위해 그리스와 에트루리아 장인들이 특별히 대용량 용기를 만들었고 이 용기는 축제와 연회에서 노르딕 그로그주를 제조하고 나누어주는 데 안성맞춤이었다는 것이 입증됐다. 그들의 허세가 지배자와 세력가를 매장할 때 더할 나위 없는 공물을 만들어준 셈이다.

곡류와 과실의 흔적을 밝히는 것이 화분학의 본래 목적이기 때문에 우리는 호흐도르프, 스코틀랜드, 덴마크에서 나온 음료가 오직 꿀에서 만들어졌다는 것밖에는 알 수 없었다. 그러나 순도가 높은 꿀은 발효시키면 알코올 농도가 더욱 높은 음료를 만들 수 있으며, 꽃과 약초를 첨가해 진한 향기를 낼 수 있다. 최소한 북유럽의 어떤 특정 지역의 특정 시대에 벌꿀주는 그 자체로 그로그주보다 알코올 함량이 더 높았을 것이다.(예를 들면 중세의 스칸디나비아 바이킹이 있다. 아래의 내용을 참고하라.)

설사 호흐도르프 음료가 순수한 벌꿀주였다 할지라도, 우리는 일부 사람들이 보리맥주와 밀맥주를 만들고 즐겼다는 것을 안다. 고고식물학자 한스페터 슈티카는 근처에 요새가 있던 지역에서 길이가

6미터인 도랑 여덟 곳에서 숯으로 덮인, 맥아를 발효시켜 만든 맥주의 일종인 농색맥아濃色麥芽의 두터운 층을 찾았다.(호흐도르프 고분에서 발견된 상류계급의 남성이 이 요새의 지도자였을 수도 있다.) 슈티카는 이 구덩이가 보리싹을 나게 한 뒤 한쪽 구석에서 모닥불을 피워 건조시키고 구워서 훈제맛 맥아를 만드는 용도였을 것이라 주장했다. 이 구덩이들은 오직 호흐도르프에서만 발견되었는데 분명 한 번에 거의 1000리터의 맥주를 대량 생산할 목적으로 사용된 것이다. 슈티카는 양조용 통이 발견되지 않았기 때문에 지금은 분해되어 사라진 나무통을 사용했을 것이며, 불에 달군 돌로 가열시켰을 것이라고 했다.(마치 야생 구덩이fulachta fiadh에서 만든 맥주처럼 말이다.) 맥아와 밀접하게 관련된 고고식물학적 잔여물이라고 할 수 있는 쑥과 당근은 이 술의 향을 내는 데 사용됐을 것이다. 맥아 안에서 불어난 젖산 박테리아를 생각해보면 최종적으로 양조된 맥주의 맛은 아마도 벨기에의 레드에일red ale이나 브라운에일brown ale처럼 시큼했을 것이다.

슈투트가르터호프브로이 양조장the Stuttgarter Hofbräu brewery은 맥아를 만들고 굽는 데 필요한 온도와 시간을 실험하기 위해 실험용 "켈트 맥주Celtic beer"를 만들었다. 그러고는 지역 축제에서 그 시대의 의상을 입고 이 맥주를 제공해 참석자들의 열렬한 환영을 받았다. 슈티카가 발견한 고대 양조장은 보리맥주와 밀맥주가 그 지역에 공급됐고 그것이 호흐도르프 술에 첨가됐을 수도 있다는 충분한 증거가 된다. 아마 부분적으로 과실주스와 약초 혹은 향신료가 꿀이 풍부한 음료에 추가돼 더욱 좋은 술이 만들어졌을 것이다.

서기 1세기경의 것으로 보이는 두 개의 뿔잔이 덴마크의 유틀란트 남부 하데르슬레브Haderslev 토탄 습지에서 발견되었다. 이는 북유럽의 어떤 지역이든 그로그주 재료의 적정 배합을 알아내려고 시도했음을 보여주는 증거다. 20세기 초중반 요하네스 그뤼스가 진행한 식물고고학적 분석 결과에 따르면, 지금에 이르러서는 그 결과가 심히 의심스럽지만, 뿔잔에는 맥아 에어밀이, 나머지 하나에는 벌꿀 꽃가루가 포함돼 있었다. 그뤼스는 곧장 한 뿔잔에는 에어밀맥주가, 다른 잔에는 벌꿀주가 담겨 있었을 것이라고 해석했다. 그의 해석이 맞다면 왜 거의 동일한 장소에서 발견된 두 개의 뿔잔에 각각 다른 음료가 들어가게 된 것일까? 이렇게 생각해볼 수 있다. 뿔잔들은 각기 전혀 다른 음료를 담았다기보다 맥주와 벌꿀주가 혼합된 음료를 담았을 가능성이 더 높다. 뿔잔이 발견되었을 당시 불순물을 제거하고 복원작업을 거치는 과정에서 내용물이 손상됐고 따라서 그뤼스가 분석한 내용물은 원래 들어 있던 완전한 표본이라고 볼 수 없는 것이다.

바이킹 시대(서기 800~1100년) 후기의 용기에서 나온 잔여물(특히 발트 해의 고틀란드 섬에 있는 여러 무덤에서 집단적으로 출토된 청동 술잔)을 식물고고학적으로 분석해보면 혼합발효주가 스칸디나비아 지역에서 계속 유행하고 있었다는 것을 알 수 있다. 17세기 후반까지도 꿀, 맥아, 과일주스가 함유된 묄스카mølska가 스웨덴 왕실에서 여전히 음용되고 있었다.

바이킹의 흔적을 찾아서

노르딕 그로그주와 와인의 역할에 대한 내 관심은 스웨덴, 덴마크 체류 기간을 세 번씩이나 연장할 정도로 최고조에 이르렀다. 스칸디나비아 도기 전문가들이 요르단에서 청동기, 철기시대 지역을 조사했는데, 그들은 스칸디나비아로 옮겨진 발굴자료들을 살펴봐 달라고 나를 초대했다. 처음에는 웁살라대학의 방문교수로 있었고, 그 후에는 코펜하겐대학으로 옮겼다. 나는 북유럽 문화, 특히 북유럽 발효음료에 대해 많이 배울 수 있는 더할 나위 없이 좋은 환경에 있었다. 1994년 봄, 웁살라대학과 코펜하겐대학 연구 기간 동안 풀브라이트 장학생 신분으로 스톡홀름대학 고고학연구소에서 석 달을 보냈다. 고대 발효주라는 매혹적인 분야를 연구하는 많은 학자와 고고학자 그리고 과학자를 만날 기회가 있었다. 회의, 유물, 연구 결과 하나하나가 내가 습득한 모든 경험을 하나로 요약하기에 매우 충분했다.

어느 주말 나는 아내와 함께 보트를 타고 스톡홀름에서 네다섯 시간 떨어진 고틀란드 섬으로 여행을 떠났다. 우리는 거기에서 고고학자이자 고틀란드 역사 전문가인 에릭 나일렌을 만났다. 그는 먼저 우리가 머물 방을 보여주었다. 중세시대 그대로 복원된 아파트가 비스뷔Visby 중심지 오래된 성곽 위에서 가까스로 균형을 잡고 있었다. 그다음, 그는 길이 65킬로미터, 폭 30킬로미터 고틀란드 섬을 주마간산 격으로 훑고 지나는 관광을 시켜주었다. 우리는 바이킹 선박 재건과정을 보기 위해 멈춰섰다. 이 선박들은 이 지역 농부들이 직접 만들었으며 바이킹은 이 배를 타고 중부 유럽의 산맥을 헤치고 독일과 폴란드의 강을 거슬러 콘스탄티노플(현재 이스탄불)로 내려갔다. 나일렌이 말하길, 이러한 원정에는 엄청난 인력도 필요했지만 가장 큰 문제는 선원들이 상쾌한 기분을 유지할 수 있도록 그들이 매일 마셔댈 충분한 양의 맥주와 음료를 확보하는 일이었다. 당시 동부 유럽 국가에서는 주류판매점 영업시간이 매우 짧았기 때문에 아침 일찍부터 술을 확보해두어야만 했다. 고틀란드 내 고고학 유적지를 계속 관광하면서 우리는 남부 고틀란드에서 지금도 식사 시간에 나오는, 주니퍼juniper[원산지는 유고슬라비아이며, 유럽·북아프리카를 비롯해 전 세계에서 재배되고 있다. 예로부터 그 효능이 알려져 티베트에서는 역병 치료제로, 고대 그리스 로마와 중동에서는 소독약으로, 몽골에서는 출산 여성에게, 프랑스와 스위스에서는 병원의 공기정화에 사용되었고, 유고슬라비아에서는 만병통치약으로 쓰여왔다] 추출물이 들어간 지방 고유의 고틀란스드뤼카Gotlandsdryka라는 보리맥주를 맛보았다. 꿀과 같이 이 지역에서 구할 수 있는 당이 이 양조맥주에 첨가되었다.

다음 날 우리 일행은 박물관에서 분석이 가능할 것이라고 생각되는 잔여물들을 조사하며 시간을 보냈다. 결국 긴 손잡이가 달려 있는 잔의 구멍을 채운 검은색 잔여물을 조사하기로 결정했다. 본래 가루나 물을 거르는 데 쓰이는 이 체는 서기 1세기경의 것으로, 수입된 로마 양동이(시툴라)와 국자 그리고 여러 "소스 팬", 술잔 등으로 구성된 큰 세트의 일부였다. 나일렌은 이 용기들을 섬 남쪽 지역에 있는 하보르Havor라는 정착지의 마루 아래 은닉처에서 발굴해냈다.(화보 7 참고) 이 유물 중에는 선線 세공을 한, 오돌토돌한 금목걸이와 두 개의 청동 종도 있었다.

스톡홀름으로 돌아온 뒤 나는 대학캠퍼스 중심에 자리잡은 "그린 빌라"라는 고고표본연대측정연구소에서 하보르의 체 안에 묻어 있는 검은색 잔여물에 대한 연구를 시작했다. 학위논문 「중세시대 초기의 음식과 계급」을 발표하고 박사과정을 밟고 있던 스벤 이삭손이 연구에 동참했다. 이삭손은 기체혼합체질량 분석법을 이용하여 지방산을 포함한 지질, 밀랍의 분해물로 보이는 성분이 잔여물에 일부 포함돼 있다는 증거를 발견했다.

나는 하보르 체에 묻어 있는 잔여물 일부를 받아 필라델피아에 있는 실험실로 돌아가서 추가 연구를 계속했다. 그 잔여물에 대한 적외선스펙트럼 분석 결과, 밀랍의 분해물은 현대 밀랍과 일치했고 타르타르산과 타르타르산염, 포도와 와인의 복합물이라는 사실을 알 수 있었다. 아주 민감한 장비를 이용해 최근 실시한 기체혼합체 질량 분석법에 의한 분석 결과 그 잔여물 또한 자작나뭇진 성분들(특유의 장사슬 디카르복실산뿐만 아니라 트리레르페노이드 루페올 및 베툴린)이 월등하게 많이 포함돼 있다는 것을 알게 되었다.

우리는 기원전 800년경의 것으로 보이는, 덴마크 코스트레데 Kostræde 유적지에서 발굴된 거름체를 포함한 음료 용기에서 자작나뭇진을 검출했다.(이 표본의 밀랍 성분은 벌꿀주의 존재를 나타낸다.) 자작나뭇진은 최소한 신석기시대부터 칼이나 무기의 손잡이를 단단히 고정시켜주는 유향수지乳香樹脂로, 그리고 접합부나 이음매를 메우는 밀폐제密閉劑 등의 다양한 용도로 사용되어왔다. 스위스의 호수를 끼고 있는 주거지와 핀란드의 한 유적지에서 발견된, 사람 잇자국이 남은 덩어리는 자작나뭇진이 껌으로 사용되었다는 것을 설명해준다. 자작나뭇진 속의 일부 성분은 진통 및 항생 효과를 가지고 있기 때문에 고통을 완화시키고 충치를 방지하는 데도 도움을 줬을 것이다. 오늘날에도 핀란드 사람들은 여전히 자작나무에서 나온 당알코올인 자일리톨을 감미료로 이용하며 충지 방지 목적으로 씹고 있다. 이탈리아와 오스트리아 접경지에 있는 외츠탈알프스Ötztal Alps 고지대에서 냉동 미라가 발견되었다. 아이스맨Ice Man, 혹은 외치Ötzi로 불리는 이 미라는 아주 잘 만든 구리 도끼를 소지하고 있었는데 상록수 손잡이에 자작나뭇진이 덧붙여져 있었다. 또 다른 소지품인 자작나무버섯은 항균성이 있어 산속을 돌아다니다가 사고로 생기는 염증을 치료하기 위함이었다.

자작나뭇진은 단풍나무 수액처럼 달콤하지는 않지만 봄이면 풍부하게 흘러나오고 오래전부터 그 약용 가치를 인정받아왔다. 풍미도 좋고 발효음료를 제조하는 데도 쓰임이 있었다. 오늘날 러시아 남자들이 즐겨마시는 크바스kvass("효모")는 이러한 고대 유럽의 전통을 지속시키고 있다. 발효된 호밀 외에도 밀이나 보리빵도 물에 젖어 발효하면 1~1.5퍼센트 정도의 아주 순한 알코올이 만들어지는데, 이때 종종 자작나무 수액과 다양한 과일을 추가하기도 했다.

우리 연구의 최종 결과는 하보르의 시툴라가 노르딕 그로그주를 담고 있었다는 것이다. 이 포도와인의 주된 재료는 과일이었다. 술잔에 따르기 전에 우선 거름체에 국자로 따라서 식물성 건더기나 곤충 등 불순물을 걸러냈다. 그 뒤에 우리는 앞서 언급했던 고틀란드 무덤에서 발굴된 바이킹 시대의 청동 술잔을 포함해서 스웨덴에서 가져온 표본에서도 유사한 증거를 얻었다. 국립유물박물관의 구스타프 트로치그가 면밀히 연구하고 있는 분야다. 중부 독일의 라인 지방에서 온 주석으로 덮인 제식용 용기들과 양각 띠를 두른 병에 들어 있던 고대 유기물을 분석해보니 와인은 북유럽의 인기 수입상품이었다. 이 용기들은 9세기경 스톡홀름 남쪽 강어귀에 있던, 스웨덴 최초의 도시 비르카Birka에서 발견되었다.

스칸디나비아 전역에서 와인은 점차 그 중요성을 인정받았다. 심지어 벌꿀주와 맥주를 섞어 전통적인 북유럽 그로그주를 만들 때 첨가하기도 했다. 발트 해의 덴마크 롤란Lolland 섬의 유엘링에Juellinge 유적지는 로마 시대에 비롯된 이러한 양식이 덴마크의 나머지 지역, 남부 스웨덴(스칸디아), 고틀란드, 노르웨이와 핀란드 일부로까지 퍼져나갔다는 것을 설명해준다. 유엘링에에서는 유난히 귀한 물품들이 많이 출토되었다. 현재 코펜하겐국립박물관에는 하보르 유물과 유사한 대형 수입 시툴라를 포함해, 뿔잔, 국자, 거름체, 은 술잔과 같은 유물들이 전시되어 있다. 각 무덤 안의 윗부분에는 주기 세트와 다른 물품이 놓일 충분한 공간이 항상 남아 있었다. 빌레 그람은 유엘링에 용기 안에 있는 잔여물들을 조사한 끝에 보리맥주와 과실주가 담겨 있었다고 주장했다. 그는 벌꿀주에 대해서는 언급하지 않았다. 그러나 나는 연구실에서 덴마크국립박물관이 의뢰한 표본인 서기 2세기의 시툴라 내부 검은 침전물에서 특별한 밀랍 혼합물의 증거를 찾았다. 이제 포도가 그로그주에 들어가 있었는지 아닌지를 판단하는 일만이 남아 있다.

로마의 와인 세트는 스칸디나비아 고분에서 자주 발견되는 물건이었다. 예를 들면, 스칸디아의 심리스Simris 유적지 무덤 1구역에 있는 여성은 와인을 거르는 기구를 손에 쥐고 있었고, 나머지 주기 세트는 그녀의 머리 윗부분에 놓여 있었다. 유럽에서는 이러한 풍습을 기원전 1200년대에서부터 찾아볼 수 있다. 중부 유럽 골호장지

Urnfield[화장한 뼈를 담은 항아리를 묻은 묘지] 문화가 바로 그것으로, 청동 양동이, 손잡이 달린 잔과 거르는 용기는 흔하게 발견되는 유물이다. 더 큰 가마솥은 스칸디아의 위스타드Ystad와 보헤미아의 밀라베츠Milavec, 덴마크의 질랜드 섬에 위치한 스칼레루프Skallerup에서처럼 사륜전차 위에 놓여 있었다. 그 뒤에 대륙으로 도입된 로마의 음주 용기는 점차 유럽 대부분의 지역으로 확대되어 이러한 전통을 굳건하게 만들었다.

또 다른 미다스

다시 기원전 6세기로 되돌아가보자. 호흐도르프 매장지의 특정한 세부사항은 미다스 고분과의 직접 비교가 불가능하다. 예를 들면, 호흐도르프의 남성 시신은 개인용 보석들로 치장되어 있었고 켈트족 전사의 무기들을 소지하고 있었다. 장식된 황금 팔찌와 목걸이, 황금 칼자루 속 철제 단검 등이 바로 그것이다. 그러나 미다스 고분 안의 남성 시신은 청동 브로치(피불라fibulae)와 벨트만 있는 의복을 입고 있었을 뿐 무기장비는 없었다. 이 고분에서 나온 유물 중에는 심지어 금으로 만들어진 것도 없었다. 그리고 호흐도르프 가마솥 하나하나에 술이 거의 완전하게 채워져 있었던 반면, 미다스의 가마솥 세 개 안의 내용물은 완전히 고갈되어 있었는데 이는 어떤 특별한 의미가 있는 걸까? 아마 그렇지 않을 것이다. 호흐도르프 솥에 술이 더 많이 남아 있는 것은 문상객들의 수가 적었기 때문일 수도 있다. 그래서 이승을 떠나는 죽은 자에게 남은 술을 마지막으로 듬뿍 주었을 것이다. 고르디온에서는 술을 100개 이상의 사발에 나누어 담아 더 많은 사람에게 분배했었기 때문에 솥이 비어 있다는 사실은 놀라운 일이 아니다.

비록 그렇다 하더라도, 호흐도르프 매장지와 미다스 고분 사이의 유사성은 꽤 매력 있는 질문을 불러일으킨다. 프리기아의 기원을 그리스 북부, 발칸 혹은 동유럽이 아니라 중부 유럽에서 찾아야 하지 않을까? 아마도 그들은 원래 다뉴브 강가에서 살다가 흑해를 따라 내려가서 보스포루스 해협을 건너 터키에 닿았을 것이다. 기원전 3세기에 갈라티아Galatia 사람들은 이 길을 따라 고르디온으로 갔다. 초기 프리기아인들은 그들의 중부 유럽식 혼합발효주의 전통을 아나톨리아로 가져간 것으로 보인다. 이 학설과 고유의 발효음료 문화에 대한 보수적 경향의 이론에 따르면, 아마 초기 철기시대에 프리기아 사람들은 아나톨리아에서 사람이 거의 살지 않는 지역으로 들어갔을 것이다. 그리고 거기에서 그들만의 방식으로 만든 술에 들어갈 주요 과일 성분으로 대량의 포도를 사용했다. 그들은 이미 꿀과 보리에 친숙했기 때문에 좀더 색다른 맛을 보기 위해 프리기아 그로그주에 포도를 계속해서 넣었을 것이다.

근동에 포도 경작지가 점점 많이 생기고 기원전 제1천년기에 와인의 품질이 개량되면서, 특정 지역의 변종 와인이 문명화된 삶의 표식이 되어갔다. "야만적인" 맥주와 벌꿀주를 주류에서 밀어냄에 따라 그로그주의 쓰임은 밀교의 종교의식에 한정되기 시작했다. 로마 농예 저술가 콜루멜라의 주장에 따르면, 포도즙과 꿀을 섞어 발효시킨 물숨mulsum, 혹은 아직 익지 않은 포도와 꿀이 혼합되어 발효된 옴파코멜리티스omphacomelitis 같은 술이 종종 이용되었다. 대大플리니우스에 따르면 벌꿀주는 최소한 서기 1세기까지도 프리기아의 독특한 술로 알려져 있었다.(『박물지』, 14.113) 프리기아의 맥주 역시 유명했다. 메소포타미아 시대에 묘사된 것처럼 성행위에 몰두하면서 큰 항아리에 긴 대롱을 꽂아 그것을 다 마셔버리기도 했다. 7세기 그리스의 서정 시인 아르킬로코스는 "그는 그녀와 섹스를 하거나 오럴섹스를 한다. (…) 트라키아나 프리기아 남자처럼 그는 항아리에 빨대를 넣어 보리맥주를 빨아마셔댔고 여자는 섹스에 한창 열중이었다"라고 신랄하게 쏘아붙였다.(fr. 42 「아테나이오스의 서쪽 West in Athenaeus」, 『향연에 참석한 학자들 The Scholars at Dinner』, 10.447b) 그러나 로마 시대에 이런 일은 일반적이지 않았고 아주 예외적인 것이었다.

결국 북부의 켈트족은 과일 공급원으로서, 또 음료로서 와인을 받아들였다. 처음에 와인은 목이 좁고 긴 암포라에 담겨 마르세유(고대 마살리아)에서 운반될 정도로 소량에 불과했다. 그러나 켈트족이 와인을 큰 나무통에 담아 저장하고 수레와 배에 실어 본토로 운송하는 기술을 개발함으로써 대량 수입의 길이 열렸다. 기원전 1세기 줄리어스 시저의 골 통치 이후, 켈트족은 지중해 연안에 자라던 재배용 포도나무를 프랑스 론 강 유역과 독일 모젤 강과 라인 강을 따라 심기 시작했다.

제6장

와인빛 지중해를 항해하며

1971년 나는 아내와 함께 이스라엘의 키부츠로 향했다. 중동에서의 첫 번째 고고학적 모험을 위한 여정에서 푸른 지중해를 처음으로 바라봤다. 당시 우리는 독일에서 이탈리아로 내려가고 있었다. 나와 아내는 모젤 강 언저리에서 포도를 땄다. 10월 초에 날씨가 추워지자 좀더 따뜻한 지방으로 옮겨갔다. 모나코가 내려다보이는 높은 절벽 위에서 지중해를 보게 되자 흥분으로 인한 전율이 내 등골을 타고 올라왔다. 모젤 강 포도밭의 한창 때를 바라보며 느낀 것과 흡사한 행복감이 우리에게 찾아왔고 서방 문화를 접어두고 이국적인 동쪽 세계로 나아간다는 기대감 역시 밀려들었다.

레반트로 가는 여정 덕분에 우리는 지중해의 날씨가 변덕스럽다는 것을 알 수 있었다. 아드리아 해Adriatic Sea를 건너 이탈리아 바리Bari에서 크로아티아의 두브로브니크Dubrovnik로 가는 야간 여객선은 우리에게 놀라운 광경을 선사했다. 바다를 건너는 동안 호메로스의 "와인빛" 에게 해를 왕복하는 것처럼 그리스 여객선 갑판 위에서 목가적인 밤낮을 보냈다. 우리는 마침내 베이루트Beirut에 도착했다. 이 도시의 넓은 도로와 호화로운 삶의 양식을 경험하면서 이곳을 중동의 파리라고 생각하게 되었다.

평상시와 마찬가지로 국경이 폐쇄되어 육로로는 이스라엘에 갈 수 없었다. 대신에 베이루트 항으로 내려가서 키프로스로 우리를 인도해줄 만한 배를 찾아냈다. 다행히 근처에 있던 작은 덴마크 화물선이 우리를 불쌍히 여겨 일등 항해사 겸 보조 요리사로서 계약 아닌 계약을 하고 그 배에 승선할 수 있었다. 우리는 그다음 주 내내 투보르Tuborg를 끝없이 마시고 선원들과 크리스마스 저녁을 먹기도 하면서 지중해 위에서 즐거움을 만끽했다. 파마구스타Famagusta의 키프로스 항구에 도착했을 때는 지중해의 커다란 고대 도시 중 하나인 살라미스 근처를 방문하려고 그 배를 호텔로 이용하기도 했다. 이런 것들이 지중해의 마술이다.

선사시대 바다의 사람들

우주에서 바라보면 지중해는 아프리카와 유럽 사이에 반짝이는 보석처럼, 신비로운 여인처럼 놓여 있다. 약 2500만 년 전, 이 바다의 물줄기(테티스 해Tethys Sea가 축소되어 남은 부분)가 형성되기 시작했다. 바닥은 깊어졌고 바다와 강에서 흘러온 물이 드나들면서 이 물줄기는 점차 지구에서 가장 큰 "내륙" 바다가 되었다.

에티오피아를 지나 그레이트리프트밸리를 경유해 북쪽으로 가든지, 수단과 이집트를 통해 나일 강을 따라 북쪽으로 가든지, 초기 인류에게 지중해는 그 통로를 막아선 장벽과 같았을 것이다. 나일 강 삼각주에 이르러 이들은 어떤 육지도 시야에 들어오지 않는 곳에서 무한한 바다만 바라봤을 것이다. 이곳에서부터 키프로스나 남부 터키 지방까지의 거리는 500킬로미터가 넘는데, 배가 없는 상황에서는 길이 끝난 것으로 보였을지도 모른다. 심지어 철새들도 위험을 무릅쓰고 지중해로 나가기 전에 해안가에 여러 날 머물며 비행을 위한 체력을 비축한다.

지중해의 가장 긴 남북 거리는 약 1600킬로미터다. 대양과 연결된, 지중해의 유일한 통로인 지브롤터 해협은 겨우 14킬로미터에 불과하다. 물론 훌륭한 수영 선수에게도 만만치 않은 거리이긴 하지만 말이다. 섬들, 특히 튀니지에서부터 이탈리아의 발가락 부분이라고 할 수 있는 시칠리아 섬까지 차례로 건너가는 것 역시 초기 인류가 지중해를 넘어가는 방법이었을 가능성이 있다. 약 3900킬로미터에 달하는 동서 이동은 그들에게 험난한 도전이었다. 초기 인류가 배 만드는 법을 익히고 난 뒤에는 해안가를 따라 육지나 바다를 단시간에 통과하면서 섬을 건너는 전략을 사용했을 것이다.

하지만 이러한 중요한 변혁이 일어나기 전, 초기 인류 조상들은 또 다른 선택권을 갖고 있었다. 이들은 아프리카와 아시아를 이어주는 육로인 시나이 반도를 걸어서 횡단해 지중해를 우회할 수 있었다. 훗날 이집트인들에게 호루스의 길Ways of Horus, 로마인들에게는 해변의 길Via Maris이라 불린 이 경로를 따라가면 지금의 이집트 국경에서 가자Gaza까지 가는 데 보름이 걸린다. 이 길을 최초로 개척한 사람들은 물을 공급하는 오아시스가 어디에 있는지 전혀 알 수 없었기 때문에 계속 걸어나가는 것이 마치 영원처럼 느껴졌을 것이다. 나중에 당나귀를 기르고 길을 따라 정착지들을 건설함에 따라 여정을 조금씩 예측할 수 있었다.

시나이 장벽Sinai hurdle을 일단 극복하고 나자 여행자들은 해안가와 요르단 계곡을 따라 나 있는 푸릇푸릇한 땅을 만났다. 기원전 9500년쯤, 아마도 이들은 그 지방에서 잠시 멈추어 무화과와 다른 과실들, 곡류와 꿀을 채취하고 이용했을 것이다. 이러한 천연자원들로 빚어낸 발효음료는 기원전 제7천년기 예리코와 아인 가잘 유적지에서 발견되었다. 그 발효음료는 신과 조상들의 조각상들 앞에 공물로서 바쳐졌을 것이다.

초기 인류는 카르멜 산 북부 지중해 해안에 상당한 매력을 느꼈을 것이다. 오늘날 이 지역은 북부 이스라엘, 레바논, 남부 시리아로 분할돼 있다. 과거 50만 년간 서늘한 기후와 우기가 잇따라 나타났고(북부·중부 유럽에서 빙하가 전진한 결과), 그 이전에는 코끼리나 코뿔소, 하마가 육지를 돌아다니는 더 따뜻한 시절도 있었다. 아마도 야생포도나무들은 이미 빽빽하게 숲을 장식했을 것이고, 그 외 과실류와 견과류는 수확되기만을 기다리고 있었을 것이다.

비록 레바논에서 일어난 최근의 내전과 그에 따른 문제들이 고고학적인 연구를 더디게 하고 있지만, 20세기 초, 선사시대를 연구하는 학자들은 두 산맥(레바논 산맥, 안티레바논 산맥)에 깊은 동굴이 많이 있다는 것을 발견했다. 이 산맥들은 해안과 평행하게 뻗어 있으면서 카르멜 산과 거의 3000미터 높이의 헤르몬 산 남쪽으로까지 이어져 있다. 이스라엘 카르멜 산의 타분Tabun, 남부 레바논의 아들룬Adlun, 해안 쪽으로 더 나아간 곳에 위치한 크사르아킬Ksar Akil, 안티레바논 산의 동쪽 경사지에서 시작되어 대大시리아 사막Great Syrian Desert에까지 면해 있는 야브루드Yabrud 등은 구석기시대와 구석기문화를 연속적으로 분명하게 보여주었다. 조상들은 몇백만 년 동안 험한 자연환경과 습격을 일삼는 동물들로부터 스스로를 보호하고 죽은 사람들을 매장하기 위해 이런 동굴들을 사용했다. 아마도 발효음료를 마시며 축하를 하고 기도를 올리기도 했을 것이다. 돌 도구, 무기 등의 많은 유물이 발견되고 있으나, 불행하게도 유기화합물 속에 보존되어 있는 것은 그 당시 사람들이 무엇을 먹고 마셨는지에 대한 감질나는 단서들만 우리에게 제공할 뿐이다. 카르멜산의 동굴 가운데 한 곳에서는 멧돼지의 턱뼈가 남성 유골의 팔오금에서 발견되었다. 이는 그들이 돼지고기를 즐겨먹었음을 시사한다.

장소에 따라 동굴 매장물이 20미터까지 내려가 묻혀 있는 것으로 보건대, 확실히 인간의 주거지가 있었음을 알 수 있다. 이는 지중해를 따라 거의 모든 고지대에 돌도끼와 그 외 다른 석기들이 광범위하게 산재해 있다는 점으로도 잘 알 수 있다. 그 지대는 더 건조하고 더 따뜻한 기간에는 바다였으며, 빙하기에는 물이 빠져나갔다. 이에 대한 예를 들어보자면 세련된 해안 갑岬을 지닌 라스베이루트Ras Beirut에서 석기 유물들은 지중해의 현재 해수면보다 45미터가 높은 곳에 위치한 언덕에서 집중적으로 발견되고 있다. 사람들은 그 당시 해수면의 해안가를 따라 야영했으며, 바다 건너에 무엇이 놓여 있을지 궁금해했을 것이다.

지중해에서 최초로 선박을 사용한 시기는 적어도 기원전 1만 2000년으로 추정되며 고고학자들에게 나투프인Natufian으로 알려진 사람들이 이 배를 사용했다. 예루살렘 동북부 유적지에서 처음 확인된 그들은 지중해 해안과 산악지대를 본거지로 삼았다.(우리는 초기 인류가 약 4만 년 전에 동남아시아에서 호주로 건너가고자 통나무와 갈대를 엮어 만든 원시적 형태의 배를 사용했을 것이란 점을 잘 알고 있다.) 나투프인들은 풍요로운 해안가의 야생동물(다마사슴, 곰, 야생황소)을 사냥하거나 야생곡류, 과실, 견과류를 채집하는 것에 기대기보다 경작하고 가공할 곡물들과 사육동물들처럼 그들의 정착생활을 보장해줄 만한 자원 관리로 차츰 관심을 돌렸다. 날이 여러 개 달린 작살과 낚싯바늘 같은 유물에서 드러나듯이, 그들은 바다의 풍요로운 자원도 탐색해나가기 시작했다. 황토로 칠해진 매장지, 무덤 속 수백 개의 뿔조개들과 여타 조개류로 장식된 해골들은 그들이 바다와의 밀접한 정신적 연대감을 지니고 있음을 증명한다. 개오지와 쌍각류를 박아서 석고 모형 해골의 눈을 강조한 신석기시대에 그 연대감이 최고조에 이르렀다.(제3장 참고)

나투프인들이 지중해의 풍요한 자원을 효과적으로 채굴할 유일한 방법은 배를 이용하는 것이었다. 뼈나 사슴뿔, 나무 혹은 돌로 믿을 수 없을 정도로 현실적이고 추상적인 예술작품들을 만들어내는 능력은 이들에게 규모가 큰 건축물을 만드는 기술 또한 있었음을 말해준다. 갈릴리 해 북쪽의 아이난Einan 유적지에서 발견된 저장 공간과 난로를 갖춘 집단 원형 오두막집이 바로 그런 건축물이다. 이런 오두막집은 나투프인들이 신석기시대 이전에 정착생활을 했음을 증명한다. 또한 고고학자들은 이 유적지에서 세계 최초라 할 만한 거석문화 매장지를 발굴했다. 직경이 5미터인 구덩이 내부는 회반죽으로 칠해져 있었으며, 그 안에 무덤이 위치했다. 화로 가까이 놓인 석판 위 해골은 자세히 살펴보면 섬뜩하다. 해골과 함께 있던 척추뼈에 난 베인 자국은 그 뼈의 주인이 참수당했음을 말해준다. 이 해골과 난로 위에는 더 많은 석판이 쌓여 있었고 7미터짜리 원형 돌이 구덩이를 틀어막고 있었다.

돌과 회반죽에서 볼 수 있듯이 나투프인에게 매우 뛰어난 솜씨가 있었다면 선박 건조 또한 가능했을 듯하다. 비록 드물게 출토되고는 있지만 나투프 유적 발굴 작업에서 나온 목제 도구들과 작은 미술품들은 모양을 쉽게 바꿀 수 있는 나무라는 재료를 다루는 데 있어서 그들이 뛰어난 기술과 세심한 예술적 감성을 갖추고 있었음을 증명한다. 아울러 나투프인들은 안마당에 풍족한 수의 나무를 가지고 있었다. 레바논의 산들은 한때 소나무, 전나무, 곱향나무, 떡갈나무, 테레빈나무와 높이가 45미터인 레바논삼나무로 뒤덮여 있었다.

우리는 또한 나투프인들이 정교한 날을 지닌 톱과 칼 그리고 나무를 자르고 형태를 만들 때 쓰는 뾰족한 돌 도구를 사용했다는 것을 알고 있다. 이들은 접착제 및 밀폐제로 쓰임이 있는 나뭇진의 장점들을 발견했다. 거석을 지탱하기 위해 나뭇진을 대량으로 사용한 것에서부터 낫자루로 식물을 잘랐다는 것을 보면 이러한 점을 파악할 수 있다. 나투프인들은 선박을 만들기 위해 긴 목제 판자를 구부리고 연결하며 방수 처리를 하는 등 세부적인 작업도 완성해내야만 했다. 나투프 해안 유적지에서 배를 발굴하는 일은 그저 시간문제일 뿐이다. 이어지는 신석기시대에서도 이와 유사하게 바다와의 연대의식이 드러난다. 특히 비블로스Byblos 유적지에서는 촉촉한 점토에 뾰족한 조가비의 모서리를 눌러넣어 장식한 도기를 발견했고, 이곳 사람들은 홍해처럼 먼 곳에서 개오지를 수입하기도 했다.

바다와 하늘을 항해하다

배에 대한 최초의 결정적 증거는 기원전 제3천년기 이집트에서 찾을 수 있다. 펜실베이니아대학에서 연구원으로 있던 시절 내게 이집트학을 가르쳤던 데이비드 오코너 교수는 아비도스Abydos 근처 사막에서 "배 무덤boat graves" 열네 군데를 찾고 나서 매우 놀라워했다. 이곳은 나일 강이 지중해로 흘러들어가는 곳에서 650킬로미터 남쪽에 있는 지역을 따라 자리잡은 도시로 신앙의 중심지이기도 하다. 이 배들은 이집트 제1왕조(기원전 2800년경) 후기의 몇몇 파라오가 소유하고 있던 것으로, 11미터 높이의 벽으로 둘러싸인 광범위한 묘역 복합단지의 일부분이다. 무게가 1톤에 달하고 길이가 25미터나 되는 이 배는 묘역으로 끌어올려진 다음 진흙벽돌로 만든 배 모양의 구덩이 속에 놓였다. 이 구덩이는 반짝반짝 빛나는 흰색 회반죽으로 칠해져 있었다.

아비도스 배들은 능수버들로 만든 듯한 다양한 크기의 나무판자들을 함께 모은 다음, 나란히 낸 구멍들에 탄탄하게 줄을 매어 잇는 방식으로 정교하게 제작되었다. 선체는 약간 휘어진 형태이고 60센티미터 정도의 아주 낮은 흘수吃水[배가 물 위에 떠 있을 때 물에 잠겨 있는 부분의 깊이]를 갖게끔 되어 있어 나일 강을 건너는 데 적합했지만 거친 지중해를 항해하기엔 역부족이었다. 배의 겉면은 회반죽으로 덮여 있었고, 아주 강렬한 노란색이 칠해져 있었다.

사막에 정박한 흰색과 노란색으로 빛나는 커다란 함대를 이집트의 강한 햇볕 아래서 감상하노라니 과연 짜릿한 느낌이 들었다. 파라오가 내세에서 필요로 할 것이라 생각되어 같이 묻힌 시종들, 동물들, 먹고 마실 것 그리고 다른 필수품처럼, 이런 "태양 선박"들은 태양신 라Ra와 함께 천상으로 항해하는 왕을 배웅하기 위해 만들어졌다.

그 뒤 몇천 년 동안 이집트의 파라오들과 심지어 고위관료들까지도 한 척의 배나 전체 함대와 함께 관습적으로 매장되었다. 가장 장대한 예는 기자Giza에 있는 파라오 쿠푸Khufu의 대형 피라미드 옆에 기원전 2500년경 묻힌 배 다섯 척 가운데 하나에서 찾아볼 수 있다. 이 배의 길이는 43.6미터로 아비도스 배의 두 배에 달한다. 16세기, 세계를 두루 항해하기 위해 프랜시스 드레이크 경이 탔던 골든하인드 호the Golden Hind보다 9미터가 더 길다. 파라오를 내세로 인도하기 위해 만든 쿠푸의 배 주재료는 레바논삼나무로, 소위 뼈대우선기법으로 제조됐다. 이 기법은 각각의 선체 판자를 다른 판자와 용골에 장부맞춤[나무나 철물 등에서 한 부재部材에는 장부를 내고 또 다른 부재에는 장부 구멍을 파서 끼우는 맞춤]으로 접합시키는 것을 말한다. 비록 흘수는 여전히 낮았지만 이 배는 상당히 높은 선미船尾와 선수船首를 갖추었다. 이는 항해하기 위한 것이라기보다 정치적·종교적으로 선박의 위용을 과시하기 위한 목적에서였다.

쿠푸 왕의 웅장한 장례 선박을 만드는 데 레바논삼나무를 사용한 것은 최초의 선박 제조 단서들을 어디에서 찾아야 하는지 알려준다. 고대 세계에서 레바논은 레바논삼나무 숲으로 아주 유명했고, 베이루트에서 북쪽으로 40킬로미터 떨어진 비블로스는 해안가 유적지 중에서 나무와 가장 밀접하게 연관되어 있다. 레바논에서 가장 중점적으로 발굴된 유적지 중 하나인 비블로스는 초기 신석기시대에서부터 청동기시대 말까지의 작업과정을 상세히 보여준다. 출간 당시 엄청난 논란을 불러일으킨 『예수의 삶La vie de Jesus』의 저자 에르네스트 르낭이 1860년에 탐구활동을 시작한 곳이 바로 여기다. 좀 더 과학적인 발굴 작업은 피에르 몽테가 시작하여 모리스 뒤낭이 그 뒤를 이었고 발굴 기간을 1925년에서부터 1975년까지 연장시켰다.

비블로스라는 이름은 이집트어 Kpn와 페니키아어 Geba로 "산악 도시mountain city"를 의미하는 듯하다. 또한 외부에서 접근하기 어려운 항구와 근처의 삼나무가 가득한 산은 특히 야심찬 항해가들에게는 매력적인 곳이었다. 우리는 기원전 제3천년기 이집트 고문서를 통해 나무꾼들이 "신의 땅"에 있는 나무들을 동도끼로 찍어내서는 그 통나무들을 거룻배로 비블로스로 옮겼다는 사실을 알 수 있다. 삼나무 목재들은 거대한 나무 화물을 이집트로 운반할 수 있게끔 해준 유명한 "비블로스의 배들"(이집트어로는 kbnwt)을 만드는 데 사용되었다. 고왕국Old Kingdom[고대 이집트 문명 최초의 번영기인 제3왕조에서 제6왕조까지의 시대]의 「팔레르모 돌의 연대기the palermo Stone Annals of the Old Kingdom」라는 오래된 글에서는 스네프루Snefru(이집트 제4왕조의 첫 번째 왕)가 배 40척으로 삼나무와 다른 침엽수들을 이집트로 들여와 44척의 배를 만들었다고 전해진다. 이들 가운데 몇몇은 그 길이가 100큐빗(55미터)이었다. 크기가 좀더 작은 쿠푸 왕의 배에 쓰일 나무판자들에는 이집트로 옮겨져 조립을 쉽게 할 수 있도록 번호가 매겨졌다.

애석하게도 비블로스 유적지는 조선造船에 관한 직접적인 고고학적 증거를 제시하지 못했다. 삼나무로 만들어졌을 신전과 궁궐의 기둥들은 습한 해양기후 탓에 오래전에 이미 풍화되어 거의 사라졌으며 큰 돌이 깔린 바닥만 남아 있을 뿐이다. 하지만 기원전 제3천년기에 이집트인들이 비블로스에 매우 많이 거주했다는 것만은 확실하다. 원통인장에 그 도시국가의 주요 여신 발라트 게발Baalat-Gebal이 나타나는데, 그녀는 이집트 양식의 튜닉인 긴 옷으로 성장하고 태양 원반으로 구성된 머리 장식을 한 채 소뿔 사이에 자리잡고 있다. 이는 그녀가 외국 땅을 관장하는 하토르Hathor라는 이집트 여신과 동격임을 의미한다. 또한 수많은 돌항아리 파편들은 삼나무와 다른 나무들을 얻기 위해 비블로스를 여행했을 고왕국 파라오들의 카르투슈cartouche[고대 이집트의 국왕과 신의 이름을 기록해둔 타원형의 장식품]와 관련이 있다.

레바논삼나무에 대한 고대의 끝없는 탐욕은 이 나무의 씨를 말리다시피 했다. 오늘날 이 나무는 트리폴리 위쪽에 있는 카디샤 계곡Qadisha Valley의 일부 제한구역과 몇몇 산의 작은 골짜기에서만 자라나고 있다. 먼 바다를 항해하는 데 알맞은 배나 기념비적인 건축물을 만드는 데 필요한 키 큰 나무들이 이집트에는 없었다. 성서가 전하는 바에 따르면 솔로몬 왕은 예루살렘에 최초의 성전을 짓고자 레바논에서 목수들뿐만 아니라 나무까지 수입해야 했다.

삼나무와 값나가는 물자를 계속해서 보유하기 위해 이집트는, 신화에 나타나 있는 것처럼, 비블로스와 레바논에 대한 지배권을 주장했다. 예를 들어 한 오시리스Osiris 부활 신화에는 아비도스의 신이 그의 형제인 세트Seth에 의해 살해당한 이야기, 관 속에 들어 있는 그 시체가 바다를 부유하다가 비블로스로 가게 된 이야기 등이 자세히 언급되어 있다. 이 시체는 삼나무 근처에 상륙했고, 삼나무는 그 시체를 둘러싼 채 자랐다. 비블로스의 왕이 그의 궁전을 위한 기둥을 만들기 위해 그 나무를 베자, 오시리스의 누이이자 아내 이시스Isis가 끼어들어 오시리스가 이집트로 탈 없이 돌아올 수 있게 했다. 오시리스의 부활은 레반트의 또 다른 식물인 포도나무로 상징화되기도 한다. 이 포도나무는 이집트에 가장 중요한 발효음료 중 하나를 선사했다. 상징적인 표현은 늦여름 나일 강이 매년 범람하던 시기에 현실이 되었다. 오시리스를 기리는 웨기 축제("범람기의 와인 왕")에서 땅은 비옥해졌고 와인은 풍족하게 흘러넘쳤다.

바다 건너에서 넘어온 와인

생체분자 고고학적 조사를 통해 드러나는 것처럼, 어떻게 와인이 처음 아비도스로 건너오게 되었는지는 고대 신화와 조금도 관련이 없다. 이와 얽힌 이야기는 카이로에 위치한 독일 고고학연구소 고고학자들로부터 시작된다. 이들은 후에 선박 무덤들이 발견된 곳에서 그렇게 멀지 않은 사막에서 웅장한 "장례 가옥funerary house"을 발굴하던 중이었다. 이 가옥은 왕조 이전 시대인 기원전 3150년경의 통치자 스코르피온 1세의 무덤으로, 내세를 위한 준비가 완벽하게 갖추어져 있었다. 건물 안에 있는 방 세 칸은 말 그대로 와인 저장고였고, 700개가 넘는 와인병(양으로 환산하면 대략 4500리터)이 높게 쌓여 있었다. 다른 방들은 맥주병, 빵곱팡이, 돌그릇, 옷가지가 가득 담긴 향백나무 상자들로 채워졌다. 왕 자신은 건물에서 가장 큰 방에 있는 목제 묘 속에 상아로 만든 홀笏을 곁에 둔 채 화려하게 누워 있었다.

왕이 내세에서 필요한 물건을 찾는 데 어려움이 생길 때를 대비하여 장의사들은 조각된 뼈와 상아 라벨을 항아리와 상자에 끈으로 달아놓고 각 용기 측면에 잉크로 비문碑文을 적어두는 통찰력을 발휘했다. 이집트에서 유래한 가장 최초의 상형문자 기록인 이 라벨에 동물(자칼, 전갈, 새, 황소 등)과 식물이 얼마나 정교하게 묘사되었는지를 보고 있노라면 아연실색할 정도다. 라벨에 새겨진 내용은 음식과 여타 물품이 생산된 이집트 지역을 뜻하는 것 같다.

매우 이른 시기의 것이라는 점에서 짐작해볼 수 있듯이 무덤 안에 있는 와인은 이집트산이 아니었다. 야생포도는 이집트의 건조한 기후에서는 자라날 수 없었다. 이보다 시간이 더 지난 후에야 자신의 왕권을 공고히 하고 주변국의 자원에 관심을 기울이며 와인에 대한 취향을 발달시키기 시작한 초기의 국가 통치자들이 등장했다. 결국 이집트 왕들은 재배종 포도를 나일 삼각주의 비옥한 충적토로 옮겨심는 지혜를 발휘했다. 제1왕조와 제2왕조 기간 동안(기원전 3000년에서 기원전 2700년경) 왕들은 술을 꾸준히 공급해줄 왕실 와인 제조 산업을 일으켰다. 스코르피온 1세는 와인 산업 발달 1~2세기 전의 왕이지만 훗날의 산업을 위한 기초를 마련해두었다.

우리가 행한 화학 분석 결과, 스코르피온 1세의 무덤에 있던 와인에 소나뭇진이 첨가되었고 테레빈나뭇진 역시 들어갔을 가능성이 있음을 알게 되었다. 몇 개의 병 속에 있던 수많은 포도씨가 이러한 가능성을 확실하게 뒷받침해줬다. 일부 학자들은 이 잔해를 되는대로 와인을 제조하고 남은 찌꺼기라고 해석할지 모르지만, 몇 개의 병 속에 있던 건포도들과 저민 무화과열매들은 와인 제조업자가 재료 선택 시 신중했음을 말해준다. 신선한 과실들은 와인의 풍미를 향상시키며 발효가 시작되고 그 과정이 유지되는 데 필요한 충분한 양의 효모가 존재할 수 있도록 한다. 만약 잠재적 술꾼들을 유인하기에 부족하다 싶으면 와인에 층층이꽃savory, 산박하balm, 센나senna, 고수풀coriander, 개곽향germander, 박하mint, 세이지sage, 혹은

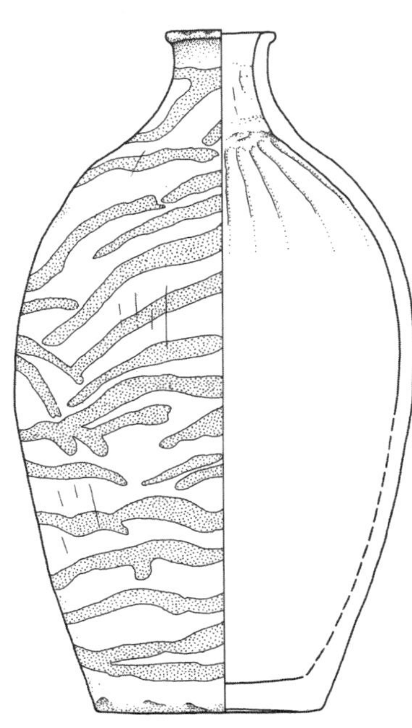

그림 17-a. 초기 이집트 왕조 시기 수입된 와인. 이 병들은 아비도스의 스코르피온 1세 무덤 10번 방에서 출토되었으며 수지 첨가 와인을 담고 있었다.(연대는 약 기원전 3150년) 이곳은 와인병들이 층층이 쌓인 세 개의 방 가운데 하나이며(와인병은 도합 대략 700개) 이 와인은 요르단 협곡과 인근에서 수입된 것으로 보인다. 몇몇 병에는 저민 무화과열매가 들어 있었다.
그림 17-b. "호랑이 줄무늬" 와인병.(높이는 40.8센티미터) 레반트 지역에서 수입되었으며 스코르피온 1세의 무덤에 묻혀 있었다.

백리향thyme 등도 첨가했다는 것이 최근 연구에서 드러났다.

도기와 와인이 동일 지역에서 유래했다는 타당한 가정 아래, 병 자체의 스타일과 병에 달린 라벨이 와인이 어디서 만들어졌는지에 관한 더 많은 단서를 제공해줬다. 붉은색과 흰색으로 문지른 슬립, 가느다란 색띠, 소용돌이치는 호랑이 줄무늬 같은 장식들은 이집트에서 만들어진 술병들과 확연히 구분되는 점이다. 단 하나의 시기와 지역만이 이 조건을 만족하고 있다. 시간적 배경은 초기 청동기시대이며 장소는 남부 레반트 해안에 있는 가자 부근, 이즈레엘Yizre'el 내륙과 요르단 협곡 그리고 트란스요르단의 구릉지들이다.

병들 주위에 널린 작은 점토 밀봉들은 와인이 외국에서 기원했다는 것을 확실하게 보여준다. 이 밀봉 뒷면에 남은 병 테두리와 끈 자국은 병 입구를 가죽 뚜껑으로 단단하게 묶어서 그 위에 촉촉한 점토를 발랐다는 것을 의미한다. 그 뚜껑과 뚜껑을 묶었던 끈이 분해되자 이 밀봉도 떨어져나가버렸다. 밀봉의 위쪽 표면에는 이집트의 것과는 전혀 다른, 정교한 원통인장 자국이 나타나 있었다. 기하학 무늬와 더불어 자유롭게 움직이는 동물들(영양, 물고기, 새, 뱀)이 각인된 원통인장이었다. 고고학 문헌을 두루 조사해봤지만 완전히 똑같은 디자인은 찾지 못했다. 요르단 협곡 북쪽과 사해Dead Sea의 동쪽 해안에서 출토된 것들이 이 디자인과 가장 흡사했다. 뼈와 상아 라벨에 표시된 상형문자들처럼, 점토 밀봉은 700개 술병의 라벨인 것 같다. 우리가 이 문자들을 해독할 수 있다면 이 점토 밀봉이 와인 양조장의 위치를 알려줄지도 모른다.

현대의 분자고고학에 사용되는 또 다른 방법인 기기중성자방사화 분석Instrumental Neutron Activation Analysis, INAA으로 화학적 지문을 찾아내어 스코르피온 1세의 무덤에서 나온 와인병의 근원을 추적할 수 있었다. 술병 재료인 도토는 대략 1그램의 10분의 1 정도의 양만 있어도 높은 에너지의 중성자속neutron flux[중성자 속 중성자 방출의 강도를 나타내는 단어. 단위시간 내 단위면적을 통과하는 중성자 수]을 거치게 된다. 이 과정은 각각의 화학원소, 특히 전 세계적으로 특정 점토 지층에서만 찾아볼 수 있는 "지구에서 희귀한" 원소들이 방사성을 지니도록 자극한다. 각각의 원소가 기저 상태ground state[양자역학적인 계系에서 에너지가 최소인 정상 상태]로 자연 붕괴함에 따라 원소는 특징적인 감마선을 방출하게 되며, 피피엠 단위까지 측정할 수 있다. 그다음 이 결과가 고대 표본과 현대 점토에서 나온 자료와 일치하는지 알아보기 위해 매우 세분화된 통계법을 적용한다.

열한 개의 와인병을 컬럼비아 미주리대학의 연구용 원자로에서 실험했다. 이 병들은 스코르피온 1세의 무덤에서 발굴된 것으로 모든 주요 토기 재료의 표본이다. 세 개의 병에서는 우리가 가진 점토 표본과 어떤 화학적 일치점도 발견하지 못했다. 또한 이것들은 고대 도기의 특정 지역 집단에도 속하지 않았다. 그러나 나머지 여덟 개는 가자, 요르단 협곡, 웨스트뱅크West Bank의 남부 구릉지 그리고 트란스요르단 고원 각각의 고유한 진흙으로 만들어졌다는 것이 드러났다. 이 진흙을 5800개 이상에 달하는 우리의 자료 표본들과 비교했지만 합치되는 결과가 없었다. 중요한 것은 이집트의 점토와 도기들과도 전혀 일치하지 않는다는 것이다. 놀랍게도 스코르피온 1세의 일부 술병들은 붉은 사암砂巖으로 조각한 건축물들로 유명한, "장밋빛 도시rose-red city"로 일컬어지는 요르단 페트라Petra의 진흙층에서 나온 것과 성질이 비슷했다. 페트라는 이후 나바테아인

Nabataean의 수도가 되었고, 아라비아의 낙타길 위에 위치한 곳이자 비단길의 일부로서 상인들이 쉬어가는 주요한 지역이었다.

건조한 기후로 인해 오늘날 남부 요르단에서 포도를 재배해 와인을 만들기란 불가능해 보일지도 모른다. 하지만 최근 조사와 발굴작업 덕에 새로운 점이 드러나고 있다. 베이다Beidha와 바스타Basta 같은 페트라 지역의 초기 신석기 유적지들은 근동에서 규모가 제일 크며 가장 혁신적인 정착지다. 포도씨는 아직 발견되지 않았지만 그 이후 시대의 것으로 밝혀진 수백 개의 포도즙 짜는 기구들은 이 장소에서 와인 산업이 활발하게 일어났다는 것을 증명해준다. 암만에 위치한 미국동방연구센터American Center of Oriental Research, ACOR의 퍼트리샤 비카이 박사는 최근 베이다의 "산꼭대기 예배소"에서 디오니소스 신전을 찾아냈다. 주신과 그와 연관된 신들(판Pan, 암펠로스Ampelos, 이시스Isis)의 무리는 안마당 중앙 부분에 탁월하게 묘사되어 있으며, 안마당은 로마의 트리클리니움triclinium[세 개의 테이블을 연결하여 만든 U자형 식탁이 있는 로마 시대 연회실] 양식의 의자들로 둘러싸여 있었다. 아마도 이 안마당에서 즐겁게 술을 들었을 것이다. 2006년 요르단에 있을 때 비카이와 함께 미국동방연구센터 저장고에 있는 도기들을 둘러보았다. 그때부터 우리 연구소는 신전에서 발견된 몇 개의 술병을 분석하기 시작했다. 예상대로 이 병들은 수지첨가 와인을 담고 있었다.

스코르피온 1세의 무덤에서 나온 와인 가운데 페트라 지역에서 유래한 것이 하나라도 있을까? 기기중성자방사화 분석 결과는 그저 남부 트란스요르단 고원의 진흙층 간에 화학적 유사성만을 반영하고 있는 것일까? 페트라 남부에서 약 100킬로미터 떨어진 탈후자이라트알구즐란Tall Hujayrat al-Ghuzlan은 이집트와 접촉했다는 명백한 증거가 있는 지역인데, 최근 이곳에서 기원전 제4천년기에 존재했던 마을이 발견됐다. 이는 와인이 이 지역에서 유래했을 수도 있다는 점을 시사한다. 이집트 동부 사막을 가로질러 테베Thebes와 아비도스로 가는 무역로로는 아카바 만Gulf of Aqaba 만조 시 배를 타고 홍해를 건너는 것이 최단 직행로였을 것이다.(와디함마마트Wadi Hammamat를 경유하면 횡단 거리가 150킬로미터다.)

지중해 항구에서 스코르피온 1세의 와인을 옮겨 실었다는 주장이 좀더 타당하다. 건조하는 데 필요한 원료를 입수할 수 있었던 비블로스 같은 지역들은 남부 트란스요르단 고원이 아카바 만과 연결된 때보다 더 이른 시기에, 해안을 따라 들어선 내륙 지역과 더 멀리 떨어진 남쪽의 경제적 교류 시스템에 통합되었을 것이다. 위의 두 가지 중 어떤 경우에든 가장 문제가 되는 점은 구릉지와 요르단 계곡으로부터 와인을 손상시키지 않고 해안가로 가져오는 일이었다. 술병들은 그 당시의 입상立像들에서 묘사되듯 당나귀의 양 허리에 끈으로 묶여 운송됐을 것이다. 또한 레반트 지역의 강한 햇살 아래에서 와인을 식히기 위해 그 표면을 물로 적셨을 것이다. 기기중성자방사화 분석 연구에 의하면, 술을 만들어내는 지역에서 가장 가까웠던 항구들은 기원전 제4천년기 말부터 사람들이 살기 시작한 곳으로 알려진 아슈켈론Ashkelon과, 현대 도시가 자리한 탓에 여전히 과거의 모습을 알 수 없는 가자Gaza다.

아슈켈론이나 가자에서 나일 강의 지류인 펠루시악Pelusiac 강으로 배를 타고 가는 것이 와인을 이집트로 나르는 가장 효율적이고 안전한 방법이었을 것이다. 시나이 산을 건너는 육로 역시 이 당시에 사용되었지만 당나귀로 쉼 없이 술을 운반하게 되면 와인의 질이 떨어지고 동물이 혹사당한다. 현재의 증거로 비추어볼 때 레반트의 상인들은 펠루시악 강에 있는 민샤트아부오마르Minshat Abu Omar에서처럼 나일 삼각주 항구에서 와인을 하역하는 것 역시 통제했던 것으로 보인다.

기기중성자방사화 분석 연구 결과는 남부 레반트 지역과 이집트 간에 바다를 통한 거래가 있었다는 추론의 증거를 제시했다. 와인병들 근처에 있던 독특한 외국산 원통인장들 중 하나를 실험했더니, 이것이 나일 강의 충적토로 만들어졌다는 것이 확인되었다. 다시 말해서 와인이 나일 삼각주의 항구에 도착하면 술병 뚜껑들은 교체되었을 것이고 그 지역의 진흙으로 다시 봉해진 뒤 레반트 상인들의 인장이 찍히게 되는 것이다. 육지와 해로를 통한 술병들의 길고 고된 여정은 작은 구멍들이 있는 뚜껑을 통해 가스가 빠져나가면서 술의 잔여 발효과정이 운반 중에 이루어졌다는 것을 의미한다. 이집트 해안으로 술병들이 운반된 뒤 이집트의 원조 아래 아비도스로 강을 올라가는 남은 여정을 위해 다시 준비 절차를 밟았다. 또한 이들 가운데 일부는 결국 스코르피온 1세의 무덤으로 가게 되었다.

파라오의 술은 최고 대우를 받았다. 「고왕국 피라미드 문헌Old Kingdom Pyramid Texts」에 따르면, "왕은 신들의 정원에 있는 무화과와 와인으로 자신의 식사를 해야만 한다"라는 이유에서다. 무화과열매가 가미된 와인은 죽은 왕이 내세에서 신성한 식사를 충분히 즐길 수 있도록 했다.

이 무덤은 나중에 발굴된 선박 무덤들과 비교했을 때 또 다른 흥미로운 점이 있다. 와인병들은 스코르피온 1세 무덤 속 세 곳의 방

안에 층층이 쌓여 있었으며, 비블로스의 배에 실려 있던 암포라 수만큼이나 많았다.

심해에 묻혀 있던 페니키아 난파선들

1997년 미국의 한 해군 잠수함이 아슈켈론과 가자의 해안으로부터 61킬로미터 떨어진 곳에서 한 쌍의 페니키아 난파선들을 발견했다. 배는 각각 2킬로미터 간격으로 수심 400미터 아래에 잠겨 있었다. 2년 후, 침몰한 타이태닉 호를 탐사한 것으로 유명한 로버트 밸러드는 페니키아 난파선들의 위치와 해저 부분에 흩뿌려진 뱃짐 잔해들의 좌표를 확인하기 위해서 원격조종 탐사선을 배치했다. 그 결과 기원전 8세기 말경의 것으로 추정되는 이 배에 바닥에서부터 꼭대기까지 와인 암포라가 가득 차 있는 것으로 밝혀졌다.

타니트Tanit(페니키아의 주요 여신이자 바다의 수호신)와 엘리사Elissa(전설상 오늘날 튀니지에 해당하는 카르타고Carthago를 세운 티레Tyre의 공주)로 이름 붙여진 두 배는 이집트나 카르타고로 가는 경로를 따라 서쪽으로 항해 중이었다. 그때 시나이 반도에서부터 갑자기 휘몰아치곤 했던 폭풍은 불시에 이 배들을 집어삼켰고 결국 수장됐을 것이다. 배들은 진흙 퇴적물 위에 가라앉았다. 시간이 흐르면서 상부의 목재 측면이 노출되었고, 목재해충wood borer이 그것을 먹어치우면서 선체 내부에 두 층 이상 쌓여 있던 암포라가 외부로 드러났다. 그 결과 타니트의 선창船倉에 있는 385개의 암포라를 관찰할 수 있었다. 엘리사 안에는 396개의 암포라가 있었다. 그 장소를 촬영하기는 했지만 발굴하지는 않았다. 더 많은 암포라 층이 보이지 않는 아래쪽에 묻혀 있을 것이다.

해저에 흩어진 암포라로 각 배의 대략적인 치수를 가늠해보았더니 길이 14미터, 너비 5~6미터 크기의 배로 추정되었다. 기원전 300년경 근처에 있는 키프로스의 해안가에 좌초했던 키레니아Kyrenia 선박처럼 이후에 발견된 난파선들의 크기와 일치했다. 이 정도 크기라면 짐이 꽉 차 있을 때 배의 무게는 25톤쯤 된다. 와인이 가득 담긴 암포라 한 개의 무게가 약 25킬로그램이니까, 타니트와 엘리사에서 눈으로 확인한 암포라의 무게만 해도 최소한 각각 9톤에 이른다. 와인이 1만5000리터쯤 담겼다는 말이다. 하지만 페니키아 선박들은 종종 이보다 더 많은 양을 실어날랐다. 기원전 475년에 작성된 이집트 세관 명세서에 기록된 바에 의하면, 거대 선박 한 척에 1460개의 암포라(40톤)가 적재됐다. 거기에 삼나무, 구리, 빈 암포라까지 4톤이나 더 실었다.

우리 연구소는 페니키아 암포라 중 내벽이 송진으로 덮인 것 하나를 분석했는데, 포도와인에서 나타나는 타르타르산과 타르타르산염이 병의 내벽으로 흡수된 흔적들을 찾아냈다. 그 결과 우리는 타니트와 엘리사 두 배가 싣고 있던 암포라 가운데 적어도 하나는 와인을 담고 있었다는 점을 알게 되었다. 아울러 난파선들에서 추가로 발굴된 두 개의 암포라 모두 송진 내벽을 지니고 있었다. 이 사실은, 기원전 475년에 이집트에 정박했던 배에 실린 모든 암포라가 와인으로 채워져 있었듯, 타니트와 엘리사 호에 있던 암포라 대부분이 와인을 담고 있었다는 점을 시사한다.

두 배에 실린 암포라는 독특하게도 소시지 혹은 어뢰 모양이다.

1999년에 로버트 밸러드의 탐사에 동행했던 하버드대학의 로런스 스테이저 교수와 그의 학생들은 암포라와 그 양식에 대해 주의 깊게 연구했다. 그들은 이 암포라가 레바논 해안 근처의 페니키아 도시국가에서 제작되었을 가능성이 매우 높다는 것을 밝혀냈다. 이들은 또한 배에 탑승했던 선원들의 문화적 정체성을 확실하게 보여주는 다른 유물도 난파선에서 찾아냈다. 예를 들어 붉은 슬립이 칠해진 고광택 술병의 입구는 금은 도금을 해서 버섯 모양으로 벌어져 있었다. 페니키아 사람들의 유별난 특징을 드러낸 이런 스타일의 병은 레바논 본국과 페니키아 식민지들 그리고 지중해 전역에 걸친 항구 유적지에서 많이 발견되고 있다. 페니키아의 "와인 세트"에 포함된 디캔터decanter[포도주 등을 일반 병에서 따라내어 상에 낼 때 쓰는 유리병]는 사치스러운 과시용 병으로 술을 따르는 데 사용되었다.

배들과 그 선원들의 유별난 페니키아적 특징은 주방이 위치해 있던 선미에서 발견된 물건들을 통해서도 드러났다. 타니트와 엘리사 호에서 맛있는 생선 스튜를 조리하는 데 쓰였음직한 여섯 개의 냄비들은 동東지중해에서 나오는 냄비들과 흡사했다. 가나안의 배들을 그린 기원전 14세기 이집트 무덤 속 그림에서 볼 수 있듯이 바다 신들에 대한 기도 역시 배의 뒷부분 근처에서 행해졌다. 한 명의 경배자가 손에 들고 있는 작은 병에서 액체(필시 와인일 것이다)를 따라내고 있다. 이와 동시에 다른 손에 들고 있는 향로에서는 향 연기가 위로 피어나고 있다. 이집트의 그림 속에 등장한 것과 비슷한, 페니키아 양식의 향로가 엘리사 호의 선미 부분에서 발견되었다. 페니키아 뱃사람들이 안전한 항해를 기원하며 불러낸 주요 신들은 달과 항해를 관장하는 타니트 여신과 그의 배우자이며 바람과 기후를 지배하는 신 레셰프Reshef(혹은 바알Baal)였다.

가나안과 페니키아의 훌륭한 와인들

타니트와 엘리사가 침몰했을 때 유실된 3만 리터 이상의 와인은 기원전 제1천년기 티레Tyre, 시돈Sidon, 베리투스Berytus(오늘날의 베이루트), 비블로스와 같은 페니키아 항구에서 수출되었던 엄청난 양의 와인에 비하면 극히 소량이다. 대부분의 배는 항해 도중에 많은 짐을 싣거나 내리면서 그들의 목적지까지 안전하게 도달했을 것이다. 성서에 나온 예언자 에제키엘Ezekiel이 기원전 6세기 티레를 맹비난하고 도시의 멸망을 예견했을 때(에제키엘서 27장) 그는 영화로운 이 도시국가를 최고의 나무들(레바논의 산들에서 나온 곱향나무와 삼나무, 트란스요르단의 떡갈나무, 키프로스의 사이프러스)로 만든 거대한 배에 비유했다. 이 비유적인 배에는 아라비아산 향료, 금, 낙타, 이스라엘의 밀과 올리브유, 타르시시Tarshish의 주석과 은, 아나톨리아의 말과 노예 등 세계 광범위한 지역에서 나오는 수많은 종류의 상품이 실려 있는 것으로 묘사됐다.

1984년, 텍사스 농업기술대학 해양고고학연구소의 조지 배스 박사는 고고학계에 일대 충격을 선사했다. 그는 지중해에서 가장 먼저 발굴된 난파선에서 발견해낸 것을 발표했는데, 에제키엘이 말한 전 세계 상품들이 그 배에 있다는 것이었다. 울루부룬Uluburun 근처의 황폐한 터키 남부 해안을 따라 45미터 깊이의 바닷속에서 해면 채취 잠수부가 발견한 이 배는 가나안의 상선으로 증명되었다. 이

그림 18. 기원전 14세기 테베 행정관이었던 케나문의 무덤에서 발견된 벽화. 항구에 도착한 가나안의 배를 묘사하고 있다. 배의 선장은 향로와 와인 한 잔을 하늘로 쳐들고 있다. 와인은 아마도 그의 앞에 있는 암포라에서 떠왔을 것이다.

배는 타니트와 엘리사와 거의 같은 크기였고 전체가 향백나무로 만들어졌으며 나무판자와 용골 장부맞춤으로 건조된 것이었다.(이전의 쿠푸 배들과 마찬가지 방법이다.) 기원전 14세기 무렵 키프로스 근처에서 시계 반대방향으로 흘러가는 동지중해 해류를 타고 이집트로 항해하던 중 급작스러운 폭풍우가 몰아쳐 암초에 부딪혔을 것이다.

어마어마하게 사치스러운 뱃짐들로 판단하건대, 이 비블로스의 배는 왕실 소유였던 것 같다. 짐으로는 아프리카 흑단나무와 하마 어금니, 소가죽 안에 든 번bun 모양의 키프로스 구리 주괴 10톤, 정교한 금잔과 유리잔, 가나안의 금 펜던트, 연체동물 숨문딱지(조개의 벌어진 틈을 막는 딱딱한 발판) 더미, 테레빈나뭇진 0.5톤, 각인된 밀랍 서판들을 모아 두 개의 판을 대어서 경첩을 단 "책"(book이라는 단어의 어원은 비블로스에서 유래한다) 등에 이르기까지 그 종류가 끝이 없을 정도로 많다. 가나안의 기름 램프와 레반트 양식의 동물 모양 누름돌은 선원들과 관원들 그리고 상인들이 동부 지중해 해안의 도시국가 출신이라는 것을 나타내고 있다.

울루부룬의 난파선에는 단 한 가지, 와인이 빠져 있었다. 선체에는 150개가량의 암포라가 있었고 그중 상당수에는 테레빈나뭇진 덩어리가 3분의 1쯤 채워져 있었다. 다른 암포라에는 유리구슬과 올리브가 들어 있었다. 그래도 여전히 70개 이상의 빈 암포라가 남게 되는데, 파라오에게 대령하거나 선원들의 갈증을 달랠 양질의 가나안 와인이 담겨 있었던 건지도 모른다.

에제키엘은 테레를 비난하며 그 멸망을 예언하면서, 커다란 병(피토스pithos)에 담겨 육로로 운반된, 다마스쿠스 근처 헬본Helbon과 아나톨리아 동남 해안의 이잘라Izalla에서 들여온 맛좋은 와인이 티레 상인들이 배로 나르던 물품 가운데 있다고 했다. 아시리아 사람들 사이에서 헬본 와인은 유명했다. 이 와인은 다마스쿠스 오아시스 서쪽에 있는 안티레바논 산맥 고원지대에 위치해 있던 할분Halbun이란 작은 마을에서 만들어졌다. 500년 이상 흐른 후에, 로마의 작가 스트라보는 할분의 와인이 페르시아 왕들에게 진상됐다고 주장했다.

페니키아인들과 그들의 청동기시대 조상인 가나안 사람들의 와인은 고대 세계에서 최고의 찬사를 받았다.(나는 여기서 가나안이라는 단어를 오직 북부 레반트 해협에만 국한해 좀더 제한적인 의미로 사용하고 있다. 이후에 이 단어의 의미는 현대 이스라엘, 팔레스타인, 요르단 등 남부 지방까지 지칭하는 것으로 확장되었다.) 예를 들어 우리는 우가리트Ugarit(현재 라타키아Latakia 근처 라스샤므라Ras Shamra)의 기원전 14세기에서 기원전 13세기경 궁전에서 발굴된, 소위 르바임Rephaim 문헌들이라 불리는 글에서 "그들은 왕들에게 걸맞은 와인, 혹은 와인으로 보이는 것을 하루 내내 따르고 있다. 와인, 달콤하고 맛이 풍부한, 레바논에서 골라낸 최고급 와인은 틀림없이 엘El(가나안인들의 제일신)에 의해 창조되었을 것이다"라는 구절을 읽을 수 있다. 테오크리토스Theocritus와 아르케스트라투스Archestratus 같은 후대의 그리스 시인들은 비블로스 와인을 "훌륭하고 향기로운" 알코올이라고 칭하며 비블로스 와인이 레스보스Lesbos 섬의 최고급 그리스 와인들과 어깨를 나란히 한다고 썼다. 만약 비블로스 와인의 향을 찬미한(호세아서 14장 7절) 예언자 호세아Hosea의 말을 믿는다면 그가 칭찬한 향기가 바로 비블로스 와인의 가장 큰 매력이었던 것으로 보인다.

어디서 그리고 언제부터 가나안과 페니키아의 훌륭한 와인 제조 전통이 시작되었을까? 이 질문에 답하려면 좀더 자세한 과학적 조사를 기다려봐야 하겠지만 나는 북부 레반트 지역에 재배종 유럽 포도가 이식되고 와인 산업이 시작된 때가 기원전 제6천년기라고 추정해본다. 레반트 지역의 와인은 훗날 주요한 경제 원동력으로 자리매김했고 신석기시대 비블로스와 교류가 있던 아나톨리아 지방은 이미 기원전 7000년경부터 같은 궤도에 올라 전 지역에 걸친 와인 문화를 이룩했다. 예리코와 다른 유적지에서 발견된 포도씨, 나무, 온전한 상태로 남은 건포도로 판단해봤을 때 가자 지역, 요르단 계곡, 남부 레반트 구릉 지역에는 기원전 3500년 근경에 재배종 포도나무를 심었던 것 같다. 실지로 그 와인 산업은 스코르피온 1세 시대(기원전 3150년)에 그의 내세를 위해서 4500리터에 달하는 와인을 공급할 수 있을 정도로 발전해 있었다. 북부 레반트 지역 와인 산업의 시작을 기원전 제6천년기로 추산하면, 이후 3000~4000년 동안 동부 터키에서부터 남부 레반트 지역까지 와인 산업이 전파되어 발전하는 과정에 필요한 시간을 충분히 벌게 된다.

만약 가나안 사람들과 페니키아 사람들이 포도나무를 오직 항구마을 주위에만 심었다면 그들의 포도밭은 바다와 산 사이의 좁고 긴 땅에만 한정되어 있었을 것이다. 다행히도 레바논과 안티레바논 산맥 사이의 넓고 비옥한 계곡(베카Beqa'a)은 사람들을 내륙으로 이끌었다. 오늘날 분리주의자들이 벌이는 폭력과 이스라엘의 습격 속에서도 레바논의 최고급 와인은 바로 이 베카 계곡에서 만들어진다. 이곳은 또한 로마인들이 서기 150년 바알베크Baalbek에 신전을 지은 곳이기도 하다. 이 신전들은 전체 로마 제국에서 가장 웅장한 종교건축물 복합단지로 바쿠스Bacchus(술의 신), 비너스Venus(사랑과 다산의 신), 페니키아의 폭풍신 바알과 동일시되는 주피터Jupiter(신들의 왕)에게 봉헌되었던 것이다. 제법 어울리게도 바쿠스 신전은 안토니누스 피우스 황제의 후원 아래 세워졌는데, 이 황제는 북부 아프리카의 카르타고 식민지 출신이었다. 이 신전은 잘 보존된 19미터 높이의 코린트식 기둥들, 그리고 얽힌 포도entwined grape 그림과 그 입체감으로 방문객의 경탄을 자아낸다. 그 그림은 바쿠스 신의 출생과 삶을 자세하게 나타낸 것으로 꽤나 화려하게 장식되었다. 아마도 베카 계곡은 고대에 이 지역에서 가장 주요한 와인 생산 거점이었을 것이다.

샤토 크사라Château Ksara, 샤토 무사르Château Musar, 샤토 케프라야Château Kefraya 등 현대의 유명한 베카 와인 공장의 이름으로 알 수 있듯 이슬람 패권 아래에서 천대를 받던 와인 산업은 1000여 년

이 흐른 뒤 19세기와 20세기에 걸쳐 프랑스에서 부활했다. 보르도Bordeaux와 론Rhône 상품들은 오늘날 매해 생산되는 600만 리터 와인 가운데 상당 부분을 차지한다. 일부 레바논의 와인 전문가들은 현재 메르웨Merweh라 불리는 오리지널 비블로스 포도나무들이 프랑스의 세미용Semillon 와인과 관련돼 있고, 오베디에Obedieh 포도종은 십자군 원정대에 의해 유럽으로 전해져 그곳에서 샤르도네로 알려지게 되었다고 주장한다. 샤르도네가 프랑스 고유의 피노Pinot 포도종과 동유럽 구에 블랑Gouais Blanc종을 교배해 만들어졌다는 것을 보여주는 최근의 DNA 분석 결과는 후자의 주장이 틀렸다는 것을 입증한다. 하지만 레바논의 포도종이 구에 블랑 또는 세미용의 유전적인 유산에 기여했을 것이란 주장은 여전히 가능하다. 만약 우리가 진짜 비블로스 포도와 그 계통의 종류들을 발견하게 되면 현재 레바논에서 자라고 있는 토착품종 중 거의 40퍼센트의 유전학적 지문을 밝혀내 그 기원을 따져봐야 할 것이다.

나는 이 연구에 착수해볼 의향이 있다. 레바논에서 15년에 걸친 내전이 일어나기 전인 1974년, 펜실베이니아대박물관 도기 전문가로 사렙타Sarepta(현대의 사라판드sarafand) 발굴 작업 마지막 해를 보내면서 나는 고고학적으로 최초의 경험을 하게 된다. 티레와 시돈 사이에 위치한 사렙타는 본국 내에서 발굴된 소수의 페니키아 도시국가들 중 하나였다. 점령과 파괴가 반복되는 층을 파내려가는 동안 국가들과 민족들 사이에 일어났던 고대의 투쟁이 내 머리 위에서 재현됐다. 거의 매일 이스라엘의 팬텀 제트기들은 8킬로미터밖에 떨어지지 않은 팔레스타인 캠프를 포격했고, 산 위를 저공 비행하며 폭탄을 투하한 뒤 지중해 창공과 바다로 사라져갔다. 때때로 팔레스타인 비행기들은 공중전에 뛰어들었고, 우리는 패한 전투기들이 한 줄기 연기로 사라져가는 것을 보았다. 키프로스로 탈출할 배 한 척을 준비해놓았으나 다행히도 그 배를 사용할 일은 없었다.

우리 연구팀은 아랍횡단송유관회사the Trans-Arabian Pipeline Company에 있는 비교적 호화로운 시설에 머물렀다. 우리는 매일 저녁 식사 시간에 탐사감독관 제임스 프리처드가 생각해낸 엄격한 "와인 의식"을 따랐다. 그는 미혼 여성 고고학자들을 양옆에 끼고 식탁 제일 윗자리에 앉곤 했다. 나머지 기혼 남성들과(이전 탐사에서의 좋지 않은 경험 탓에 감독관은 아내들의 동석을 허락하지 않았다) 예수회 사제들은 각자 신분에 맞추어 위쪽에서부터 쭉 내려가며 자리를 잡았다. 초라한 연구생이었던 나는 먼 끝자리에 앉을 수밖에 없었다. 우리는 무디르mudir(아랍어로 "감독")가 잔을 입술에 대기 전까지 술을 마실 수 없었다. 그가 샤토 크사라 와인을 될 수 있는 대로 많이 사둔 덕분에 우리는 그 맛있는 영약을 함께 마실 수 있었다. 어쨌든 발굴은 덥고 먼지투성이의 일을 수반하는 것이어서 고고학자들에게는 하루를 마칠 때 마실 것을 통한 재충전이 필요하다.(저녁 식사 뒤에 스카치를 마시는 것은 중동 고고학의 또 다른 의식이었으며 무디르의 지시를 받은 것은 아니었다. 우리는 넘실거리는 와인빛의 지중해를 내려다보며 술을 마시고 브리지 게임을 하곤 했다.)

내부가 강렬한 자줏빛으로 채색된 암포라 파편들이 기원전 13세기 층에서 나타나기 시작했을 때, 페니키아에 대한 흥미가 강하게 일었다. 이런 도기 파편들은 다른 유적지에서도 당연히 발견되었는데, 이러한 착색은 아마도 망간광석이나 특이한 균류에 기인하는 것으로 보인다. 하지만 페니키아 사람들의 고국인 레바논 유적지에서 이런 조각들을 발견한다면 당신은 같은 무게의 금보다 값지고 사제와 왕의 특권이었던 그 유명한 티레의 자주색 염료를 떠올릴 것이다. 심지어 가나안Canaan과 페니키아Phoenicia라는 이름들조차 "붉은색" 혹은 "자주색"을 의미하는 어근에서 유래하는 것으로 보이며, 이 사실은 이들 사회 내에서 염색 직물이 가졌던 중요성을 강조하고 있다. 후기 작가들에 의해 반복되는 그리스 전설에 따르면, 그 염료는 티레의 높은 신이자 왕인 멜카르트Melqart가 요정 티로스Tyros와 함께 개를 데리고 해안가로 산책을 나갔다가 발견했다고 전해진다. 그 개는 앞으로 달려가다가 한때 해안에 산재한 어패류 중 하나를 물었다. 개는 주둥이에서 자주색 물질을 뚝뚝 떨어뜨리며 돌아왔다. 멜카르트는 그것을 가볍게 지나치지 않았고 자신의 가운을 염료로 즉시 물들여본 뒤 배우자에게 보여줬다.

우리 연구소가 생체분자 고고학 분야로 처음 진출하게 된 계기는 멜카르트의 이 전설을 과학적으로 실험해보기 위해서였다. 일련의 분석 결과들은 사렙타 암포라 내부의 자줏빛이 정말로 연체동물에서 나오는 자주색molluscan purple, 혹은 디브로모인디고dibromoindigo였음을 보여줬다. 이 화합물은 뿔소라Murex와 대수리Thais 종에 속하는 세 가지 지중해 종에서만 자연적으로 생성된다. 조개껍데기 무더기와 특별히 만든 통들 그리고 가열 시설을 갖춘 자주색 염료 공장이 사렙타에서 자줏빛으로 물든 도기 조각들이 나타난 곳과 동일한 지역에서 발견되었을 때, 왕실이 자주색 염료를 생산했다는 최초의 명백한 증거를 갖게 되었다. 전설이 말하는 바와 같이 이 염료는 정말로 페니키아에서 유래한 것이기도 했다. 똑같은 연체동물들의 다른 무더기들도 지중해 도처에서 발견되지만 여태까지는 염료 공장보다 더 이른 시기의 증거는 발견되지 않은 상태다.(이와 대조적으로, 조개류를 먹고 버린 껍데기, 도기나 회반죽 제조를 위해 비축해둔 껍데기는 흔하다.)

향후 레바논 생체분자 고고학 분야에는 자주색 염료만큼이나 사치스러운 물품인 와인이 담겼던 용기들을 더 많이 분석하는 일이 남아 있다. 와인 산업의 시작 시점과 규모를 밝혀내기 위해서 우리는 사렙타와 여타 해안지역 그리고 내륙 유적지에서 나온 자료(예를 들어 시돈 그리고 남부 베카 계곡에 위치한 청동기·철기시대의 부유한 도시국가인 카미드엘로즈Kamid el-Loz에서 시작된 새로운 발굴 작업에서 나오는 자료) 등을 포함하여 최대한 넓은 범위의 연구를 해나가야 할 것이다.

가나안과 페니키아의 와인 문화

가나안과 페니키아에 대한 고고학적·문헌적 증거들이 부족한 탓에 그들의 와인 문화에 대해 알 수 있는 게 거의 없다. 어떻게 이 강건한 해양 민족이 기원전 제2천년기와 기원전 제1천년기에 지중해 여러 지역에 걸쳐 포도 재배를 활성화시켰는지 설명하기 위해서는 와인 문화의 매혹적인 요소들에 대한 좀더 깊이 있는 이해가 필요하다. 와인이 활기를 띠기 시작하면서 그로그주나 맥주 등의 천연 발효주는 주류에서 밀려났고 개조됐으며 다른 것으로 대체되었다.

우가리트에서 나온 광범위한 문헌들은 기원전 제2천년기의 가나안 사회를 이해할 수 있는 가장 확실한 자료다. 아울러 이 우가리트 문헌은 포도와인에 초점을 맞추어 가나안 민족과 신들, 추앙받던 조상들을 묘사한다. 글 이곳저곳에 꿀이 언급되어 있으며, 눈에 띌 정도의 맥주 이야기는 발견되지 않는다. 포도가 잘 자라나고 공을 들인 만큼 소출을 많이 내며 곡류를 생산할 때보다 경지가 덜 소모되는 지역에서는 충분히 그럴 만하다. 심지어 오늘날 야생유라시안 포도가 자라나는 최남단의 분포 범위는 레바논 해안에까지 이르고 있다. 하지만 이러한 사실들보다 연구된 바에서 나타난 더 중요한 대목은 와인의 알코올 농도가 맥주에 비해 두 배 더 높았기 때문에 더 선호되었다는 점이다.

우리는 『바알 신화집Baal Cycle』에서 폭풍의 신과 다른 가나안 신들의 시련과 업적들 그리고 바알이 바다의 신 얌Yamm을 정복한 뒤 베풀었던 거대한 잔치에 관한 내용을 읽어볼 수 있다. 그는 양손에 "주전자 천 개 분량의 와인이 담긴" 엄청나게 큰 술잔("눈으로 보기에 엄청나게 큰 것이자, 힘센 자들을 위한 술그릇")을 들고 승리를 기념한다. 바알은 "자신의 혼합주에 수많은 것을 섞고" 있는데, 이것은 다양한 나뭇진들, 혹은 약초 첨가제들을 일컫는 것 같다. 술기운에 고무되는 소그디아나 호등무 무용수처럼(제4장 참고) 바알은 심벌즈 소리에 맞추어 노래에 끼어든다. 이 이야기는 엄선한 레바논삼나무를 재료로 쓰고 금과 은으로 장식한 바알 왕궁의 건설에까지 이어진다. 축하연에서 바알은 의자에 앉아 영약으로 만든 술을 즐기는 신들을 위해 와인병들을 꺼낸다. 때때로 이 신성한 파티는 극으로 치닫기도 했다. 최고의 신인 엘이 술에 완전히 취해서 비틀대며 집으로 돌아가다가 자신의 대변 위로 미끄러지는 이야기를 통해 그런 일면들이 잘 묘사되어 있다.

현재까지 발견된 고고학적 유물에서는 신들과 왕들에 대한 묘사가 이러한 문헌에서처럼 생생하지는 않다. 기원전 13세기의 우가리트 유적지에서 출토된 것 중 가장 유명한 기념 석주stela에는 엘이 의자에 앉아서 와인잔을 들고 인사하는 듯한 전형적인 제왕의 모습으로 묘사되어 있다. 비록 근동 지역이 외적의 침탈과 경제 붕괴의 혼란스러운 시기를 거치긴 했어도 3세기 뒤인 기원전 10세기 초반 비블로스의 통치자인 아히람Ahiram, 혹은 히람 1세Hiram I는 그의 석회암 석관에서 엘과 비슷한 자세를 취하고 있다. 진수성찬이 차려진 가운데 그는 날개가 달린 통통한 남자아이 모습을 한 천사를 양쪽에 낀 채 왕좌에 꼿꼿이 앉아 한 손에는 술잔, 다른 손에는 연꽃(고대 이집트에서 흔히 쓰이는 와인 첨가제)을 쥐고 있다. 후에 솔로몬은 이 히람 왕에게 예루살렘 최초의 신전을 지으라고 명령했다. 바알의 왕궁처럼 레바논삼나무를 재료로 쓰고, 금빛으로 빛나며, 게루빔상과 자줏빛 벽걸이들로 꾸며진 건물을 세우고자 했다.

죽은 조상(우가리트 문헌에 등장하는 라피우마rapi'uma)은 신석기시대부터 레반트 종교의 핵심 요소였다.(제3장 참고) 가나안과 페니키아 사람들은 이 전통을 마르제아marzeah라는 의식을 통해 이어나갔다. 공들인 장례연회를 주기적으로 열어 죽은 조상들을 기렸다. 남녀 구분 없이 그 공동체 최고계층과 특권층은 벳 마르제아bet marzeah(셈어로는 "마르제아의 집"이라는 뜻)에 모인다. 와인이 함께 나오는 이 연회에서 그리스의 심포지움 진행자의 전신 격인 릅 마르제아rb marzeah("마르제아의 왕자")는 사회자 역할을 했다. 참석자 모두 자기 소유지에서 생산된 음식과 와인을 준비하도록 요구받았다. 오늘날 부르고뉴와 마찬가지로 우가리트의 교외에는 가족 소유의 포도밭들이 빽빽이 들어서 있다. 기원전 15세기의 한 서판에 따르면, 한 작은 마을의 포도밭이 81명의 소유주에게 분할되었다.

바알, 엘 그리고 그 밖의 신들이 세운 신성한 기준에 따르면, 지나칠 정도로 실컷 먹고 마시는 것이야말로 조상들에게 제대로 된 경의를 보여주는 것이었다. 가나안 신화에 나오는 것처럼 음악, 춤, 한바탕의 성행위 의식과 흥겨움이 동반되었을 것이라 상상해볼 수 있다. 이런 점은 성서에서의 예언적 경고와 포기 선언으로 추론이 가능하다. 페니키아의 비블로스, 시돈 혹은 티레에서, 마르제아는 가나안의 축하연만큼이나 방탕한 행사였던 것이다.

와인 문화, 바다로 가다

가나안과 페니키아 항해자들이 탔던 비블로스 배들은 와인, 자주색 직물 그리고 여타 이국적 상품들로 이루어진 거대한 뱃짐보다 더 많은 것을 싣고 있었다. 이 배는 와인을 기반으로 한 새로운 생활양식도 날랐던 것이다. 말하자면 배가 정박하는 곳마다 사회, 종교, 경제에 새로운 양식이 점진적으로 침투했다. 오늘날 신세계the New World에서도 이와 똑같은 일이 일어나고 있음을 관찰할 수 있다. 호주, 남아프리카, 아르헨티나 혹은 몹시 추운 노스다코타(미국에서 포도주 양조장이 들어선 마지막 주) 등지에서 와인 제조에 있어 상전벽해와 같은 변화가 지난 40년에 걸쳐 일어나고 있다. 내가 뉴욕 이타카Ithaca에서 자라던 당시에는 금방 물리는 나이아가라Niagara나 마니셰비츠Manischevitz가 전형적인 와인이었고 특별한 경우에만 식탁에 출현했다. 하지만 오늘날에는 많은 경우에 와인이나 다른 발효 음료가 없는 식사는 온전한 것이 아니며 거대한 미디어 기업들은 음식과 와인을 조화시키는 기술을 개발하면서 발전하는 중이다.

고대의 다른 지역 사람들을 "사로잡았던" 와인 문화의 가장 극적인 예는 이집트에서 찾아볼 수 있다. 우리는 어떻게 해서 스코르피온 1세가 이전까지 잘 알려져 있지 않던 다량의 와인을 기원전 3150년경에 들여왔는지, 영생을 위한 와인(저장과 숙성 면에서 최고의 것)을 비축하려고 얼마나 강박감을 느꼈는지 탐구해왔다. 1세기 반이 지난 제1왕조 초기에 통일 이집트의 파라오들은 그보다 한 걸음 더 나가게 된다. 그들은 양질의 와인을 들여오느라 외국 공급자들에게 의존하는 대신 각자의 입맛에 맞추어 와인을 제조하기 위해 나일 삼각주에 왕실이 운영하는 최초의 와인 회사를 세운다.

오래지 않아 삼각주의 넓은 면적에 재배종 포도나무들을 심었다. 이것은 북부, 혹은 남부 레반트 출신의 전문가들을 고용해서 이룩한 업적일 것이다. 와인 산업이 성공하기 위해서 외국 교역상은 포도나무를 공급해야 했으며 이 포도나무는 배로 들여오는 것이 가장 편리했다. 훗날 이 포도나무가 난파선의 와인 암포라를 받쳐주는 쿠션으로 쓰였다는 것은 잘 알려진 사실이다. 울루부룬 상선의 선체 역시 아직은 확인되지 않은 나뭇가지들과 나뭇잎으로 가득 차 있었다. 포도나무 뿌리, 가지, 혹은 새싹을 촉촉하게 유지하려면 그것을 필수적으로 흙 속에 넣어두어야 했다. 포도나무가 삼각주에 도착하면 다른 가나안 전문가들이 개입했다. 농부와 원예사는 포도밭에 나무를 진열하고 시렁에 맞게끔 포도나무를 손질하며 관개수로를 파내야 했다. 건축가와 장인은 포도즙을 짜는 기구와 같은 제조시설을 짓고 와인을 가공하고 저장할 특별한 용기를 만들었다. 무엇보다 전반적인 작업들을 감독하기 위해서 양조업자들이 있어야만 했다. 포도나무들은 과실을 맺기까지 최고 7년이 걸릴 수 있다. 포도는 정성스레 재배되어야 했고 와인의 발효와 숙성 역시 꼼꼼히 관리되어야 했다. 이 산업을 일으키기 위해 가나안 사람들이 남긴 흔적은 수천 년 뒤 많은 고대 양조업자의 셈어 계통 이름에 여전히 남아 있었다.(가령 신왕조New Kingdom 와인 암포라에 새겨진 글자가 그렇다.)

그 지역에 살았던 사람들은 처음에는 대부분의 육체노동을 담당했고 이후에는 포도 재배 및 와인 양조 활동에 그날그날 참여했던 것으로 보인다. 이들은 느리지만 확실하게 가나안의 와인 문화에 빠져들어갔다. 술 마시는 것을 제외하고, 수확한 포도를 으깨는 것은 포도 재배 시 가장 감성적이고 감각적인 경험일지도 모른다. 훗날 이집트 무덤 내 와인을 제조하는 이들을 다채롭게 묘사한 그림에서 활기차게 포도를 밟아대고 있는 사람들을 볼 수 있다. 이들은 뱀 여신에게 노래를 부르는 가운데(화보 6 참고) 찌꺼기에 미끄러지지 않으려고 포도나무를 꽉 잡고 있다. 양질의 포트와인이 생산되는 곳인 포르투갈의 도루 강 상류로 여행을 떠났던 2003년, 나는 위와 같은 와인 제조방식을 직접 체험했다. 디르크 반데르 니에포르트가 운영하는 킨타두 파사도루Quinta do Passadouro(독일의 리즐링, 부르고뉴 리슈부르Richebourg, 1955년산 파사도루 빈티지 포트와인 등을 통해 와인의 질을 높였다)에서 기억할 만한 만찬을 먹고 난 뒤 우리는 수영복을 입고 라가lagar(포도 압착기)로 뛰어들어 무릎 높이까지 오는 포도즙 안에서 철벅대기 시작했다. 나는 최고의 포트와인은 이러한 노동집약적인 방법을 통해 만들어진다고 들은 적이 있다. 사람의 발이 떫

은맛 타닌tannin을 만들어내는 포도씨를 부스러뜨리지 않고 오히려 표면에 뜨게 하여, 포도즙을 추출하는 데 가장 이상적이기 때문이 아닐까 생각한다.

새로운 이집트 와인 산업에 있어 특히 충격적인 점은 처음부터 그것이 수준급이었다는 것이다. 물론 나일 삼각주로 포도나무를 들여왔을 때 가나안 전문가들 배경에는 수천 년의 전통이 깔려 있었다. 심지어 포도, 포도밭, 와인을 의미하는 이집트 상형문자는 포도 재배 전문기술이 있었다는 증거다. 재배된 포도나무와 와인에 대해 언급한 사상 최초의 기록문자는 포도나무를 지탱할 수 있도록 상단 끝부분을 갈라 수직으로 세운 막대들의 시렁을 타고 포도나무가 위로 자라는 모양을 생생하게 묘사하고 있다. 이 식물은 상자 안에 뿌리를 내리고 있는데 아마도 물 공급을 용이하게 하기 위해서인 듯하다. 혹자는 낙수 시스템을 포함해 현대 포도밭 관리 차원에서 가장 훌륭한 수완들이 이미 고대 이집트 와인 산업 시작 단계에서 나타났다고 말하기도 한다.

가나안의 와인 제조업자들은 또한 틀에 박힌 사고방식에서 벗어나야만 했다. 레반트 포도밭은 평평한 충적층 나일 삼각주와는 굉장히 다른 환경에 처해 있었다. 대개는 비가 잦은 겨울 동안 배수가 원활한 언덕 지형에 위치해 있었다. 지독히 더운 여름 열기와 더 적은 강수량 때문에, 이집트의 작물, 특히나 물에 민감한 포도에는 물을 대어주어야만 했다. 퍼걸러pergola[덩굴식물이 타고 올라가도록 만들어놓은 아치형 구조물] 시스템은 포도들이 강렬한 햇빛에 직접 노출되는 것을 최소화시켰다. 다행스럽게도 매해 범람기에 나일 강 상류에서 씻겨 내려온 토사로 이루어진 삼각주의 비옥한 충적층은 배수가 잘 되었고 소금기도 없었다. 모래, 점토, 다양한 광물이 모여 이루어진 토양은 보르도의 것들과 많이 다르지 않은 석회질 토양이었다.

레반트의 와인 제조업자들은 자신들이 와인 문화를 이집트에 전해주는 데 있어 열광적인 기대 이상의 성공을 거두었다. 서기 7세기 이슬람의 침략이 있기 전까지 삼각주는 이집트의 신전과 그 왕들에게 수백만 개의 와인 암포라를 제공했다. 상형문자로 삼각주라는 원산지를 명확히 식별할 수 있었던 와인(오늘날 특정 포도밭에서 만들어진 와인임을 표시하는 라벨에 해당한다)은 제6왕조 시기인 기원전 2200년 무렵 장례식 필수 공물 지위를 획득했다. 이윽고 파라오의 무한한 번영과 대지의 비옥함을 기원하는 헤브세드heb-sed 같은, 몇 주간 지속된 거의 모든 주요 종교축제에서 와인과 풍부한 마실 것을 필요로 하게 되었다.

이집트 사회에 성공적으로 진출했음에도 불구하고 와인은 일반 대중의 술인 맥주를 밀어내지는 않았다. 맥주는 공물 목록에서 항상 와인을 앞섰고 하토르의 술 축제Drunkenness of Hathor와 같은 이집트의 많은 축제와 신화의 중심에 섰다. 피라미드를 그 전형적인 예로 들 수 있겠는데, 그런 대규모 공공사업은 맥주와 빵 공급분을 매일 삯으로 받는 일꾼들에게 달려 있었다. 와인처럼 맥주 역시 근동 지역에서 도입됐다. 보리와 밀 종자들은 나일 강과 오아시스에서 풍부하게 자라났다. 중앙아프리카에서 건너온 수수 역시 재배되어 맥주로 만들어졌다.(제8장 참고)

곡류에서 발효된 음료들의 한 가지 이점은, 과일과는 달리, 맥주로 변하기 위해 필요한 긴 시간 동안 곡물을 저장할 수 있다는 것이었다. 당시 급격히 늘어난 인구를 부양해야 할 필요성이 있기도 했고, 이는 다른 이집트 토종 음료들(특히 대추야자와인과 벌꿀주)이 어째서 문헌 속에서 대강 언급되고 고고학적 기록으로도 여태 증명된 바가 없는지를 설명해주기도 한다.

크레타 섬에 발판을 마련하다

이집트에서의 와인 제조산업을 이끈 가나안 사람들은 그 성공을 뒤로한 채 비블로스 배에 탑승해 지중해의 더욱 깊숙한 곳을 탐험했다. 가나안인들은 가는 곳 어디에서든 비슷한 전략을 사용했다. 와인과 다른 사치품들을 들여와서는 특별 와인 세트를 선사함으로써 지역 통치자들과 친분을 쌓았다. 그러고는 그들이 지역 고유의 와인 산업을 일으키는 것을 도와달라고 요청할 때까지 기다렸다. 가나안인들과 이후 페니키아인들은 와인 제조 전문기술을 제공할 뿐 아니라, 교역 상대에게 자주색 염료 제작(여기에 필요한 연체동물들은 지중해 전역에서 발견되었다), 조선(목재 공급이 원활할 때), 다른 기술(특히 금속 가공과 도기 제조)까지도 가르쳤다. 이들이 일단 외국 땅에 발판을 마련하기만 하면, 그들의 와인 문화는 확연히 그 정체를 드러내지는 않은 채 예술적인 양식이든 신화적 주제로든 이국의 고유 관습에 섞여들었다.

우리가 얻은 생체분자 고고학적인 증거에 따르면, 지중해를 가로지르는 가나안인들의 섬 순례 여행 중 크레타 섬은 최초의 정박지 중 하나였다. 항구 도시국가에서 거의 1000킬로미터 떨어진 이 거대한 섬은 그리스 세계 문턱에 있는 에게 해로 들어가는 입구에 위치한다. 비록 현대 학자들은 고전 작가들이 만들어낸 모순되고 환상적인 이야기들에 대해 회의적이지만 디오니소스는 많은 이야기에서 반복적으로 출현한다. 그는 근동 지역 주신의 그리스적 발현이며(로마인들에게는 바쿠스로 알려져 있다), 페니키아에서부터 크레타를 모험하는 대담한 항해자로 등장한다. 기원전 6세기 대大도예가 엑세키아스Exekias가 만든 아름답게 채색된 술잔 킬릭스Kylix(술자리에서 쓰던 얕은 사발 모양의 질그릇 술잔)는 한 손으로 작은 범선을 모는 디오니소스와 무성한 포도덩굴로 장식된 돛대를 보여준다. 해적에게 공격을 받았을 때 디오니소스는 포도나무를 기적적으로 크게 키워서 공격자에게 와인을 끼얹으며 반격했다. 그러자 이 해적들은, 술잔에 배 주위를 도는 것으로 표현된 바로 그 돌고래들로 변하게 되었다. 과연 이 이야기는 비블로스 배를 타고 크레타로 건너가 재배종 포도들을 옮겨준 실제 항해를 바탕으로 만들어진 것일까?

수많은 그리스 전설은 크레타 섬을 페니키아와 관련짓고 있다. 페니키아 왕의 딸 혹은 동생인 아름다운 에우로페Europe는 제우스(셈어로는 엘 또는 바알)를 매료시킨다. 황소로 변한 제우스는 그녀를 크레타 섬으로 납치한다. 마치 크레타 섬 대부분과 다른 그리스 지역에 포도나무가 재배되길 학수고대라도 하듯 그녀는 빽빽한 포도잎과 포도송이를 걸친 모습으로 종종 묘사된다. 또 다른 이야기에서 디오니소스는 반인반우半人半牛 괴물 미노타우로스를 처치한 테세우스가 미노스 왕의 딸인 아리아드네를 낙소스Naxos 섬에 버리자 그녀와 결혼한다. 아마도 이 이야기는 터키의 남쪽 해안을 따라 에게해로 들어갔던 울루부룬 배들과 같은 경로를 좇으며 그리스 깊숙이 항해한 가나안 배들의 또 다른 여정을 반영하고 있는 듯하다. 청동기시대 미노아인들Minoans(미노아는 미노스 왕의 이름에서 왔다)이 근동의 와인 문화를 그들의 이웃 지역에 전했다고 보는 것이 가능할까?

디오니소스 그 자신은 여느 가나안 신들이나 중앙아시아, 북부 유럽의 샤머니즘적인 환락자들처럼 즐거움을 사랑하고 패기 넘치는 존재로 묘사된다. 디오니시아Dionysia라 불리는 유명한 겨울·봄 축제는 음주, 노래, 춤을 동반했으며, 야한 행위도 최고조에 달했다. 오늘날의 라틴아메리카 축제처럼 사람들은 민속의상을 입고 행진했고 기름이 칠해진 포도주용 가죽 자루 위에서 균형을 잡는 등의 게임을 했다. 이런 경박함은 결국 기원전 6세기에 세계 최초의 공공 극장, 즉 아테네 아크로폴리스의 아래쪽에 위치한 디오니소스 극장이 탄생하는 밑거름이 된다.

하지만 이러한 환락에는 어두운 면이 있었다. 신과 그의 술을 통해 폭발되는 감정인 "바쿠스적 격분"에는 통제라는 것이 없었다. 에우리피데스의 기원전 5세기 희곡인 「바쿠스의 시녀들The Bacchae」은 디오니소스 경배가 그리스 사회에 불러일으킨 심각한 긴장 상태를 설명해준다. 황소로 변신한 디오니소스는 보이오티아 오르코메노스Boeotian Orchomenos의 여성들을 아테네 서북쪽으로 도망치게 했다. 사람들은 그곳에서 춤을 추고 주신에 대한 찬양가를 부르고 있었다. 이들은 어린아이를 제물로 바치고 동물을 찢어 죽여 날것으로 먹었다. 비극적인 대단원에서 사자로 가장해 나타난 테베의 섭정 황태자 펜테우스는 그의 누이들과 어머니를 포함한 여성들에 의해 사지가 찢겨 죽는다. 이들은 펜테우스의 머리를 자랑스럽게 그의 아버지와 테세우스 왕에게 가져갔다. 그는 충격과 역겨움으로 나자빠진다. 거칠고 폭력적인 이 난행은 테베의 왕(그리스 신화에 따르면 그도 자신의 선조를 시돈 혹은 티레에서 찾고 있다)에게 너무나도 가혹한 일이었다.

브리스톨대학의 피터 워런 박사는 이 고전적인 문학작품 속에 들어 있는 몇 가지 감질나는 단서들을 뽑아 좀더 확고한 기반 위에 올려놓았다. 그는 울퉁불퉁한 크레타 남부 해안을 따라 위치한 미르토스 푸르누 코리페Myrtos-Phournou Koryphe에서 기원전 제3천년기 후반의 작은 농업공동체를 발굴했다. 그곳에 별다른 특성이 없다고 여긴 것은 착각이었다. 평범한 집의 창고와 부엌에서 각각 90리터 정도 용량의 거대한 병들(피토스pithos)이 여럿 발견되었던 것이다. 피터 워런이 표본 분석차 병을 보내주기 전에 이미, 우리는 이 병들이 한때 와인을 담았을 것이라 예상했다. 병에는 이집트의 스코르피온 1세 술병들을 떠올리게 하는 암적색의 큰 얼룩들과 반점들이 있었다. 그리고 미르토스의 용기들 가운데 다수가 내부에 적색 잔여물을 갖고 있었다. 그중 몇몇에는 심지어 포도의 씨와 줄기, 껍질까지 들어 있었다. 병의 큰 주둥이 아래에는 고리 손잡이가 달려 있고 그 아래쪽에 가로로 밧줄 아플리케가 붙어 있었는데, 이 점은 다시 한번 이집트의 술병들과 마찬가지로 가죽이나 헝겊 덮개들이 원래 밧줄로 고정되었음을 나타낸다. 미르토스 술병들이 고딘테페, 캅카스, 아나톨리아 등 근동 지역의 유적지에서 출토된 병들(제3장 참고)과 공유하는 또 다른 특이점은 바닥 근처의 작은 구멍이었다. 이 구멍은 도기를 구워내기 전에 정교하게 만들어졌으며 액체를 따르는 용도였다.

미르토스 술병 네 개를 분석한 결과, 이 병들이 수지 첨가 와인을 담았다는 것을 확실하게 알 수 있었다. 실제로 이것은 그리스 본토에서 나온 수지향 와인의 증거 중에서 가장 초기의 것이다. 그리스는 이 고대 전통을 현재까지 이어나가고 있는 세계 유일의 나라이기도 하다. 수지향은 맛을 내는 데 쓰이긴 해도(그리스 여행 중에 쉽게 맛볼 수 있었다) 오크통 안에서 와인을 숙성시킬 때 필수적으로 작은 변화를 일으킨다. 이미 제3장에서 언급했듯이, 현대의 그리스 와인 제조업자들은 그들 고유의 와인에 소나무 송진을 아주 조금만 첨가해서 수지향을 누그러뜨리기 시작했다.

피터 워런은 종종 목욕통으로 불리는 수많은 원형 통과 피토스 pithos[흙으로 만든 입이 큰 항아리. 고대 그리스인이 술과 곡물 따위를 보존하고 죽은 사람을 매장하는 데 썼다]를 미르토스에서 발굴했다. 고대 이집트에서도 잘 증명되고 있듯이 이들은 대개 산업용 와인 제조와 가장 밀접하게 연관되어 있다. 포도즙을 큰 병으로 흘려보내는 관을 갖춘 목욕통은 작업자들이 잇따라 포도를 밟을 수 있도록 만들어졌다. 한 사람이 지치면 다른 사람이 통으로 들어와 일을 이어받을 수 있었다. 근동의 와인 제조업자들이 주로 쓰던 물건인 거대한 깔때기를 통해서도 대규모 생산의 흔적을 찾아볼 수 있다. 도기 표면에 새겨진 포도잎 장식은 인근 포도밭을 가리켰다.

유적지 서남쪽에 위치한 작은 신전에 입상으로 세워져 숭배되던 수호신("미르토스의 여신")은 와인 양조장을 감독했다. 여신은 정면을 바라보고 있으며 신석기시대의 입상들과 마찬가지로 젖가슴과 음모가 보일 정도로 상·하반신을 완전히 드러내고 있다. 주름 장식 드레스의 꽉 끼는 보디스 밖으로 가슴이 튀어나온 이 여신은 미노아의 엄숙한 어머니 신이 되어가는 과정에 있다. 주둥이가 잘려나간 술병을 한 팔로 감싸안고 있는데, 비슷한 술병은 근동 와인 문화에서 수없이 많이 등장한다. 낮은 대臺(혹은 제단) 위에 올라선 그녀 발치에 공물 그릇들이 진열되어 있다. 주둥이 달린 술병, 피토스, 포도 밟는 통, 포도 찌꺼기를 담은 주둥이 달린 사발로 가득 찬 방이 이 신전과 인접해 있다는 사실을 통해, 이 지역 와인 제조작업에 그녀가 관련되었다는 것은 명백하다.

이집트의 왕실 와인 제조산업과 마찬가지로 미르토스의 와인 제조산업 역시 갑자기 생겨났다. 그리스 여러 지역으로부터 이 섬으로 와인 제조산업이 도달했을 가능성이 있다. 특히 마케도니아 디킬리 타시Dikili Tash의 으깨진 포도껍질은 기원전 제5천년기의 것으로 밝혀졌고, 몇몇 에게 해 섬들(시로스, 아모르고스, 낙소스)의 재배종 포도송이와 포도잎이 새겨진 도기는 기원전 제3천년기의 것으로 보고됐다. 주목할 만한 것은, 아테네의 남쪽으로 약 20킬로미터 떨어진 아티카Attica의 아그히오스코스마스Aghios Kosmas 유적지 1번 가옥에서 발굴된 피토스 안에 든 재배종 포도씨였다. 이 큰 술병은 여타 미르토스 용기들과 마찬가지로 바닥 근처에 구멍이 있었다. 이 점은 미르토스에서와 동일한 시기에 본국에서 와인 제조법을 알고 있었다는 명쾌한 증거다.

미르토스에서 와인을 만들게끔 한 추진력은 그리스의 다른 지역에서 온 것일까? 아니면 가나안 사람들이 이 섬에 전했을까? 모든 점을 감안해볼 때 후자가 좀더 합당한 것으로 보인다. 미르토스는 이집트와 레반트 지역으로부터 오는 선박의 항해 경로상 가장 먼저 나오는 육지이며, 근동의 뚜렷한 와인 제조산업 특성은 근동으로부터 영향을 받았음을 시사한다. 가나안 사람들은 자신의 와인 문화를 전파하길 원했고, 그리스에서 그 기회가 열렸다. 그들은 그 지역 크레타인들과 함께 일함으로써 자신들의 이익을 제고했다.

그리스는 와인 제조를 통해 이집트 교역 상대뿐 아니라 가나안 사람들에게도 빚을 졌다. 크레타 상형문자와 선형문자 A를 포함한 초기 그리스 문자 중 포도grape, 포도밭vineyard, 와인wine을 나타내는 기호가 바로 그것이다. 이 문자들은 의심할 나위 없이 이집트 상형문자에서 유래한 것으로, 격자 구조물에 붙어 자라는 잘 손질된 덩굴나무를 보여준다.

심지어 그리스인들은 스스로의 노력으로 항해 무역상이 되어 지중해의 패권을 둘러싸고 페니키아인들과 경쟁을 시작한 후에도 동부 지중해 와인 문화에 대한 빚을 심오한 방법으로 표현했다. 이들은 페니키아의 알파벳을 받아들였는데 이는 바로 우리가 쓰고 있는 영어 알파벳의 원형이다. 이들은 이 혁신적인 문자체계를 상품 목록을 만들거나 항해 일지를 기록하는 데에만 쓰지 않고 와인에 대해 느끼는 자신들의 감정을 표출하는 데에도 사용했다. 기원전 8세기의 와인 항아리 오이노코에oinochoe[고대 그리스 항아리 형식의 하나로서 주둥이에서 어깨로 굽은 손잡이가 달려 있는 술 주전자]에 새겨진 초기 그리스 시대 글은 다음과 같다. "모든 무용수 중에서 누구든 제일 춤을 재주 있게 추는 사람은 이 오이노코에 병을 상으로 받게 될 것이다." 그 이후의 것으로 보이는 같은 세기의 글 역시 놀랍다. 이 글은 나폴리 만 이스키아Ischia 섬 그리스인들이 건설한 식민지 피테쿠사이Pithekoussai에 있는 소년의 무덤에서 출토된 로도스식 와인잔(코틸레kotyle) 위에 기록된 것으로, 호메로스 서사시의 한 부분을 우아하게 표현한다. "네스토르[그리스 전설에 나오는 영웅으로 필로스의 왕]의 잔은 술을 마시기엔 아주 좋다. 그러나 누구든지 이것으로 술을 들이켜는 자는 곧 왕관을 쓴 아프로디테를 향한 갈망에 휩싸일 것이다." 와인과 여자 그리고 춤을 한데 섞는 디오니소스적 특성은 수 세기를 건너서도 여실하게 우리의 눈에 띈다.

가나안 사람들이 이집트를 경유해 크레타로 와인 제조기술을 소개했다는 또 다른 증거 하나는 논란의 여지가 많다. 만약 이집트를 경유했다면, 우리는 이집트 사람들이 선호했던 보리맥주가 와인 제조기술과 동시에 크레타로 도입됐다는 증거를 찾을지도 모른다는 기대를 할 수도 있다. 이 생각을 어느 한쪽으로 못 박으려는 의도 없이 미르토스의 피토스 두 개를 분석한 결과, 보리맥주 생산 부산물인 옥살산칼슘의 존재를 밝혀냈다. 피터 워런은 옥살산칼슘이 들어 있는 병 가운데 하나가 보리 왕겨와 곡물 조리 증거들이 발견된 방에 있었다고 특별히 언급하며 미르토스에 보리맥주가 있었다는 점에 적극 동의하고 있다. 유명한 미노아 유적인 크노소스Knossos를 발굴한 아서 에번스 경이 미노아인들이 맥주를 만들고 마셨다고 주장한 이래로 이 사안은 여태껏 그리스 고고학자들 사이에서 뜨거운 논쟁거리가 되고 있다.

그리스 고유 술의 최후

이상하게도 위에서 언급한 미르토스 술병 두 개는 한때 수지 첨가 와인도 담고 있었다. 용기들이 재사용됐을지도 모르지만, 더 그럴듯한 설명은 "그리스 그로그주"를 만들기 위해 맥주와 와인을 섞었다는 것이다.

미르토스의 그로그주는 기원전 1600년경 후기 미노아 IA기期 초기에 시작되어 그리스 전역을 휘어잡았는지도 모른다. (우리 연구소의 분석 결과와 바사대학의 커트 벡의 분석에 따르면) 정확하게 보리맥주, 포도와인, 벌꿀주를 섞어 만든 그 시기의 혼합주는 크레타와 그리스 본토 전역 유적지에서 발견된다. 이 혼합주는 소위 원뿔 모양의 잔으로 불리는 새로운 종류의 용기에 담겨 있었다. 이 잔은 의식과 관련된 배경을 지닌 유적지들에서 믿을 수 없을 정도로 많이 발굴되고 있다. 미케네와 후기 미노아 시대(기원전 1400~기원전 1130년경)에 널리 애음되었던 이 특이한 음료는 정교하게 장식된 용기(높이가 높은 킬릭스 잔들, 소위 맥주잔이라 불리는 것들, 반원 모양의 손잡이들이 달린 병들, 소머리 형태를 취했거나 빙빙 돌고 있는 문어로 꾸며진 뿔 모양의 술잔 리톤rhyton) 내부에서 증명되고 있다.

이 그리스 그로그주가 궁극적으로 어디에서 유래했는지는 불확실한 상태다. 미르토스에서 나온 더 이른 시기의 맥주와 와인의 혼합물은 그리스 발효음료의 전체적인 흐름 속에서 잠깐 나타난 것인지도 모른다. 이 그로그주는 근동 지역의 카시게슈틴, 혹은 "맥주와인"(제3장 참고)을 상기시킨다. 술의 좀더 평범한 공식에는 벌꿀주가 포함된다. 이 점은 유럽에서 잘 증명되고 있으며 프리기아 그로그주 제조법과 일치한다. 그리스 학자들 사이에서 유행하고 있는 학설에 따르면, 유럽에서 그리스로 이주한 민족들이 기원전 제2천년기에 세력의 균형점을 크레타에서 미케네 본토로 이동시켰다고 한다. 만약 이 가설이 옳다면 이 민족은 아마도 노르딕 그로그주 변종인 새로운 그리스 그로그주를 도입했을 것이다.

소위 네스토르의 황금잔이라 불리는 술잔이 미케네 성채Citadel at Mycenae(보통 호메로스 서사시에서는 아가멤논의 왕궁으로 동일시되고 있다) 근처의 기원전 16세기 왕족 무덤에서 발견되면서 이야기가 더욱 복잡해졌다. 꼭대기에 앉아 날개를 펼치는 비둘기가 표현된 이 정교한 황금잔은 『일리아드Iliad』(II. 628–643)에 기술되어 있다. 이 작품은 기원전 700년경에 쓰인 것으로 알려져 있으며, 그보다 더 이른 시기의 전통을 반영하고 있다고 여겨진다. 네스토르의 하녀인 헤카메데가 황금잔에 키케온kykeon이라는 술을 담아 트로이 전쟁에서 부상당한 병사를 극진히 대접하며 간호하는 장면을 읽을 수 있다. 키케온은 프람니아 와인Pramnian wine과 보릿가루 그리고 꿀을 섞은 것에다 염소젖으로 만든 치즈를 강판graters에 갈아서 올린 "그로그주"였다.

"혼합물" 정도로 해석할 수 있는 키케온은 프리기아, 북유럽, 그리스 혼합주들의 전반적인 화학적 조건인 와인, 맥주, 벌꿀주의 조합과 맞아떨어진다. 치즈는 아직 화학적으로 확인된 바 없지만 그리스와 이탈리아의 전사 무덤들에서 회수된 치즈 강판들은 호메로스식 조리법의 증거를 제시해준다. 우리 연구소와 바사대학의 커트 벡은 미케네에서 나온 그 유명한 네스토르의 황금잔(보존 목적으로 오래전에 깨끗하게 세척됐다)에서 어떠한 잔여물도 분석해낼 수 없었다. 하지만 운 좋게도 그 유적지에서 나온 같은 종류의 도기 맥주잔을 실험할 수 있었고 그 잔은 그리스 그로그주의 흔적들을 지니고 있었다.

키케온은 높은 농도의 알코올을 만들어낼 잠재력 있는 재료들을 잡다하게 모아놓은 것 이상의 음료였다. 『오디세이Odyssey』에 따르면, 오디세우스와 그의 동료들이 고향 이타카 섬으로 돌아오기 위해 경로를 우회하여 항해하고 있을 때, 위험한 여자 마법사인 키르케와 마주친다. 그녀는 오디세우스의 선원들을 유혹했으며 파르마콘pharmakon(그리스어로 "약")이 첨가된 키케온으로 그들을 마비시켜 돼지로 바꾸어버린다. 이 키케온에 첨가된 향정신적 약물의 효과는 아마도 프람니아 와인에서 비롯된 듯한데, 몇몇 학자는 키케온이 약초로 만든 와인이라고 주장하기도 한다. 키르케가 이득을 취하려고 특정한 향신료, 혹은 약초를 사용했다는 것이 좀더 그럴듯해 보인다. 가능성 있는 후보로는 마취성과 자극성을 띤 루Rue[원산지가 지중해 연안인 귤과 상록 다년초]라는 식물이며, 커트 벡은 미케네와 크레타 북부 해안에서 떨어진 작은 섬 위에 있는 미노아 시대 항구 마을 프세이라Pseira에서 출토된 조리 용기들 안에서 이 식물의 화합물을 검출했다. 사프란 역시 진통효과가 있어 매우 가능성이 높은 후보다. 가장 매혹적인 미노아 프레스코 벽화 중 일부에는 여성들이 크로커스 꽃이 피어 있는 밭을 돌아다니며 그것들을 채집하는 장면이 묘사되어 있다. 이 꽃에서 사프란을 조금씩 모을 수 있다. 양귀비와 그 파생물인 아편의 존재는 여성 입상에 의해 강력히 암시되고 있다. 그 입상은 기원전 1400년 이후의 것으로, 당시 웅장한 건물들이 파괴되고 남은 것이다. 양귀비 씨의 꼬투리가 그녀의 머리 위에서 싹트고 있다. 하지만 아직까지 키케온에 들어간 약물을 확정할 수 있는 생체분자 고고학적 증거는 없는 상태다.

그리스 그로그주는 호메로스 이후 수 세기에 걸쳐 결국 페니키아 와인 문화에 밀려나게 된다. 그리스가 지중해에서 외국 시장을 지배하려고 싸우고 그들의 맥주와 다른 혼합주를 미개한 유럽의 내륙 지역에 전파했음에도 말이다. 하지만 키케온이 엘레우시스 제전 Eleusinian Mysteries[곡식의 여신 데메테르를 받드는 신비적 의식]의 일부로 포함되었기에 완전히 잊힌 것만은 아니었다. 우리가 헬레니즘 시대와 로마 시대의 이 신비한 지역에 관해 조금이나마 알고 있는 사실은, 의식을 개시할 때 내세에서의 즐거움은 물론이고 속죄를 기약하는 의미가 담긴 혼합주를 마시는 행위가 수반된다는 것이다. 몇몇 연구가는 환각성 버섯hallucinogenic mushroom, 혹은 호밀과 밀에 침투하는 맥각ergot이 그 혼합주에 들어 있을 것이라 짐작하고 있다. 물론 증명된 바는 없다.

엘레우시스에 있는 데메테르 신전이나 아테네 아크로폴리스 근처의 자매 신전에 소속된 사제들만큼 모험을 좋아하는 것은 결코 아니지만, 나는 현대적인 키케온을 재창조하기 위한 실험 몇 가지를 수행했다. 크레타 헤라클리온 남부의 아르카네스 언덕지대에 위치한 미노스 양조장 소유주 타키스 밀리아라키스의 도움으로, 딕타몬 diktamon(크레타 디타니라고도 부르며 학명은 origanum dictamnus, 오레가노oregano와 비슷한 맛이 난다)과 사프란 등 그 지역에 자생하는 약초들을 채집했다. 우리는 그 섬에서 유명한 최상급 산꿀과 양질의 크레타 보리 맥아를 구했다. 2004년 아테네 하계 올림픽을 위해 "황소의 피"라는 혼합주를 만드는 것이 우리의 계획이었다. 이 술의 이름은 디오니소스와 미노아 종교의 황소 희생 의식 간의 밀접한 연관성을 암시한다. 전성기 시절(기원전 1600~기원전 1400년) 하기아 트리아다Hagia Triada의 궁 또는 마을에서 나온 석관 위 프레스코화도 우리에게 영감을 주었다. 디오니소스를 상징하는 황소의 피가 항아리에 모이고 있고 여성 사제로 보이는 인물 하나가 뿔 모양의 제단 앞에서 부리처럼 생긴 주둥이가 달린 또 다른 항아리를 바치고 있다. 우리는 그 황소의 피가 암적색 와인이 전체의 대부분을 차지하는 그로그주를 나타내는 것이라고 생각했다. 불행하게도 와인 제조업자들은 결과물을 맛보고 나서 생산을 거부했고 그에 따라 우리의 계획은 중단됐다.(이들은 심지어 만들어놓은 샘플조차 내게 보내주지 않았다.) 이 와인 제조업자들은 도그피시헤드 양조장의 샘 칼라지오네처럼 실험적인 투지를 갖고 있지 않았거나 순수한 와인에 대한 몇 가지 편견을 갖고 있었음이 틀림없다.

이탈리아로 뻗어나가다

기원전 8세기 호메로스 시대는 지중해 전역에 걸쳐 감성, 지성, 기호에 대한 페니키아와 그리스 간 경쟁이 최고조에 달하는 시점이다. 키프로스, 몰타, 시칠리아, 사르디니아, 이비사 등 많은 섬은 페니키아와 그리스라는 두 항해 국가에 의해 그 구획이 그려졌다.

에비아Evvoia에서 들어온 이주민이 정착했던 이스키아 섬의 교역 식민지 피테쿠사이에서 출토된 증거들은, 그리스와 페니키아의 와인 문화가 이탈리아와 서지중해 사람들에게 어떤 영향을 주었는지를 이해하기 위해 이 겹겹이 싸인 증거들을 얼마나 조심스럽게 풀어내야 하는지 분명히 보여준다. 에비아 섬의 레프칸디Lefkandi, 캄파니아와 에트루리아의 가옥 바닥뿐 아니라, 피테쿠사이의 전사 무덤에서 아주 비슷한 유물들이 발굴되고 있다. 근동 양식의 거대한 쇠가마솥, 크라테르와 여과기, 와인을 퍼담는 국자 일습一襲과 치즈 강판 등이 이에 해당한다.

쇠 가마솥의 근원에 대해서는 토론의 여지가 있지만, 우리는 그 용기들의 디자인에 관한 최초의 영감이 동부 지중해에서 왔다는 사실을 알고 있다. 코르사바드Khorsabad에 위치한 사르곤 2세Sargon Ⅱ의 왕궁(연대는 기원전 714년)은 아시리아 양각으로 꾸며져 있는데, 거기에 위와 같은 종류의 가마솥들이 묘사되어 있다. 이 양각은 페니키아 혹은 시리아 장인들이 아시리아인들을 위해 만들어낸 것으로 보인다. 유물이 가장 풍부하게 나온 키프로스의 한 무덤(살라미스의 79번 무덤)에서도 비슷한 가마솥이 출토됐다. 가마솥 테두리에 그리핀과 스핑크스 그리고 다른 동물들의 돌출된 머리, 혹은 반신상이 붙어 있었다. 발굴된 가마솥 중 가장 호화스러운 솥 안에는 주석으로 도금된, 버섯 모양 주둥이의 술병들이 들어 있었는데 이것은 페니키아와의 관련성을 시사한다.

아시리아인들이 넓은 포도밭을 갖고 있었고 와인이 그들의 문헌에서 빈번히 언급된 것을 보면, 사르곤 궁전의 벽들에 나타나는 대부분의 가마솥은 와인만을 담았을 가능성이 매우 높다. 하지만 미다스 왕의 봉분에서 나온 잔여물 분석 결과(제5장 참고) 이 가마솥들이 와인이 아닌 프리기아 그로그주로 채워졌음이 드러났다. 아시리아 밖에서 비슷한 패턴이 발견되는 것도 무리는 아니다.

그렇다면 이탈리아의 전사 무덤에 있는 가마솥도 와인이 아닌 그로그주를 담고 있었다는 주장은 가능한 이야기일까? 현재 이 가설을 생체분자 고고학적으로 조사해볼 기회가 무르익었다. 이 무덤에서 출토된 치즈 강판은 가마솥이 혼합발효주를 담았다는 아주 강력한 징후라 할 수 있다. 이 씩씩한 전사들에겐 이승이나 내세에서 치즈 강판이 전혀 필요없었겠지만, 치즈를 갈아 그리스의 키케온을 만들어낼 때만큼은 예외였을 것이다. 무덤까지 전사들과 동행했던 여성들 역시 치즈 강판 축소 모형 펜던트가 부착된 옷을 입고 있었다. 호메로스 서사시에 등장하는 하녀 헤카메데와 술 키르케처럼 이 여성들은, 고대 세계에서 여성들이 술을 제조하는 역할을 맡았던 오랜 전통에 따라 쓰러진 그들의 영웅들을 위해 키케온을 만들었던 것으로 보인다. 게다가 피테쿠사이에서 나온 로도스식 술잔에는 초기 그리스 문자들이 새겨져 있었으며 이 글자들은 네스토르의 황금잔 속에 더 독한 키케온이 담겨 있었음을 의미한다.

그리스 양식의 혼합주가 유럽에 알려졌다는 학설을 지지하는 측면에서 식물고고학과 다른 고고학적 증거들을 언급할 수 있다. 예를 들면, 벌집 조각을 지니고 있던 가마솥(연대는 기원전 575년)이 토스카나Toscana 주 무를로Murlo에 있는 건물 안마당에서 발견되었다. 카살레마리티모Casale Marittimo에서 발굴된 피알레Phiale(동지중해 양식의 손잡이 없는 술잔)와 순례용 플라스크는 헤이즐넛과 석류로 맛을 더한 수지향 혼합주를 담고 있던 것으로 보인다. 그리고 더 많은 벌집들이 특이하게 생긴 원통형 용기 속에서 발견되었는데, 이것들은 그 지역에서 발효를 위해 사용되었을 가능성이 있다. 베루키오Verucchio의 무덤에서 나온 원뿔 두 개를 합친 모양의 크라테르(연대는 기원전 8~기원전 7세기) 용기에는 포도 화분花粉과 곡식 낟알들이 들어 있었다. 이는 순수한 포도와인 이상의 무언가가 제조되었음을 암시한다고 할 수 있다.

나는 유럽의 다른 지역 사람들과 마찬가지로 에트루리아 사람들 역시 페니키아와 그리스 사람들이 그들의 해안가에 도착하기 전에 이미 혼합발효주를 만드는 전통을 갖고 있었을 것이라고 주장한다. 상인들은 에트루리아 사람들에게 가마솥, 크라테르, 여타 음주용 용기들을 선보이며 동지중해 와인 문화로 이들을 유혹했다. 처음에 에트루리아 사람들은 켈트족 왕자들과 그들의 동료들이 훨씬 북쪽 지방에서 그랬던 것처럼(제5장 참고), 단지 자신들 고유의 혼합주를 담는 데 사용할 목적으로 기존 관습 내에서 용기들을 받아들였다. 에트루리아 사람들은 그 용기를 자신들의 유형(높은 받침대를 지니고 은과 금으로 도금한 페니키아 양식의 "혼합 사발")으로 만들어나갔고, 머지않아 동지중해 와인 문화를 받아들이게 된다. 물론 에트루리아 사람들이 무역상들과 교역하기 전후 시대의 국내, 국외의 용기 유형을 화학적으로 광범위하게 분석해봐야만 내 가설이 옳은지 그른지 드러나게 될 것이다.

피렌체로 가는 입구인 산로렌초 그레베San Lorenzo a Greve에 있던 중기 청동기시대의 지하실에서 수많은 포도씨가 발굴된 것으로 보아 야생종 포도와 재배종 포도 둘 중 하나가 에트루리아 그로그주에 들어갔을 것이다. 하지만 우리는 기원전 9세기 철기시대가 시작될 때까지 좀더 기다려야만 한다. 그때는 무역상들이 대거 도착해 대규모 와인 생산이 막 도약해서는 향후 수 세기 동안 점차 활기를 띠고 에트루리아 그로그주를 대체하던 시기다. 가나안 사람들이 이집트와 훗날 미노아 사람들에게 포도 재배를 지도했던 것처럼 페니키아 사람들은 고향에서 가져온 포도나무들을 옮겨 심어주었을 뿐만 아니라 자신들의 지식을 에트루리아 사람들에게 전해주었던 것으로 보인다. 셈어계의 알파벳도 이와 함께 전해졌으며 그리스처럼 최초의 에트루리아와 로마의 문자들이 와인 용기 위에 새겨졌다.

아울러 동지중해 와인 문화 장비들 역시 열광적으로 받아들여졌을 것이다. 이런 작은 것들에서부터 시작하여 이탈리아의 와인 제조업은 오늘날과 같이 막대한 산업으로 성장하게 되었다.

나는 페니키아 사람들이 에트루리아를 와인 문화 범주에 끌어다 놓는 일을 주도했다고 믿는다. 적어도 외국과의 접촉이 시작되는 단계에 있어서는 말이다. 그동안 그리스인들은 자신들의 술인 키케온을 여전히 고집하고 있었다. 에트루리아 암포라는 페니키아의 것을 본떠 만들어졌으며 이런 형식의 유사성은 종종 그 기능과 내용물도 비슷하다는 것을 의미하기 마련이다. 이에 대한 해답은 암포라가 많이 출토되는 초기 에트루리아의 해안 유적지들을 더 광범위하게 발굴하고, 와인 관련 도기를 실었던 지중해 난파선들을 조사함으로써 찾을 수 있을 것이다. 에트루리아 포도 재배에 가장 큰 역할을 했던 것으로 보이는 페니키아 정착지는 시칠리아 섬 서쪽 끝 외딴섬 모티아Motya와 티레니아 해의 리파리 제도Lipari Islands다. 훗날 모티아는 더없이 맛있는 마르살라 와인Marsala wine으로 유명해졌다.

기원전 4세기경의 것으로 보이는 난파선 엘섹El Sec의 상당한 화물 중에서 흙 속에 파묻힌 포도나무들이 발견됐다. 마요르카 해안에서 한참 떨어져 위치한 이 난파선은 이식移植을 위해 이 포도나무를 운반하는 중이었다. 이 배는 또한 지중해와 흑해 전역에서 만들어진 수많은 암포라, 아테네식 술 사발들(스키포스skyphos), 유럽 곳곳에서 유행했다는 증거가 많이 남아 있는 혼합주 제조용 가마솥과 양동이도 싣고 있었다.

하지만 한 척의 배에 승선한 수많은 포도나무 조각은 포도나무 이식 계획을 증명하는 데는 다소 부족한 증거일 수 있다. 남부 프랑스 앞바다에서 최근에 발굴된 난파선 그랑리보(연대는 기원전 600년경) 역시 수많은 포도나무를 싣고 있었다. 그러나 이 나무들은 700~800개에 달하는 암포라가 깨지지 않게 완충 작용을 했던 것으로 알려져 있다. 엘섹에 있던 포도나무들 역시 암포라 완충제로 사용된 것일지도 모른다. 하지만 나무를 시들지 않도록 해서 다시 심으려는 목적이 아니었다면 간행된 보고서에서 설명한 바와 같이 그렇게 많은 흙이 포도나무와 함께 있었다는 것은 이상한 일이다.

현재 꽤 많은 철기시대 난파선들의 위치를 파악했고 이탈리아와 프랑스 해안가를 따라 이들을 발굴해왔다. 와인과 관련된 용기들이 워낙 많이 적재되어 있어서 혹자는 페니키아와 그리스 문화의 서지중해로의 전이가 그들에게 와인 문화가 있었기에 가능했다고 말할 수도 있을 것이다.

에트루리아 사람들이 와인 제조기술을 페니키아 사람들에게 배웠든, 서부 아나톨리아 지방 리디아 사람들에게 배웠든, 기원전 600년 무렵에는 프랑스 남부로 와인을 수출하기에 이르렀다. 로마인들은 에트루리아 사람들의 발자취를 따랐으며, 그 이후의 역사는 모두가 알고 있다. 재배종 포도나무 재배지 북쪽 한계선에 도달할 때까지 와인은 알프스 너머 부르고뉴 지방과 모젤 강까지 계속해서 북향하여 그 지방 고유의 술을 대체했다. 노르딕 그로그주는 그 한계선 너머의 여러 지역에서는 여전히 살아남았다.

유럽을 개척하다

페니키아와 그리스 사람들은 서지중해에 영구 식민지를 발견한 덕에 얻은 것이 많았다. 서지중해는 그들의 장래 고객과 그리 멀지 않았다. 와인을 동쪽에서부터 수천 킬로미터 떨어진 거리까지 해상으로 운반하는 대신에 그들은 외국에서 와인이 소비될 수 있도록 그 지역에 포도밭을 만들고 와인을 제조하기 시작했다.

이 방식을 따라 그리스가 성공을 거둔 예는 현재 이탈리아의 발가락 부분에 위치한 칼라브리아 지역, 오에노트리아Oenotria("포도를 재배한 땅") 해안 도시들에서 찾아볼 수 있다. 이곳은 포도나무와 와인 문화를 활성화시키려는 그리스 사람들의 노력이 얼마나 진지했는지를 보여준다. 시바리스Sybaris라는 도시는 호화롭고 방탕한 삶의 양식이라는 뜻인데 이름에 걸맞게 대단히 융성했다.

2005년, 이탈리아의 와인양조업자협회가 나를 초청했을 때 그리스와 페니키아 사람들의 노력이 이탈리아에서 어떤 성과를 거두었는지 엿볼 기회가 있었다. 보아하니 내 책 『고대의 와인』의 번역본이 와인을 사랑하는 이탈리아 사람들의 심금을 울린 듯했다. 토스카나에서 열린 에트루리아 와인학술대회에서 강연을 마치고 난 뒤, 나는 파올로 벤베누티가 운영하는 단체가 있는 남쪽으로 떠났다. 그는 치타 델 비노Città del Vino[와인 도시] 협회 이사였다. 시에나대학의 에트루리아 전문 고고학자 안드레아 지페레로도 여행길에 동행했다. 우리는 이탈리아 전역의 실험적인 포도밭을 반드시 둘러보기로 했고 베수비오Vesuvio 산 동남쪽 폼페이에 있는 마스트로베라르디노 양조장Mastroberardino Winery 사업단지를 방문했다. 그곳의 와인 양조업자들은 발굴된 고대 포도밭 유적지에서 그들이 로마 재배종이라 여기는 포도(예를 들면, 그레코 디투포Greco di Tufo, 코다 디볼페Coda di Volpe, 비티스 아피아나Vitis Apiana/피안코Fianco/머스캣Muscat)를 로마 시렁 기법으로 기르고 있다. 이는 가지를 솎아내서 그 가지가 한 개의 지지대나 좀더 정교한 축과 퍼걸러(덩굴시렁), 혹은 나무를 타고 올라가도록 하는 기법이다. 오늘날에도 로마식 방법은 가장 일반적이다. 포도열매가 공기의 흐름과 햇빛에 노출될 수 있도록 하고, 손질과 수확이 용이하게 포도나무를 수직으로 자라게끔 한다. 이러한 실험으로 폼페이 회반죽 벽화로 유명한 신비의 저택Villa of Mysteries/Villa dei Misteri을 따서 이름을 지은 최고급 와인을 출시하게 되었다.

그러고 나서 우리는 고대 오에노트리아로 이동해 로크리Locri에 있는 와인양조업자협회의 양조단지를 조사했다. 수많은 이탈리아 포도종(1000종 이상)을 길러내고 이 풍부한 포도 유전자들을 보존하는데 전념하고 있었다. 그야말로 현재의 포도종과 그들의 고대 종에 관해서 알아야 할 점이 많이 남아 있는 상태였다. 예를 들어 내 동료 유전학자인 조제 부야모즈는 최근에 유명한 토스카나 재배종인 산지오베세Sangiovese 바로 윗대의 종이 칠리에지올로Ciliegiolo와 칼라브레제 몬테누오보Calabrese Montenuovo임을 밝혀냈다. 칠리에지올로는 토스카나에서는 잘 알려진 포도종이지만 칼라브레제 몬테누오보는 캄파니아와 칼라브리아(이 종의 원산지라고 추정됨)에서 거의 절멸된 상태다. 더 이른 시기의 조상종들은 그리스에서 유래한 것일 수도 있지만, 이 이론은 아직 확정되지 않았다. 이 지역에서 현재 자라고 있는 포도종을 보존함으로써 이들의 조상종을 규명할 수 있고, 또 더 좋은 새로운 품종을 만들 수도 있을 것이다.

서쪽에서의 페니키아 식민지 건설이라는 좀더 큰 그림으로 돌아가보자. 그들의 가장 큰 식민지는 현재 튀니지에 해당하는 북아프리카 해안에 위치한 카르타고였다. 고전적 출처에 따르면 그 도시는 기원전 9세기 후반에 세워졌다. 이 시기는 아시리아인들이 페니키아 도시인 티레를 위협해 티레의 공주 엘리사Elissa(혹은 디도Dido)가 배를 타고 도망친 때다. 고고학적인 증거는 이 연대를 대략적으로 뒷받침하고 있다. 디도와 티레의 귀족들은 모티아 맞은편 반도 끝에 위치한, 이상적이고 전략적인 장소에 정착했다. 그들은 기슭에 항구가 있는 높다란 낭떠러지를 주요 주거지로 삼았다. 북쪽과 남쪽에는 큰 늪이 위치했다. 비옥한 토양을 지닌 광대한 내륙 지역은 이들의 본토와 매우 흡사해서 페니키아 사람들은 곡류와 재배종 포도나무를 심을 수 있었다.

북부 아프리카 해안은 지중해의 다른 지역들에 비해 인구 밀도가 매우 낮았다. 그래서 페니키아 사람들은 그 지역 유목민 베르베르Berber 사람들과 함께 다른 전략을 채택할 수 있었다. 페니키아 사람들은 교역을 촉진하려고 저자세를 취하거나 와인 산업을 지원하기보다 진정한 식민지 건설자가 되었다. 카르타고가 점점 커지고 해안을 따라 정착지들을 만들어나감에 따라, 이후 수 세기 동안 이곳은 카르타고 제국의 수도이자 로마 제국의 물품 공급지가 되었다. 카르타고의 번영은 최근에 로버트 밸러드와 그의 심해 탐사 동료들을 통해 드러나고 있다. 잠수함과 원격조종선을 사용하여 수많은 교역선과 1000미터 깊이의 바닥에 펼쳐진 암포라를 찾아낼 수 있었다. 암포라는 티레니아 해의 스케르키 모래톱Skerki Bank을 따라 카르타고에서부터 로마의 항구인 오스티아Ostia로 가는 직항로에 떨어져 있었다. 이 선박들과 뱃짐들은 불행하게도 침몰했지만 대다수 다른 배들은 여정을 안전하게 마쳤다.

와인은 고대 카르타고에서 선택받은 술이었다. 기원전 3~기원전 2세기경에 마고라 불린 카르타고 사람은 포도 재배와 다른 농업 형태에 관한 최초의 전문서적 중 한 권을 썼다. 그는 훗날 로마 작가들(바로, 콜루멜라, 플리니우스)에 의해 광범위하게 인용된다. 아마도 마고는 식민지 건설 시기에서부터 페니키아의 전통들을 그려나갔을 것이다. 하지만 현재까지 카르타고에서 발굴된 재배종 포도에 관한 가장 이른 시기의 증거는 기원전 4세기의 포도씨다.

야생종이 튀니지에서 자라고는 있지만 뜨거운 기후 속에서 재배종 포도나무를 살아남게 하려면 특별한 조치들을 취해야만 했다. 마고는 적은 강우량의 문제를 해결하기 위해서 어떤 방식으로 토양에 공기를 주입하고 포도밭을 배치해야 할지 조언해줬다. 그의 건포도향 와인 제조법은 다음 사항들을 포함하고 있다. 완전히 익었을 때 포도를 따고, 흠 있는 열매들은 버리며, 포도를 갈대로 만든 집 아래에서 며칠간 햇빛으로 건조시켜서는(밤에는 이슬이 맺혀 축축해지지 않도록 신경 써서 덮어주어야 했다), 신선한 포도즙에 그 과실을 흠뻑 적셨다가 밟는 것이다. 이런 방식으로 한 번 더 만들어서, 첫 번째와 두 번째로 제조된 것을 합친 다음 약 한 달간 숙성시켜 가죽 덮개가 있는 용기로 거른다. 마고의 건포도향 와인은 맛과 제조방식 면에서 달콤한 맛의 토스카나 빈 산토Vin Santo, 혹은 이탈리아 북부 발폴리첼라Valpolicella에서 만들어진 아마로네Amarone와 견줄 수 있다. 아마로네를 만들기 위해서는 수확된 포도들을 일단 헛간에 있는 선반 위에서 건조한 뒤 으깨고 누른 다음, 그 포도 찌꺼기 위에서 한 달간 발효시킨다. 여과작업을 하고 나면 아마로네는 잘 밀봉된 병 속에서 좀더 숙성된다. 하지만 더 가까이서 맛있는 머스캣 와인을 맛볼 수 있다. 머스캣 와인은 카르타고의 해안으로부터 100킬로미터도 채 떨어져 있지 않은 판텔레리아Pantelleria 섬에 있다.

카르타고의 영향력은 결국 지중해 건너 스페인 코스타델솔Costa del Sol과 서쪽으로는 헤라클레스 기둥이라 불리는 바위가 있는 지브롤터 해협에까지 이르게 되었다. 카르타고 사람들은 이베리아Iberia 반도 내륙의 과달키비르 강Guadalquivir River 유역에서 나오는 주석, 납, 은 광석 개발을 목표로 하게 된다. 하지만 이들은 비옥한 해안 평원이 식민지를 건설하고 그들의 와인 문화를 이식할 최적의 장소라는 것을 다시 한번 깨달았다. 카르타헤나Cartagena 근처의 마사론 만Bay of Mazarrón에서 최근에 발견된 기원전 2세기의 난파선은 카르타고 제국이 팽창하는 데 선박 수송이 얼마나 중요한지를 보여준다. 스페인 국립해양고고학박물관의 주도 아래 발굴된 이 두 선박은 길이가 일반적인 비블로스 선박의 3분의 1밖에 되지 않지만, 해안을 따라 단거리 운송용으로는 꽤나 유용하게 쓰였을 것이다.

페니키아와 카르타고 사람들이 도착하기 전에 남부 스페인 해안의 토착민들은 보리, 에머밀, 꿀, 도토리 가루로 만든 향신료가 들어간 혼합주를 즐겼다.(제5장 참고) 강압적이든 자발적이든 이들은 곧 와인 문화를 받아들였다. 그리하여 최초의 스페인 포도밭을 설계하고 우수한 포도종을 심는 데 들였던 고대의 노력이 맺은 결실을 오늘날의 우리가 누리고 있는 것이다.

2004년 고대 맥주에 관한 바르셀로나 회의에 참석했을 때 바르셀로나대학에 있는 동료 로사 라무엘라라벤토스는 해안 및 산악 와인

지역들을 돌아보는 매우 특별한 여행으로 나를 초대했다. 그녀와 그녀의 학생 마리아 로사 과슈는 투탕카멘의 무덤에 있는 몇몇 암포라에서 붉은 색소를 검출하는 일과 액체혼합체질량 분석법을 이용한 좀더 정밀한 방법을 개발하는 일을 맡고 있었다. 이는 고대 시기 표본에서 타르타르산을 식별하기 위해서였다. 현재 우리는 열아홉 살의 파라오가 적포도주를 마셨다는 것을 알고 있다. 그러나 바르셀로나 그룹이 진행한 연구에 따르면 그의 무덤에서 나온 스물여섯 점의 항아리 중에서 적어도 세 개는 백포도주를 담고 있었다.

그녀의 가문인 라벤토스Raventós 가는 카바 스파클링 와인Cava sparkling wine(코도르니우Codorníu 상표를 붙여 판매된다)의 유서 깊은 제조자이며 비발포성 와인still wine 제조단지를 경영하고 있기도 하다. 며칠 동안 와인을 맛보고 최신식으로 만들어진 포도밭과 양조장을 돌아본 뒤, 두툼한 스테이크와 카탈루냐의 특산품들을 먹는 밤이 쭉 이어졌다. 해안에서 멀리 떨어진, 높은 고도에 위치한 프리오라트Priorat를 방문했을 때 여행은 최고조에 달했다. 이곳 라벤토스에 있는 와인 공장 스칼라 데이Scala Dei는 가파른 암벽 위에 세워졌다. 12세기 카르투지오회 수도원Carthusian monastery을 본떠 만든 것으로 그 이름은 창세기 28장에 나오는 천상으로 가는 야곱의 계단을 떠올리게 한다. 열매가 적게 맺히는 포도나무들은 스칼라 데이 와인을 만드는 데 필요한 포도들을 제공해준다. 카베르네 소비뇽과 시라Syrah에 토종 가르나차Garnacha를 진하게 혼합한 이 와인의 알코올함량은 14퍼센트로 높은 편이다. 프리오라트 와인들의 알코올 함량은 16~17퍼센트로 훨씬 더 진한데, 이는 영양 보강이 되지 않은 포도 와인이 얻을 수 있는 한계치에 가깝다. 향과 맛이 어우러진 암적색의 와인이라는 설명으로는 이 와인을 충분히 표현해낼 수 없다. 이 와인의 진가를 알아보려면 직접 마셔보아야 한다. 그 후 나는 미국에서 몇 병 남지 않은 2000년산 스칼라 데이를 찾아내 맨해튼의 소호 와인앤스피릿의 맨 꼭대기 선반에 감추어놓았다. 훗날 십 년 넘는 시간이 지나 그것을 꺼내 마시게 되면 이 와인은 내게 여행의 기억과 페니키아 사람들의 모험을 상기시켜줄 것이다.

페니키아 사람들은 고향에서 아주 멀리 떨어진 곳까지 나아갔다. 지브롤터 해협을 넘어 대서양을 항해했고, 그들이 주석 광물을 개발했다고 전해진 잉글랜드 콘월로도 진출했다. 아프리카 서부 해안으로까지 여행은 이어졌다. 만약 헤로도토스의 기록을 받아들인다면, 그들은 아프리카 대륙을 두루 항해했다. 몇몇 학자는 브라질과 북아메리카 동부에서 발견된 새김 문자들을 근거로 이들이 아메리카 대륙에까지 진출했다고 주장하고 있으나 이는 거짓일 가능성이 높다. 여태까지 그들의 와인 문화 징후는 그곳에서 전혀 발견되지 않았기 때문이다. 아메리카 사람들이 어디에서 왔으며 어떤 발효음료를 만들어 마셨는지 밝혀내기 위해서는 다른 방향에서 문제에 접근해야 할 것이다.

제7장

신세계에서 맛보는 달콤하고 쓴 아로마 향

1977년 밴더빌트대학의 고고학자 토머스 디릴헤이가 칠레의 몬테베르데Monte Verde의 작은 선사시대 정착지를 발굴하기 시작했을 때, 그는 자신이 앞으로 느끼게 될 학문적인 흥분을 상상조차 할 수 없었다. 태평양에서 55킬로미터 떨어진 내륙에 위치한 이 지역은 한때 약 서른 명의 고향이기도 했다. 디릴헤이와 그의 동료들은 이곳이 1만3000년 전(B.P.)에 세워진, 아메리카 대륙에서 가장 오래된 정착지 중 하나라는 것을 밝혀냈다. 유전적 증거들이 보여주는 것처럼, 만약 인류가 빙하기 말에 만들어진 육로(지금의 베링 해협)를 통해 시베리아를 거쳐 알래스카로 건너갔다고 가정해보자. 그렇다면 그들이 어떻게 그렇게 빠른 시간 안에 알래스카에서 1만5000킬로미터 떨어진 남아메리카의 끝부분까지 다다를 수 있었을까? 이러한 주장은 많은 학자가 고수해온 전통적 지식에 들어맞지 않았고 또 그렇기 때문에 사실과 다를 가능성이 있다.

사냥꾼? 낚시꾼? 열매 먹는 사람?

아메리카 대륙에 발을 디딘 첫 인류는 돌을 정교하게 쪼개어 만든 클로비스 포인트Clovis point라는 창을 사용하던 매우 우수하고 공격적인 사냥꾼으로 오랫동안 간주되어왔다. 그들은 이 창으로 털로 뒤덮인 거대한 매머드, 사브르처럼 생긴 송곳니를 가진 호랑이, 빙하시대에 존재했던 기이한 동물들을 쓰러뜨렸다. 이러한 사냥 때문에 동물들이 대량 멸종됐다. 하지만 최근 들어 공격적인 사냥 때문에 이 동물들이 멸종에 이르렀다는 분석은 과장된 것으로 여겨지고 있다. 다른 요인이 더 있다. 이를테면 급격한 기후변화에 적응하지 못했거나, 질병을 이겨내지 못했거나, 아시아에서 온 말코손바닥사슴moose이나 불곰brown bear 등 다른 포유류들과의 경쟁에서 밀렸을 수도 있다.

"클로비스 문화" 이론[아메리카 대륙에 거주한 첫 인류는 클로비스 문화와 관련된 사람들이라는 가설]은 적어도 초기의 몬테베르데 유적지를 설명하는 데 실패했다. 클로비스 문화 가장 초기의 것으로 알려진 이 유적지는 몬테베르데보다 1500년 후, 그러니까 1만1500년 전(B.P.)에 만들어졌으며 남아메리카 북쪽에 위치하고 있다. 더구나 클로비스 유적지는 대륙 횡단의 시작과 끝이었던 시베리아와 베링 해협 알래스카 쪽 그 어느 곳에서도 발견된 바 없다. 클로비스 문화 이론의 또 다른 가설, 즉 세계 최초의 탐험가들이 북아메리카를 덮고 있던 로렌타이드Laurentide와 코딜레란Cordilleran이라는 거대한 두 빙하 사이로 난 얼지 않는 길을 통해 내륙으로 이동했다는 주장도 최근 지질학 정보에 의해 그 기반이 약해졌다. 이제 광범위하게 수용되는 주장은 우리 선조들이 현재의 베링기아Beringia를 통해 대륙으로 이동한 후 해안 통로를 따라 남쪽으로 향했다는 것이다.

빙하기에 해수면이 120미터나 낮아져 베링기아가 드러났을 때만 해도 이 지역은 불모의 툰드라(동토대)가 아니었다. 몇 세기 동안 그곳은 사람들을 불러들일 만큼 초지와 자작나무로 덮였으며 사냥할 만한 동물들로 가득 찼다. 그러나 인류는 북서 해안과 내륙에 있던 빙하 때문에 더 이상 남쪽으로 내려갈 수 없었으며 내륙 통로가 풀리려면 1000년은 더 걸릴 상황이었다. 아내가 북쪽 유콘Yukon 지방의 도슨Dawson 시에서 북극 해안의 이누비크Inuvik까지 뎀프스터Dempster 고속도로를 따라 거의 700킬로미터를 폴크스바겐 캠핑카로 이동한 적이 있는데, 그녀에 의하면 내륙 통로는 지금도 위험천만하다. 다양한 조류와 때로는 회색곰이 아내를 맞이했다. 그러나 지면에서 쌓아올린 이차로 자갈 "고속도로"를 통하지 않는다면, 습지와 빙퇴석으로 이루어진 툰드라지대는 따뜻한 날씨에도 사실상 통행이 불가능하다.

따라서 초기 인류는 광활한 얼음지대나 습지의 툰드라를 지나가는 방법을 강구하기보다 다른 방법을 찾았을 가능성이 있다. 그들은 예전에 인류가 중앙아시아에서 오아시스를 따라, 혹은 지중해에서 섬들을 따라 이동했을 때처럼, 배를 이용해 서북 해안을 따라가면서 내항로(인사이드 패시지Inside Passage)를 거쳐 만에서 만으로 건너가는 방법을 사용했을 수도 있다. 1만7000~1만5000년 전(B.P.) 해안가의 얼음 덩어리들이 녹기 시작했을 때, 물고기와 과일을 수렵, 채취했던 사람들에겐 천국과도 같은 곳이라 해도 과언이 아닌 얼음 없는 주거지가 강어귀에 형성되었다.

오늘날 내항로를 통과해본 사람이라면 그곳에 있는 해양 및 식물 자원 생태계가 얼마나 풍부한지 알 수 있다. 구불구불하게 이어진 피오르 둘레를 따라 빽빽하게 산림이 우거진 산에서, 초기 인류는 야생딸기, 무환자나무열매soapberries, 딱총나무열매elderberries, 만자니타열매manzanita(스페인어로 "작은 사과"), 나무딸기thimbleberries, 새먼베리salmonberries 등을 포식했다. 그들은 배에서 줄이나 그물을 던져서, 혹은 얕은 물속을 거닐며 꼬챙이로 찍어 거대한 연어나 넙치를 낚아올리거나 대합조개와 홍합 등을 채집했다.

미국 고고학자들은 지중해 고고학자들만큼 운이 좋다곤 할 수 없다. 지중해 고고학자들은 초기 아메리카 사람들이 첫 항해를 할 때 사용했던 배를 찾았으나 미국 고고학자들은 그런 행운을 누릴 수가 없었기 때문이다. 우리는 호모 사피엔스가 4만 년 전(B.P.) 이미 호주 대륙을 향해 바다를 건넜다는 사실을 통해 시베리아 사람들이 그들만의 독특한 배를 가지고 있었음을 알 수 있다. 그 배가 뗏목이든, 가죽 카약이든, 갈대 어선이든 간에 말이다. 이러한 빙하시대의 항해는 노르웨이의 인류학자이자 탐험가인 토르 헤위에르달이 페루에서 폴리네시아[하와이·사모아 제도를 포함하는 지역]를 향해 콘티키Kon-Tiki(발사나무로 만든 작은 뗏목)를 타고 태평양을 7000킬로미터 가까이 항해함으로써 입증되기도 했다.

그러나 이 시기에 배들이 입항하여 쉴 수 있는 항구 같은 해안 정착지는 아직 발견되지 않았다. 이런 유적지나 배는 빙하가 녹고 해수면이 상승하면서 바닷속으로 사라진 게 분명하다. 그래서 대서양 중앙해령에서 타이태닉 호, 비스마르크 호 등의 잔해를 발견한 심해 탐사학자 로버트 밸러드의 바닷길을 따라(제6장 참고) 획기적인 수중

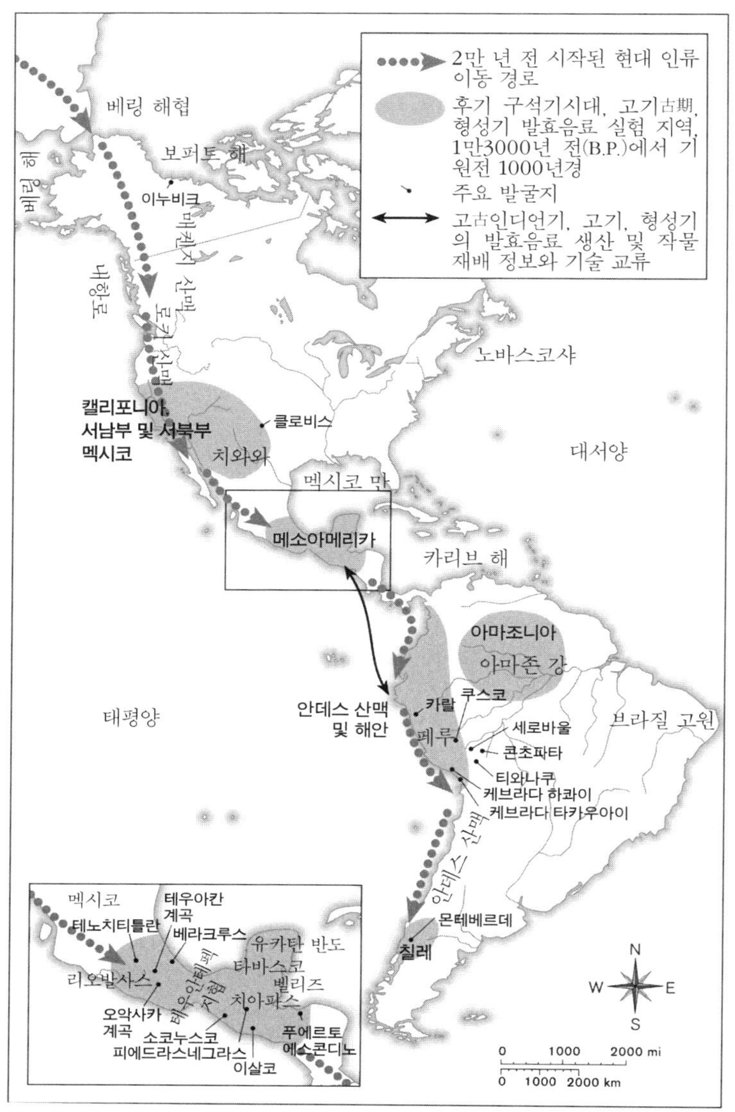

지도 3. 아메리카 대륙. 인류는 약 2만 년 전(B.P.) 베링기아를 건넜다. 그들은 꿀, 옥수수, 카카오열매, 페루고추나무 열매, 카사바 같은 뿌리작물 및 풀 등 수많은 발효성 천연자원을 찾아냈다. 그리고 이를 통해 그들만의 음료를 만들어냈다. 그들은 종종 이 음료에 약효를 지닌 허브나 나뭇진, 혹은 칠리, 바닐라, 혈액 등을 첨가해 마시곤 했다.

고고학적 증거가 발견되어야 할 것이다. 새로운 탐사에 박차를 가하자는 의견만큼이나 이에 회의적인 시각에도 아쉬운 점이 많다. 그러나 만약 지상 통로가 빙하에 의해 막혔다면, 남아메리카의 남쪽 몬테베르데 같은 매우 이른 시기의 유적지를 단 하나의 이론으로 설명할 수 있다. 그것은 바로 빙하시대 정착민이 배를 이용해 최초의 원정길에 올랐다는 것이다.

해양 민족이 즐겼던 이상한 음료

몬테베르데의 발견은 클로비스 문화 이론을 폐기처분한 것 이상으로 더 놀라운 사실들이 기다리고 있었다. 몬테베르데 유적지는 마우인 강Maullín River 지류의 서늘하고 습한 자작나무 숲에 위치해 있었다. 강의 수위가 높아지면서 사람들이 살던 정착지는 결국 수몰돼 토탄습지 속에 묻혀버렸고, 그 결과 토탄습지는 신세계에서나 구세계에서나 구석기시대의 가장 훌륭한 유물 보존지가 되었다.

발굴자들은 이곳에서 통나무와 두꺼운 판자로 토대를 세운 구조물 두 동을 발견했다. 이 토대는 나무말뚝으로 고정돼 있었고 동물 가죽으로 만든 벽은 갈대 밧줄로 기둥에 묶여 있었다. 당시 사람들이 거처한 듯 보이는 건물은 길이가 20미터 정도였다. 통나무 판자와 털가죽 벽으로 각각의 공간은 세분화되어 있었다. 각 방에는 불을 피울 수 있는 구덩이가 있었는데 그 근처에서 음식 쓰레기가 발견됐다. 마스토돈mastodon[고대에 존재했던 거대한 코끼리의 일종], 원시 야마paleo-llama[낙타의 일종], 민물 담수 연체동물 등의 유해와 다량의 씨앗, 견과, 구근류(야생감자 포함), 버섯, 딸기 등의 음식 부스러기가 쌓여 있었다. 두 번째 건물 역시 비슷했다. 바닥이 응고된 동물 지방으로 덮여 있는 것으로 봐서 마스토돈을 도살하고 그 가죽을 벗기는 장소로 사용된 것 같다.

이 공동체가 활용했던 다양한 식물을 들여다보면 그들이 누렸던 약리학적·영양학적 풍요를 가늠할 수 있다. 집터 주변의 비옥한 숲과 습지는 겨울을 무사히 견딜 수 있을 만큼의 충분한 식량을 공급했을 것이다. 발견된 동식물의 잔존물로 미루어볼 때, 발굴자들은 아메리카에 정착한 첫 인류가 한 철만이 아니라 일 년 내내 주거지에서 생활했을 것으로 판단하고 있다. 이러한 정착생활은 수천 년 뒤 세계 곳곳에서 일어난 신석기혁명의 시작과 밀접하게 연관되어 있다.

몬테베르데 사람들은 약리 효과와 환각 효과가 있는 볼도나무Boldo/Peumus boldus의 잎과 열매를 얻고자 정착지에서 200킬로미터 떨어진 숲으로까지 활동 범위를 넓혔다. 키 큰 나무가 우거진 숲에서 볼도나무 잎과 구수한 새순이 돋아나는 검은방울새 갈대junco reed를 채취해 혼합해서는 씹는담배를 만들었다. 무엇보다 흥미로운 점은 칠레 해안에서 난 최소 일곱 가지 해초를 섞기도 했다는 것이다. 내륙 유적지에서 발견되는 해초는 그 지역 사람들의 바다와의 긴밀한 관계와 그들이 이용했을 법한 이주 경로를 보여준다. 해초는 말할 것도 없이 영양분이 풍부한 식품이다. 미량원소, 비타민 A, 비타민 B_{12}를 완벽하게 보완해주며, 게다가 면역체계를 강화시키고 유익한 칼슘 및 콜레스테롤 대사에 기여한다.

그들은 음식과 약에 사용할 목적으로 뚝새풀foxtail/Polygonum sanguinaria 같은 바다습지와 해변의 모래언덕에 사는 기생식물의 숙주도 채집했다. 이것들은 진통제, 이뇨제, 해열제 역할을 했다. 또한 이 식물들에 포함된 소금 성분은 이들이 섭취하던 다른 식물들에서는 얻을 수 없던 부족한 영양분을 채워줬다.

이끼의 한 종류인 석송club moss/Lycopodium sp.은 그들의 거처에서 약 50킬로미터 떨어진 안데스 산맥 초원에서 온 것이다. 직접 채취했든 물물교환을 했든, 이 석송은 몬테베르데에서 발견된 식물 중 가장 광범위하게 퍼져 있는 식물고고학적 증거다. 1만7000개의 포자가 서른세 곳에 분포돼 있었다. 강한 가연성이 있는 포자는 부싯돌로 사용됐을 가능성이 있다. 또한 높은 습도를 상쇄하려고 지금의 땀띠 방지용 분말처럼 피부에 뿌렸을 수도 있다. 이 지역의 마푸체Mapuche 인디언들은 습기에 맞서 지금도 이러한 방법을 쓴다.

정말 흥미진진했던 점은 몬테베르데 사람들의 식단에 발효성을 지닌 많은 식용열매와 풍부한 골풀(고랭이Scirpus 종과 사초Carex 종)이 포함되어 있었다는 사실이다. 심지어 오늘날에도 마푸체족은 이 유적지에서 발견되는 과실들 가운데 최소한 두 종류, 즉 마키베리Aristotelia chilensis(마키maqui로 잘 알려진 낙엽성 관목)와 루마Amomyrtus luma(향기로운 상록수)를 이용해 발효음료(치차chicha, 옥수수로 만든 맥주의 일종)를 만든다. 달콤한 부들의 줄기, 잎, 뿌리줄기는 1만 년 전(B.P.)부터 고古인디언기와 고기古期 사람들이 남서부 아메리카 동굴에 거주하던 시기에 즐겨씹던 식물로 알려져 있다. 몬테베르데 사람들은 야생감자의 괴경tubers/Solanum Magalia도 즐겨씹었다. 마푸체족과 우이이체족Huilliche은 강한 맛의 감자 발효음료를 여전히 만들어 마신다. 지금은 보리 맥아를 이용해 감자 녹말을 당화시키지만 말이다. 사람의 타액에 포함되어 있는 효소는 녹말을 당으로 변화시킨다. 그래서 단맛을 더 내려고 식물을 씹는 것은 인류가 최초로 발견한 발효성 곡물 제조방법 중 하나였을 것이다. 동아시아 지역과 태평양 섬 지역 사람들은 여전히 이러한 고대 기술을 이용해 쌀로 만든 술을 빚어내고 있다.(제2장 참고)

그렇지만 과연 초기의 몬테베르데 사람들이 과일이나 부들, 또는 녹말을 포함한 식물을 씹어 달콤한 즙을 뱉어내는 방식으로 술을 만들었을까? 추측 가능한 사실은 풍부한 과일들은 늦여름과 가을에 빨리 익어버리기 때문에 과일이 썩어버리기 전에 채집해 어떤 형태의 용기에든 담았을 것이라는 점이다. 일단 과일을 용기에 보관하기만 했다면 미생물이 잘 번식하는 습한 기후 속에서 이 과일이 발효하는 데 오랜 시간이 걸리지는 않았을 것이다. 하지만 불행하게도 발굴자들은 아직까지 이들이 발효음료를 보관했을 것으로 추정되는 용기를 찾아내지 못했다. 밧줄을 만드는 데 사용한 것으로 알려진 갈대를 엮어 용기를 만들었을 듯하다. 또 다른 가능성은 나무 용기다. 실제로 나무 절구가 존재했고, 이 지역에서도 발견되었다. 나무 절구의 식물을 빻은 면에서 검은방울새, 부들, 야생감자 등의 흔적이 발견됐다. 아마도 탄수화물이 풍부한 식물을 빻는 것은 발효음료 제조과정 첫 단계였을 것이다. 그럼에도 불구하고 아직까지 이들이 즐겨씹던 식물의 잔존물은 이 유적지에서 발견된 적이 없다.

몬테베르데 사람들은 그들이 살던 지역에 산재한 천연자원에 관해 분명히 해박한 지식을 갖고 있었다. 그들은 어떤 식물과 동물이 음식, 연료, 주거, 약에 쓰일 수 있는지 알고 있었다. 이 사람들은 후대 사람들의 복잡한 신화와 종교가 있기 훨씬 이전에 이미 술과 환각제의 향정신성 효과를 경험하기 시작했다. 이러한 정보들은 여러 세대를 거치는 동안 미세하게 조정되며 형성돼왔을 것이다. 이렇게 축적된 정보들은 인류가 북극 지방에 머물지 않고 배를 이용해 빠르게 남쪽으로 진출했을 가능성을 다시 한번 뒷받침한다. 몬테베르데 사람들은 내륙으로 이동하면서 바다, 습지, 강, 산이 제공하는 자연적 혜택을 만끽했을 것이다. 페루 남부 해안에 1만1000~1만 년 전(B.P.) 사이 정착했던 케브라다 타카우아이Quebrada Tacahuay와 케브라다 하콰이Quebrada Jaquay 사람들 역시 멸치, 가마우지, 오징어, 갑각류 등의 나름 만족스러운 음식들을 즐겼지만, 몬테베르데 사람들이 즐겼던 다양한 음식을 경험할 순 없었다.

되새김질

지난 10년간은 초기 아메리카 지역에서 재배된 식물에 대한 새로운 정보가 풍부했던 시기다. 식물고고학, 식물석 및 꽃가루 분석, 녹말립 분석, 동위원소 및 DNA 분석을 통해 이러한 정보를 얻을 수 있었다. 아메리카 지역 요리 속 많은 종류의 주식, 혹은 "시조식물"의 역사는 이제 1만 년 전(B.P.) 시기로 거슬러 올라간다.

멕시코 오악사카Oaxaca 길라나키트스Guila Naquitz 동굴과 페루 안데스 산맥 저지대 마을에서 발견된 증거들에 따르면, 가장 오래된 재배작물은 호박이었다. 안데스 유적지에서 발견된 바 있는 거친 형태의 표본에 의하면, 땅콩은 후발주자로서의 자격을 오랫동안 인정받지 못했지만, 이미 8500년 전(B.P.)부터 재배되어왔다. 땅콩의 원산지가 아마존 분지로 알려져 있으니까 안데스는 그곳과는 다소 떨어져 있다. 이는 더 이른 시기에 땅콩이 다른 지역에서 재배되었다는 것을 시사한다. 종자의 형태가 조와 비슷한 키노아quinoa/Chenopodium sp. 역시 오래된 기원을 갖고 있는 작물이다. 에콰도르의 유적지 두 곳에서 발견된 고추는 땅콩 재배 시기보다는 조금 뒤인 약 6000년 전(B.P.) 옥수수, 카사바, 호박, 콩, 야자뿌리 등과 함께 재배되기 시작했다. 페루 유적지에서 발견된 또 다른 작물인 목화도 재배 시기가 6000년 전(B.P.)으로 거슬러 올라간다. 몬테베르데 유적지에서 발견되는 유기 잔존물로 미루어보아 코카, 감자 그리고 다른 식물들 또한 매우 오래전부터 재배되고 경작되었음을 알 수 있다. 이렇듯 신세계로 이주했던 최초 사람들은 구세계 사람들만큼이나 농업에 있어 혁신적이었던 것으로 보인다.

사냥과 채집에서 벗어나 점점 식물 재배에 의존하는 현상은, 이것이 세계 곳곳에서 일어났다는 점에서 특히나 흥미진진하다. 남아메리카 북부, 안데스와 아마존, 멕시코 남부는 아메리카 대륙 신석기혁명의 최전선에 있었고, 아시아에서는 동아시아와 근동(아라비아, 북동 아프리카, 발칸 반도를 포함하는 지방)이 그 역할을 했다. 경제결정론과 기후결정론에서는 빙하기 마지막에 따뜻해진 기후 때문에 이들 "기원의 중심지"에서 작물 재배가 시작됐다고 설명한다. 식물들은 이산화탄소가 더욱 풍부해진 기후 속에서 더 잘 자라났고 그에 맞게 인구도 증가했다. 그러나 1만3000년 전(B.P.) 영거 드라이아스Younger Dryas라고 불리는 전 세계적인 한파가 몰아쳤다. 이 한파는 인류의 발전에 막대한 타격을 주어 급성장하던 공동체들은 어쩔 수 없이 원래 생활로 되돌아갔다. 이들은 생존을 위해서라도 고탄수화물 식물을 찾아 재배하는 데 집중할 수밖에 없었고, 오랜 시간에 걸쳐 시행착오를 겪은 끝에 결국 용이한 수확, 풍부한 영양, 기타 바람직한 특성을 갖춘 식물을 재배하게 되었다.

이와는 대조적으로, 구석기시대와 술 취한 원숭이 가설(제1장 참고)은 경제적인 이유 이상의 필요성 때문에 발효음료를 만들었다고 주장한다. 이미 "술독에 빠졌기" 때문에, 발효음료의 재료가 될 수 있는 고당분 자원을 주위에서 집중적으로 찾아서 이용했다는 것이다. 만약 초기 아메리카 사람들이 발효음료의 화학적 증거가 처음으로 발견된 동아시아에서 이주해왔다면, 발효음료를 만드는 법을 알고 있었을 가능성이 있다. 그들은 내항로를 따라 이동하면서 남아메리카 해안을 탐험했고, 점차 다시 내륙으로 진입해 당도 높은 열매들을 접했을 것이다. 딸기류와 꿀을 구할 수 있을 때는 그것을 채취해 사회생활과 종교활동에 있어 중심이 되는 술을 제조하는 데 사용하기 시작했다. 그러나 신세계 대부분 지역에서 인간은 너무 건조하거나 춥거나 무더운 환경에 직면하거나 혹은 고지대에 살았기 때문에, 이처럼 당도 높은 과일이나 벌꿀을 맛보기 쉽지 않았다.

지금까지 인류가 시도한 재배 실험 중 성공 가능성이 가장 희박한 실험이 있었는데, 그건 바로 옥수수maize/genus Zea 재배였다. 이 불가능해 보이는 시도는 알코올에 취하고자 하는 인간의 강한 집념이 있었기 때문에 성공을 거둔 것이 아닌가 싶다.

계속된 DNA 연구를 통해 테오신트teosinte/genus Tripsacum가 야생 옥수수의 원종이라는 사실이 최근 밝혀졌다. 이 풀은 서남부 멕시코 리오발사스Rio Balsas 강 유역에서 자라나는 식물로, 재배하기 가장 어려운 식물 중 하나로 알려져 있다. 단단한 껍질로 싸인 이 원시 옥수수는 길이가 겨우 3센티미터밖에 안 되고, 낱알도 다섯 개에서 열두 개 정도만 들어 있다. 설사 낱알을 먹는다고 해도 그 영양분은 사실상 제로에 가깝다. 물론 오늘날 옥수수는 500개 이상의 낱알 중 하나만 섭취해도 이 테오신트 이삭 전체를 섭취하는 것과 같은 양의 영양분을 얻을 수 있다. 그러나 옛날 아메리카 사람들이 테오신트에 그토록 열광한 데에는 나름의 특별한 이유가 있었다.

약 6000년 전(B.P.) 테오신트를 재배하기 시작하면서 줄기가 튼튼하게 자랄 수 있도록 가느다란 잎대를 상당수 솎아냈다. 그러자 낱알 수가 증가했고 이삭 크기도 커졌다. 동시에 이 식물은 이제 인간이 파종하여 심지 않는 이상 절대 자연 번식할 수 없는 식물 중 하나가 되어버렸다. 물론 이 식물을 개량하고 발전시키는 데 이바지한 사람들의 기념비적인 노력에는 보상이 뒤따랐다. 이러한 변종 옥수수는 아메리카 대륙의 다른 지역으로 옮겨졌다. 그것은 가는 곳마다 믿을 수 없을 정도로 중요해졌다. 대개의 경우는 옥수수맥주를 뜻하는 단어지만, 스페인어로 아메리카의 발효음료라는 뜻의 속명, 즉 치차chicha로 변신했을 때 특히나 그 중요성은 더욱 커졌다.

고대 남아메리카에서 치차가 차지했던 종교적·사회적 중요성은 훗날 페루 잉카 제국에서 술이 핵심적 역할을 했던 것에 초점을 맞추면 그 진가가 가장 잘 드러난다. 과만 포마, 베르나베 코보, 지롤라모 반조니와 그 외 15세기 일부 스페인 연대기 작가들은 치차를 어떤 방식으로 만들어 작업장에 배분했는지, 연회에서 얼마나 막대한 양의 치차를 소비했는지, 신과 조상들에게 어떤 방식으로 치차를 바쳤는지, 엄격한 절차에 따라 치차를 얼마만큼 나누어 마셨는지 자세하게 잘 기술했다. 예를 들어 잉카의 수도 쿠스코Cuzco에서 왕은 중앙광장 내에 있는 석조 연단에 올라 잉카 세계의 중심과 결합된 금그릇에 술을 따랐다고 한다. 이렇게 따른 치차는 "태양신의 식도"로 여겨졌던 수로를 따라 태양신전으로 흘러들어갔고, 이를 지켜보던 관중은 경이로움에 젖었다. 대부분의 축제에서 일반 사람들도 주요 축하 의식이 끝난 뒤에는 엄청나게 술을 마셔댔다. 스페인 연대기 작가는 만취한 사람들을 보고 기겁을 했다. 인신공양에 앞서 제물이 된 사람은 우선 치차 찌꺼기로 몸을 문질러야 했다. 그러고는 무덤에 산 채로 묻혀 가느다란 대롱을 통해 며칠 동안 계속 치차를 받아 마셨다. 잉카 제국의 특별한 성지와 예전 왕과 조상의 미라는 의식에 따라 옥수수 가루로 흠뻑 뒤덮인 채 공물로 받은 치차와 함께 피리 반주와 무도곡에 맞춰 안장됐다. 오늘날에도 페루 사람들은 모여앉아 술을 마실 때 마을 공용 잔에 담긴 치차 일부를 대지의 여신인 땅에 뿌리곤 한다. 이후 이 잔은 사회적 신분에 따라 차례로 돌려지고 축배는 그렇게 지속된다.

스페인 연대기 작가들은 다른 곳에서와 마찬가지로 치차를 만들고 접대하는 것을 여성의 역할로 기록하고 있다. 잉카 제국의 통치자들은 아름다운 여성들(마마코나mamakona)을 선별해 평생 순결을 지키도록 하고 축제와 왕실을 위해 치차를 만들도록 했다. 정교하게 만들어진 테라스와 관개수로는 물론이고 특별한 장소들(잉카 트레일Inka Trail을 따라 위치한 우아누코팜파Huanuco PamPa)은 오로지 대규모로 옥수수를 재배하고 치차를 제조하는 데 이용되었다. 마을에 사는 여성이나 왕실에서 일하는 여성은 옥수수 가루를 입에 담아서는 침으로 녹말을 당분해한 다음 뱉어냈다. 그리고 이렇게 분해된 가루를 가열하고 희석시켰다. 그 결과로 얻은 액체를 이삼일간 용기에 담아 발효시키면 5퍼센트의 알코올을 함유하게 된다. 지금도 사교모임과 축제 때 여성들은 치차가 담긴 통 옆에 떨어져 앉아서 술 마시는 의식에 열중하는 남성들에게 술을 따른다.

안데스 지역의 고고학적 증거에는 치차를 만들고 따르고 마시는 데 사용된 용기들이 많이 포함되어 있다. 이들 가운데는 잔(케로kero), 목이 높은 유리병(아리발로aribalo), 다양한 크기의 항아리(티나하tinaja · 우푸upu), 높은 곳에 위치한 술통에서 미로 같은 통로를 거쳐 잔(파차paccha)으로 직행하도록 한 복잡한 구조의 용기 등이 있다. 이와 같은 도기로 된 용기들은 옥수수자루, 야마 머리, 긴 손잡이 위에 올린 갈대배 등 다양한 형태를 띠고 있다. 파차는 적군의 두개골로 만들어졌다. 때때로 머리 위에서부터 입까지 관통하는 은대롱을 두개골 위에 올린 금잔과 내부에서 통하게끔 해둔 것도 발견된다. 콜럼버스 이전의 남아메리카 유적을 보관해놓은 박물관에 가보면, 음주 축제 후의 파편으로 남은 잔해가 모여 있는 것을 보게 될 것이다. 그것들은 중국 상조 시대의 동으로 만든 정교한 술잔이나 고대 그리스 연회에서 사용된 주기 세트와 상당히 비슷하다. 잉카 사람들은 많은 양의 술을 마셨을 뿐만 아니라, 특징적인 모양의 예술적 용기들을 만들어 술을 마시는 즐거움을 더했던 것으로 보인다.

치차를 마시는 데 사용되었을 것으로 추정되는 다양한 용기들은 잉카 시대 훨씬 이전의 것도 발견되곤 한다. 남아메리카에서 가장 오래된 도기는 약 5000년 전(B.P.)에 만들어진 것으로 발효음료를 담기 위해서 제작된 게 분명해 보인다. 이 용기의 화학 분석은 아직 진행되지 않았지만 옥수수 재배의 고충과, 고대 아메리카 공동체의 신화적 생활과 사회생활에서 치차가 차지했던 중요성을 고려하면 위의 추정은 그럴듯하다.

현대의 과학적인 고고학 연구에서 사용되는 방법, 즉 인간의 뼈를 동위원소 요법으로 분석하는 방법은 고대 아메리카 사람들이 치차를 즐겨마셨는지 밝히는 데 도움을 주었다. 우리가 음식을 먹으면 탄소, 질소 등의 다양한 동위원소가 우리 뼈에 그 화학적 흔적을 남긴다. 신세계 여러 유적지에서 발굴된 인간의 뼈를 면밀히 조사했더니 상당히 흥미로운 결과가 도출됐다. 약 6000년 전(B.P.) 옥수수가 재배되었기 때문에, 옥수수 소비가 점차 증가했다는 것을 보여줄 특정한 탄소동위원소 화합물이 나올 것으로 예상했지만, 이상하게도 그런 화합물은 발견되지 않았다.

이례적인 결과에 대해 과학자들은 한 가지 설명을 내놓았다. 동위원소 분석법은 뼛속 콜라겐만을 측정하기 때문에 고단백 음식 흔적을 발견하기는 어렵다는 것이었다. 옥수수로 만들어진 죽이나 빵(토르티야tortilla)은 이 요건을 충족시키지만, 주로 당분과 수분으로 구성된 치차와 같은 발효음료를 섭취했다는 증거는 남지 않는다. 따라서 6000~3000년 전(B.P.) 사이에 살았던 사람들이 주로 옥수수를 이용해 치차를 만들어 마셨다면 매우 적은 양의 단백질만이 뼛속 콜라겐으로 합성됐을 것이다. 연구자들은 약 3000년 전(B.P.) 선별적 교배를 통해 옥수수 이삭이 어느 정도 커진 이후에야 인류가 옥수수를 고형식품으로 이용하기 시작했다고 추측했다. 그때부터 뼛속 탄소동위원소 화합물에 일대 변화가 있었다.

이러한 동위원소 분석 결과는 근동의 아메리카 버전에 대한 의문을 불러일으킨다. 빵과 맥주 중 어느 것이 먼저 만들어졌을까? 어째서 중동에서는 보리를 재배하고 신세계에서는 옥수수를 재배하게 된 것일까?

최근 화학자 존 스몰리와 마이클 블레이크가 제안한 바에 따르면, 옥수수맥주, 좀더 정확히 말하자면 옥수수와인이 먼저 만들어졌고 이것이 사람들로 하여금 옥수수를 재배하게끔 자극했다고 한다. 어떤 음료가 광범위하게 확산됐을 때, 그 음료의 역사는 매우 오래됐을 것이다. 오늘날 아메리카 대륙에서 가장 널리 알려진 발효음료는 압축한 옥수수에서 나온 엄청나게 달콤한 즙을 발효시킨 와인이다. 이 와인은 맥주가 당연하게 거치는 당화과정을 거치지 않는다. 스몰리와 블레이크는 근래에 제조되는 옥수수와인이 테오신트의 줄기를 압축하거나 씹어서 낸 즙으로 만들어진다는 점에 주목했다. 테오신트와 옥수수는 둘 다 덜 성숙된 줄기에 당분이 집중돼 있다. 이 줄기가 점차 익어감에 따라 당분은 점차 낟알 쪽으로 이동하여 결국 녹말의 형태를 띤다. 그러므로 이 식물로 좋은 술을 만들려면 당도가 높을 때 줄기와 이삭을 일찍 수확하는 것이 좋다.(무게로 따졌을 때 당이 무려 16퍼센트다.) 대부분 술을 만드는 데 쓰였던 옥수수를 바이오연료의 재료로 점점 더 많이 사용하는 데에는 이러한 원리가 숨어 있다.

고대 아메리카 사람들이 옥수수에서 나온 달콤한 즙을 발효시키는 데 관심을 보였다는 뚜렷한 흔적은 멕시코 테우아칸 계곡Tehuacan Valley의 동굴에 있다. 그곳에서 옥수수의 줄기, 잎, 껍질, 열매 등이 씹힌 형태로 발견됐다. 테오신트 재배 중심지였던 리오발사스에서도 그리 멀지 않은 곳에 위치한 지역이다. 7000년 전(B.P.)부터 3500년 전(B.P.)까지, 발효음료를 제조하기 위해 옥수수를 씹었던 흔적은 감소했다. 같은 시기 테오신트가 재배되었고 옥수수는 점차 액체와 고체 형태의 주식으로 진가를 발휘하기 시작했다.

테오신트와 옥수수가 초기에 당분 섭취와 와인 제조 시 사용됐다면, 옥수수를 씹었던 흔적이 점차 줄어든 현상을 설명할 수 있다. 이 논리는 골질骨質의 동위원소 분석을 통해 얻은 결과와도 일치한다. 즉, 옥수수는 처음에 음료로 주로 이용되었고, 큰 이삭이 달리도록 변형된 이후에 아메리카 다른 지역으로 빠르게 확산됐다.

옥수수는 색, 크기, 당도에 따라 5000종으로 진화해갔다. 고대 아메리카인들은 옥수숫대 와인을 제조할 수 있는 더 효과적인 방법을 발견하기에 이르렀다. 예를 들면, 북부 멕시코 치와와 지방 타라우마라Tarahumara 사람들은 유카섬유로 짠 그물을 이용하는 과정을 개발해 옥수수 "되새김질"을 대체했다. 양쪽에 막대기가 달린 그물에 옥수숫대를 담아 비틀어 짜내면 과즙이 뚝뚝 흘렀다. 이는 고대 이집트인들이 포도를 압착하던 방법과 거의 동일하다.

이런 방법들은 점차 정교해졌다. 약 3000년 전(B.P.) 그들은 간 옥수수를 라임, 나뭇재, 껍질 등으로 만든 묽은 알칼리용액에 담가 가열하면 딱딱한 껍질을 벗겨낼 수 있다는 것을 알아냈다. 아즈텍 나와틀Nahuatl 단어로 반죽을 뜻하는 닉스타말화Nixtamalization 과정은 옥수수의 아미노산과 영양분을 더해주었다.

고대 아메리카인들이 큰 옥수수 낱알로 맥주나 치차를 대량 생산할 수 있다는 것을 알게 되면서 옥수숫대로 만든 와인의 인기는 시들해졌다. 옥수수 낱알에 싹이 트면 인간의 침에 있는 것과 비슷한 효소가 활성화되었고, 이 효소들은 녹말을 당으로 분해시키는 역할을 했다. 그들은 이렇게 얻은 맥아를 굽고 말려서 보관하거나, 혹은 희석해 발효시켜 치차를 만들어냈다.

하지만 고대 아메리카인들은 발효가 어떻게 시작되는지 몰랐다. 와인이든 치차든 이들이 직접 발효시켰다기보다는 곤충들에 의해 사카로미세스 세레비시아가 달콤한 혼합물 형태가 되었을 것이다. 그리고 이들은 같은 효모 용기를 계속해서 재사용함으로써 이 효모들을 영구적으로 배양시켰을 것이다. 또 다른 가능성으로는 아시아에서 건너온 사람들이 과일과 곡물음료를 섞는 전통을 퍼뜨렸을 수도 있다. 아니면 새로운 식물로 실험한 결과 아메리카 내에서 이런 방법이 자체적으로 자리잡았을 가능성도 있다. 곤충들이 이미 미생물을 섞어놓은 고당분 과일에 맥아를 첨가하면 더 확실하게 발효가 시작된다. 실제로 중앙 멕시코에서 "본 브레이커bone breaker"라고 불리는 이와 같은 형태의 음료가 있었다는 사실이 기록으로 남아 있다. 이 음료는 옥수숫대 즙, 구운 옥수수, 페루후추나무 열매Shinus molle 등을 혼합해 만들어졌으며 이 가운데 페루후추나무 열매는 효모를 얻기 위해 남아메리카에서 널리 사용됐다.

초콜릿의 탄생

초기 아메리카인들이 이루어낸 주목할 만한 또 다른 업적은 카카오나무를 재배했다는 것이다. 옥수수처럼 카카오 역시 과육으로 과실주를 만들기 위해 재배됐다. 카카오나무는 중앙아메리카와 남아메리카의 태평양 및 카리브 해 연안 그리고 아마존 강 유역의 열대 지방에서 주로 자란다. 이 나무가 잘 자라나기 위해서는 연중 꾸준한 강수량과 섭씨 16도(화씨 60도) 이상의 기온이 유지되는 환경이 필요하다. 또한 카카오꽃을 수분시켜줄 날벌레 따위의 곤충들이 서식할 수 있는 하층 식생이 빽빽하게 형성되어야 한다.

수정이 완료된 카카오꽃은 나무의 큰 가지에서 축구공 크기의 꼬투리로 자라나게 된다. 이 꼬투리 안에는 30~40개가량의 아몬드 모양 씨앗을 감싼, 과즙이 풍부한 과육이 들어 있는데 이것이 바로 카카오열매다. 카카오열매에는 쓰고 향기로운 염기성 물질과 다른 화합물들이 농축되어 있어 우리가 초콜릿으로 알고 있는 "신의 음식"(카카오종의 라틴 이름 테오브로마Theobroma를 번역한 것)이 된다. 이 화합물은 메틸잔틴 테오브로민methylxanthines theobromine, 카페인, 세로토닌(신경전달물질, 제9장 참고), 페닐에틸아민phenylethylamin(도파민과 암페타민 같은 신경전달물질과 유사한 구조를 가지고 있다)을 포함하고 있어서 초콜릿의 맛과 향을 더해준다. 무르익은 카카오열매에는 풍부한 당분(15퍼센트)과 지방(카카오 버터), 단백질이 들어 있기 때문에 원숭이와 새 그리고 다른 동물들의 침샘을 자극한다. 그러나 이 동물들도 강한 쓴맛이 나는 카카오열매는 먹지 않고 바닥에 뱉어버리는데, 그 자리에서 새로운 카카오나무가 번식해서 자란다.

잘 익은 꼬투리가 바닥에 떨어져 터지면 과육은 곧 액체로 변해 발효가 시작된다. 스페인 연대기 작가들이 목격한 바에 따르면 과테말라의 태평양 연안에 거주하는 원주민들은 발효된 카카오 과육으로 만든 술을 마시며 즐거워했다고 한다. 그들은 카카오열매를 통나무배에 쌓아놓고 발효되게 두었다. "신맛과 단맛 사이, 가장 부드러운 맛을 내는 청량감"(서구인에게 익숙한 달콤하고 따뜻한 코코아와는 거리가 있다)이 있는 이 술은 배 바닥에 쌓여 있었다. 멕시코 타바스코의 촌탈파Chontalpa 사람들과, 카카오나무가 자라나는 중앙아메리카 및 남아메리카 사람들은 지금도 여전히 이와 비슷한 음료를 즐겨 마신다.

카카오 과육이 발효되면 5~7퍼센트의 알코올을 함유한 액체가 만들어지는데 이것이 현대식 초콜릿을 만드는 첫 단계다. 일단 카카오 농장에 과육을 대량으로 쌓아둔다. 발효가 완료되면 과육은 분해되는데, 분해된 과육을 카카오콩을 얻기 위해 제거할 수도 있다. 과육이 발효하면 뜨거워진다. 섭씨 50도(화씨 122도)에 이르면 콩이 싹을 틔우기 시작한다. 이때 대부분의 생물학적 작용은 멈춘다. 닷새에서 엿새가량 발효가 진행되면 카카오열매 특유의 떫은맛이 사라지고 초콜릿 맛이 난다. 그 후 한두 주 햇빛에 건조시켜 섭씨 120도(화씨 248도)에서 한 시간 정도 볶아내면 향과 색과 맛이 더해진다. 이렇게 만들어진 열매는 세계 곳곳의 초콜릿 제조업자에게 전달되고 정제와 혼합과정을 거쳐 미각적 기쁨을 주는 초콜릿으로 탄생한다.

초기 아메리카인들은 초콜릿 바, 소스(몰mole), 음료를 만드는 법을 배우기 전까지만 해도 카카오열매로 술을 만들어내는 데 매료되었다. 다시 한번 강조하지만 이 음료의 중요한 정보들은 생체분자 고고학을 통해 밝혀졌다. 2001년 가을, 우연히 모교인 코넬예술과학대학의 소식지 머리글에 고고학자 존 헨더슨이 쓴 「초콜릿의 탄생The Birth of Chocolate」이라는 글이 실렸다. 그는 글을 통해 그와 그의 동료인 캘리포니아대학 버클리 캠퍼스의 로즈메리 조이스 교수가 북온두라스 울루아Ulua 강 유역 푸에르토에스콘디도Puerto Escondido 유적지에서 매우 오래된 도기 용기를 발굴해낸 과정을 설명했다. 그는 이 용기들이 한때 초콜릿음료를 담는 데 사용되었을 것이라고 생

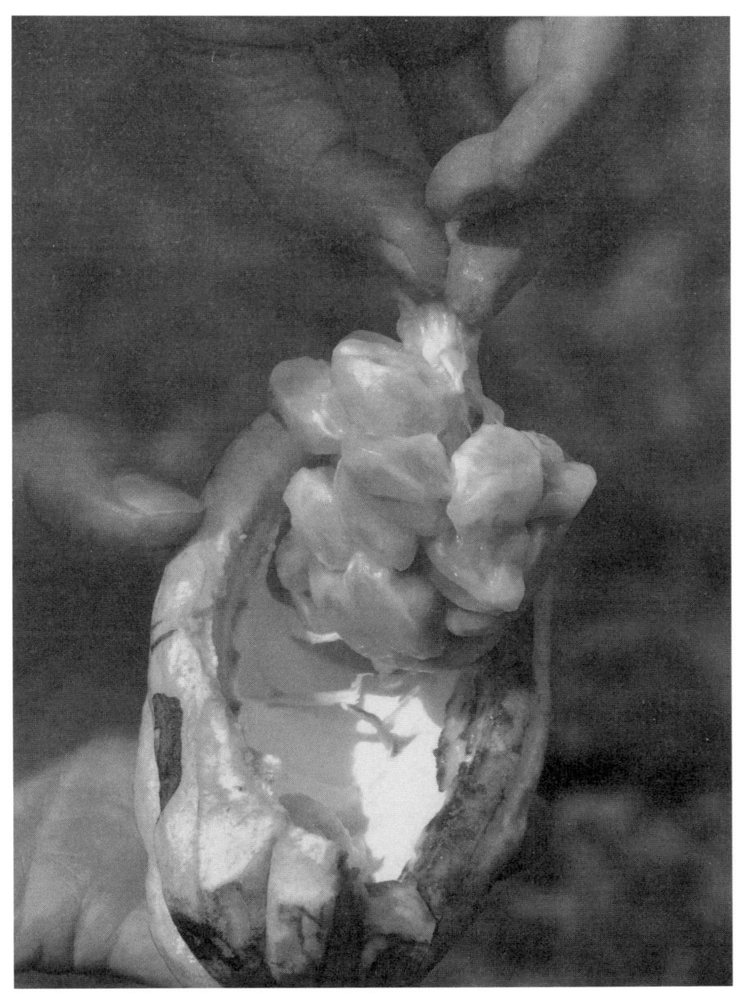

그림 19. 중앙아메리카 태생의 카카오 꼬투리. 과즙과 당분이 풍부한 과육 속에 아몬드 모양의 씨 혹은 카카오 "콩"이 가득하다. 이 식물을 재배하게 된 가장 큰 이유는 과육을 발효음료로 만들기 위해서였다. 이 음료는 여전히 중앙아메리카 및 남아메리카에서 생산된다.

각했고, 그러한 가설을 입증하기 위해서는 그릇 속 잔여물을 화학 분석할 방법이 필요하다는 것으로 글을 마쳤다. 마치 코넬대학 동기생인(헨더슨은 나보다 일 년 늦게 졸업했다) 그가 수십 년의 간극을 가로질러 내게 손을 뻗어 도움을 요청하는 듯했다. 이타카에서 우리는 마주친 적이 없었지만, 그런 조사가 내 팀의 전문 분야이니 공동 연구를 하자고 제안하는 편지를 그에게 보냈다. 나는 구세계 발효음료의 비밀을 파헤치는 데 노력을 경주해왔지만 똑같은 기법을 신세계에서도 적용할 수 있었다. 미국으로 도기 몇 점을 가져오기로 했다는 헨더슨의 답장을 곧 받았다. 이로써 우리의 과학적 탐구가 시작됐다.

푸에르토에스콘디도에서 가져온 도기 표본들은 가장 오래된 것이면서 또한 중앙아메리카에서 흔하게 발견되는 것으로서, 기원전 1400년경의 유물이었다. 이 유적지는 현재 멕시코의 베라크루스Veracruz와 타바스코 지방의 걸프 만 중앙에 위치한 올멕Olmec에 처음으로 등장한 공동체보다도 그 역사가 오래된 곳이다. 올멕 사람들은 숭배 대상인 조상과 신을 위해 기념비적인 석상을 조각했고 정교한 옥 보석을 제작했다. 고고학자들은 그들이 카카오나무를 최초로 재배했다고 오랫동안 추측해왔다. 이는 마야 시대와 아즈텍 시대에 서부 타바스코의 귀한 화물을 카누에 싣고 온두라스로 건너가던 선원들이 밀집했던 늪지대인 촌탈파 지역 카카오가 최상품인 이유를 설명해줄 수도 있다. 고대 마야어로 초콜릿을 뜻하는 카카와kakawa 혹은 카카우kakaw는 믹세조크 언어Mixe-Zoquean에서 파생되었고 올멕의 언어도 이 어족에 속한다.

중앙아메리카에는 카카오로 유명한 지역들이 더 있다. 멕시코 남서쪽 태평양 해안에 위치한 소코누스코Soconusco/Xoconochco라는 아즈텍 지역의 울루아 계곡도 그중 한 곳이다. 존 헨더슨 박사는 바로 이곳에서 연구했다. 카카오로 잘 알려진 또 다른 지역은 테우안테펙Tehuantepec 지협의 태평양 쪽에 위치한 이살코Izalco다. 유전학자들 사이에는 과연 카카오가 천연 서식지 내에서 처음 재배되었는지에 관한 논란이 여전히 존재한다. 재배식물이 본래 파생되어 나온 종과 진짜 야생식물을 구별하기 어렵고 역사적으로 중요한 지역에서 추출한 야생종과 재배종 표본이 서로 딱 맞아떨어지지도 않는다. 하지만 모든 고고학적·역사적 증거는 카카오로 만든 음료와 음식들의 수준이 가장 높은 지역이 중앙아메리카임을 알려준다. 이곳에서 발견되는 카카오(크리오요criollo)의 맛과 향은 타의 추종을 불허한다. 좀더 매끄럽고 둥근 남아메리카산 포라스테로forastero와 비교해 꼬투리 표면이 더 우둘투둘하긴 해도 말이다. 최고의 초콜릿을 만들기 위해서 엄청난 노력을 쏟았던 중앙아메리카가 최초로 카카오나무를 재배한 지역이 아닐 리가 없다.

울루아 계곡은 이 귀중한 산물을 중앙아메리카 다른 지역들로 널리 퍼뜨릴 수 있는 최적의 장소였을 것이다. 카카오나무는 이 계곡의 비옥한 충적토와 열대기후 속에서 잘 자라난다. 맹그로브 늪, 습지, 호수와 같은 물길이 연결돼 강과 카리브 해로 흘러들어가기 때문에 이곳에선 이동성도 한결 높아진다. 이런 점을 감안할 때 16세기 스페인 사람들이 이곳을 침략했을 당시 300킬로미터나 떨어진 유카탄Yucatan 동부 해안에 있는 체투말Chetumal 지역의 왕이 전투용 카누 함대를 보내 침입자들로부터 이곳 울루아 계곡을 지켜내려 했던 것도 그리 놀라운 사실은 아니다. 물론 스페인 사람들이 결국 승리했지만 이 사건을 통해 울루아 계곡은 카카오 생산지로 구세계에 명성을 날렸다.

푸에르토에스콘디도 유적지는 기원전 1400년에서 기원전 200년 사이에 존재했던 주거지로, 말뚝을 세우려고 판 구멍들로 구획돼 있다. 신세계에서 카카오의 진화가 이루어진 초기 장소가 과연 울루아 계곡이었는지를 확인하기 위해 존 헨더슨은 이 유적지 발굴 초기 단계에서 발견된 병과 그릇을 선택했다. 기원전 제1천년기에 과테말라와 유카탄 저지대에서 마야 문명이 탄생했다. 거품과 향이 있는 이 초콜릿음료를 보관하기 위해 마야인들이 사용했던 주둥이가 달린 병과 잔은 헨더슨이 선택한 용기들과 유사한 점이 있었다. 그래서 그는 푸에르토에스콘디도 사람들 역시 이와 비슷한 음료를 만들어 축제 때 즐겨마셨을 것으로 추측했다.

헨더슨이 초콜릿 그릇을 찾아내는 능력을 가졌거나 푸에르토에스콘디도가 실제로 카카오로 가득 찬 곳이었거나 둘 중 하나는 확실하다. 이곳에서 발견된 열세 개의 도기 파편 중 열한 개에서 카카오의 테오브로민 성분이 검출됐다. 테오브로민은 다른 아메리카산 식물에서도 발견된다. 특히 일렉스 파라과리엔시스Ilex paraguariensis라는 남아메리카산 호랑가시나무 잎과 가지는 마테 차와 같은 자극적인 음료를 만들어낸다. 이 음료는 오늘날에도 은 장식 호리병박에 담아 은대롱으로 빨아먹는 방법으로 남아메리카에서 소비되고 있다. 하지만 중앙아메리카 식물 중에서 테오브로민을 만들어내는 것은 카카오가 유일하다.

식품회사인 허시푸드사Hershey Foods 소속 화학자인 제프리 허스트와 함께 우리는 분광분석법을 결부한 기체혼합체질량 분석법과 액체혼합체질량 분석법으로 이를 입증했다. 테오브로민이 존재했던 용기는 열한 개뿐이었고, 이는 오직 카카오 생산을 통해서만 침적될 수 있다. 실험 결과 두 개의 병은 액체를 담는 데 사용된 것이 분명했다.(그림 21 참고) 이 유적지의 가장 초기 단계 유물에 해당되는 첫 번째 병(오코티요Ocotillo, 기원전 1400~기원전 1100년)은 목이 길었다. 마치 내용물을 광고라도 하는 양 전체 모양은 카카오 꼬투리와 동일했다. 두 번째 병은 가장 최근의 것(기원전 900~기원전 200년)으로, 그 유명한 "찻주전자"형이다. 허스트는 벨리즈Belize의 콜아Colha 지역 마야 유적지에서 발굴한, 선고전기 중반Middle Preclassic Period(기원전 600~기원전 400년)의 것으로 추정되는 찻주전자가 과거 초콜릿 음료를 담는 데 사용되었다는 사실을 밝혀낸 바 있다. 이러한 형태의 용기들은 선고전기 중반에서부터 형성기 후반Late Formative(기원전 200~서기 200년)에 출현했으며, 카카오 주요 생산지인 멕시코 남부에서 엘살바도르에 걸쳐 태평양 해안과 벨리즈와 온두라스에 이르는 멕시코 만 지역에 널리 분포한다. 또 다른 지역은 내륙 유적지로, 베라크루스, 고지대 치아파스Chiapas, 오악사카Oaxaca 계곡, 멕시코 중부 지역이 이에 해당한다. 발견된 유물 중 최상품은 당시 상류층의 무덤에서 발굴되었는데, 오악사카의 몬테알반Monte Alban 지역 무덤에서 발견된 것들의 절반은 콧날 형태의 주둥이가 달린 찻주전자들이었다. 이 그릇들은 앵무새 가면을 쓴 사람 "인형" 모형으로 꾸며져 있었다.

허스트가 분석해냈을 때만 해도 찻주전자들이 한때 초콜릿음료를 담았을 것이라는 건 순전히 추측일 뿐이었다. 후대 마야 프레스코화와 용기에 찻주전자가 그려져 있지 않았기 때문이다. 20세기 초

고고학자 토머스 갠이 벨리즈 내 산타리카코로살Santa Rica Corozal에 위치한 마야 시대 무덤에서 찻주전자를 발굴하고서부터 찻주전자와 초콜릿 간의 관련성이 드러났다. 그는 이 찻주전자가 16세기 이후 유럽에서 초콜릿을 따르는 데 사용해온 용기와 비슷하다는 점에 주목했다.

이상한 것은 초기 아메리카 찻주전자 주둥이가 바닥 근처에 붙어 뒤쪽으로 휘어져 있다는 점이다. 그래서 이 주전자에서 액체를 따라내기란 불가능했을 것이다. 이처럼 독특한 주둥이 배치는 그 기능을 알려주는 매우 중요한 단서가 될 수 있다. 후기 마야 시대에 초콜릿음료를 준비하는 과정이 묘사된 자료를 보면 원통형 용기를 상당히 높이 들어서 다른 용기로 음료를 따라냈다. 두꺼운 거품 층이 잘 형성되게끔 이와 같은 높이 차를 둔 것이다. 수천 년 후, 스페인 연대기 작가들이 마야의 후손이라고 할 수 있는 유카탄 인디언Yucatan Indian을 묘사한 바에 따르면, 그들은 "거품이 이는 매우 향긋한 음료를 만들어 축제를 기념했다." 생각할 수 있는 바로는, 초기 사용된 이 이상한 모양의 찻주전자는 주둥이에 바람을 불거나 병 입구를 통해 마구 저어 거품을 내는 데 사용되었을 듯하다. 거품이 주둥이로 부풀어오르면 거품을 빨아들이거나 바로 주전자 입구를 통해 마셨을 것이다.

푸에르토에스콘디도의 오코티요 시대의 초기 초콜릿 애호가들은 음료에 거품을 낼 수 있는 용기를 갖고 있지 않았다. 그들이 음료를 내어놓을 때 사용한 용기로는 별, 다이아몬드, 사람의 얼굴로 장식된 카카오 모양의 단지와 높은 열로 구워낸 윤기 나는 잔이 있었다. 그러나 아직 이 용기에 거품을 냈다는 증거가 없고, 고고학적 생체

그림 20. 고전기 후기 마야 병에 그려진 그림. 그림 속의 한 통치자가 카카오음료에 거품을 내고 있다. 그가 앉은 연단 아래에 있는 사발에는 카카오소스로 덮인 타말레tamales〔옥수수가루로 만든 요리〕가 쌓여 있다.

분자 분석 결과 이들이 카카오음료에 처음 매료된 것은 카카오에 든 알코올 성분 때문이었다는 것이 밝혀졌다.

후대에 찻주전자가 사용됐다는 것은 거품이 생기는 음료를 만드는 것으로 콩의 쓰임새가 바뀌었음을 시사한다. 이러한 변화는 다른 식물(사포테sapote, 케이폭나무ceiba, 야자나무)의 씨앗 용도가 다양해진 사실과도 일맥상통한다. 이 씨앗들을 으깬 뒤 구워서 영양보충용, 요리용, 약용으로 썼다.

Y. Tovar
7-2000

그림 21-a(왼쪽). 아메리카에서 최고급 카카오음료를 담아냈던 용기로, 카카오 꼬투리 모양의 목이 긴 병. 기원전 1400~기원전 1100년 온두라스의 푸에르토에스콘디도 지역에서 카카오로 만든 술을 담던 것과 같은 형태다. 필자의 실험실에서 이뤄진 화학 분석 결과, 이 병은 카카오로 술을 만들었다는 가장 오래된 증거물이다.

그림 21-b(위). 북온두라스의 유적지에서 발굴된 "찻주전자." 기원전 900~기원전 200년 푸에르토에스콘디도에서 만들어진 것과 유사한 형태다. 이 역시 아메리카에서 최고급 카카오음료를 담아냈던 용기다.

혼합 카카오음료

거품이 나는 카카오음료가 후기 중앙아메리카 사회를 풍미했을 당시 기록된 상형문자를 살펴보면, 콩으로 만든 카카오음료에서 주요 첨가물을 해석해낼 수 있다. 과테말라 서북쪽 정글 속 피에드라스네그라스Piedras Negras의 관문에 놓인 마야 시대 인방돌에는 "칠리 카카오chili cacao"라는 문구가 새겨져 있다. 이 근처 리오아술Rio Azul의 15세기 무덤에서 커다란 등자鐙子 모양의 뚜껑이 고정돼 있는 병이 발견됐다.(화보 8 참고) 이 무덤 속 통치자는 케이폭섬유 면으로 된 매트리스 위에 눕혀져 있었고, 그의 주변엔 원통 병들이 미다스 형식으로 둘러싸여 있었다.(제5장 참고) 치장 벽토를 바른 이 특이한 용기 표면에는 "witik 카카오와 kox 카카오를 마시는 병"이라는 뜻의 여섯 개의 큰 상형문자가 새겨져 있다. witik와 kox이 아직 번역되지 않았지만, 카카오음료에 포함된 기타 성분을 뜻하는 것일 수도 있다. 제프리 허스트의 화학 분석 결과 이 병은 카카오음료를 담았던 것으로 확인되었고, 이 다색채의 병에 대한 또 다른 참고자료에도 "벌꿀카카오"를 뜻하는 k'ab kakawa라는 말이 나오기도 한다.

이와 같이 초콜릿에 다른 향료를 첨가하는 전통은 스페인 연대기 작가들의 아즈텍 문명 기술 부분에서 드러난다. 프라이 베르나르디노 데 사아군이 쓴 『새로운 스페인의 물건들에 대한 일반적 역사General History of the Things of New Spain』라는 훌륭한 인류학적 자료를 통해 당시의 통치자들이 집에서 사적으로 초콜릿을 즐겼다는 사실을 알 수 있다. 이 자료에는 "녹색 카카오 꼬투리, 꿀이 발린 초콜릿, 꽃으로 장식된 녹색의 바닐라맛 초콜릿, 선홍색 초콜릿, 우이트

스테코이huitztecolli 꽃 초콜릿, 꽃빛깔 초콜릿, 블랙초콜릿, 화이트초콜릿"(Coe and Coe, 1996:89~90)이라고 기술되어 있다. 우이트스테코이는 킴보페탈룸 펜둘리플로룸Cymbopetalum penduliflorum의 귀 모양 꽃으로 커스터드애플나무custard apple과에 속하며, 진액이 풍부하고 매운맛으로 높이 평가받았다. 이 식물은 열대지방 저지대로부터 수입해야 했다. 이 자료에 언급된 "검은 꽃"은 우리가 알고 있는 바닐라 식물(바닐라 플라니폴리아Vanilla planifolia)로서, 침이 없는 아메리카 벌(멜리포나종Melipona ssp.)에 의해서만 수정이 되어 향기로운 검정 열매를 맺는 난초다. 이외에도 피페르속Piper genus에 속하는 매운 향의 "스트링꽃string-flower", 목련꽃, 장미향의 "팝콘꽃", 케이폭나무 씨, 쓴 아몬드 맛의 사포테 씨, 모든 종류의 칠레고추, 호박맛을 내는 올스파이스 나무allspice/Pimenta officianalis, 음료에 짙은 빨간색을 내는 아치오테achiote나 아나토annatto/Bixa orellana 등도 언급돼 있다. 단맛을 낼 사탕수수 줄기나 사탕무가 당시 아메리카에는 도입되지 않았기 때문에 초콜릿의 쓴맛을 상쇄하기 위해선 토종벌이 만들어내는 꿀을 사용할 수밖에 없었다. 이곳 원주민들이 갖고 있던 대부분의 관습들을 짓밟아 없애려고 했던 스페인 정복자들은 원주민들이 만든 카카오음료를 구세계로 가져갈 정도로 이 음료에 매료됐었다. 오늘날에도 동부 치아파스Chiapas 라칸돈마야Lacandon Maya의 적은 수의 사람들은 이 전통음료를 즐겨마신다. 그들은 초콜릿의 거품을 이 음료의 "가장 매력적인" 특징으로 꼽는다. 또한 멕시코와 과테말라에서도 비슷한 혼합물을 이용해 여러 종류의 초콜릿음료를 만들어내고 있다.

한편 푸에르토에스콘디도 유적지에서 발견된 용기에서는 우리가 화학 분석 시 중점적으로 찾아내고자 했던 카카오음료 첨가물 상당수가 발견되지 않았다. 이러한 결과는 푸에르토에스콘디도 지역 사람들이 달콤한 카카오 과육만을 사용하여 만든 다른 종류의 술을 소비했다는 것을 의미한다. 이러한 전통도 물론 완전히 없어지지는 않았는데, 이는 "신선한 나무tree-fresh" 카카오를 뜻하는 마야 시대의 그림이 그려진 병이나 당시 왕이 즐겼던 "녹색 카카오green cacao"를 묘사한 사아군의 기록을 보면 알 수 있다. "이 음료는 마시는 사람을 취하게 하고 어지럽게 하고 혼란스럽게 하며 아프게 한다. 하지만 보통 양을 마셨을 땐 기분이 좋아지고 상쾌해지며 위로가 되고 원기를 북돋아준다. 그러므로 나는 카카오를 마셔 내 입술을 적시고 원기를 되찾는다."(Henderson and Joyce, 2006:144) 사아군이 술을 묘사하고 있다는 것을 의심할 여지가 있는가?

카카오: 엘리트만의 음료

아즈텍인들은 발효음료에 대한 다양한 시각을 갖고 있었다. 나이 든 사람들은 하루 네 잔의 용설란주octli를 마실 수 있었다. 이 술은 당이 풍부한 용설란 수액을 발효해 만든 음료로 알코올 함량이 4~5퍼센트 정도였다. 성대한 축제가 열릴 때는 모든 사람이 술을 즐길 수 있었다. 심지어 어린아이들에게도 음주가 장려됐다. 왕도 물론 술을 마음껏 즐겼다. 베르날 디아스 델 카스티요가 관찰한 바에 따르면, "50개의 거대한 병에 거품이 가득한 양질의 카카오음료"를 축제에 참석한 여성들이 목테수마 소코요트신Moctezuma

Xocoyotzin("몬테수마Montezuma") 사람들에게 따랐으며, 300여 종의 요리가 제공되었다고 한다.

하지만 이런 사치스러운 연회는 아즈텍인들이 군사적 규율과 공공질서를 유지하는 데 걸림돌이 되기도 했다. 그들은 술을 마실 자격이 있는 사람, 술의 종류, 술 마실 때를 엄격히 통제했다. 왜냐하면 제5태양(비록 이 태양신의 출신은 미천하지만)의 시대에 그들은 스스로를 제국의 통치자로, 또 우주질서를 책임지는 자로 생각했기 때문이다. 술에 취하면 사형에 처해질 수도 있었다. 아즈텍 문학에서도 미국에서 음주를 금한 청교도의 영송詠誦만큼이나 음주의 사악함을 경고하고 있다. 상나라 통치자의 술로 인한 방탕함과 자기파괴적 행동에 대한 주나라의 부정적인 반응도 마찬가지다.(제2장 참고)

중동에 침입한 사우디아라비아의 무슬림처럼, 아즈텍 전통은 14세기 멕시코 중부를 정복하기 전 멕시코 서북부 사막에서 겪었던 궁핍과 고난의 한 시기를 상기시켰다. 아즈텍 건국신화에 따르면 달의 호수Lake of the Moon 중심에 여러 섬이 모여 있던 테노치티틀란Tenochtitlán에 수도를 세웠다고 한다. 이후 이들은 뱀을 입에 문 채 가시 돋은 부채선인장prickly pear cactus/Opuntia ssp.에 앉아 있는 독수리를 보았고, 이때 멕시코 계곡이 물로 채워졌다고 한다. 이 전설은 아즈텍인들이 마셨던 초기 음료를 암시하는데, 이 음료는 백년초prickly pear, 사과로선인장giant saguaro, 덩굴선인장pitahaya의 열매나 메스키트나무mesquite, 용설란, 유카yucca의 열매로 만들어졌다. 이 식물들을 구덩이에서 굽거나 졸여내 당도가 높은 농축액을 만들 수 있었다.

이 음료는 무더운 기후에서 금방 식초로 변해버렸기 때문에 원주민들은 이 음료를 빨리 마셔야 했다. 그래서인지 이들은 스페인 정복자들이 도착했을 무렵 "대단한 술고래"라는 명성을 떨치고 있었다. 여성들은 사흘에 한 번 와인을 제공함으로써 중독에 불을 지폈다. 이러한 술고래들을 관찰한 사람의 증언에 따르면 그들은 "술에 너무 취해 기절할 정도였다." 과사베Guasave 인디언들을 관찰한 사람의 말은 다음과 같다. "술을 담글 과일이 너무나 풍부했기 때문에 그들은 과실주를 주로 마셨다. 술을 마시는 석 달 동안 그들은 계속 취해 자주 춤을 췄다. 그러나 이런 행동들이 너무나 오랫동안 이어지는 것으로 보아 그들에겐 분명히 우리가 모르는 초인간적 힘이 있을 것이다."(Bruman, 2000:10)

멕시코 북서부 또한 환각 숭배 진원지였다. 이곳 사람들은 메스칼 버튼mescal button이라는 선인장을 달여 만든 페요테peyote라는 음료를 마치 차처럼 마셨다. 페요테에 들어 있는 알칼로이드가 바로 페닐에틸아민에서 나오는 메스칼린mescaline(흥분제)인데, 페닐에틸아민은 카카오에서 발견되는 혼합물 중 하나다. 이 지역 사람들이 언제부터 페요테를 즐기기 시작했는지는 알려지지 않았다. 추측해보건대 고古인디언기, 혹은 고기古期에 사막에서 얻은 갖가지 식물들을 씹어보고, 가루를 내어보고, 짓눌러보고, 요리해보면서 그 식물들의 환각 성분을 발견했을 것이다. 환각 효과를 증진시키기 위해 알코올음료에 페요테를 첨가했을 수도 있다. 그 가운데 옥수수치차와 용설란주의 제조과정에 대해서는 스페인 연대기 작가들도 언급한 바 있다.

페요테의 기원이 무엇이었든 간에, 아즈텍인들은 이것을 내버려두고 멕시코 중부로 이주했으며 그곳에서 대체재를 찾아냈다. 프실로

시브Psilocybe(버섯종)라는 버섯균이다. 이 버섯균에 포함된 알칼로이드는 프실로시빈psilocybine과 프실로신psilocine 같은 세로토닌 관련 인독실indoxyl 파생물이다.(제9장 참고) 아즈텍인들은 이 버섯을 테오나나카틀teonanacatl("신의 육체")이라고 불렀다. 사아군에 따르면 그들은 이 버섯에 카카오음료를 곁들여 먹거나 동이 트기 전 꿀과 함께 먹었다. 그러고는 환각 상태에 빠져 춤추고 노래하며 눈물을 흘렸다.

아즈텍인들은 카카오의 주 생산지인 소코누스코를 정복했을 때 음료를 만들 또 다른 식물을 발견했다. 머지않아 이들은 마야인들이 그랬듯이 카카오음료를 엘리트만 누릴 수 있는 특권으로 만들었다. 이 음료를 마실 수 있는 사람들은 왕, 왕의 측근, 고위 장성, 포치테카pochteca들뿐이었다. 포치테카는 태평양 저지대로부터 적들의 영토를 통해 테노치티틀란으로 카카오 및 고급품(재규어 가죽, 호박琥珀, 케트살새quetzal bird의 고운 깃털)을 운반하던 상인이었다. 카카오음료를 어느 때나 양껏 마실 수 있는 사람은 왕뿐이었고, 다른 사람들에겐 식후나 연회 시 제공했으며, 흡연, 활발한 토론, 오락과 함께 이 음료를 즐겼다. 사아군은 포치테카가 경쟁하던 시기의 관습을 기술해놓았다. 오른손에 술이 든 조롱박을, 왼손에는 거품을 낼 막대기와 마시는 중간중간 박을 내려놓을 받침대를 들었다고 한다.

아즈텍인에게 카카오나무는 흔한 것이 아니었다. 그렇기 때문에 카카오나무와 그것으로 만든 음료가 아즈텍 문화에서 특별한 위치를 차지했던 것이 아닌가 싶다. 예를 들면, 카카오콩은 모든 재화와 서비스의 가치를 매기는 일종의 통화通貨 기능을 했다. 몬테수마 사람들에겐 테노치티틀란에 카카오를 보관하는 특별한 장소가 있었는데, 스페인 기록자들에 따르면 이곳엔 10억 개에 가까운 카카오

콩이 보관되었다고 한다.

아즈텍 신화에서는 우주를 네 부분으로 구분하고 “세상의 나무들world trees”이 이 우주를 지탱한다고 설명한다. 병풍처럼 접히는 나무껍질 종교 법전은 마치 만다라처럼 이 나무에서 태양신 우이트실로포치틀리Huitzilopochtli로부터 광채가 품어져 나오는 것으로 묘사하고 있다. 카카오나무는 남쪽에서 자랐으며, 그 지역에서 카카오도 충분히 얻었다. 카카오를 조상이나 피의 색과 결부시키기도 했는데 사람 심장처럼 생긴 카카오 꼬투리가 이러한 상징을 강화했다. 테노치티틀란의 대신전에서 노예나 죄수를 우이트실로포치틀리 신에게 제물로 바칠 때, 사제는 아직도 뛰고 있는 제물의 심장을 꺼내 태양을 향해 높이 들어올리곤 했다. 또한 참수된 제물의 머리를 선반에 올려두었다. 케트살코아틀Quetzalcoatl(깃을 단 뱀의 신)에 대한 연중 의식에서는 인간의 완벽한 표본을 신의 옷과 보석으로 치장해 신과 동일시했다. 그는 생명이 다할 때까지 찬양의 춤을 추었다. 그가 머뭇거리기라도 하면 음료가 담긴 박을 건네받았다. 그 박에는 희생양을 처리할 때 휘둘렀던 흑요석 검에 딱딱하게 말라붙어 있던 피를 섞은 초콜릿이 담겨 있었다. 이 음료를 마시면 춤을 완성하고 우주의 폭발을 막을 수 있는 용기와 즐거움을 얻을 수 있었다.

이보다 수백 년 전, 마야인들도 우주 속 카카오 위상에 대한 비슷한 관념을 가졌다. 이들이 아름다운 원통 음료병을 꾸며놓은 그림을 보면, 지하세계의 왕에게 죽임을 당한 옥수수 신의 머리가 카카오나무 꼬투리 사이에 걸려 있다. 스페인어로 부분적으로 번역된 과테말라의 키체마야Quiché Maya 왕국의 『포폴 부Popul Vuh』(신화를 담은 책)에 따르면, 이 머리가 마야 왕의 딸에게 공개됐을 때 옥수수

신이 부활했다고 한다. 그녀가 낳은 쌍둥이 영웅 우나푸Hunahpú와 스발란케Xbalanqué가 옥수수 신에게 생명을 다시 불어넣었고 그들은 각각 태양과 달로 화해 그 영광을 영원히 누렸다. 이 서사시의 마지막에는 옥수수, 달콤한 과일, 카카오로 인간이 만들어졌다고 기록돼 있다.

아즈텍인들처럼 마야인들도 카카오를 피와 동일시했다. 이들의 초콜릿 병에 묘사된 그림을 보면 신들이 스스로 자신의 목을 찔러 카카오 꼬투리에 그들의 피를 뿌린다. 다른 그림에서는 쌍둥이 영웅 중 한 명인 듯한 사냥꾼이 화살을 불어서 쏘아 케트살새를 사냥하고 있다. 후대 아즈텍인들의 무덤처럼, 마야인들의 무덤 속에 묻힌 사람 형상의 용기들도 카카오 꼬투리로 장식되어 있다. 후대 아즈텍의 포치테카 상인들은 마야 상인 신 에크추아Ek Chuah나 엘 신God L에 필적할 만한 그들의 신을 찾기까지 했다. 이 신들은 케트살이 앉은 등짐을 메고 또 다른 케트살이 앉아 있는 카카오나무에 다가가고 있는 모습으로 카카오 병에 묘사되어 있다. 다시 한번 말하자면, 메소아메리카 사회는 옥수수와 카카오, 피와 생명, 신비로운 새들, 꿈과 환각, 음악, 춤 사이의 긴밀한 관계를 드러내 보인다.

대중을 위한 테오브로마

초기의 카카오음료를 발견하는 과정에서 문득 떠오르는 생각들이 있었다. 그런 음료는 어떠한 맛이었을까? 지금과 비교해서 어떻게 다를까? 과연 옛날 그대로 다시 만들어낼 수 있을까? 그래서 나는 다시 한번 모험심이 강한 샘 칼라지오네와 그의 동료 도그피시헤드 양조장의 브라이언 셀더스의 도움을 청했다.

우리는 어떻게 하면 이 고대 아메리카로의 모험을 성공적으로 수행할 수 있을지 토론했다. 만약 최초의 카카오음료가 카카오나무열매의 과육으로 만들어졌다면 우리도 중앙아메리카, 특히 온두라스에서 카카오를 가져와 실험해야 하는 것일까? 하지만 불행하게도 카카오는 잘 썩기 때문에 우리가 직접 현장에서 실험을 진행하지 않고서는 온두라스 카카오를 사용하는 것은 불가능했다. 우리에겐 다른 아이디어가 있었다. 그것은 바로 후기 마야인들과 아즈텍인들이 했던 것처럼 우선 옥수수와 꿀로 술을 만든 뒤, 다음 단계로 넘어가 스페인 연대기 작가들의 증언처럼 다른 첨가물들을 넣는 방법이었다. 비록 카카오열매는 구할 수 없었지만, 우리는 다크초콜릿 조달업자(미주리의 애스키노시 초콜릿사)를 찾아내서 아즈텍 최초의 카카오 산지인 소코누스코 지역의 카카오가루를 구할 수 있었다. 꿀과 옥수수로 이 카카오의 쓴맛을 상쇄할 수 있었다. 아치오테achiote 허브는 아즈텍인들의 인신공양에 대한 집착을 상기시키는 빨간색을 더해주었다. 마지막으로 칠레고추를 첨가해 이 혼합물의 풍미를 배가했다. 불같이 매운 아바네로habanero보다는 덜 매운 안초ancho를 택했다. 할 수만 있었다면 매운맛의 "귀 꽃ear flower"이나 환각 성분의 버섯을 살짝 첨가했을지도 모른다. 우리는 독일의 에일 효모를 사용하여 발효를 시켜서 효모 자체의 튀는 맛을 줄이고 다른 첨가물들의 맛을 살리고자 했다.

우리는 여러 번 시도한 끝에(캘리포니아 촬영 업체에 의뢰해 면밀히 관찰하고 영상에 담았다) 뉴욕, 필라델피아, 레호보스 해변, 델라웨어의 자가 양조맥주 판매처에 있는 지원자들에게 결과물을 맛보였다. 이후 몇 번의 조정을 통해 우리는 테오브로마를 만들어냈다. 이것은 신세계의 혼을 담은 알코올 함량 9퍼센트의 혁신적인 음료였다. 우리가 만든 술의 맛을 보면 처음엔 다크초콜릿의 뚜렷한 향을 먼저 느끼고 그 뒤에는 안초칠리에서 나오는 파프리카 향, 아시오테의 훈향, 흙냄새, 꿀의 향기로움을 느낄 수 있다. 유일하게 아쉬운 점이 있다면, 마야인들이 빨아들였던 만큼의 충분한 거품이 없다는 것이다.

양조장을 불태우다

남부 페루 태평양 해안에서 75킬로미터가량 떨어진 안데스 산기슭에서, 초기 아메리카인들이 발효음료를 만들고자 고당도 자원이 풍부한 환경을 찾는 과정에 대한 새 정보를 얻었다. 서기 600년, 2590미터 산꼭대기에 식민지 전초기지와 궁전신전 단지가 세워진 와리Wari 세로바울Cerro Baúl은 안데스의 마사다Masada[사해를 굽어보는 천혜의 요새로, 고대 이사라엘 왕국의 상징]라는 별명으로 불려왔다. 잉카인들이 침입했을 때 이들 페루 원주민들은 세로바울로 피난하여 마치 유대인들이 로마인들에 맞서 산꼭대기의 요새에서 저항했듯이 물과 음식이 동날 때까지 이곳에서 저항했다. 유대인들과는 다르게 와리는 적의 공격에 함락되지 않았다. 그러나 서기 1000년경 그들은 이 유적지를 포기했다. 가파른 경사를 따라 물을 끌어올리는 데 지쳤거나, 600킬로미터나 떨어진 수도에서 물자를 조달하는 데 어려움을 겪었거나, 혹은 주변에서 국경을 압박해온 라이벌 티와나쿠Tiwanaku 주와의 협상에 실패했을 수도 있다. 원인이 무엇이었든 간에 그들은 이곳을 떠났다. 하지만 떠나기 전에 성대한 축연을 열어 많은 양의 술을 즐겼다. 그 뒤 이들은 의식에 따라 술병을 모두 깨버렸고 이곳도 불에 타 잿더미가 되어버렸다.

와리 음료는 중앙아메리카 음료의 주요 원료인 페루후추나무의 열매로 만들어졌다. 키가 15미터까지 자라는 이 나무는 해안가를 따라 최고 3600미터 고지대에서도 서식하는 식물로 페루 전역에 광범위하게 퍼져 있다. 여름(1월과 2월)이 되면 열매가 무르익어 그 무게 때문에 나뭇가지가 아래로 축 늘어져 휘어진다. 초기 인류는 강렬한 붉은색을 띠는 이 열매에 처음부터 매료되었을 것이다.

스페인 연대기 기록과 최근의 정보는 이 열매로 어떻게 와인이 만들어졌으며 또한 현재까지 만들어지고 있는지를 알려준다. 열매에 열을 가하여 물에 담그면 과육으로부터 달콤한 맥아가 나온다. 이렇게 얻은 맥아에서는 회향fennel과 후추 맛이 강하게 난다. 씨앗과 껍질은 맛이 쓰고 진이 많이 나므로 걸러낼 필요가 있다. 뚜껑 덮인 큰 병 안에서 여러 날 발효가 진행된다. 그 과정에서, 부서진 열매 위에 효소가 자리를 잡는다. 가르실라소 데 라 베가는 이 음료를 "매우 마시기 좋고, 매우 맛있으며, 매우 건강한 음료"라고 기록한 바 있다. 실제로 페루의 케추아Quechua 언어로 이 후추나무를 번역하면 "생명의 나무"란 뜻이 된다. 멕시코에서처럼 발효된 음료에 다른 재료들을 첨가해야 진짜 음료로 치는 지역에서는 후추나무의 열매에 옥수숫대, 선인장액, 옥수수 맥아가 혼합되었다.

스페인 수사修士들이 이 원주민의 음료를 악마의 작품으로 폄하하긴 했지만 스페인 사람들은 페루후추나무에 열광했고 이 나무를 환태평양 여러 지역에 옮겨심었다. 이들의 목표는 네덜란드 동인도회사에서 생산되던 고가의 검은 후추(피페르 니그룸Piper nigrum) 경쟁 상품을 만드는 것이었다. 그들은 더 나아가 이 나무의 진을 이용해 벌레를 쫓고, 병을 치료하고, 껌과 염료를 만들며, 재목의 부패를 방지했다.

와리 사람들은 세로바울에 아메리카 최대의 발효음료 생산시설을 만들었다. 이곳에서 주로 만들어진 음료는 옥수수치차나 상류층들의 초콜릿음료가 아닌 바로 페루후추나무 와인이었다. 궁전과 근접한 사다리꼴 건물 안에는 몇 개의 방이 있었는데 그 안에서 덩이줄기, 고추, 그리고 음료에 혼합될 다른 재료들을 빻아 가루로 만들었다. 열두 개의 큰 통에서 맥아가 가열되었고 호리병박 안에서는 음료가 발효되었다. 수천 개의 후추나무 씨와 줄기가 화덕 근처에서 발견되었는데 이는 이곳이 열매를 씻고 맥아를 거르던 곳임을 알려준다. 통은 각각 150리터들이였으므로 한 번에 1800리터의 와인을 제조할 수 있었다. 데이비드 골드스타인과 로빈 콜먼이 진행한 현장실험에 따르면 20리터의 와인을 만들기 위해서는 4000개의 열매가 필요하기 때문에 마지막 축제의 잔을 들기 위해서는 1000그루 이상의 나무에서 열매를 수확해야 했다. 여성들만 착용했던 특별한 숄핀shawl pin(투푸tupu)도 이 시설 근처에서 발견되어 이 음료를 제조하던 사람들이 주로 여성들이었음을 보여준다.

그들은 자신들이 만든 술을 마시기도 했다. 이 시설의 안뜰에서 스물여덟 개의 최고급 술병 케로kero(화보 9 참고)가 발견되었다. 네 개의 용기를 한 묶음으로 한 일곱 개 세트는 흑백의 디자인으로 꾸며져 있거나, 단호한 눈빛에 높다란 모자를 쓰고 있는 와리 최고의 신이 그려져 있었다. 30밀리리터에서 1리터 이상에 이르기까지 용량이 등급화되어 있는 것으로 보아 케로의 크기는 술을 마시던 사람의 지위를 반영하는 것 같다. "미다스 왕 축제"에 참여한 사제의 계급도 그들의 술잔 크기로 구분되었다.(제5장 참고) 술을 제조하던 시설(발굴자들의 용어로는 맥주 홀beer hall)이 불타올랐을 때 28명의 와리 군주들은 봉헌의 뜻으로 자신들의 케로를 불 속으로 던져버린 모양이다. 여섯 개의 조가비와 돌 목걸이도 그을린 무더기 위에 던졌다.

와리의 발효음료는 페루의 옥수수치차와는 분명히 달랐다. 만약 페루후추나무 와인에 옥수수가 첨가되었다 하더라도 그 양은 많지 않았을 것이다. 와인 제조시설을 포함한 이곳 유적지에서 발견된 식물고고학적 증거 가운데 옥수수는 1퍼센트도 되지 않았다.

세로바울의 꼭대기에서 이뤄진 마지막 의식은 그 궁전에서 진행되었다. 내부의 안뜰에서 발견된 음식으로 미루어보아 이곳에 거주하던 사람들은 특별한 "최후의 만찬"을 즐겼던 듯하다. 이 만찬에는 비스카차, 사슴고기, 야마, 열 종 미만의 생선(멸치, 정어리, 청어, 은줄멸, 날치, 참치 등)이 포함되었다. 이 유적지도 물론 태평양에서 멀리 떨어진 곳이 아니었지만, 이 잔존물들은 이곳에 살던 사람들도 몬테베르데에 살던 사람들처럼 바다에 뿌리를 두고 있었음을 보여준다. 이 궁궐에서 발견된 동물 뼈(안데스 콘도르, 딱새, 작은 올빼미)는 식용으로 쓰고 남은 것은 아니었을 것이다. 이 새들은 희귀종으로, 종교의식의 중요성을 의미하는 용도로 사용된 듯하다. 케로를 제외한 30여 개의 다른 그릇들은 이 건물이 불타버리기 전에 안뜰 바닥에서 산산이 깨졌다.

불을 이용한 또 다른 의식은 궁전 근처에 위치한 신전의 별관에서 이뤄졌다. 건물 바닥에 매장된 유아와 청년들과 함께, 방 한 칸에서 너무나 이상한 인공 유물이 발견되었다. 그것은 바로 양식화된 새들과 나체의 무용수가 그려진 북이었다. 무용수들이 높은 두건 장식물을 쓰고 정면을 향하고 있어 마치 와리 최고의 신을 연상시켰다. 타악기, 팬파이프, 피리, 트럼펫과 함께 이 북들은 초기 아메리카인들의 샤머니즘 의식에 있어 필수품이었다. 예를 들면, 페루의 태평양 해안에 위치한 카랄Caral이라는 도시국가(기원전 3000~기원전 1800년) 본당의 균열된 틈새에서 발견된, 펠리컨 날개뼈로 만든 피리 서른두 개는 상서로운 의식이 거행된 후 제물로 바쳐진 것으로 보인다.

페루후추나무 와인은 와리의 중요한 문화적·민족적 표석과도 같았음에 틀림없다. 최근에는 수백 킬로미터 북쪽에 위치한 콘초파타Conchopata에 있는 와리의 중심지에서 세로바울에 있던 것과 비슷한 와인 제조시설이 발견되기도 했다. 라야랄La Yaral의 콘초파타 근처의 하구에서 발견된 일반 가정집 양조장은 치리바야Chiribaya 사람들이 와리의 전통을 이어가며 살았던 장소로 보인다. 위 두 곳 모두에서 페루후추나무의 식물고고학적 잔존물들이 화덕과 가열통 근처에서 발견되었다.

풍부한 발효음료, 부족한 발효음료

후추나무로 와인을 만들고, 산에서 나는 작은 풀을 세계에서 가장 풍부한 알코올 자원으로 변형시키고, 카카오열매로 정성 들인 음료를 만들어내는 것들은 초기 아메리카인들이 발효음료를 만들던 과정의 일부에 불과하다. 이는 장차 이들의 고락을 미리 맛보는 정도에 지나지 않는다. 아메리카 다른 지역에서는 발효음료에 다양한 혼합물이 첨가되었고 그중 몇몇은 오늘날에도 널리 사용된다.

카사바cassava/Manihot esculenta(유카와 칡으로도 알려져 있다)는 적어도 6000년간 아마존 강 유역 사람들이 즐겨쓰던 재료였다. 이 식물을 씹어 달콤한 과즙을 내거나 녹말을 당으로 변환시켜 맥주를 만들었다. 사람들은 거품을 일으켜 술을 만드는 데 타액의 마술적인 힘이 작용한다고 믿었다. 이렇게 만들어진 술은 온갖 축제에서 필수적인 요소로 자리잡았다. 이 음료는 이들의 모든 축제에서 중요한 역할을 했다. 술을 통해 조상들의 영역에 접근하고, 승리를 축하하고, 통과의례를 치르고, 우주의 순환을 관측했다.

남아메리카의 해안을 따라 산과 대초원에 살던 사람들은 다양한 자원들을 갖고 있었기 때문에 많은 종류의 환각성 발효음료를 만들어냈다. 아마 나무에서 딴 당도 높은 과일을 처음 이용했을 것이다. 복숭아야자Bactris gasipaes가 그 예인데, 이 열매의 과즙과 분홍색 과육은 맛있고 순한 술이 되었다. 촌타야자와 코욜야자, 야생파인애플Ananas bracteatus, 자두처럼 생긴 고우르리에아 데코르티칸스Gourliea decorticans, 선인장류(오푼티아 투나Opuntia tuna와 사과로선인장 포함), 탐스러운 포도처럼 생긴 티지푸스 미스톨Tizyphus mistol 등도 가능성 있는 후보다. 이 음료에 빻은 담배와 코카잎 같은 더 강력한 허브를 혼합했다. 천사나팔꽃Brugmansia spp.의 씨, 산페드로 선인장을 달인 물, 인독실이 풍부한 요포나무나 세빌나무Anadenanthera spp.의 씨,

환각 성분이 있어 오늘날 빠르게 확대되는 주술적 뉴에이지 종교의 주목을 받고 있는 아야우아스카ayahuasca/Banisteriopsis spp.("영혼의 넝쿨"이라는 뜻) 등도 음료에 혼합됐다.

한편 중앙아메리카의 북부와 멕시코 남부에서는 호그자두Hog Plum/Spondias spp., 멕시코산 검은체리나무Prunus capuli, 가시가 많은 커스터드 사과나 과나바나Annona muricata, 파인애플, 코욜야자, 코로조야자, 야생바나나 등이 와인을 만드는 데 사용되었다. 고구마와 카사바도 씹은 뒤 맥주를 만드는 데 썼다. 유카탄과 치아파스 고지에서는 토종 벌꿀을 이용한 벌꿀주가 만들어졌다. 치아파스의 라칸돈Lacandon 사람들은 카누처럼 속을 파낸 통나무에 발체나무balche/Lonchocarpus longistylus 껍질을 첨가해서 술을 대량 제조했다. 스페인 기록에 따르면 이 술은 "우유처럼 하얗고, 시큼한 냄새가 나며, 유쾌하지 않은 맛이 난다." 물론 알코올음료에 나팔꽃 씨Ipomoea and Turbina spp.나 프실로시빈 버섯 등에서 나오는 환각제가 섞였을 수도 있다.

멕시코 북부 지역과 미국 서남부 지역의 선인장지대로 갈수록 발효음료에 첨가할 재료의 수도 점점 줄어들게 된다. 태평양 해안지역을 따라서 엘더베리, 단상사나무, 머루가 와인 제조에 사용된 흔적이 발견되었다. 내륙 지역에서는 용설란 열매, 선인장 열매, 기둥선인장, 메스키트 등이 발견되었고, 이 가운데 과육에 25~30퍼센트의 포도당이 함유된 메스키트는 고대부터 와인 재료로 그 입지를 굳혔다. 사과로선인장으로 만든 와인으로 지내는 기우제는 소노란 사막Sonoran Desert의 토호노담Tohono O'odham 사람들에게 있어서 연중 가장 중요한 행사였다. 여성들은 지하에서 와인을 숙성시켰는데,

이 과정에서 노래를 불렀고 다음과 같은 후렴구를 반복하곤 했다. "부디 잘 발효되어 우리가 아름답게 취하게 하소서." 이들은 비구름이 몰려와 생명의 비를 뿌려주기를 고대하며 이틀 밤 동안 춤추고 노래하고 술을 마셨다.

한편 중앙애리조나의 북부와 동부에서는 이상하게도 술에 관한 고고학적·인종학적 증거가 발견되지 않았다. 17세기 프랑스 선교사 가브리엘 사가르에 따르면 "하느님께 감사하게도, 이 미개인들은 연회자리에서 불행[술]을 겪지 않는다. 그들은 와인도, 맥주도, 사과주도 마시지 않는다. 만약 누군가가 술을 요구한다면, 그런 요구도 거의 없지만, 그 사람에겐 신선한 물이 제공되었다."(Havard, 1896:33)

바이킹족이 1000년 전 북아메리카에 처음 방문했을 때, 이들은 나무마다 엉겨 있는 포도넝쿨을 보고 너무 놀란 나머지 이 새로운 땅을 "포도의 땅Vinland"이라 불렀다. 이들이 지어준 별명은 매우 적절했다. 세계 어느 곳보다도 많은 종류의 포도(20~25종)가 발견되는 곳이 북아메리카이고, 이 지역 포도는 당분도 높다. 이따금 포도씨가 발견되기는 해도, 이곳 원주민들이 포도를 재배했다거나 와인을 만들었다는 증거는커녕 그저 식용으로 쓸 요량으로 야생포도를 채집했다는 결정적인 고고학적·화학적 증거는 여태 발견되지 않았다. 심지어 서기 800년경 옥수수를 경작하기 위해 아메리카 대륙 중심지에서 동부 해안에까지 이르는 광범위한 면적의 숲이 사라졌을 때에도, 그 옥수수는 옥수수치차를 만드는 데 사용되지 않았다.

아메리카 나머지 지역과 달리, 어째서 술을 마시지 않았던 것일까? 서북부 멕시코 내 아즈텍 원주민들의 토착 주택에서도 명백히 드러나는바, 그들(적어도 일반 대중 집단에서만큼은)의 과음혐오 문화가 주변국으로까지 퍼졌을 수도 있다. 예를 들면, 푸에블로인들은 옥수수를 재배했고 옥수수치차를 마시는 집단들에 둘러싸여 있었지만, (뉴멕시코의 차코캐니언에서 진행 중인 분석이 입증되지 않는 한) 이 음료를 마시는 것을 꺼렸다. 그들은 담배를 피우긴 했지만 주변에 널려 있는 용설란 열매와 독말풀 같은 환각 성분이 포함된 식물도 피했다.

그러나 푸에블로 사람은 샌타페이 바로 동쪽의 페이커스푸에블로에서 피리를 불고 북을 쳤다. 우리가 알기로, 세계 여러 지역에서 이런 악기들은 알코올음료가 곁든 축하연과 관련되어 있다. 서기 1200년에서 1600년에 해당하는 시기에 만들어진 거대 복합단지 내 방과 무덤에 이른바 "의식용 비품"인 새의 뼈로 만든 피리가 무려 열두 개나 묻혀 있었다. 지금으로부터 3만5000년 전(B.P.) 구세계에서 쓰이던 많은 피리처럼 페이커스의 피리도 특정 동물의 뼈로 만들어졌다. 미국흰두루미, 검독수리, 붉은꼬리매 등의 앞날개뼈(척골)가 사용되었다.(칠면조의 다리뼈가 사용된 경우도 있었다.) 페이커스 피리의 4~5개 구멍은 윤곽선을 그린 뒤 조심스럽게 뚫은 것이었다. 고대 중국의 자후에서 불었던 피리(제2장 참고)와 상당히 비슷한 이 피리들은 최초의 아메리카인이 동아시아에서 건너왔던 그 시대를 기억할 수 있을까?

다른 문화권에서 알코올음료가 차지했던 자리를 담배가 대신했을 수도 있다. 담배는 아메리카 전역에서 자라며 아메리카 원주민들은 신과 소통하기 위한 수단으로, 또 사회적 윤활유로 담배를 진작부터 사용해왔다. 그들은 이것을 씹어서 관장제로 투여했고 독수리와 콘도르 깃털로 장식된 새 모양 파이프를 통해 연기를 들이마시기도 했다. 새의 뼈를 빨대 삼아, 아니면 그들이 되쏘아보는 것처럼 장식된 쟁반 위에 놓인 담배를 코로 빨아들였다. 담배 연기는 "신들의 고유한 음식"으로 여겨졌고, 새가 날아가는 것처럼 담배 연기가 하늘로 올라가면 주술적인 사제나 치료 주술사의 몸과 머리에 니코틴이 흘러넘치면서 그들은 황홀경에 빠져들었다.

포도와 옥수수는 북아메리카인들이 발효음료를 만들 때 사용할 수 있는 유일한 천혜의 자원이었다. 많은 나무(단풍나무, 네군도단풍나무, 흰호두나무, 자작나무 등)가 봄이면 수액을 만든다. 인디언들은 나무 표피에 구멍을 내서 이 수액을 받았다. 이것을 나무통에 가득 채워서 빨갛게 달군 돌을 떨어뜨리거나, 아니면 그것을 얼려서 얼음을 제거하는 과정을 반복함으로써 농축시켰다. 이렇게 얻은 시럽은 알코올음료를 위한 이상적인 시재료였을 것이다. 하지만 아메리카 원주민들은 이 시럽을 오직 감미료와 약으로만 사용한 모양이다.

다른 신세계 사람들이 술을 엄청나게 마실 때 어째서 북아메리카 원주민들은 술을 입에도 대지 않았을까? 이에 대한 답을 다른 방식으로 접근해볼 수 있다. 만약 최초 아메리카인의 기원이 중북부 시베리아로까지 거슬러 올라간다면, 발효음료 전통은 베링기아를 가로질러 해안을 따라 내륙으로 들어왔을 것이다. 그러나 시베리아에는 고당도 자원이 있을 리 없고, 당연히 그런 전통 또한 나타나지 않았다.

시베리아 사람들은 술 대신 환각 성분을 지닌 광대버섯을 이용한 샤머니즘적 의식에 눈을 돌렸다. 17세기 중반 유럽 탐험가들이 추위를 무릅쓰고 혹한의 시베리아 동토에 발을 디뎠을 때, 이곳 샤먼들은 레트루아프레르 동굴에 묘사된 구석기시대 사람들처럼(제1장 참고) 뿔이 달린 사슴 복장을 하고 있었다고 한다. 샤먼은 버섯을 먹고서는 큰북을 두드렸다. 이 단조롭게 반복되는 소리는 환각 효과(이보테산과 무시몰 성분)를 강화시켰고 조상들의 몽환시夢幻時로 데려다줬다. 이들은 다양한 방법으로 이 버섯을 복용했다. 여성들은 마른 버섯 조각을 입에 넣어 굴려서 나온 액을 샤먼에게 바쳤다. 이들은 이 버섯을 달이거나 과실즙과 섞곤 했다. 심지어 샤먼은 버섯을 먹은 사슴이나 사람의 오줌을 마심으로써 간접적으로 버섯을 섭취하기도 했다. 포유류의 몸에서 대사되지 않는 활성물질은 재사용될 수 있었고, 그건 그 당시에도 마찬가지였다.

시베리아에서 온 이주자들에게 다행스러운 것은 이 광대버섯이 북아메리카에서도 자란다는 사실이었다. 캐나다 서북부의 매켄지 산맥과 미시간의 슈피리어 호숫가를 따라 거주하는 애서배스카족Athabascan과 오지브와족Ojibwa은 샤머니즘적 전통에 따라 시베리아에서 버섯이 사용된 것과 매우 비슷하게 오늘날에도 이 버섯을 사용하고 있다. 과연 이러한 빙하시대 전통들은 인류가 신세계에 첫발을 디딘 이래로 세대에 세대를 거쳐 전해졌던 것일까? 만약 그렇다면, 그들은 이러한 환각성 버섯이 나는 영역 밖, 남쪽으로 더 내려간 셈이다. 그들이 이전에 접해보지 못했던 식물(테오신트, 선인장, 카카오 등)로 실험을 시작한 이유가 여기에 있다. 그들은 그 실험을 통해 기존의 환각성 발효음료를 대체할 만한 음료를 만들어야 했다.

제8장

아프리카에 차려진 벌꿀주, 와인, 맥주

지구상의 발효음료를 탐구하기 위해 아프리카를 크게 한 바퀴 돌 것이다. 10만 년 전 인류의 조상은 그레이트리프트밸리에서 다른 대륙으로 퍼져나갔다. 시나이 반도나 바브엘만데브 해협을 건너 아시아로 이동해 결국 전 세계에 스스로 닿을 수 있게 되었다.

아프리카는 도저히 사람이 진입할 수 없는 정글, 온갖 풀로 우거진 초원, 이랑진 모래언덕, 킬리만자로처럼 백설로 덮인 산으로 이루어진 대륙이다. 최소한 서양 사람들은 그렇게 생각해왔다. 그곳 사람들은 당혹스러울 정도로 너무나 다양한 문화와 언어를 보여주고 있다. 아프리카에 대한 나의 첫인상도 별반 다르지 않았다. 나는 아프리카의 경이로움에 매혹됐다. 특히 조지프 콘래드의 『암흑의 핵심Heart of Darkness』을 읽고 나서는 두렵기까지 했다. 청년기에 기선汽船을 타고 콩고 강을 여행하면서 얻은 영감을 바탕으로 쓰여진 그의 소설은 인간과 자연에 대한 어두운 인상으로 흠뻑 젖어 있다. 콩고 강은 끊임없이 계속되는 북소리, 밤마다 질러대는 소름끼치는 비명으로 가득 찬, 일말의 인간성도 없는 불가해한 초목의 세계로 화자를 끌어들이는 거대하고 사악한 뱀이다. 이 여행은 마치 선사시대의 지구, 최초의 인류가 살았던 원시림으로 돌아간 듯한 착각을 자아낸다. 표범가죽으로 몸을 두르고 사슴뿔을 머리에 인 야만적인 사냥꾼들과 번쩍이는 금속 장신구와 휘황찬란한 복장으로 역시나 웅장하게 차려입은 여성들은 대단한 긍지와 신비로움 속에서 야생이라는 자연과 대적한다. 높은 장대에 걸려 있는 죽은 자의 머리는 유럽의 상아 사냥꾼들에게 도덕적 혼돈 못지않은 오싹한 충격을 선사했다. 콘래드의 경험에 근거한 아프리카의 자연 그대로의 진창을 시인 T. S. 엘리엇은 「텅 빈 사람들The Hollow Men」이라는 시의 제사題辭에서 지나가는 자리마다 눈을 부라리고 모든 것을 삼켜버리는 것 같다고 적확하게 표현했다.

여전히 많은 사람이 아프리카에 대해 이러한 정서를 고수하고 있다. 에이즈와 갖가지 질병이라는 재앙, 아사 직전의 민족, 르완다와 브룬디에서의 후투족과 투치족의 유혈 분쟁을 들을 때 이러한 정서는 강화된다. 그러나 이런 피상적인 사고에서 벗어나 면밀하게 들여다보면 이와는 전혀 다른 모습의 아프리카를 접할 수 있다. 희열을 자아내는 음악을 들을 수 있고 넋을 빼놓는 춤과 각양각색의 의식을 관찰할 수 있다. 이 모든 유희에는 열정으로 가득 찬 가락이 내재돼 있다. 인류의 종이 탄생한 대륙답게, 아프리카 사람들은 언어에 있어서 타고난 재능을 보여준다. 최근에 추정된 바로는 아프리카에서는 무려 2000개에 달하는 언어가 사용되고 있다. 또한 그들은 기원전 6000년경에 독립적으로 도기를 발명했던 것으로 보인다. 이는 근동에서 도기가 발명된 시기와 거의 동일하다. 대륙 토종 곡물(예를 들면 손가락조, 진주조, 포니오, 테프)과 덩이줄기(참마, 방동사니)를 역시 같은 시기에 경작하기 시작해 결국 작물화했다. 알코올음료에 대한 열망이 이러한 진보를 자극했을 것이다. 그러나 지리적인 장벽 때문에 사하라 이남의 아프리카에 있는 우리 인류의 "첫 고향"은 역설적이게도 수천 년 동안 외부세계와 단절되어 있었다.

황금

인류가 낙타를 사육해서 거대한 사막을 횡단하는 일이 가능하기 전까지만 해도 아프리카 내륙을 들어가고 나오는 유일한 통로는 나일 강이었다. 세계에서 가장 긴 이 강은 무려 6700킬로미터를 흐르는데 아프리카 총 길이의 반이나 된다. 오늘날 길게 뻗은 광대한 사막과 인접하고 있는 이 강은 그레이트리프트밸리와 인류가 집중적으로 모여 살아 원시 인류의 화석이 남아 있는 에티오피아 고원에서 각각 발원한 백나일 강 지류와 청나일 강 지류로부터 시작된다. 초목으로 뒤덮인 이 두 지류는 하르툼Khartoum에서 만난다. 여기서부터 나일 강은 비로소 이집트를 지나 지중해로 흘러든다.

에티오피아에는 전통적인 발효음료로 "꿀와인"을 뜻하는 테지tej 또는 테디t'edj가 있다. 일종의 수금水金으로, 이곳에서 발굴된 고대의 단단한 금속과 대조해 그렇게 부른다. 고대 그리스의 지리학자이자 역사가인 스트라보가 쓴 『지리지』에 따르면 트로글로디테스Troglodytes("혈거인")는 꿀로 술을 만들어 오직 통치자와 그의 측근들에게만 제공했다고 한다. 유럽인들은 에티오피아를 탐험하기 시작했을 때 이 술을 처음 접했다. 20세기 초까지도 에티오피아 황제 하일레 셀라시에에게 헌납되던 술로, 수천 년 전의 제조법을 그대로 따르고 있었다. 물과 꿀을 5 대 1 정도로 섞으면 이미 꿀 속에 있던

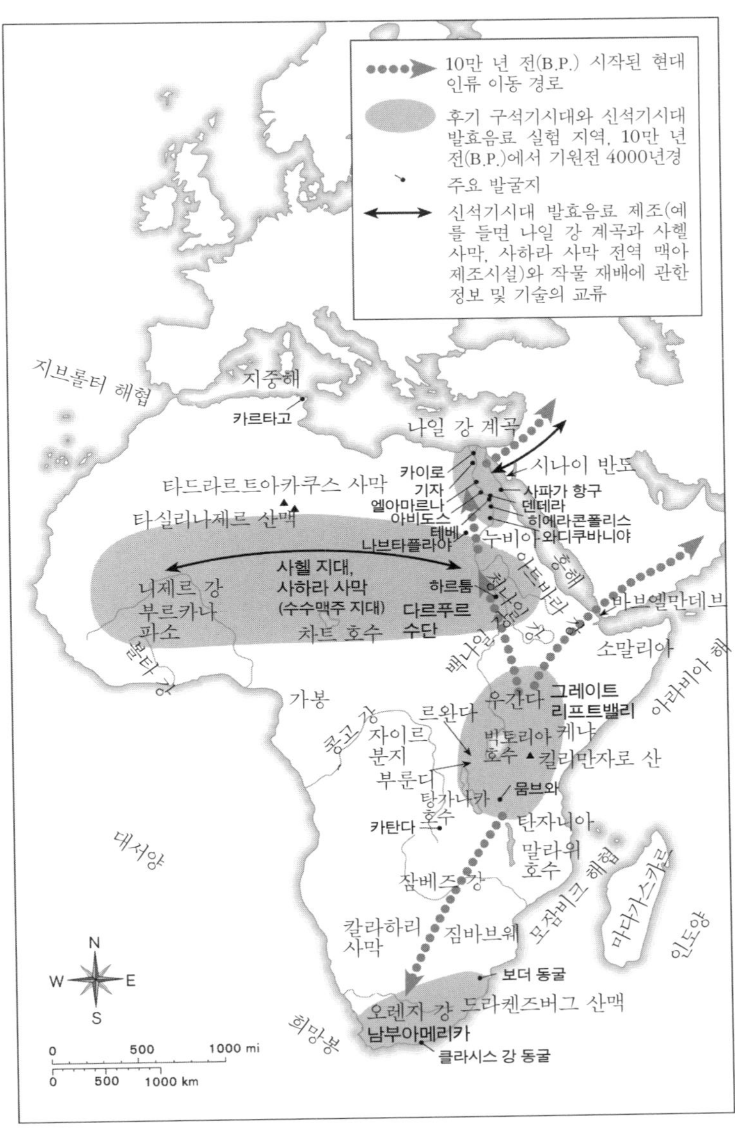

지도 4. 아프리카. 인류의 "첫 고향," 그레이트리프트밸리에서 탄생한 발효음료의 기본적인 재료는 꿀, 보리, (특히 나일 강 계곡에서 재배된) 밀, 수수, 조, 야자수액, 여러 종류의 과일, 무와 감자 같은 근채식물과 풀들이었다. 이러한 재료로 만든 음료에는 약재 성분이 있거나 향이 좋은 다른 허브가 첨가되었다. 일부 토착식물은 일찍이 신석기시대에 이미 작물화되어 경작되기 시작했다. 발효음료 제조에 관한 아이디어와 그 기술(예를 들어 이집트와 부르키나파소의 곡물을 으깨고 담그는 시설)은 나일 강과 서부 아프리카에서 이미 싹트고 있었다.

맥주 효모균인 사카로미세스 세레비시아가 활성화되는 산성 매체가 만들어진다. 이 혼합물이 박이나 항아리에서 2~3주 동안 발효하면 알코올 함량 8~13퍼센트 정도의 술이 탄생한다.

발효된 꿀음료, 혹은 벌꿀주 제조지역이 비단 에티오피아로 국한되지는 않았다. 아프리카 대륙 전역에서는 오랫동안 다양한 종류의 벌꿀주를 마셔왔다. 그레이트리프트밸리는 가장 독한 벌꿀주를 제조한 곳으로 알려져 있다. 이곳에서는 과일(예를 들면 소시지 나무열매, 키겔리아 아프리카나Kigellia Africana, 타마린드)을 넣어 술을 만들었으며, 발효 기간을 연장하고 알코올 농도를 높이기 위해 효모도 추가했다.

사하라 이남 아프리카는 꿀을 먹는 사람과 벌꿀주를 마시는 사람에겐 천국이었다. 우리가 익숙히 아는 유럽 꿀벌(아피스 멜리페라Apis mellifera)도 바로 여기에 서식한다. 일부 아종亞種[생물분류학상 종의 하위단계의 단위로, 하나의 종이 지리적·생태적으로 격리되어 고유 특징을 나타내는 생물 소계급을 이른다]은 유럽 꿀벌에 비해 공격적이고 사납다. 그래서 유럽 사람들은 아프리카 꿀벌에 "살인벌"이라는 선정적인 이름을 붙이기도 했다. 아프리카 원주민들은 이런 흉포한 평판에 전혀 구애받지 않은 듯하다. 예를 들어 중앙아프리카의 음부티Mbuti 피그미족은 꿀을 딸 때 꿀 외에는 신경을 딱 끊는다. 그들은 벌집에 닿을 수 있게끔 즉석에서 만든 리아나liana 밧줄을 이용해 나무에 올랐다. 일단 벌집에 다다르면 두 팔을 깊숙이 쑤셔넣어 할 수 있는 한 샅샅이 뒤져서 꿀을 찾아낸다. 그러고는 손에 흠뻑 묻은 꿀을 입으로 가져가는 것이다. 이러한 식도락이 주는 쾌감은 벌에게 쏘이는 아픔을 충분히 벌충해주었다. 남부 수단의 브비리Bviri 벌꿀 사냥꾼들은 벌이 옷에 숨어들어서 침을 쏠지도 모를 위험을 감수하지 않기 위해 숫제 맨몸으로 사냥에 나선다.

벌이 제아무리 강한 무기를 가지고 있다고 한들, 많은 동물은 기꺼이 벌집을 습격한다. 사하라 이남 아프리카에 서식하는 벌꿀오소리는 어떤 때는 오로지 꿀만 먹고 산다. 얼마나 시력이 좋은지 하늘에 떠 있는 벌을 추적해 벌집을 찾아낸다. 그러고는 벌집을 완전히 해체해 꿀을 집어삼켜버린다. 때로는 벌집 입구를 비비거나 방귀나 똥 같은 악취가 나는 항문 분비물을 배출해 벌들을 쫓아내기도 한다.

아프리카의 인류 조상들 가운데 인간과 유전자를 99퍼센트나 공유하는 침팬지는 아주 독창적인 방법으로 벌집을 사냥하여 꿀을 털어먹는다. 침팬지들은 협업을 통해 그들의 과업을 완수하는 것으로 관찰되었다. 한 마리가 막대기로 벌집을 두드려 벌을 쫓아내면 다른 녀석이 잽싸게 벌집을 끄집어 내린다. 자이르Zaire의 열한 살 암컷 침팬지는 도구를 사용하는 데 있어 비상하리만큼 모험심이 많았다. 이 침팬지는 끌처럼 생긴 나뭇가지로 벌집에 구멍을 내고서는 끝이 뾰족한 막대기로 꿀 저장칸을 보호하는 밀랍층을 꿰뚫어버렸다. 마지막으로, 잘 구부러지는 긴 덩굴식물 줄기로 벌집 내부를 십 분간 휘저어서 가능한 한 많은 꿀을 채취했다. 암컷 침팬지가 만찬을 즐기는 동안 구경꾼들은 괴성을 지르며 안달했다. 암컷 침팬지는 걸쭉한 꿀이 흐르는 벌집 조각을 그들에게 던져주었다. 남부 수단의 벨란다 비리Belanda-Biri 부족은 자기들 구역에 살고 있는 이런 침팬지를 "꿀 대도大盜"라고 불렀다.

의심할 것 없이, 인간은 동물의 벌집 공격 기술을 본보기 삼아 자신들만의 기술을 완벽하게 다듬었을 것이다. 인간은 수천 년에 걸쳐 남아프리카와 짐바브웨의 바위 표면에 새겨넣거나 그림을 그리는 방식으로 자신들의 꿀 사냥 모습을 영원히 남겨두기까지 했다. 연대를 정확하기 측정하긴 어렵지만 그러한 묘사들은 샌족san(부시맨)을 포함한 원주민들이 남긴 불후의 기록을 보여준다. 전형적인 장면을 하나 소개하자면, 리아나로 만든 엉성한 사다리를 타고 툭 튀어나온 절벽에 매달린 하나의 거대한 벌집, 혹은 벌집 다발로 기어올라가는 장면이다. 격분한 벌떼가 벌집과 약탈자들을 둘러싸고 있다.

기원전 8000년경의 것으로 추정되는 그림 한 점은 인상적인 데가 있다. 이 그림은 부시맨의 암벽화 유적이 많은 짐바브웨 남방 구릉지인 마토포힐Matopo Hills에서 발견되었다. 꿀 사냥꾼(새의 깃털처럼 보이는 핀으로 긴 머리를 뒤에서 고정시켰다)이 절벽에서 튀어나온 바위에 한쪽 무릎을 걸치고는 벌집 다발에 마른 풀 더미를 대고 연기를 피우고 있다. 벌은 벌집을 떠나고 있는 것처럼 보인다. 연기를 피우는 기술은 꿀을 채취하기 전에 벌떼를 진압하는 데 효과적이었다.(이 기술은 지금도 여전히 벌을 쫓는 데 사용된다.) 짐바브웨와 사하라 이남 아프리카의 다른 여러 지역에서 벌을 쫓아내기 위해 진정효과가 있는 식물이나 버섯류(예를 들면 유독성 유액이 흐르는 나무인 스피로스타키스 아프리카나Spirostachys africana와 거대 먼지버섯)에 불을 피워 연기를 냈다는 기록이 최근에 발견되었다. 마토포힐의 고대 사냥꾼들이 겨냥한 몇몇 벌집은 좀더 밝은 앞부분과 좀더 어두운 뒷부분으로 나누어져 있다. 밝은 부분에 나 있는 작은 물방울 얼룩은 식량 공급부인 후면과 분리된, 벌집 전면의 육아방을 묘사한 것 같다.

마토포 암벽화에는 동심원이 많이 그려져 있다. 이 원들은 절벽

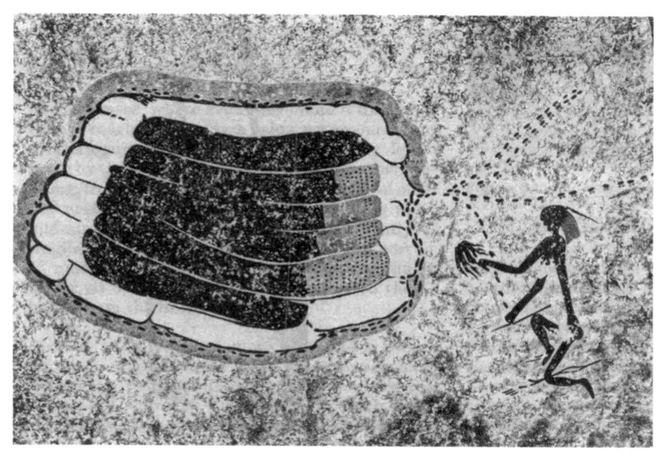

그림 22. 짐바브웨 마토포힐의 암벽화. 기원전 8000년경의 그림으로 보이며 긴 머리에 새 깃털을 꽂은 꿀 사냥꾼이 절벽에 붙은 벌집의 벌들을 쫓아내려고 연기를 피우고 있다. 머리 스타일이 중부 사하라의 수수맥주를 마시는 사람의 것과 비슷하다.(화보 10 참고)

에 매달린 벌집으로 해석돼왔다. 각각의 벌집 방이 밑에서부터 겹겹이 포개진 형태라는 것이다. 남아프리카의 드라켄즈버그Drakensberg에 있는 암벽화에는 벌떼가 다섯 개의 원으로 이루어진 동심원 주위를 맴돌고 있다. 이런 기하학 형태는 주술에 걸린 상태처럼, 향정신성 경험의 첫 단계에서 뇌가 만들어내는 내시內視 현상(제1장 참고)을 묘사한 것이다. 이런 그림은 세계 도처의 암벽화에서 나타난다. 술을 마시거나 환각성 식물을 흡입함으로써, 또는 감각이 상실되거나 과잉되면서 겪게 되는 현상으로 볼 수 있다.

아프리카 암벽화 예술을 면밀히 살펴본 연구가들은 미적 즐거움 너머로까지 그 의미가 확장된 것이라고 확신했다. 고대인들은 종교적인 관심을 그림으로 표출하기에 이른 것이다. 유럽 석기시대 동굴의 손바닥 자국처럼, 기괴한 동물 머리를 달고 있는 형체와 괴상한 생물(제1장 참고)은 흔히 나타나는 그림이다. 샌족 신화에 등장하는 어머니 여신이나 비를 부르는 동물이 그런 이미지로 나타난다. 이들은 종종 꿀벌에게 공격을 당한다. 동물들의 코에서 피가 개울물처럼 흐르고, 무용수들은 펄쩍 뛰어오르며 공중제비를 한다. 바위의 균열과 어우러진 형상들은 그 예술작품이 인간의 뇌리 속에서 일어나고 있는 변화를 드러내 보여주고 있음을 시사한다. 이는 샤먼이 또 다른 영역으로 들어갈 수 있도록 도왔다.

샌 신화에 따르면, 벌은 동물세계를 다스리고 비를 부르는 능력을 제공한다. 벌꿀 따는 철(꿀벌은 일 년에 한두 번 집단 이주를 했다)이 되면 남자들은 일주일간 원정을 떠난다. 하루에만 열 개의 벌집을 채취하는데, 5킬로그램에서 30킬로그램 정도의 꿀을 모을 수도 있다. 물웅덩이에서 나와 집으로 돌아가는 벌을 추적하고 벌이 날면서 떨어뜨리는 미세한 배설물을 면밀히 관찰함으로써 벌집의 위치를 알아낸다. 사냥꾼과 꿀길잡이새honey-guide bird/Indicator indicator 간의 놀라운 공생관계도 생겨났다. 그 이름에서 알 수 있듯이, 그 새는 벌집의 정확한 위치를 알아낼 수 있고, 스스로 이목을 끌어서 사람이나 다른 포유류 동물을 그곳으로 안내할 수 있다. 벌집 바로 옆 눈에 띄는 나뭇가지에 내려앉아 낭랑한 소리로 재잘거리며 노래한다. 이윽고 하얀 꼬리날개를 보여준다. 그러고는 조금씩 날면서 "공범자"를 벌집으로 가는 최단 코스beeline로 인도한다. 새는 공범자의 도움 없이는 벌집을 열 수 없다. 하지만 공범자는 새의 도움을 받아 예상보다 빨리 달콤한 꿀을 발견할 수 있다. 꿀길잡이새의 소리를 흉내 내어 새를 유인함으로써 벌집 찾는 데 드는 시간을 절약할 수 있다. 샤머니즘적인 "영적인 비행spiritual flight"은 꿀과 밀접한 관계를 맺고 있는 이런 꿀길잡이새로부터 힌트를 얻었을 것이다.

오늘날에도 사냥꾼들이 꿀 채취에 성공해 마을로 돌아오면 축하행사가 열린다. 아마도 초기 구석기시대에는 사냥꾼들이 꿀은 물론이고 이따금 짐승 가죽이나 벌꿀주가 한가득 담긴 박도 가지고 돌아왔을 것이다. 우리가 상상해본 초기 구석기시대 가설(제1장 참고)처럼 떨어진 벌집으로 빗물이 스며들어 꿀을 발효시켰을 수도 있다. 벌꿀주를 만드는 데 가장 중요한 것은 비교적 잘 밀폐된 용기다. 벌이 수집해온 송진으로 만들어진 벌집에는 밀랍이 달라붙어 있어 그 요건을 충족한다. 한 도전적인 인간이 가죽 가방이나 박, 혹은 나무껍질 용기 등에 좀더 체계적인 방식으로 벌꿀주를 만들 생각을 했던 모양이다. 동부 스페인 벽화의 꿀 사냥 장면과 아프리카의 꿀 사냥 그림은 비슷하기도 하거니와 거의 동시에 그려졌다.(기원전 8000~기원전 2000년경) 용기를 든 사냥꾼이 벌집 옆 밧줄 사다리 위에서 위험천만하게 균형을 잡고 서서 벌집으로 손을 뻗는 장면 말이다.

원시 인류가 벌꿀주를 얼마나 중요시했는지는 사하라 이남 아프리카 전역의 많은 종교적·사회적 의식에서 찾아볼 수 있다. 이런 행사에서 벌꿀주는 중요한 역할을 했다. 예를 들어 오늘날 케냐 키쿠유족Kikuyu 풍습에는 구혼자가 신부를 얻는 대가로 장인 될 사람에게 20리터의 벌꿀주를 바쳐야 한다. 대개 남자들이 이 벌꿀주를 만들고(술 만드는 일은 여자가 한다는 일반적인 사고와 달리) 나이 든 남자들이 정기적으로 그 술을 마신다. 이는 나이가 들어감에 따라 얻는 혜택이며 늙은이들이 조상과 더 가까워졌음을 인식하는 행위로 간주되었다. 케냐의 또 다른 집단은 상이한 기원을 가지고 있으며 목가적인 삶의 방식을 영위한다. 마사이족은 연회를 열어 어린 소년들의 할례를 축하한다. 친척과 이웃에게 벌꿀주와 고기를 대접한다. 그러나 어린 남자들은 소의 피와 우유만 마실 수 있다. 어린 십대들이 독립해 살 준비가 되면, 가족 중 연장자가 그들을 지켜줄 벌꿀주를 기분 좋게 권하며 그들의 앞날을 축복한다. 십대들은 그때서야 비로소 처음 뿔잔에 담긴 피와 벌꿀주를 한 잔 들이켤 수 있도록 허락받는다. 결혼식에서는 늙은이들이 배가 터지도록 벌꿀주를 마실 뿐 아니라 소도 취하게 해서 도살한다. 이제 막 탄생한 부부에게 벌꿀주를 흩뿌리는 것으로 늙은이들은 호의를 전한다. 벌꿀주를 땅에 쏟거나 뿌리지 않고, 혹은 억울한 자와 하소연하는 자에게 공식적으로 벌꿀주를 대접하지 않고 행하는 의식은 마사이 사회에 거의 존재하지 않는다. 유산을 물려받는 의식, 장례식, 임박한 위기에 대처하기 위한 제사, 악마를 몰아내는 의식, 속죄의식, 결혼식 할 것 없이 벌꿀주가 없으면 의식의 격이 살지 않는다. 다시 말해서 모든 의식에는 벌꿀주를 대접하고 뿌리는 전통이 있다.

그러나 현재의 관행을 너무 쉽게 훨씬 이전의 시기로까지 연장하는 데는 주의를 기울여야 한다. 꿀은 초기 인류가 이용할 수 있는 가장 농축된 당분이었다. 또한 벌이 낳은 알들로 가득 찬 벌집을 그대로 먹으면 고기를 먹을 때보다 월등하게 많은 단백질과 영양소를 얻을 수 있었다. 곡물과 식물 뿌리로 만들어진 발효음료가 인기를 얻으면서, 항상 공급이 달리던 꿀은 벌꿀주의 재료보다는 감미료로 더 많이 이용되었을 것이다. 근동과 중국에서도 비슷한 절차를 밟았다. 기술적인 발달에 있어서 아시아의 전철을 밟은 알프스 북유럽에서도 신과 왕의 최고 음료로 각인되어 있던 벌꿀주의 인기가 시들해졌으며 와인, 맥주, 나중에는 증류주들이 그 자리를 꿰찼다.

고대 이집트는 꿀과 벌꿀주가 어떻게 상징적·사회적인 가치로 변했는지 추적할 수 있는 실마리를 제공한다. 이집트는 아프리카 대륙의 동북쪽에 위치해서 서부 아시아의 관문 역할을 했다. 이곳에서 최초의 양봉이 시작되었으며, 세계 도처에서 온 꿀이 가공 처리됐다. 기원전 2400년경 이집트 제5왕조 시기, 아부구라브Abu Ghurab에 파라오 니우세르레Neuserre의 거대한 태양신전이 세워졌다. 이 신전은 향후 2000년간 본보기가 될 터였다. 길고 지붕 덮인 복도 내부에는 태양신 레Re가 나일 강 뭍에 하사한 식물들과 동물들이 정교하게 새겨졌다. 이 복도는 왕의 피라미드에서 강과 인접한 신전까지 이어진다. 정원은 하늘을 향해 열려 있고 둥근 태양신의 상징으로 세워진 기념비인 오벨리스크obelisk가 돋보인다. 사람들은 소와 귀한 음식을 봉헌하면서 왕의 죽음을 애도했다. 이들은 신전 복도에서 나오기 전에 꿀벌을 가리키는 상형문자가 세심하게 표현되어 있는 것을 보았을 것이다. 이는 이집트 아종(이집트벌larmarckii)의 옆모습을 보여준다. 또한 높은 수준의 양봉 기술을 나타내는 정교한 장면도 보았을 것이다. 한 일꾼이 벌들을 쫓아내기 위해서 용기에서 연기를 피워내 햇빛에 말라 단단해진 아홉 개의 진흙 벌통으로 연기를 불어넣는 장면이라고 한다. 다른 일꾼들은 차후 밀봉될 큰 대야와 긴 병에 꿀을 담고 있다.

이후, 특히 신왕조 시대에서부터 후기 왕조 시대에도 비슷한 장면이 나온다. 와인 제조공정을 담은 벽화로 잘 알려져 있는 테베의 레크미르Rekhmire의 무덤에서도 니우세르레의 무덤에 나타난 것처럼 벌집이 그려져 있었다. 용기에서 피어난 한 줄기 연기는 벌집 방향으로 향하고, 동그란 벌집 케이크가 떨어져 쌓이고 있다. 일꾼들은 커다란 그릇 두 개의 주둥이끼리 붙여 만든 병과 용기에 꿀을 담는다. 그러고는 진흙으로 밀봉했다.

초기 이집트인들이 어떻게 이러한 양봉 방식을 채택했는지는 밝혀지지 않았다. 이들이 과거에 야생벌집이 많았던 레반트나 이집트 남부 지역의 관습에 영향을 받았는지도 확실하지 않다. 일전에 중동(요르단 계곡 북쪽의 텔레호브Tel Rehov 부근)에서 인위적인 양봉이 행해졌음을 보여주는 거대한 퇴적물 증거가 나왔지만, 고대 이집트인의 흔적이라고 하기엔 비교적 늦은 기원전 900년의 것으로, 이러한 양봉 방식이 이집트인만의 혁신적인 방법인지 아닌지 판단하는 데써 도움이 되지는 않았다. 고대의 양봉 복합단지는 이집트 내에서나 아프리카 어디에서도 아직 발견되지 않았다. 훨씬 뒤에 사하라 이남 아프리카 사람들이 나무껍질, 나뭇잎, 갈대, 박, 찰흙으로 고대 이집트인들이 만들었던 것과 비슷하게 생긴 길쭉한 원통형 모양의 벌통을 만들었다. 하지만 벌통을 어디 한군데 쌓아두지 않고 나무에 높이 달거나 넓은 지역에 흩어놓았다. 확실한 게 한 가지 있긴 하다. 이집트 왕조 태동기인 기원전 3100년경부터 이미 벌이 상징하는 바는 엄청났다. 통일 이집트의 첫 파라오였던 나르메르Narmer(혹은 메네스)는 하下이집트를 정복하고 통일 이집트를 건설한 자신의 업적을 표현하기 위해 꿀벌(이집트어로 hit)을 뜻하는 상형문자를 선택했다. 이러한 상형문자는 기원전 332년 알렉산더 대왕이 이집트의 마지막 왕국을 무너뜨릴 때까지 이집트 왕실 직함상 파라오의 이름에 앞서 나왔다. 벌과 파라오가 이렇게나 지속적으로 관련을 맺고 있었다는 것은 선사시대 초기의 발전상, 그러니까 당시 이 산업이 상당히 무르익었음을 설명해준다.

고대 이집트 양봉업자들은 믿기 어려울 만큼 많은 꿀을 생산했다. 신왕국의 파라오 람세스 3세의 말을 곧이곧대로 믿는다면, 그는 나일 강의 신에게 15톤가량의 꿀을 바쳤다. 그 시대 기록을 살펴보면 꿀은 여러 등급으로 나누어졌다. 예를 들면 밝은색 "순종꿀"과 사막에서 나는 좀더 어두운 흑적색 혼합꿀로 등급이 매겨졌다. 고대 꽃가루 표본 분석 결과, 그 꿀은 클로버와 비슷하게 생긴 자주개자리와 다른 사막 식물들, 아보카도의 일종인 퍼시persea, 향긋한 발라노스오일나무, 클로버, 까치밥나무, 아마, 마조럼, 장미 등 많은 재배종 및 야생종의 꽃과 나무들로부터 온 것으로 보인다. 분석 표본 중, 신왕국 그릇 한 점은 그 시대 벽화에 그려진 것과 상당히 비슷했다. 이는 특히나 주목할 만하다. 그 그릇에 잘 보존된 벌집 한 덩어리가 담겼을 테니 말이다.

개화기가 따뜻한 남쪽 기후대에서 먼저 시작되어 온대성 북쪽 기후대로 이동하는 내내 벌들이 지속적으로 꿀을 만들어내게끔 하는 방법은 초기 이집트 양봉업자들의 주된 고민거리였을 것이다. 한 방향으로만 흐르는 강물은 이러한 문제에 대해 준비된 해법을 제공하기 마련이다. 18세기에 한 프랑스 여행자가 기록했듯이, 그 당시 양봉통은 배에 실려 계속해서 한 장소에서 다른 장소로 옮겨졌다. 벌은 꽃가루를 가리지 않았고, 이렇게 벌들이 모은 꿀은 카이로에서 판매되었다. 고대에는 나일 강이 주요 운송 경로—오늘날 소말리아나 에티오피아에 위치했던 것으로 사료되는 푼트Punt에서 신전 건축용 화강암 기둥이 들어오든, 외국 상품이 들어오든—였으므로(제

6장 참고) 선박 쪽에 연줄이 닿았던 양봉업자가 아마 이 해결책을 찾아냈을 것이다. 배로 벌을 이동시키는 것은 다코타 남쪽에서 양봉을 하는 내 삼촌이 월동을 위해 텍사스에서 캘리포니아까지 트럭으로 직접 벌집을 실어 나르는 것보다 훨씬 더 효과적인 방법이었을 것이다.

이렇게 고대 이집트에서 대량으로 꿀이 생산됐다고 하니 그 꿀로 벌꿀주를 만들지 않았을까 하는 추측이 자연스럽게 든다. 이를 밝혀내고자 고대 이집트 문학을 철두철미하게 조사하고 다른 모든 종류의 예술적·고고학적 자료들을 수집했지만 결국 이룬 것 하나 없이 헛수고로 끝나버렸다. 고대 이집트인은 꿀을 살균제, 상처에 바르는 연고, 내복약, 감미료, 화장품 재료, 신에게 바치는 공물 등 여러 용도로 사용했다. 그렇다면 어째서 정말 만들기 쉬울 뿐만 아니라 우리 조상들이 수천 년 전부터 즐겨마셨던 최초의 음료가 탄생하지 않은 걸까?

기원전 3000년경 벌꿀주가 아닌 다른 종류의 술이 이미 왕은 물론 일반 농부에 이르기까지 고대 이집트인들의 상상력과 입맛을 사로잡았다는 사실은 벌꿀주의 부재를 가장 잘 설명해줄 수 있다. 기원전 3200년경 스코르피온 1세가 포도주에 어떻게 사로잡혔는지 앞서 이미 살펴보았다.(제6장 참고) 맥주는 밀과 보리로 대량 제조되었다. 왜냐하면 밀과 보리는 나일 강 범람원에서 쉽게 구할 수 있는 데다 꿀보다 훨씬 더 저렴했기 때문이다. 미국인들의 취향이 1970~1980년대의 값싸고 달콤한 포도주에서 단맛이 덜한 포도주로 옮겨간 것처럼 고대 이집트인의 입맛 역시 단맛에서 시큼한 맛 쪽으로 바뀌었을 것이다. 이유가 무엇이든 간에, 이집트의 역사 속에서 꿀은 중요한 의식에 사용되는 특수 품목으로 자리매김했다.

오트밀주

기원전 3000년경, 이집트 왕실에서는 양조업을 처음 시작했다. 나일 계곡 주변 야생에서 자라나는 밀, 보리, 사탕수수 덕분에 맥주를 훨씬 더 일찍 만들 수 있게 됐다. 이집트 통일을 상징적으로 나타낸, 그 유명한 나르메르 팔레트Narmer palette[고대 이집트의 화장판으로, 현존하는 가장 오래된 상형문자가 기록돼 있다]가 발견된 히에라콘폴리스는 상이집트 초기에서 후기까지 번성했던 도시 유적지다. 이 유적지의 발굴은 적어도 기원전 3500년에서 기원전 3400년경에 이미 이집트의 맥주 양조업이 진행 중이었음을 암시한다. 히에라콘폴리스의 나일 강 퇴적층인 와디아불수피안Wadi Abul Suffian에서 1970년대와 1980년대에 사우스캐롤라이나대학의 한 연구팀이 진행한 고고학적 발굴 작업 덕에 특이한 단지團地가 모습을 드러냈다. 제러미 겔러는 직경이 3~4미터에 이르는 단 위에서 "화로" 여섯 개를 발견했다. 그는 빵을 굽는 커다란 오븐 중 일부일 거라고 생각했다. 근처의 또 다른 단 위에서는 여섯 개의 원뿔형 통을 발견했다. 모두 커다랗고 주둥이 쪽이 꽤나 넓은데도 받침대 없이 서 있었고, 주위에는 불에 탄 잔해가 널브러져 있었다. 내부 표면에 두텁게 붙어 있는 거무스름한 잔해는 총 높이 1미터가량 되는 통의 바닥에서부터 시작해 위로 올라갈수록 점점 그 양이 줄어들었다.

나일 강 상류 에드푸Edfu에 위치한 규소철 공장의 요르단 포포브

Yordan Popov와 카이로대학 식물고고학연구소는 히에라콘폴리스 통 내부의 잔여물을 분석해 굉장히 흥미로운 결과를 도출했다. 포포브는 타버린 브랜디 냄새가 나는 고당도 농축 물질을 발견했다고 주장했다. 카이로대학 연구소는 잔여물의 4분의 1 이상이 변질되지 않은 당, 유기산(말산, 숙신산, 젖산, 타르타르산 등), 아미노산으로 이루어져 있다고 밝혔다. 나머지는 모래와 도기 파편이었다. 연구소는 잔여물에 온전한 곡물과 에머밀, 보리, 대추야자의 속껍질, 재배종 포도의 씨 등도 끼어 있다고 언급했다. 펜실베이니아대박물관에서 일하는 나의 동료이자 고고생물학자인 나오미 밀러는 에머밀의 존재는 확인했지만, 샘플의 양이 적어 재배종 포도의 흔적은 관찰하지 못했다. 만약 카이로대학의 발견이 유효하다면, 이는 향후 200년간 레반트에서 수입되었을 게 분명한 이집트 최초의 포도 찌꺼기 존재를 뒷받침할 수 있을 것이다. 겔러는 자신의 조사 결과에 대해 몇 가지 의문을 표했다. "가스 방출과 땅속에 구멍을 파고 사는 곤충들로 인한 병충해 때문에 통에서 나온 물질들(대추야자 속껍질과 아직은 추정으로만 존재하는 포도씨)을 아직은 완전히 확정할 수 없다."

겔러는 이 의문을 해결하기 위해 19세기 말에서 20세기 초반에 발굴된 상이집트의 또 다른 선왕조 시대 유적지에서 비교 대상이 될 만한 유사한 통들을 찾아나섰다. 이후 이집트의 종교적 수도가 된 아비도스에서 피트와 로트는 복합단지 여덟 군데를 찾았다. 가장 큰 단지에서 통 35개가 발견되었다. 이들은 17개와 18개로 나뉘어 서로 엇갈리게 두 줄로 배열됐으며, 외부에 길게 세워진 내화벽돌이 각각의 통을 받치고 있었다. 이는 통과 연결된 측벽에 연료용 화구를 엇갈려 뚫을 수 있게 했다. 지붕과 양 끝단 벽은 그 용기들

그림 23-a. 이집트 선왕조 시대에는 500리터나 되는 큰 통에 낟알을 담아 으깼다. 기원전 3500~기원전 3100년경에 만들어진 이 설비는 아비도스의 세티 1세 신전 근처에서 발견되었다. 벽돌이 각각의 통을 받치고 있으며 이 통은 공기 중에 노출돼 있다. 원래는 연료 공급용 화구가 뚫린 벽이 두 줄로 배열된 통을 둘러싸고 있었다.

을 둘러싼 점화실을 에워쌌다. 통들은 닫히지 않은 채였다. 효모 침전물을 모아두는 용도로 썼을 그릇이 각각의 통 밑바닥에 놓여 있었다. 통 내부의 검은 덩어리는 히에라콘폴리스의 잔여물과 유사하다는 것이 밝혀졌다. 이 잔여물은 탄화된 상태였고, 행렬을 이룬 통들 안에서 통밀 낟알과 함께 으깨졌던 것일 수도 있다. 존 가스탱은 마하스나Mahasna 근처에서 통 하나를 발견했다. 짧은 진흙 막대기가 용기 지지대로 사용된 것 말고는 다른 시설에서 나온 것들과 형태가 거의 유사했다. 퀴벨은 마하스나 하류에서 약간 떨어진 발라스Ballas에서 심하게 손상된 다른 통을 발견했다.

그림 23-b. 부르키나파소에 있는 5000년 전 이집트 선왕조 시대의 설비와 굉장히 비슷한 구조인 현대식 맥아 담금 설비.

발굴된 통들이 다공질多孔質이어서 발굴자들은 선왕조 시대에 이 통들이 맥주 제조용으로 사용되었을 가능성을 일절 배제했다. 그러나 용기 내부에 덧칠된 얇은 점토층과 역시 내부에 축적된 두꺼운 퇴적물은 마치 당이 풍부한 액체 따위를 가열한 적이 있음을 암시한다. 저명한 영국의 고고학자 윌리엄 피트리가 말했듯이, 만약 용기가 곡식 건조용으로만 사용됐다면 어떻게 이렇게나 균일한 잔여물이 만들어질 수 있었을까?

겔러는 처음에는 히에라콘폴리스의 통이 맥아를 만들어내는 데 사용됐다고 주장했다. 이 주장은 피트리의 주장과 일맥상통했다. 왜냐하면 맥아는 마지막 로스팅 때 첨가되기 때문이다. 이후 겔러는 통이 맥아를 으깨는 데 사용되었을 것 같다고 입장을 바꾸었다. 녹말이 엿당으로 바뀌는 과정을 촉진하기 위해 그 으깨진 액화 맥아(현대 맥주 제조설비로는 한 시간 정도면 맥아를 녹일 수 있지만, 전통 아프리카 방식으로는 사흘까지 걸린다)에 적당한 열(섭씨 66~68도)을 가해준다. 가열 온도가 섭씨 70도를 넘어버리면 디아스타아제가 제 기능을 상실한다. 외관상 이 설비(맥아 통)는 적당한 열을 유지하고자 만들어진 것이 분명하다는 점, 보리와 밀 낟알들이 통 내부의 잔여물 덩어리에서 발견되었다는 점을 미뤄볼 때, 이 해석은 사실에 부합하며, 또 맥주를 제조해오던 관행과도 일치한다. 만약 이러한 용기가 여러 번 다시 사용되었다면, 누군가는 졸아든 침전물이 쌓였을 거라 예상할 것이다. 하지만 실제로는 온도를 유지하는 데 사용됐다.

그러나 맥주를 제조할 때 거치게 되는 여러 단계의 과정이 어디서 어떻게 수행되었는지는 이들 유적지 어느 곳에서도 여전히 밝혀지지 않은 채 미스터리로 남아 있다. 이러한 통들이 사용되었다면 으깨는 데 썼던 도구들은 어디에 있는 걸까? 곡식에서 맥아즙을 어떻게 분리시켰을까? 만약 각각의 용기가 맥아즙이 식은 뒤 이를 발효시키는 데 쓰였다면, 이 용기를 발굴 당시 식별할 수 있었을까? 가장 눈여겨봐야 할 점은 이집트에서는 보리맥주가 발효할 때 반드시 남게 되는 화학적 흔적(고딘테페의 맥주잔에서 발견된 비어스톤이나 옥살산칼슘 같은 맥주 앙금. 제3장 참고)이 전혀 확인되지 않았다는 것이다.

미스터리는 또 있다. 맥아즙에 포도와 대추가 첨가됐는지도 알 수가 없다. 보리와 밀 맥아는 같이 혼합해 사용할 수 있다. 보리가 밀보다 디아스타아제를 더 많이 함유하고 있기 때문이다. 과일 역시 효모균과 소량의 당을 첨가하기 위해 혼합되었을 것이다. 소량의 당은 초기 발효를 촉진하며, 알코올 도수를 미미하게 올려주고, 해로운 미생물들의 생장을 저해한다. 하지만 맥아를 으깰 때 온도가 높아져 효모균이 죽었을 것이다. 효모균은 섭씨 40도 이상 온도에서 견디지 못한다. 또 다른 가능성은, 오늘날 서부 아프리카 내륙에 있는 부르키나파소에서 수수맥주를 만드는 법과 같은 것으로, 맥아를 으깰 때 동일한 병에서 초기 발효를 진행시켰을 가능성이다. 맥아즙이 식으면 발효를 촉진하기 위해 과일이 첨가됐다. 과일은 향을 더하고 알코올 도수를 높인다.

맥주 제조의 화학적 증거가 발견되지 않았기 때문에 이 통들이 알코올이 없는 푸짐한 귀리죽을 만드는 데 사용되었을 가능성을 배제할 수 없었다. 그럼에도 불구하고 이들 상이집트 유적지에서 "with a kick"이라는 귀리맥주가 제조됐고 그렇기 때문에 세계 최초의 맥주 공장이 들어섰다는 겔러의 주장은 신빙성이 있다. 이집트의 긴 역사를 들여다보면 그의 주장은 완벽하게 맞아떨어진다. 이후 이집트의 문헌, 예술, 여러 고고학적 유물은 물론, 오늘날까지 이집트의 국민음료로 알려진 귀리죽과 시큼한 맛이 나는 밀맥주의 중요성을 강조한 맥락에서도 그의 주장을 살펴볼 수 있다. 빵과 더불어 맥주는 평민과 왕 모두에게 중요한 식품이었다. 심지어 여과하지 않은 맥주는 발효식품인 빵보다 더 많은 단백질(효모에서 주로 나온다)과 더 많은 비타민 B를 함유하고 있으며 피트산(칼슘과 같은 필수 미네랄과 결합하는 폴리페놀류. 미네랄의 체내 흡수를 방해한다)은 거의 없다. 맥주가 없었다면 이집트의 피라미드를 비롯해 다른 거대한 여러 유적은 지어지지 못했을 것이다. 당시 하루 종일 허리가 끊어질 듯한 힘든 노역을 한 일꾼들에겐 두세 조각의 빵과 두 병의 맥주(약 4~5리터)가 배급됐다고 한다. 이전에 내가 가르치던 학생, 현재는 토론토대학의 교수인 마이클 카잔은 옛날 기자Giza에서 빵을 만들고 맥주를 제조하던 유적을 발굴했다. 기원전 2500년경 피라미드 건설 현장 일꾼에게 제공될 음식을 만들었던 곳이었다. 이곳에선 히에라콘폴리스와 비슷하게 빵과 맥주를 만들 때 쓰였을 통들이 발견되었고 방대한 양의 맥주를 담았던 이집트의 표준 맥주병들이 곳곳에 널려 있었다.

맥주는 장례식 필수 공물이었다. 와인 다섯 병을 한 묶음으로 공물로 바치는 일반적인 수준을 능가한다. 아비도스에 있는 스코르피온 1세의 무덤에는 충분히 쌓여 있는 와인 말고도 아예 맥주로 가득 채운 방이 있을 정도였다.(제6장 참고) 이집트에선 "술독에 빠진 여신" 하토르Hathor가 수메르의 맥주 여신 닌카시와 동등한 존재였다.(제3장 참고) 하토르는 그녀보다 계급이 낮은 "맥주를 만드는" 여신 멩케트Menqet와 밀접한 관계였다. 하토르를 찬양하는 축제 가운데 하나로, 덴데라Dendera에 있는 그녀의 신전에서 열리는 "하토르의 취태醉態"는 왜 하토르가 그녀의 또 다른 모습인 암사자 여신 세크메트Sekhmet가 되어 반항적인 기질의 인간을 말살시키려고 했는지에 대한 이야기를 떠올리게 만든다. 마침 태양신인 레가 물로 덮인 들판을 붉은 맥주로 채우자 하토르는 화를 거두고 인류를 벌하는 것을 그만두었다. 매년 덴데라에서 열리는 이 축제는 공교롭게도 나일 강이 범람하여 철분을 많이 함유한 적갈색 토양을 휩쓸고 지나가, 물빛이 온통 붉은 맥주 색깔처럼 변하는 시기인 여름에 열린다. 하토르가 더 온순한 고양이 여신 바스테트Bastet로 변했듯이, 이 축제에서 사람들은 와인과 함께 맥주를 마시고 음악과 더불어 춤추며 축제를 즐긴다.

맥주를 만드는 모습은 고왕국 시대부터 신왕국 시대에 걸쳐 무덤의 벽화에 많이 등장했는데, 이는 왕들이 사후세계에서도 맥주를 즐길 수 있도록 하기 위한 것으로 심지어 어떤 무덤에는 아예 조그마한 맥주 제조시설을 갖춰놓기도 했다. 각양각색의 해석이 있지만, 벽화는 여자와 남자가 곡식을 갈고 빻아 납작한 각종 빵을 만들고, 조각을 여러 개 낸 다음 항아리에 짓이겨 넣는 모습을 보여준다. 그들은 그렇게 빻은 맥아를 성기게 짠 바구니체에 걸러 여과시켜서는 그 맥아즙을 미리 데워놓은 그릇으로 옮긴다. 주둥이가 달린 주전자를 이용해 맥아즙을 발효 용기로 다시 옮긴다. 가끔 발효제(대추야자나 포도의 즙, 혹은 오래된 맥주에서 추출한 효모 혼합물)를 섞는 장면이 나오기도 한다. 그러고는 점토마개로 밀봉해버리는 것이다. 파피루스나 비문에 다양한 종류의 고대 이집트 맥주들이 언급된다.

이를 통해 흑맥주, 달콤한 맥주, 철 맥주iron beer(붉은색을 띤 맥주?), "신맛이 없는 맥주", 관장제 맥주enema beers, 잇몸을 건강하게 해주는 샐러리 함유 맥주, "영원한 맥주", 대추야자맥주, 과일이 곁들여진 맥주(아마도 허브나 과일, 혹은 나뭇진으로 특별하게 향을 돋운 맥주일 것이다) 등이 존재했음을 알 수 있다.

오늘날 이집트 나일 강 인근의 소작농과 뱃사공 사이에는 옛날 맥아주 제조방식과 굉장히 비슷한 맥주 제조법이 전해 내려오고 있다. 아랍어로 부자Bouza(영어 단어 "booze"와는 아무 관련이 없다)라는 술을 만드는 이 방법은 특히 누비아Nubia에 널리 퍼져 있다. 먼저 곡물(밀이 주가 되지만, 때때로 보리, 수수 등이 사용된다)을 빻아서 빵을 발효시킬 때처럼 촉촉한 효모를 넣어 살짝만 굽는다. 물로 희석하면 빵이 부서져 맥아와 결합된다. 이것을 몇 시간 동안 적당한 온도에서 가열한다. 가끔 여과과정이 한 단계 끝난 후 물을 조금 더 첨가하는 경우도 있다. 이렇게 만들어진 음료를 부자 중에서도 으뜸으로 쳐서 여러 날 발효시키기 위해 따로 챙겨두었다. 그리스 연금술사 조시무스Zosimus가 밝혔듯이, 이집트에서 1500년 전에도 맥주를 만들 때 기본적으로 같은 과정을 거쳤다.

부자에 대한 화학 성분 및 미각 검사를 실시했다. 사브리 모르코스라는 검사관은 1970년, 하루 발효된 부자를 카이로 시장에서 구입했다. 구입 당시 부자의 알코올 함량은 3.8퍼센트였지만, 사흘 뒤엔 4~5퍼센트로 증가했다. 1920년대 이집트 시장에서 앨프리드 루커스가 수집했던 맥주 샘플은 더 진했다.(알코올 함량 6.8~8.1퍼센트) 그는 비여과 음료unfiltered beverage가 일관된 특징을 가지고 있다고 설명했다. "묽은 귀죽은 더 많은 효모를 포함하고 있고, 더 활발한 발효상태에 놓여 있으며, 굵게 간 밀로 만들어졌다." 여과된 모르코스의 맥주는 "걸쭉하고 옅은 노란빛을 띠며 알코올향과 기분 좋은 맛을 낸다." 19세기 누비아를 탐험한, 스위스의 저명한 역사가인 야코프 부르크하르트도 여과된 부자와 여과되지 않은 부자의 차이점을 언급했다. 천으로 여과시킨 한 고품질의 품종은 "나이팅게일의 어머니"(아랍어로 om belbel)라고 불린다. 왜냐하면 "이를 마신 술고래들이 노래를 부르기 때문이다."

아프리카 일대에서는 지금도 여과되지 않은 부자를 마실 때 빨대를 이용한다. 그러면 부자에 남은 덩어리를 자연스레 걸러낼 수 있다. 고대 이집트 유적지에서 발견된 대롱에는 여과기가 달려 있었다. 주기 세트 중 일부로, 직각으로 꺾인 일종의 빨대였다. 기원전 1350년경 파라오 아케나텐Akhenaten이 통치했던 신왕국의 수도 엘아마르나el-Amarna 무덤 벽화에도 대롱이 등장한다. 셈족 스타일로 턱수염을 기른 이집트 남자가 소년 하인의 도움을 받아 빨대로 맥주를 들이켜는 그림이다. 하인이 들고 있던 잔에는 아마 블루로터스blue lotus[고대 이집트에서 블루로터스는 생명의 기원, 영원 불멸을 상징했으며 가장 신성한 식물로 간주되었다] 진액 같은 특별한 재료나 환각제가 담겨 있었을 것이다. 신왕국 시대 테베의 무덤에서 나온 또 다른 놀라운 벽화에는 항구에 정박한 배, 곡물을 생선, 채소, 음료 등과 물물 교환하는 선원들이 그려져 있다. 한 부둣가 주변의 노점은 암포라로 가득 차 있었다. 용기들 가운데서도 대롱이 가장 눈에 띈다. 그 대롱으로 맥주를 시음할 수 있었을 것이다.

고대 이집트가 오래된, 전통적인 맥주 양조 역사를 가지고 있긴 하지만, 과연 선왕조 시대 후반의 히에라콘폴리스와 아비도스, 또

그림 24-a. 긴 빨대를 통해 맥주를 마시는 것은 고대 이집트의 전통으로 현재 아프리카에서도 지속되고 있다. 기원전 1350년경 엘아마르나 장례석비. 하인의 도움을 받아 대롱으로 맥주를 들이켜고 있는 셈족 스타일로 수염을 기른 이집트 남자가 보인다. 하인이 손에 든 잔에는 아마 블루로터스 진액 같은 특별한 재료나 환각제가 담겨 있었을 것이다.

그림 24-b. 아직도 케냐 서부의 티리키족 남자들은 수수맥주를 긴 빨대를 이용해 마신다.

다른 상이집트 유적지가 곡물을 으깨는 용도로 사용한 용기(양조용 통) 설비를 갖추었는지, 혹자는 그 여부에 여전히 의혹을 품고 있을지도 모른다. 나 역시 그랬다. 하지만 그 의혹은 사진 한 장으로 말끔하게 해소됐다. 이 사진에 나타난 설비는 오늘날 부르키나파소에 있는 수수맥아 담금 시설과 굉장히 유사하다.(그림 23-b 참고) 주둥이 넓은 커다란 항아리(80~100리터들이)를 내화벽돌이 떠받치고 있었다. 항아리는 한데 모여 있었으며, 항아리 주둥이 테두리를 진흙으로 싸매서 막은 연소실도 있었다. 이 지역은 이집트 국경에서 3000킬로미터나 떨어져 있었지만 사진은 마치 5500년 전 파라오 통치하에 처음으로 인구가 증가하고 제사 중심지가 발전하던 시기를 보여주는 것 같았다. 후기 선왕조 시대의 통치자 겸 제사장이었던 지도자들은 권력을 강화하고 도시를 건설하고 무덤을 치장하기 위해서 무엇이 필요한지 잘 알고 있었을 것이다. 바로 백성의 갈증을 해소하고 활력을 불어넣어줄 다량의 맥주였다.

히에라콘폴리스의 어느 맥아 제조시설(발굴을 재개하면 더 많이 찾아낼 수 있을 것이다)은 총 390리터 정도 수용 가능했다.(한 통당 65리터다.) 그 통을 계속해서 사용했다면, 그러니까 두 시간 간격으로 여섯 차례 액체를 발효 항아리로 옮겨 담았다면, 하루에 맥주를 2500리터가량 생산할 수 있었을 것이다. 만약 담금 작업 시간이 연장되거나 발효가 같은 용기에서 이루어졌다면 일일 생산량은 130리터로 현저히 줄어든다. 최대 35개의 통을 수용했던 아비도스의 맥아 담금 복합단지 여덟 곳은 이보다 더 많은 맥주를 생산했다. 스코르피온 1세와 같은 선왕조 시대 왕의 무덤과 인접한 곳에 있는 맥아 통들은 그 자체로 당시 이집트의 독보적인 성장, 번영 그리고 영향력 아래 이루어진 혁신적이고 장대한 발전을 증명해 보이고 있다.

하지만 이러한 선사시대의 맥아 담금 설비들은 오래가지 못했으며, 오직 선사시대 후기 유적지에서만 발견되었다(구왕조의 기자가 전통을 계승한 것이 아닐 경우). 이후에 발견되는 무덤의 벽화나 모형들로 미루어 짐작했을 때, 지지대 없이 놓인 병과 상대적으로 작고 예열된 그릇이 이를 대체했을 것으로 보인다. 그렇다면 근대 부르키나파소의 현대식 수수 담금 시설은 이례적인 경우가 된다. 선사시대 상이집트의 맥아 통들의 기본 개념은 대체로 이해할 수 있으며 실용적이다. 통을 받치고 있는 벽돌과 밀폐된 점화구의 뛰어난 열흡수성과 열전도성은 연료를 아끼면서 담금 작업에 적당하고 오래 지속되며 조작하기 쉬운 열원을 제공해줬다.

투탕카멘의 아버지인 이단자 파라오 아케나텐은 기원전 1350년경 나일 강 중심부에 위치한 엘아마르나에 수도를 건설했다. 그는 그 도시에 왕비 네페르티티Nefertiti를 위해 태양신전을 짓고 빵집과 양조시설 등을 갖추어놓았다. 영국 케임브리지대학의 배리 켐프가 진행한 현장 발굴과 맥도널드고고학연구소의 델언 새뮤얼의 식물고고학적 분석에 근거해 스카티시앤드뉴캐슬Scottish&Newcastle이라는 양조회사가 고대 이집트인의 맥주를 만들었다. 투탕카멘의 술Tutankhamun's Tipper, 혹은 네페르티티의 한 모금Nefertiti's Nip이라는 이름을 달고 재탄생한 이 맥주는 한 병당 100달러에 불티나게 팔려나갔다. 새뮤얼이 발견한 바에 따르면, 에머밀과 맥아 그리고 젤라틴화된 곡식들이 한꺼번에 양조되었다. 그녀는 이 양조과정에 빵이 포함됐다는 증거를 찾진 못했다. 최종 결과물은 알코올 함량 6퍼센트의 금빛의 탁한 맥주로 과일향이 밴 달착지근한 맛이 났다.

맥주에 빠진 대륙

사하라 사막 이남 아프리카 사람들에게 맥주는 삶의 일부라 할 수 있다. 18세기경 한 여행자는 그들의 맥주를 "100잔의 맥주, 100잔의 맛"이라고 표현했다. 하지만 사실 아프리카의 맥주는 그 형태, 제조기술, 사회에서의 역할에 있어서 일관성을 유지해왔다.

나이지리아 북부에서 농사를 짓고 살아가는 코피아르Kofyar 부족의 생활 전면은 알코올이 5퍼센트 함유된 진하고 탁한 수수맥주 위주로 돌아간다. 1960년대 인류학보고서에 따르면 코피아르의 성인 여성들은 항상 맥주를 "만들고 마시고 이야기하고 생각한다." 양조장은 지리적으로나 비유적으로나 마을 중심부를 차지하고 있다. 일주일 중 엿새 동안이나 양조 일정이 잡혀 있다. 우리의 다섯 번째 날 금요일은 코피아르족에겐 짐jim, 즉 맥아를 빻는 두 번째 날이다. 코피아르에서 거둬들이는 수확 작물 대부분은 맥주를 만드는 데 사용된다. 제조한 맥주는 주민들에게 계속되는 "술자리"를 선사했다. 그들은 맥주를 마시며 화해하고, 흥을 돋우며, 사랑을 나누고, 가무를 즐겼다. 구왕조 시대 피라미드 건설에 동원된 일꾼들과 마찬가지로, 수확에 참여했던 코피아르 일꾼들 역시 노동에 대한 대가로 맥주를 받았다.

코피아르족은 사회생활에서처럼, 정치와 경제에서도 맥주를 그 중심에 놓는다. 치료주술사와 점술가들은 맥주를 무상으로 공급받는다. 코피아르 가정에서는 무덤에 맥주를 붓고 뿜어냄으로써 조상의 영혼을 달래고, 비석에 맥주 항아리를 부딪혀 깨뜨리면서 조상을 예우했다. 피리 합주와 합창이 어우러지는 종교적 축제에서도 맥주는 자연스럽게 흥을 돋우는 역할을 했다. 마침내 맥주는 코피아르의 신화에도 등장했다. 그들의 "문화적 영웅"은 어떤 마을을 발견하고서는 그곳에서 맥주를 양조하기 시작했다. 그러고는 부족의 땅 가장 높은 곳에 거대한 맥주병을 놓았다. 알리바바 이야기의 아프리카 버전으로 꼽히는 전설도 하나 있다. 알리바바는 주문을 외워 동굴에 가득 찬 보물을 얻지만, 코피아르 전설에서는 검은관두루미 black-crowned crane/Balearica pavonina가 조상 대대로 전해 내려오는 돌 속에서 맥주병을 발견한다.

맥주로 가득한 이야기와 의식은 사하라 이남 아프리카를 가로질러 반복된다. 1883년, 아프리카 최남단에 있는 줄루족Zulu 왕은 "맥주는 우리 줄루족의 음식이다. 영국인이 커피를 마시듯 우리는 맥주를 마신다"라고 주장했다. 또한 맥주는 "신들의 음식"이었다. 17세기 한 탐험가에 따르면 연회를 치르고 왕족의 조상들을 기리기 위해서는 맥주가 반드시 필요했다고 한다. 줄루족에 정복당한 총가족 Tsonga 남성들은 이 모임 저 모임 돌아다니면서 맥주를 마시느라 일주일간 아예 집에 들어오지도 않았다.

남아프리카에서 두 번째로 컸던 토착 목축 집단 코사족Xhosa(넬슨 만델라도 코사족 부족원이었다)도 반투Bantu 맥주와 떼려야 뗄 수 없는 관계를 맺고 있다. 반투 맥주는 수수, 때로는 아메리카에서 도입된 옥수수로 만들어진다. 코사족은 엄청난 양의 맥주를 끊임없이 마셔댔기 때문에 1900년대 초 영국 지방행정부는, 결국에는 성공하지 못했지만, "밤의 향락"을 통제하려고 여러 조치를 강구했다. 코사족의 대화 주제는 다음 번 맥주는 어디서 들여올 것이며 그 맛이 어떨 것인가 하는 것이었다. 맥주는 그들의 제의와 상징 속에도 깊숙이 스며들어 있다. 코사족 조상들은 맥주에서 삶의 기쁨을 찾았으며, 후손들이 계속해서 맥주를 만들어서 그것을 "마음으로" 바치길 기대했다.

말라위 마을의 여성들은 1930년대 말라위 사람들의 칼로리 섭취 수단 중 35퍼센트를 차지했던 수수로 맥주를 만든다. 비록 오늘날 상업적으로 양조되고는 있지만, 당시 말라위 남성들의 하루 맥주 섭취량은 약 5리터에 육박했다. 영양학자 벤저민 플랫은 "아프리카 여러 지역에 관한 기록은 당시 남성들이 맥주 외엔 아무것도 마시지 않았을 것이라는 사실을 보여준다"라며 당시 맥주의 인기를 강조했다. 남아프리카 희망봉 동부의 또 다른 줄루족인 폰도족Pondo은 고기를 소비하는 연회보다 맥주를 마시는 연회를 더 우선으로 쳤다. 맥주가 연회를 준비하는 작업에 흥을 불어넣기 때문이다. 또한 에티오피아 남부의 수리족Suri은 "맥주가 없는 곳에는 노동도 없다"라고 했다.

케냐의 마사이족 정보원이자 동아프리카의 영국학회 관리자인 저스틴 윌리스의 주장에 의하면, 마사이족은 "맥주가 없으면 의식도 치르지 않았다." 마사이족은 의식을 치를 때 종종 또 다른 신성한 액체(벌꿀주와 혈액 섞기, 발효시킨 우유 뿌리기, 침 뱉기)를 사용했다. 하지만 맥주야말로 때와 장소를 가릴 필요 없는 다용도 음료로서, 산 자와 죽은 자 모두가 즐기는 "부족의 음료"였다.

케냐와 우간다의 이테소족Iteso은 조상들이 손가락조Finger-millet 맥주를 탐한다고 믿는다. 그래서 반드시 오랜 세월에 걸쳐 장례를 다섯 차례 치러 망자를 달래야만 한다. 아이가 이름을 얻고 진정한 사람이 되려면 맥주에 적신 외할머니의 손가락을 빨아먹어야 한다. 아이가 그것을 삼키면 비로소 "흡수한 이름sucking name"이 부여됐다. 술을 마실 때는 특정한 규칙이 적용된다. 한 가정 내에서 맥주병을 중심으로 성별로 하나씩 원을 그리며 둘러앉아 총 두 개의 동심원을 만든다. 집주인들(남편과 아내)의 부모와 자식은 동심원의 오른쪽에, 조부모, 손주, 조카는 집주인들과 함께 동심원의 왼쪽에 자리를 잡는다. 빨대는 같은 방향에 앉은 사람들끼리 함께 나눠 쓴다. 하나의 공동 병에서 술을 빨아마심으로써, 가족 간 유대가 강화된다.

이외에도 다양한 규칙을 지켜야 하는데, 그 규칙에는 나름의 분명한 근거가 있다. 이를테면 재채기를 할 때는 빨대를 병에서 잠시 빼두어야 했고, 빨대에 입김을 불어넣어 기포를 만드는 행동은 금지되었다. 이런 규칙은 상식선에서 이해가 간다. 이보다 근거가 좀 부족한 규칙으로는 빨대를 왼손으로 잡아서는 안 된다는 것, 빨대 안을 들여다보지 않는 것 등이 있었다. 남편과 아내가 상대편 부모들과 같은 빨대를 쓰면 안 된다는 규칙도 있다. 이 규칙은 아내가 따로 특별한 맥주를 만들어 시아버지에게 선물했을 때 시아버지가 감사의 표시로 마셔보길 권할 때에만 어길 수 있다. 장모와 사위는 좀 더 친밀하게 술을 주고받는다. 아내의 침실 오두막 현관의 초가지붕 아래 서 있는 동안에는 맥주를 한 모금씩 마시면서 서로에게 뿌렸다. 이테소족의 노인들은 관습에 덜 얽매여 있다. 나이만큼의 지혜를 갖추었을 것이고 조상이 될 시기가 임박했기 때문인 것 같다. 그들은 맥주를 대접받을 수 있는 곳을 찾아 마을을 이리저리 돌아다니면서 오후를 보낸다. 마치 당구대 같은 긴 갈대 빨대를 짊어지고 말이다.

우간다 동부에서는 50명이 넘는 남자들이 하나의 맥주솥에 둘러앉아 빨대 하나로 삼 분씩 돌아가며 맥주를 마셨다. 근대 문명이 유입됐을 때, 전염성 질병을 옮길 수 있기 때문에 빨대를 공유하기보다는 살균 소독된 빨대를 빌리거나, 특별하게 장식한 개인 소유의 빨대나 이름표를 붙인 빨대를 들고 다니는 방식이 제안되기도 했다. 남자들은 맥주를 마실 때만큼은 그들만의 방식을 고수했던 모양이다. 알코올 성분 때문에 오히려 맥주가 지역 식수보다 더 위생적이기도 했다.

청나일 강은 에티오피아 산악지대에서 발원해서 수단을 거쳐 누비아로 흐른다. 에티오피아에서 만든 벌꿀주는 "품질 좋은 술"로 높이 평가된다. 이곳 동부 사헬Sahel은 건조한 사하라 사막에서 열대 아프리카로 옮아가는 점이지대로서, 몇천 년 동안 최상품의 수수가 재배됐다. 수수는 아직도 사하라 이남 아프리카의 가장 중요한 작물로 꼽히고 있으며, 수백만 명이 주식으로 삼고 있다. 많은 지역에서 섭취 칼로리의 4분의 3 이상이 수수, 특히 맥주를 통해 공급된다. 그렇다면 수수는 어떻게 이들의 주식이 될 수 있었을까?

수단에는 엄청나게 다양한 수수 품종(현지 품종은 450개 정도)이 존재한다. 이는 수수의 원종Sorghum verticilliflorum과 가장 유사한 종Sorghum bicolor이 기원전 6000년경부터 수단에서 재배되었으며, 서쪽으로 전파되어 대서양 연안에까지 이르렀을 거라는 주장을 뒷받침한다. 남부 이집트의 나브타플라야Nabta Playa는 수수와 관련된 중요한 유적지다. 이곳은 동부 사하라에서 외떨어진 곳에 위치하고 있다. 서던메소디스트대학의 프레드 웬도프에 의해 이뤄진 현장 발굴 작업 중에 여러 오두막 바닥의 흔적, 사방에 불을 땐 흔적, 무수히 많은 대형 저장 구덩이, 우물, 도기 등이 발견되었다. 기원전 6000년경, 상대적으로 건조한 지형으로 둘러싸인 호수의 가장자리에 자리 잡은 이 정착지는 그 당시엔 오늘날보다 더 많은 비가 왔던 것으로 보인다.

수천 개의 식물고고학적 표본들로 미루어보았을 때, 나브타플라야 거주자들은 그 환경의 식물자원에 대해 굉장히 잘 알고 있었던 듯하다. 물론 낚시와 사냥도 했지만 그들은 식물을 더 잘 꿰고 있었다. 저장고에는 과하다 싶을 정도로 많은 야생식물 씨앗, 과일, 덩이줄기, 40여 가지 곡물 낟알이 저장돼 있었다. 이들은 일 년 내내 보관이 가능한 것들이었다. 수수는 물론이고 조, 부들, 루멕스Rumex(메밀과科 허브속屬) 콩류, 강아지풀(포아풀과 강아지풀속), 겨자, 케이퍼[지중해산 관목의 작은 꽃봉오리를 식초에 절인 것], 묏대추나무ziziphus(갈매나무과 나무속, 산대추도 포함됨)의 열매와 씨앗, 여러 덩이줄기 종도 있었다. 이렇게나 다양하게 식물을 활용했음에도, 1만3000년 전(B.P.) 칠레 몬테베르데(제7장 참고)에서 발생한 것과 비슷한 재난이 이들을 덮쳤다. 의심할 여지 없이, 마지막 빙하기 종료와 함께 전 세계의 기후는 더 촉촉하고 온화하게 변했다.

버들(이와 관련된 종이 몬테베르데에서 발견되었다), 덩이줄기, 수수, 조 그리고 굉장히 달콤한 묏대추나무의 열매를 나브타플라야에서 발견했다는 사실은 이들 중 일부로 발효음료를 만들었다는 흥미로운 가능성을 시사했다. 비록 곡식과 뿌리줄기를 빻을 만한 절구는 발견되지 않았지만, 이것들이 존재했을 가능성은 배제할 수 없다. 역시나 웬도프에 의해 발굴된 더 오래된 유적인 와디쿠바니야Wadi Kubbaniya에선 엄청나게 많은 숫돌이 발견됐다. 방사성탄소연대 분석 결과 기원전 1만6000년경의 것이었다. 돌 표면에 박혀 있는 탄수화물 곡식들의 흔적은 몬테베르데에서처럼, 다른 어떤 식물보다 덩이줄기들을 많이 빻았다는 것을 보여준다. 과연 두 지역에 살던 사람들 모두 야생뿌리를 빻아 당화시킨 뒤 발효하는 이 효과적인 방법을 우연히 발견했을까? 그게 아니라면, 나브타플라야에서는 묏대추나무 열매를 이용해 발효음료를 만드는 것이 더 쉬웠을 것이다.

하지만 이러한 가정에는 구체적인 증거가 더 필요하다. 1996년에 프레드 웬도프가 나브타플라야 구덩이에서 발견한 도기들을 보내면서 화학 분석을 의뢰했다. 그것들은 내용물을 담을 새도 없이 구덩이에 처박힌 것 같았다. 우리가 예상했던 수수나 기장 같은 식물들의 화학적 단서가 검출되지 않았기 때문에 다른 화학적 단서 찾기를 연기하기로 결정했다. 처음엔 보리나 편두 같은 두 지역의 예상 재배식물들의 흔적을 찾겠다는 열의로 가득 찼지만 조사 결과가 만족스럽지 않아 열의가 꺾이고 말았다. 이 장을 쓰는 동안 다시 호기심이 일어 도기 파편을 재조사했다. 유감스럽게도, 사막 모래에서 나온 탄산칼슘 말고는 고대 유기물이라 할 만한 것은 어떤 것도 검출되지 않았다.

초기 구석기시대에도 빻은 덩이줄기를 발효음료로 만들긴 했지만, 곡물이 가장 중심이 되었던 건 신석기시대였다. 수수는 그 당시 나일 강 상부 일대의 가장 그럴듯한 재료였다. 묏대추나무종과 다른 곡식들에 비하면 신석기시대에 덩이줄기는 굉장히 풍부했기 때문에 뜻하지 않게 종종 도기에 그 형태가 각인되었다. 수단의 카데로Kadero, 움디레이와Um Direiwa, 하르툼 등지에서 발견된 수천 개의 숫돌은 수수를 빻는 데 사용된 것이라고 알려져 있다.

우리는 이미 기원전 6000년경의 방사성탄소를 통해 나브타플라야에서 정착생활이 시작됨과 동시에 수수가 번성했음을 확인했다. 다른 곡식들과는 다르게 수수는 굉장히 많은 양이 몇몇 오두막에서 집중적으로 발견되었으며, 다른 곡식이나 풀과 섞여 있지 않았다. 다시 말하자면 수수는 어떤 특정한 목적을 위해 일제히 처리공정을 거쳤다. 그 목적은 말할 것도 없이 발효음료 제조였을 것이다.

나브타플라야의 수수 씨앗은 야생종과 비슷하게 생기긴 했지만, 화학 분석을 해보니 이색 재배 변종과의 몇 가지 공통점이 발견되었다. 과연 수수가 이렇게 오래전부터 재배되어왔는지 아니면 서기 1000년경에야 비로소 재배되기 시작했는지는 중요하지 않다. 충적세 초기, 지금보다 덜 건조했던 사하라 지대와 사헬을 가로지르며 번성했던 야생종은 두들기거나 흔들면 이삭에서 낱알을 손쉽게 수확할 수 있었다. 줄기가 잘 부러져 수확하기도 전에 씨앗이 바닥에 떨어져버리는 야생보리나 야생밀과는 다르게 야생수수는 천 년 동안이나 수확되었다. 수수의 인기는 이집트가 세계적인 전성기를 맞았을 무렵인 신왕조 때까지도 이어졌다. 이 당시 투탕카멘의 무덤에는 다량의 수수가 매장되었는데, 아마도 사후에 자신의 동물을 먹이기 위해서였을 것이다.

수수맥주는 동부 사헬 지역에서 오늘날 가장 인기 있는 맥주다. 여성들이 이따금 씹고 뱉는 과정에서 수수는 당화됐다. 고대 이집트에서는 이러한 방법의 효과가 증명되지 않았지만, 아메리카에서 옥수수맥주를 만들 때, 또 일부 태평양 섬 지대에서 쌀맥주를 만들 때도 이 방법은 널리 쓰였다. 좀더 일반적으로는 수수를 반죽해 발효시켰다. 이는 진한 포리지porridge[오트밀에 우유나 물을 부어 걸쭉하게 죽처럼 끓인 음식]나 경단으로 먹기 위해서였다. 하지만 대부분의 수수는 맥주로 제조됐다. 수수에는 글루텐gluten[밀가루에 함유되어 있는 단백질의 주성분] 함량이 부족했기 때문에 수수를 빵으로 만들어 먹지는 않았다. 그래서 17세기 이슬람 시대에 보리와 밀이 아프리카에서 도입되기 전까지, 수수는 사하라 이남 아프리카의 식단과 중동의 식단을 구분 짓는 척도가 된다. 그 이전에는 사헬 동부 사람들은 그들의 귀리죽과 맥주에 만족했다. 천 년간 누비아의 무덤에 잠들어 있던, 특징적인 긴 목을 가진 원형 병으로 미루어보아, 수수맥주와 밀맥주 역시 망자를 위한 필수 부장품이었던 것으로 보인다. 누바족Nuba과 누에르족Nuer을 비롯한 다른 수단 부족에 관한 민족지학 연구는 해당 지역 내 맥주의 의식절차상 용도와 사회적 용도가 아프리카의 다른 지역에서의 맥주 용도와 굉장히 유사하다는 것을 보여준다. 기우제, 입회식, 회식, 사제 임명식 등 어떤 자리에서든 항상 다량의 맥주는 필요했다.

그 당시 계속되었던 온화하고 습윤한 기후 때문에 수수맥주 제조 문화는 기원전 6000년경 이후에야 사헬 지역 동부에서 서부로 넘어갈 수 있었던 듯하다. 이 시기에 삼각주가 확대되면서 대서양에서 3500킬로미터 정도 떨어진 내륙에 있는 차드 호수에까지 영향을 줬다. 차드 호수 근처 두푸나Dufuna에서 마호가니 속을 파내서 만든 18미터짜리 카누가 온전한 형태로 발견됐다. 이를 통해 고기잡이가 주요 생계수단이었음을 알 수 있다. 동부 사헬 지역 나일 강 일대에서는 2미터가 넘는 딥워터퍼치deep-water perch를 비롯해 30종이 넘는 물고기의 뼈가 발견될 정도였다.

초기 신석기시대 드넓은 사헬 지대와 사하라 사막에서 발견된 물건들을 보고 있노라면 실로 흥미롭다. 비슷한 석기와 도기가 발견되어서가 아니라 무엇보다 뼈로 만단 작살과 낚싯바늘이 빈번하게 출토된다는 사실 때문이다. 목축업자들은 바르바리 양과 뿔 없는 소를 자유롭게 이동시키려고 어선에 태우기도 했다. 두 집단 모두 새로운 문화와 기술을 전달하는 역할을 했을 것이다.

5500년 전 히에라콘폴리스와 그 외 상이집트 지역에서 사용했던 설비와 유사한 설비를 이용해 아직도 양조업자들이 수수를 빻고 발효시키고 있는 곳을 찾기 위해 볼타 강 상류에 갔다가 깜짝 놀랐다. 맥주 제조공정이 매우 이른 시기에 그곳으로 건너온 모양이었다. 오늘날 부르키나파소에서는 붉은수수로만 맥주를 만들며 이로써 약 4퍼센트 알코올이 함유된 옅은 적갈색 맥주가 생산된다. 드물긴 하지만 당을 더 많이 함유하고 있는 흰수수White Sorghum를 섞거나, 아니면 발효가 되기 전에 맥아를 끓여서 부피를 절반으로 줄여 알코올 도수를 인위적으로 높이기도 한다.

부르키나파소 사람들은 섭취 에너지의 절반을 수수맥주로부터 얻는다. 맥주를 만드는 일은 전통적으로 여자들이 도맡았다. 1981년에는 약 7억 리터의 맥주가 생산됐다. 이는 한 사람당 236리터씩 배분되는 양이다. 여자들과 아이들이 남자들보다는 상대적으로 맥주를 적게 섭취한다는 점을 감안했을 때, 그 당시 남자들은 맥주를 하루 평균 2리터씩 마셨을 거라고 추정할 수 있다.

부르키나파소의 맥주 장인들은 발효된 반죽을 사용하기보다는 수수의 싹을 틔우고 맥아를 만드는 작업을 먼저 수행했다. 이 과정은 7~8일 정도 소요된다. 수수는 이틀간 물에 잠겨 있다가 2~3일 동안 싹을 틔웠다. 그 이후엔 계절에 따라 며칠 정도 햇볕에 건조되었다. 그러고는 특수한 담금 설비인 커다란 병에 담아 2~3일간 으깼다. 아직 발효되지 않은 달콤한 맥아에 건포도 껍질이나 오크라를 첨가해 액을 좀더 맑게 만들었다. 가끔은 이것을 아이들, 여자들, 무슬림에게 제공하기도 했다. 맥아즙 잔여물은 맥아 담금용 병에서 그대로 식히고, 예전에 사용했던 발효 용기의 바닥에서 긁어모은 효모를 첨가한다. 용기를 재사용하는 것은 이집트 선왕조 시대에 곡물을 으깨던 용도로 썼던 통에서 효모를 모으던 것과 유사하다. 초기엔 흐릿하고 유백색을 띠었던 이 물질을 햇볕에 말리면 회색빛이 감도는 효모 덩어리를 얻을 수 있다.

발효는 하루 동안 진행된다. 개인 양조업자들은 대부분 특정 재료를 이용한 각자의 특별한 발효 비법을 갖고 있다. 아마도 산사나무 껍질이나 무환자나무 열매, 환각물질인 독말풀 등을 넣을 것이다. 장례식에 제공되는 맥주에 꿀을 넣어 알코올 함량을 최고 10퍼센트까지 높이기도 한다.

일상생활과 종교의식에 두루 쓰였던 수수맥주는 전통 서아프리카 사회에 자연스레 스며든다. 그들은 수수맥주와 포리지를 만드는 법을 조물주가 여성들에게 전해주었다고 믿고 있다. 그것들을 섭취하면 꼬리와 털이 사라지고 비로소 인간이 될 수 있다고 한다. 이런 주제는 메소포타미아 「길가메시 서사시」를 상기시킨다.

성인 남자("대지의 신들")를 추모하는 의식은 그들 사회에서 맥주가 차지하는 비중을 전형적으로 보여준다. 망자를 조상의 지위로 승격시키는 이 의식은 비용 문제로 몇 달 혹은 몇 년씩 미루어지기 일쑤였고 그 기간 동안 시신은 방치되었다. 수백 명의 마을 사람들을 일주일간 대접할 수 있는 규모로 장례를 치러야 했다. 장례식에 참석한 성인 한 명당 평균적으로 맥주를 하루에 10~20리터 마셨다. 장례식이 끝나면, 맥주를 담았던 박, 포리지 접시, 고인의 유품을 무덤에 놓는다. 그러고는 아일랜드의 경야에서처럼, 음악, 춤, 놀이가 시작된다. 맥주를 마시지 않고서야 휴식도 없이 이어지는 이 활동에 쓸 에너지와 열정을 공급받기란 쉽지 않아 보인다.

일 년을 주기로 행하는 축제와 특별한 의식이 성에 차지 않은 듯, 이들은 "조상들의 날"인 목요일도 마음껏 즐긴다. 맥주와 함께 닭을 제물로 바치고 가난한 자 부유한 자 할 것 없이 모두에게 축제에 참여할 것을 독려하며 또 맥주를 권한다. 맥주잔을 돌리면서 맥주 "마시기"는 인기 있는 술자리 놀이다. 맥주를 만드는 여성들은 항상 아침 일찍 양조장 문을 열기 때문에 단골들은 예의 그 액체 아침밥을 먹으며 하루를 시작할 수 있다.

어떻게 기원전 3500년경에 상이집트인의 담금 기술이 볼타 강 상류 지역(부르키나파소)에 다다랐는지는 여전히 수수께끼로 남아 있다. 이집트에서는 구왕조 시대부터 이 방법을 사용하지 않았기 때문에 분명히 더 이른 시기에 기술이 이전됐을 것이다. 이 기술은 나일강 상류를 따라 누비아와 에티오피아로 전해졌을 것이다. 수수를 활용하는 방법이 사헬을 가로질러 전파된 것을 보면, 이 기술 또한 정착지에서 정착지로 전달되면서 마침내 아프리카 서부에까지 도착했을 것이다. 이 시나리오는 사하라 이남 아프리카에 독립적인 가축화 및 문화적 발전이 진행됐다는 기존 개념에 반하는 것으로 아시아 아프리카 이주설이나 이집트 영향설과는 괴리가 있다. 이 시나리오는 신석기시대 동부 사헬이 아프리카 나머지 지역에 광범위하게 영향을 미친 온갖 실험이 행해진 곳이라는 보급설을 좀더 다듬은 버전과 맞아떨어진다.

시나리오가 억지로 끼워맞춘 것이 아니라는 증거가 알제리에 속한 사하라 사막의 타실리나제르 산맥Tassili n'Ajjer Mountains 해발 1500미터에 위치한 한 암석 주거지에서 발견되었다. 이곳은 마지막 빙하기가 끝난 뒤부터 기원전 3000년경까지 생명체가 풍부했던 곳이다. 앙리 로트에 따르면, 소위 닥터 켄Dr. Khen의 주거지라 불리는 이곳 벽에 그려진 그림은 그의 탐험대가 사하라 전역을 돌며 찾아낸 수천 개의 벽화 중 "가장 세련된" 그림이다. 그리하여 "신석기 자연주의학파의 걸작"으로 꼽힌다. 주거지와 벽화의 방사성탄소연대 측정 결과 암석 주거지의 그림은 기원전 3000~기원전 2500년경, 혹은 그 훨씬 이전에 창작된 것으로 추정된다.

주거지 내 벽화 한 점은 방대한 규모(세로 3미터, 가로 4~5미터로 벽을 통째로 덮고 있다)와 선명한 색채, 술자리에 대한 극적인 묘사가 특징적인 작품이다.(화보 10 참고) 우리는 양떼과 소떼, 야생 기린, 영양, 타조에 에워싸인 작은 야영지를 관찰할 수 있다. 천막 입구에 앉은 여자는 곱게 짠 주름 장식 드레스를 입고 두건과 머리핀, 숄 등으로 치장했다. 모든 여자는 여러모로 미노스 문명의 "어머니 여신"처럼 보인다.(제5장 참고) 다른 천막과 조금 떨어진 천막에서는 장식된 커다란 병에 긴 빨대를 꽂고 무언가를 마시고 있는 여자가 보인다. 그녀는 병에 의도적으로 몸을 기댄 채 한 손에는 빨대를, 다른 한 손에는 타조알로 만든 병마개를 쥐고 음료를 마신다. 빨대로 병마개에 구멍을 뚫어놓았다. 이 병과 비슷하게 장식된, 뚜껑 달린 병을 든 남자가 술 마시는 여자 왼쪽에 있다. 그의 앞에는 또 다른 남자 세 명이 있다. 그들은 각각 가죽 반바지와 셔츠를 입고 있으며, 긴 머리에 꽂힌 하나 혹은 두 개의 깃털로 머리를 느슨하게 묶고 있다. 이들은 또 다른 남자에게 다가가는 중이다. 그 남자는 술 마시는 여자의 병과 마찬가지로 장식된, 병마개가 달린 병에 든 음료를 무릎을 꿇은 채로 마시고 있다. 긴 빨대를 들고 술 마시는 이 남자를 또 다른 인물이 도와주고 있다. 수염이 덥수룩하고 동물 가죽으로 만든 조끼를 입고 커다란 보석 목걸이를 한 것으로 보아 이 인물은 나이가 많은 상류층 인사인 듯하다.

이 벽화의 전체 구도는 결혼식 혹은 부부와 상대편 부모들과의 화해를 보여준다. 이테소족의 수수맥주 의식을 연상시키는 면이 있다. 동아프리카 부족들의 전통에 따르면 수수맥주는 여자가 만들어야 했으며, 만들어진 맥주는 그녀의 오두막 입구에 차려지거나 친인척에게 돌아갔다. 이러한 전통의식과 고대 "신석기 자연주의학파" 벽화 간의 밀접한 유사성은 결코 우연일 리 없다. 이 유사성은 수수맥주 지대가 아프리카 중심을 가로질러 확장되었다는 가설을 뒷받침한다. 내 개인적 견해로는, 히에라콘폴리스와 볼타 강 상류 지역의 중간 성격을 띤 타실리나제르의 벽화는 수수맥주 제조에 대한 신석기시대의 전통이 정말 사헬 지역과 사하라 지역에서 부르키나파소로 전파되는 과정 중 하나였다는 것을 증명하는 설득력 있는 증거로 보인다.

야자주와 헌주獻酒

곡물을 술로 만들기 위해서는 곡물을 정제하고, 녹말을 당화시키고, 다시 발효시키는 전문가가 필요하다. 그러나 이는 꿀이나 과일

그리고 여타 다른 자연 생산물로 술을 만드는 것에 비해 분명한 이점이 있다. 고당도 원료는 일 년 중 특정 시기에만 구할 수 있고 오랫동안 보존할 수도 없다. 꿀은 예외적으로 높은 당도 덕에 유통기한이 꽤 길다. 그러나 공급량은 한정돼 있고 금세 동나고 만다. 아프리카는 야생곡물이 결코 부족하지 않아서 먼저 만든 맥주를 다 마시고 다음 맥주를 필요로 할 때까지 몇 달 정도는 창고에 곡물을 보관해둘 수 있었다.

맥주는 다른 발효음료를 완전히 대체하지는 않았다. 다른 음료는 독특한 향과 비교적 높은 알코올 농도를 가지고 있었으며 다른 곡물주와 섞어 마실 수도 있다. 아프리카에서 이루어진 식물고고학 연구에 따르면, 오늘날 인간처럼 과일을 좋아하는 종들에게 늘 그렇듯이, 발효 가능한 과일들은 중요한 위치를 차지했다. 달콤하고 아주 부드러운 묏대추나무 열매는 초기 신석기시대의 건조한 평야 나브타플라야를 비롯해 수단의 나일 강 상류 지역, 후기 신석기시대 중부 나일 강에 접해 있던 히에라콘폴리스 인근 나카다Naqada에서도 자랐다는 기록이 있다. 우리가 이미 짐작한바, 느릅나무열매는 터키 신석기시대 차탈회위크에서 발효음료를 만드는 데 사용되었을 것이다. 이 열매는 기원전 제4천년기에 현재 수단의 수도인 하르툼 북쪽 카데로에서도 사용됐다는 것이 증명됐다. 기원전 1500~기원전 500년경 사하라 사막 남쪽, 서부 사헬 모리타니아Mauritania에서도 사용했다는 기록이 남아 있다. 마른 무화과열매, 오늘날 천연비누로 알려진 무환자나무 그리고 다른 식물들이 리비아 사하라의 타드라르트아카쿠스Tadrart Acacus 산맥에 있는 동굴 유적에서 발견되었다. 더군다나 이 발효 가능한 과일들은 전통적으로 와인이나 맥주에 첨가되는 약제(예를 들면 케이퍼, 루멕스, 서양지치borage)로 취급되거나 그 자체가 중요한 성분으로 사용됐다. 훗날 진한 와인을 제조하는 데 중요한 원료가 된 과일은 기원전 6000년경 타드라르트아카쿠스에서 분명히 그 모습을 드러냈고, 오늘날 다르푸르 맥주의 주요 재료가 되었다.

아프리카에서 나는 발효 가능한 식물 중에, 비가 거의 오지 않는 열대우림지에도 잘 적응하는 식물은 단연 야자나무 수종이다. 야자나무는 와인을 만들 수 있는 열매를 맺는다. 그러나 좀더 맛이 좋은 술은 야자즙이나 야자진으로 만든다. 야자와인을 만드는 데 가장 적당한 야자종으로는 기름야자Elaeis guineensis, 팔미라야자Borassus aethiopum, 라피아야자Raphia vinifera를 들 수 있다. 이들은 습한 동서부 해안뿐만 아니라 무성한 정글 속에서도 특히나 잘 자란다.

오늘날 노련한 "수액 채취꾼tapper"은 덩굴이나 밧줄로 자신의 허리와 나무를 빙 둘러 묶고는 나무를 탄다. 줄을 허리에 두르면 하반신만으로도 나무에 달라붙을 수 있어 두 손이 비교적 자유롭다. 오돌토돌한 나무껍질의 마찰을 이용해 조금씩 튀어오르면서 높이 치솟은 잎을 향해 몸을 위로 끌어올린다. 영장류의 타고난 나무타기 기술은 열매를 따는 데 더할 나위 없는 장점이다. 수액 채취꾼은 나무 꼭대기에 이르러 암꽃과 수꽃을 꼬챙이로 찌른 다음 그것들을 한데 묶는다. 그러면 수액이 천천히 흘러나오고 그것을 받기 위해 박이나 용기를 갖다대는 것이다. 싱싱한 나무는 하루에 보통 7~10리터의 수액을 생산한다. 6개월간 750리터의 수액을 채취할 수 있다. 인정사정없이 나무를 베어내면 그 정도 양을 한 번에 얻을 수 있다.

달콤한 분비물을 먹고 싶어 안달한 곤충들이 이미 수액에 효모를 주입해준 덕분에, 발효는 자동으로 시작된다. 두 시간 내에 야자와인은 발효되어 알코올 함량이 4퍼센트에 이르게 된다. 하루가 더 지나면, 7~8퍼센트 수준으로 올라간다. 최종 결과물은 향기가 풍부한, 탄산이 든 영약이다. 프랑스의 고생물학자인 테야르 드샤르댕은 이것을 페티앙petillant[발포성] 샴페인이라고 기술했으며, 유럽의 한 탐험가는 그것을 훌륭한 라인Rhine 백포도주에 비유했다.

아프리카에서 야자와인의 오래된 역사는 후기 구석기시대의 와디쿠바니야에 있는 1만8000년 된 식물들에서 아주 뚜렷하게 나타난다. 이 유적지는 이집트의 아스완 댐 바로 북쪽에 자리하고 있다. 유적지에서 발견된 식물로는 음료 혹은 첨가제로 사용되었을 것으로 추측되는 야생곡물, 덩이줄기, 카모마일, 수련垂蓮/Nymphaea spp.이 있다. 또 톡톡 깨서 음료를 만들기 쉬운 둠야자를 이미 사용했다는 것을 보여준다. 이 야자나무는 오늘날 에티오피아, 소말리아, 지부티가 속한, 아주 지독히 더운 아프리카 뿔Horn of Africa[아프리카 동북부를 가리키는 용어. 이곳의 지형이 마치 코뿔소의 뿔과 같이 인도양으로 튀어나와 있는 데서 유래한 이름이다. 인도양과 홍해를 감시하는 전략적 요충지로 동서 세력의 각축지가 되고 있다]에서도 무성하게 잘 자란다. 이 지역 사람들은 순한 와인을 만들기 위해 지금도 꽃을 찔러서 야자잎으로 촘촘하게 짠 바구니에 수액을 받는다. 더운 기후에서는 발효가 상당히 빠르게 이루어지기 때문에 수액 채취꾼은 채취 즉시 수액을 맛볼 수 있고 땅에서 도와준 사람들에게 이 포상품을 전한다. 이렇게 인위적으로 꽃과 가지를 잘라내면 야자나무는 자기 몸통을 따라 더 무성하게 잎을 피워낸다.

사헬에서 서쪽으로 좀더 가면 열대 야자수들이 무성하게 자란다. 적어도 기원전 2000년부터 기원전 제1천년기까지는 수렵채집과 원예농업이 병행된 시기였다. 오일야자가 관심을 받았고, 그것은 지금의 부르키나파소, 가나, 카메룬, 가봉, 그리고 콩고로까지 퍼져나갔다. 탐험 조사가 그다지 잘 이루어지지 않은 깊은 정글에도 갈아서 만든 돌도끼와 괭이가 산재한다. 이러한 돌도끼와 괭이는 웃자란 가지들을 손질하고 솎아내는 데 쓰였을 것이다. 아니면, 가능성이 낮긴 하지만 수액을 얻으려고 야자나무를 베어냈을 수도 있다. 기원전 제2천년기 후반기에 이러한 오일야자 흔적이 급격히 증가하는 것은 수액을 받는 기술이 정교해졌음을 보여준다. 이 나무는 열매를 떨어뜨림으로써, 아니면 인간과 다른 동물들이 몸에 씨를 묻혀 퍼뜨려주는 덕분에 알아서 잘 자란다. 굳이 경작할 필요까진 없지만 세심하게 관리는 해주어야 한다. 흥미롭게도 오일야자의 흔적은 훈향목薰香木/Canarium schweinfurthii 열매와 깊은 관련이 있는 것으로 나타났다. 이 나무의 풍부한 향기와 수지 함유 껍질은 다양한 치료제로 쓰인다. 습진에서부터 위장병, 기침, 설사 치료에 효과를 보인다. 껍질을 야자와인으로 달여내 그 즙을 복용하면 된다.

남아메리카의 정글에서처럼, 아프리카의 정글에도 약용식물이 넘쳐난다. 혁신적인 누군가가 처음 그 약용식물의 효과를 보았을 때 그 치유 속성을 탐구하기 시작했을 것이다. 종교적인 전통에서도 이 식물들은 중요하게, 또 지속적으로 쓸모가 있었다. 예를 들어, 오일야자를 이용하는 이 지역 도처에 사람들은 브위티Bwiti라는 종교의식을 관례에 따라 행한다. 이들의 신앙생활은 이보가iboga 시럽을 중심으로 돌아갔다. 어떤 전설에 의하면, 열매를 따다가 나무에서 떨어지던 피그미족을 조물주가 잡았다고 한다. 조물주는 그의 손가락과 발가락을 잘라서 심었고 그것들은 이보가나무로 자라났다.

이보가의 뿌리에는 환각성이 강한 인독실 성분이 다량 함유되어 있다. 콩고의 지류인 상가 강Sangha River 하류 쪽에 위치한 봉가Bonga에서는 이런 환각물질이 가미된 야자와인이 밤새 계속되는 축제의 윤활유 역할을 한다. 샤먼은 타악기 소리, 현악기 소리, 격렬한 춤이 동원되는 이 의식을 감독한다. 참가자들이 말하기를, "공통된 조상generic ancestor" 이보가가 자신들을 조상의 왕국으로 실어 나른다고 한다. 그것은 눈부시도록 화려하게 채색된 길과 강을 따라 인간을 신에게로 인도한다.

야자와인을 마시는 행위는 조상들과 친밀한 관계를 맺기 위한 일종의 관습이다. 이는 아프리카 전역에서 나타난다. 술자리는 땅에 술을 조금 붓고 나서야 진행된다. 이런 의식은 안데스에서 어머니 지구Mother Earth에게 치차를 먼저 권하는 의미였지만, 아프리카에서는 오로지 망자를 기리기 위해서 술로 땅을 적신다. 케냐 해변지역에 사는 기르야마Giryama 부족은 한때 생계를 야자나무에 전적으로 의존했다. 그들의 장례식은 술이 이승과 저승을 어떻게 중재하는지, 사회, 종교, 자연의 질서들을 얼마나 효과적으로 통합하는지 보여준다. 존경받던 야자농장 지도자가 죽으면, 남자일 경우 이레 동안 여자일 경우 엿새 동안 첫 번째 장례를 치러준다. 울부짖는 수백 명의 문상객이 묘지로 몰려든다. 애도 기간이 끝나면 이내 잔치가 벌어지고 춤을 추었다. 그들은 야자와인을 서로에게 권하면서 마치 축하객이라도 된 양 슬픔을 달랜다. 그도 그럴 것이, 그들은 즐겁게 취해서 지도자가 생전에 이 야자와인을 얼마나 좋아했던가를 상기한다. 다시 1~4주가 지나면, 두 번째 장례식에서 이 축제는 사흘 밤낮 이어진다. 그 축제에서 새로운 농장 지도자가 지명된다. 막대한 비용이 소요되는 이러한 장례식은 사회통합의 수단으로 정당화되었다. 하지만 영악한 농장 소유주들은 후처를 구하려고 약삭빠르게 협상을 도모해서 야자농장을 확장할 계획을 세운다.

사하라 이남 아프리카의 우리 "조상들"이 완전히 무지몽매하고 새로운 기술과 사고를 잘 받아들이지 않았다고 보는 관점과는 달리, 그곳 사람들은 더 진보한 문화를 가졌던 것으로 추정되는 근동 사람들만큼이나 이른 시기에 도기를 만들었다. 그들은 짐승을 몰았고 많은 종류의 식물을 경작했다. 최소한 기원전 6000년경부터 농경생활이 시작됐다고 알려져 있으나 그보다 더 오래전부터 농사를 지었을 수도 있다. 야자와인처럼 그들만의 발효음료를 개발하는가 하면, 수수맥주 제조의 경우와 같이 외부에서 도움을 받아 새로운 음료를 만들어보려는 준비를 하기도 했다. 대부분의 아프리카 발효음료가 근방에서 자라는 식물로 즉흥적으로 만들어진 것이긴 해도, 때로는 특별한 즐거움을 선사할 수 있는 재배품종이 먼 지역에서 들어오기도 했다. 레반트에서 온 재배용 포도는 이집트 왕조를 거치면서 나일 강 주변과 사막의 오아시스로 이식됐다. 기원전 2000년경 누비아와 에티오피아에 포도원이 들어서면서 그곳에서 그들만의 와인을 제조할 수 있게 됐다. 최근 들어 포도와 와인이 아프리카 대륙 전역에서 부활 조짐을 보이고 있어, 미국의 모든 주가 그러하듯이, 사실상 아프리카 모든 나라에서 와인을 생산하고 있다. 근대 식민지 시대를 거치면서 아프리카는 아메리카 작물에 문을 열게 되었다. 그중 카사바cassava나 매니옥manioc은 아프리카 자생식물 참마yam로 알코올음료를 만들었던 방법 그대로 맥주를 만드는 데 쓰인다.

동남아에서 수입된 식품 하나는 아프리카에서의 좀더 치밀한 고고학적 연구의 필요성을 강조한다. 학자들은 기원전 제5천년기에 뉴기니에서 경작되던 바나나가 서기 제1천년기 중반에 아프리카로 건너왔다고 오랫동안 믿어왔다. 그런데 2000년에 놀라운 발표가 있었다. 바나나잎에 형성되는 미세한 이산화규소 입자인 식물석植物石이 카메룬 느캉Nkang에서 기원전 제1천년기에 만들어진 것으로 보이는 질그릇 파편에 박혀 있었던 것이다. 이 유적지는 오일야자나 하는 식물자원을 활용하기 시작했던 광대한 서부 아프리카 사회에 속하는 곳이다. 이러한 충격적인 고고학적 발표는 2006년에도 있었다. 우간다 분요로Bunyoro에 위치한 한 습지의 퇴적물 중심부의 바닥층에서 열네 개의 바나나 식물석을 찾아냈다. 이 바닥층은 방사성탄소연대 측정 결과 기원전 제4천년기 중반에 형성된 것으로 밝혀졌다. 아프리카의 바나나 출현 시기가 첫 번째 발견 당시 측정된 시기보다 단번에 3000년이나 더 이전으로 거슬러 올라갔다.

이 습지에서 식물석은 오직 한 바닥층에서만 발견되었고 수천 년에 이르는 세월이 식물 표본에서 그 식물석을 분리해놓았기 때문에, 그 식물석이 습지 틈을 뚫고 들어간 건 아닌지 의문이 들 수도 있다. 특별한 한 가지 발견에서 너무 많은 사실을 밝혀내려 하지 않는 것이 현명하다. 예를 들어 와디쿠바니야나 나브타플라야에서 나온 재배된 밀과 보리, 요르단 계곡 길갈 1구역에서 나온 재배된 무화과(제3장 참고)가 이에 해당한다. 한 무리의 식물석을 발견했고 탄소연대 측정 결과도 모두 같았지만 단 한 개의 바나나잎 조각이 식물석을 오염시키지 않았다고 장담할 수 있을까? 지하수가 여과되면서, 아니면 동물이 이동하면서 습지 중심부 상층에 놓였던 바나나 잎을 바닥층으로 옮길 수도 있지 않았을까? 중심부의 방사성탄소연대가 진짜일 수는 있어도 바나나 식물석은 아무래도 거슬린다.

최초 도착 시기야 어떻든, 바나나는 서기Christian era가 시작되기 전에 아프리카를 잠식했다. 아마도 카누를 타고 인도양을 횡단했던 초기의 말레이인들이 동쪽 해안으로 바나나를 가지고 들어왔을 것이다. 잘 익은 이 바나나에는 발효 가능한 20퍼센트 이상의 당분이 함유되어 있어 알코올음료로 변할 가능성이 아주 높다. 예를 들어 그레이트리프트밸리 근처 호수 주위에 뿌리를 내린 바나나로 만든 술은 토속음료의 외형과 중요성 등 모든 요건을 갖추었다.

그레이트리프트밸리 사람들은 또 다른 발효 가능 물질(수수, 꿀, 야자수액)도 갖고 있었다. 그러나 과거 2000년 동안은 바나나와인이 동서 아프리카 모두에서 주목을 받았다. 바나나가 익는 과정에서 그 속의 녹말은 자연스레 당으로 분해되어 점점 검게 변하는 껍질 안에 달콤한 과육이 남게 된다. 지나치게 익으면 껍질을 까서 먹기엔 다소 불편하지만 발효 알코올음료의 생산은 용이해진다.

탄자니아의 하야족Haya 남자들은 바나나에서 나오는 달콤한 액을 추출해서 와인을 만들어 마을에 풍족하게 공급하는 일을 한다.(여자들이 음료 제조를 담당하는 일반적인 관행과는 대조적이다.) 익은 바나나의 껍질을 벗기거나, 때로는 벗기지 않은 채로 나무를 엮어 만든 통이나 통나무 속을 파낸 통 안에 쌓아서 바짝 마른 풀을 섞는다. 그러고는 포도를 짓이길 때처럼 발로 밟아댄다. 과거에는 각 가정의 여자들이 아마도 손으로 직접 바나나즙을 짰을 것이다. 이 방법은 그나마 덜 노동집약적이다. 반죽이 진한 크림 형태가 될 때까지 치대면 껍질은 마른 풀에 들러붙는다. 풀로 만든 체에 이것을 거른 후에 물을 붓는다. 이때 곡물 맥아가 첨가된다. 그러고는 그 통을 바나나잎으로 덮어 즙을 따뜻하게 유지한다. 만약 그 통이 이미 와인을 만드는 데 여러 번 사용된 통이라면 발효가 빨리 시작된다. 최소 하루 정도 발효되면 알코올 함량 5퍼센트의 와인이 탄생한다. 더 오래 발효시키면 더 진한 와인을 얻을 수 있을진 몰라도 와인이 변질될 우려가 있다.

하야족은 바나나와인을 마시는 데 특별한 규칙을 갖고 있다. 남자는 목이 좁은 박에 담긴 와인을 갈대로 만든 빨대로 조금씩 빨면서 맛을 음미한다. 여자는 바나나잎이나 목이 짧은 박 둘 다 와인잔으로 활용할 수 있는데, 빨대를 사용해서는 안 된다. 바나나와인을 마시기에 앞서 집 안에 있는 제단에 와인을 올려 조상들이 먼저 맛보게 해야 한다. 왕은 전통적으로 16리터나 그 이상의 와인을 대규모 와인 제조시설로부터 공급받아서 조상들에게 바쳤다. 북소리가 울려퍼지는 가운데 사제들 면전에서 왕은 소머리를 쓰고 표범 가죽을 두른 채 조상의 무덤과 신전에 와인을 박으로 떠서 바친다. 초승달이 뜨는 시간이 이 의식의 결정적 순간이다. 왜냐하면 생전에 즐겨마시던 바나나와인으로 조상들을 달래지 않으면, 그들이 이승을 배회하며 재앙을 일으킬 것이라고 믿었기 때문이다.

망자를 달래야 한다는 관념은 아프리카에 널리 퍼져 있는 집착이었다. 티리키족Tiriki의 기도문에는 넋을 달래는 내용이 담겨 있다. 케냐의 서북쪽에 살고 있는 티리키족은 조상들에게 기도할 때 곡물맥주를 신전에 뿌리고 묘석들 사이에 놓인 잔에 담긴 맥주를 빨대로 마신다. 그들의 기도문에서 현생 인류가 처음 나타난 아프리카의 발효음료에 대한 흥미로운 세계관도 엿볼 수 있다.

우리 선조들이시여, 맥주를 다 드시옵소서!
우리를 편히 지내게 하소서!
모두 모였나니, 평안하소서, 우리 선조 영혼들이시여.
우리를 영안永安하게 하시고 앞으로도 계속 보살펴주소서.
(Sangree, 1962:Ⅱ)

제9장

술,
어디에서 어디로

오늘날, 우리를 매혹하는 온갖 종류의 술이 동시에 비난의 대상이 된 이유를 이해하기 위해서는 한 걸음 뒤로 물러나 좀더 거시적인 안목으로 바라볼 필요가 있다. 땅속 저 깊은 곳에서부터 지구에 첫 생명을 탄생시켰을지도 모를 원시적인 "수프soup"에 이르기까지, 알코올은 자연에 존재한다. 과일을 섭취하는 동물들은 자연에서 나는 중독성 물질 중에 오직 알코올만을 소비한다. 알코올은 효모, 식물, 동물 간의 얽히고설킨 복잡한 관계망 일부를 형성한다. 이는 상호이익과 번식을 위해 초파리, 코끼리, 인간이 맺는 관계만큼이나 다양하다. 술 취한 원숭이 가설에 따르면 대부분의 영장류는 생리학적으로 "술에 빠진다." 알코올 흡수에 적합한 신진대사 능력과 신체를 가진 인간도 예외는 아니다. 알코올음료는 원기를 되찾게 해주며 뱃속을 가득 채워준다. 그 이상의 일도 한다. 북극에 사는 사람들과 티에라델푸에고Tierra del Fuego 제도의 남아프리카 최남단 끝자락에 사는 사람들을 제외하고는(기후가 너무 혹독해서 당이 풍부한 식물이 버텨내지 못했다) 거의 모든 문화권에서 고유의 발효음료를 제조해왔다. 한정된 발굴 작업 탓인지는 몰라도 호주에서는 토착 발효주의 흔적이 발견된 바 없다. 애버리지니Aborigine(호주 원주민)에게 환각을 일으키는 피처리pituri는 북아메리카 원주민의 담배처럼 알코올의 대용품이었을 것이다.

생리학적 필요 이상으로 인간사회에 발효음료가 보편화되어 있는 데에는 아무래도 더 많은 설명이 필요해 보인다. 발효는 분명히 자연적으로 일어났으며 신석기혁명 중에 인류가 활용했던 주요 과정 중 하나였다. 바로 이것이 일말의 답을 제공한다. 1780년대 말 벤저민 프랭클린이 앙드레 모를레에게 보낸 편지에 의하면 "와인(또는 이 문제에 관해서는 어떠한 발효음료라도)은 신이 우리를 사랑하여 우리가 행복한 모습을 보기를 원한다는 부단한 증거"다. 발효는 음식과 음료(램빅맥주, 샴페인, 치즈, 두부)에 영양, 맛, 향을 내는 데 기여한다. 발효는 잠재적으로 해로울 수 있는 질소원소 화합물인 알칼로이드를 제거하며, 부패를 일으키는 미생물을 죽여 음식이 보존될 수 있도록 돕고, 복잡한 분자를 분해함으로써 음식을 조리하는 데 드는 시간을 단축시켜 연료를 덜 쓰도록 한다.

게다가 인류 문화 속에서 술은 그저 자연적으로 발효되는 음료 이상의 의미를 지닌다. 술은 최상의 사회적 윤활유로서의 길고 광범위한 역사를 가지고 있다. 인류 문화의 위대한 유적(예를 들면 이집트 피라미드, 잉카의 궁중시설과 관개공사)은 일꾼들에게 엄청난 양의 알코올음료를 제공함으로써 이루어졌다. 오늘날, 술을 제공하지 않는 정치자금 모금행사와 술을 접대하지 않는 정치적 성공은 상상하기 어렵다. 세상 어느 곳 어느 밤이든, 술집, 바, 주점에 사람들이 모여드는 것을 볼 수 있다. 그들은 활발하게 대화를 나누며 하루의 스트레스를 푼다.

현대 의약품이 나오기 전에는 알코올음료가 고통을 일시적으로 누그러뜨려주었다. 고대 이집트, 메소포타미아, 중국, 그리스, 로마의 약전藥典은 질병을 치료하기 위해 발효음료에 의존했다. 발효음료는 약효가 있는 허브, 송진, 향신료를 용해하고 조제하는 매개체로 쓰이기도 했다. 옛날 사람들은 알코올의 살균, 산화방지 효과와 생명을 연장시키며 생식을 증대시키는 유익한 효과를 설명하는 데 과학을 필요로 하지 않았다. 술의 이점을 직접 경험했거나 목격했다.

알코올음료가 정신에 작용하는 효과는 우리의 종교적 성향을 고양시켰다. 인류의 긴 여정이 시작된 곳, 사하라 이남 아프리카에는 오늘날 꿀과 수수, 조로 만들어진 술이 넘쳐난다. 발효음료를 바치고 마시는 것으로 모든 중요한 종교적 축제와 향연, 또는 통과의례(그중에서도 조상을 기리는 의식)를 기념했다. 종교적 열정보다는 기분 전환용으로 술을 마시는 서구문화권 사람들도 술을 마실 때 독특한 의례를 따른다. 칵테일 아워cocktail hour[오후 4~6시]에 좋아하는 음료를 마시거나, 광란의 하룻밤을 연장하기 위해 조심스럽게 각성제를 섭취하기도 한다. 모든 문화권은 이튿날 아침의 숙취를 다스리기 위한 저마다의 공식과 용어를 가지고 있다. 술을 아예 더 마시거나(해장술the hair of the dog), 비타민 혼합물, 허브, 기타 색다른 성분을 입에 털어넣거나, 간단하게는 물(알코올은 몸을 건조하게 한다)과 음식을 다량 섭취하는 것이다.

종교적 관습과 알코올 간의 긴밀한 조합은, 술에 대한 열망이 생물학적 기질로 단단히 자리잡혔다는 것 혹은 술을 마시는 문화적 전통이 오랜 시간에 걸쳐 형성되었다는 것을 입증한다. 다시 말해 알코올음료 소비행태를 조사해보면, 인류사회 연구에 있어서의 고전적인 딜레마가 두드러지게 나타난다. 특정 행동은 선천적으로 타고나는 것일까, 아니면 후천적으로 습득하는 것일까? 전 세계의 고고학적·화학적·생물학적 증거가 술과 종교 간의 긴밀한 조합을 입증한다. 술을 금하거나 다른 방식으로 신에게 접근하는 곳(예를 들면 힌두교나 불교에서의 명상처럼)을 제외하고는 중요한 종교적 의식의 중심에는 술이 있다. 성체용 와인은 기독교 종교의식의 핵심에 해당하고, 유대교에서는 와인을 정해진 양만큼 들이켬으로써 모든 중요한 의식을 기념한다.

알코올음료와 인간문화를 연결하는 또 다른 보편적인 문화적 실타래가 내 책 전반을 꿰뚫고 있다. 실타래의 일부 가닥은 우리 종이 사하라 이남 아프리카에서 발생하여 10만여 년 전에야 전 세계로 퍼져나갔다는 사실을 반영하고 있다. 전 세계 어디에서나 인류는 당이 풍부하고 자연적으로 발효가 되는 과일, 꿀, 풀, 덩이줄기와 발효 재료를 찾아다녔다. 더 독한 술이나 강력한 의학적·환각적 효과를 내는 술을 만들기 위해 이러한 재료들을 섞기도 했다. 중동, 중앙아시아, 중국, 유럽, 아프리카, 아메리카의 초기 주거지에는 발효가 가능한 자연 생산물이 넘쳐난다. 작품이나 유물이 남아 있는 장소에서 그것들은 구석기시대 권위적 인물만이 발효음료를 제조하고 이용했다는 생각을 뒷받침한다. 그 인물은 공동체의 종교적·사회적 요구를 두루 살피던 "샤먼"이다. 이런 초기 시대에서도 술, 종교, 음악, 춤, 섹스 간의 강력한 결합이 존재했던 게 분명하다. 무덤과 뼈에 황토가 남아 있는 경우가 많은데, 이는 피를 상징하는 것이거나 발효음료 그 자체를 의미하는 것일 수도 있다. 악기는 특정한 새의 뼈로 만들어졌다. 그들의 짝짓기 노래와 춤이 사후세계의 행동들과 연관돼 있었기 때문일지도 모른다. 사람들은 두루미 따위의 새 의

상을 입고 음악에 따라 춤을 추었다.

초기 신석기시대에 이르러, 세계 각 지역으로 흩어진 사람들은 곡물을 씹거나 싹트게 함으로써 녹말 당화법을 발전시켰다. 오늘날 가장 널리 경작되고 있는 곡물들(밀, 쌀, 옥수수, 보리, 수수)은 이러한 방법으로 가공된다. 중동, 아시아, 멕시코, 아프리카 사헬에서 이러한 식물의 초기 재배가 이루어졌는데 이는 분명 술 생산량을 늘리고 싶은 열망에서 비롯되었음을 말해준다. 인간이 테오신트의 달콤한 줄기에 끌려서 더 크고 더 달콤한 낟알을 수확하기 위해 테오신트를 천 년 넘게 선택적으로 개량해온 것이 아닌 다음에야, 이 식물이 옥수수로 변형된 과정을 설명하기 어렵다. 메소포타미아의 보리맥주, 중국의 쌀와인, 아메리카의 옥수수치차 등의 곡물주를 만들어 마시는 방법은 전 세계적으로 대략 비슷한 양상을 띨 뿐 아니라 아직도 많은 지역에서 그 방법을 고수하고 있다. 맥아즙을 큰 주둥이를 가진 병에 발효시켜서 가족, 친구들과 함께 같은 용기에 긴 빨대를 집어넣고 빨아마신다. 술을 만들기 위해 술의 재료가 되는 포도, 무화과, 대추, 카카오와 같은 달콤한 과일을 재배하게 됐을 것이다.

우리의 생체분자 고고학 조사에서 도출된 한 가지 특별히 놀라운 결과는 인류 초기의 알코올음료가 비슷한 시기(초기 신석기시대, 기원전 7000~기원전 5000년)에 아시아의 양쪽에서 출현했다는 것이다. 우리는 근동의 북쪽 산악지역에서 수지 처리된 와인을 발견했다. 이곳에서 5000킬로미터 떨어진 곳에서는 쌀, 산사나무열매, 포도, 꿀을 섞어 빚어낸 중국 자후 그로그주를 발견했다. 나는 식물 재배와 음료 제조의 전통과 아이디어가 선사시대의 비단길을 따라 다른 분야의 문화와 함께 중앙아시아의 넓은 평야를 가로질러 조금씩 이동했을 것이라고 주장한 바 있다. 하지만 알코올의 비슷한 등장 시기를 설명하는 또 다른 강력한 가설도 있다. 실제로는 여러 시대, 여러 지역에서 매번 새로운 음료가 출현했을 뿐 아니라, 인간에게는 발효음료를 만드는 능력과 발효음료에 끌리는 본성이 있다는 것이다. 간추리자면, 알코올음료가 인간의 삶에 없어서는 안 될 필수품이라면, 굳이 문화적 전통을 들먹일 필요 없이 우리가 술을 만들고 마시도록 "프로그램화"된 것이라고 볼 수 있다는 것이다.

술에 대한 집착은 인간 유전자의 속성인가

좀더 어려운 과학적 문제를 다루기에 앞서 우리 자신을 들여다보는 것이 도움이 될 수 있다. 술을 마신 사람들은 희열에서부터 호전성, 허무에 이르기까지 모든 감정을 경험한다. 다행히도 술에 대한 내 감정은 꽤 좋다. 나는 술을 혐오했던 기억을 떠올릴 수 없다. 그러나 이는 내게 아일랜드계 피가 흐르기 때문일지도 모른다. 맥거번은 다코타 남부의 미첼에 정착해 그 동네 첫 번째 바를 차렸다. 그러나 최소 몇 세대만 올라가봐도, 내 혈통의 노르웨이계는 술의 해악을 맹렬하게 비난하며 정반대의 입장을 고수했다. 한쪽 유전자가 다른 쪽 유전자와 균형을 이루었는지 몰라도 나는 알코올 섭취에 관해서는 다른 사람들보다 꽤나 균형 잡힌 접근을 해올 수 있었다. 내 아일랜드계 친척들을 포함해서 말이다.

나는 내 인생에서 조금 늦은 시기, 열여섯 살에 처음으로 과음을 했다. 물론 그전에 부모님이 주최한 칵테일파티에서 마티니나 맨해튼 몇 모금을 몰래 마시거나 주말에 먹곤 하던 파르페에 섞인 크렘드 망트crème de menthe[박하향의 초록색 술]를 용케 구하기도 했다. 성인이 되어서 보니 조금 타락했던 것도 같다. 정신을 혼미하게 하는 알코올의 그 어떤 효과보다도 술에 든 허브의 향취가 나를 사로잡았다. 1965년 독일 알프스 산맥으로 떠난 두 달간의 자전거 여행으로 모든 것이 달라졌다.

친구들과 여행을 시작하기 전에 함께 뮌헨의 그 유명한 호프브로이하우스Hofbräuhaus에 잠깐 들렀다. 거기서는 여자 바텐더들이 리터 단위의 맥주잔들을 팔에 여러 개씩 끼고 다녔다. 처음에는 술을 마시며 그들이 부르는 노래를 함께 불렀지만, 애국심 있는 미국인으로서 나는 코카콜라를 계속 마셨다. 여행이 시작되고 삼 주가 지나서야 맥주가 사실상 콜라보다 싸다는 데에 생각이 미쳤다. 주머니 사정을 고려하면 저녁 식사를 할 때 맥주를 한두 잔 정도 마시는 것쯤이야 문제될 게 없었다. 문제는, 그 맥주가 리터 단위로 제공되며, 우리가 주문한 슈바인브라텐Schweinbraten[돼지고기 요리]이나 크녹부르스트Knockwurst[독일식 소시지]가 차려져 나올 때쯤에는 첫 번째 맥주잔을 다 비우게 돼서 또 한 잔을 시켜야 한다는 것이었다. 덕분에 식사 끝 무렵에 내가 비운 맥주잔을 종업원에게 일러주어서 계산을 맞춰보는 일이 수월하지가 않았다. 곤드레만드레 취하자 기분은 좋았지만 한편으로는 기억을 죄다 잊어버릴까봐 두렵기도 했다. 다행히 어느 정도 애를 쓴 덕분에 그럭저럭 기억은 해낼 수 있었다. 비틀대며 술집 문 밖으로 나와 자전거를 타고 돌아가는 일(보행자와 차를 피하면서 밤거리를 달리는 것) 역시 마찬가지로 수월하지 않았다.

집으로 돌아와 나는 예전대로 금욕적인 생활을 하며 지냈다. 그 뒤로 나는 맥주를 마시고 싶다는 생각을 종종 했지만 주체 못 할 정도까지는 결코 아니었다. 미성년이었을 때 재미삼아 즉흥적으로 깃털과 보석으로 꾸며진 초록색 챙 모자를 눌러쓰고 레더호젠 Lederhosen[티롤 지방의 민속 의상으로 무릎까지 오는 가죽 바지]을 입고 멜빵을 멘 티롤리안Tyrolean[오스트리아 서부의 알프스 지방의 의장] 차림으로 마을 술집에 들어간 적이 있다. 몇 마디 조심스러운 독일 말투 덕분에 바텐더는 내가 맥주를 마실 만한 나이가 되었다고 생각한 듯했다.

우리 대부분은 술을 처음 마셨을 때의 맛과, 마시는 데 필요했던 용기를 선명하게 기억하고 있다. 하지만 알코올이 그런 강력한 감정을 촉발하는 메커니즘이랄지, 알코올의 그러한 효과를 느낄 수 있는 신체를 처음부터 타고났는지, 후천적으로 그 효과를 잘 느끼도록 신체가 적응한 것인지 우리는 잘 모르고 있다. 이를 밝혀내기 위해 뇌 연구, 분자생물학 연구, 전염병학적 연구들이 시작된 상태다.

대가족, 쌍둥이, 입양아를 대상으로 한 과학적 대조 연구는, 누군가 쉽게 과음에 빠진다면 그 요인의 50퍼센트 이상이 유전자에 기초하고 있다는 것을 보여준다. 나머지 50퍼센트 정도는 환경적 요인이다. 가령 술이 나쁘다는 부모님의 조언이나 독일의 맥줏집과 식당을 드나들 때 친구들이 준 영향 같은 것 말이다.

과학자들은 알코올이 뇌에 미치는 영향의 신경학적·유전적 기초를 밝혀내는 데 상당한 진전을 이루었다. 특히나 중요한 의학적·사회적 문제인 알코올 중독 면에서 혁혁한 공을 세웠다. 알코올의 영향력은 단순하지 않다. 지구에서 첫 생명이 탄생할 때부터 알코올이 존재하기도 했지만 무엇보다 이 분야에서는 인간의 뇌(상호 연결되어 작용하는 100억 개 이상의 세포를 가진 복잡하기로 유명한 생물학적 구조)를 연구하는 일이 동반되어야 하기 때문이다.

알코올의 영향을 측정하기 위해 사람의 뇌 속으로 프로브probe[인체 내부 검사에 이용하는 길고 가느다란 기구]를 삽입하는 것은 의학적 윤리 차원에서 금지되어 있다.(로체스터대학의 뇌연구센터 졸업생과 사무실을 같이 쓰는 동안 원숭이와 쥐에게는 그런 윤리가 적용되지 않는다는 사실을 알고 매우 유감스러웠다.) 신경과학자들은 프로브 대신에 혁신적인 간접측정기법을 고안해냈다. 뇌파전위기록장치Electroencephalographs로 뇌파의 전체적인 활동을 기록할 수 있다. 술을 마신 지원자들에게 추적 가능한 방사능을 주입해 알코올의 모든 체내 이동 경로를 파악할 수 있게 되었다. 알코올은 몸속을 흘러 뇌로 들어간다. 연구자들은 기능성자기공명영상f-MRI이나 양전자단층촬영PET, 혹은 단일광자단층촬영SPECT 등의 기술을 이용하여, 화학적 신호들이 뇌의 각 영역을 활성화, 비활성화시킴에 따라 생겨나는 변화들을 실시간으로 관찰할 수 있다. 개인의 세포와 분자의 특이성은 생체조직 절편 검사를 통해 확인 가능하다.

알코올에 영향을 받는 주요 신경로는 시상하부, 시상, 편도체, 해마 등으로 이루어진 감정 중추로, 그중에서 우리의 뇌 깊숙한 곳에 있는 뇌간과 대뇌변연계에 알코올이 미치는 영향은 크다. 이 영역은 신경세포나 뉴런의 통로로 연결되어 있다. 지구상에 조금 더 일찍 출현한 동물의 뇌에도 비슷한 구조가 있다고 하여, 뇌간과 대뇌변연계는 종종 "원시적인 뇌"로 일컬어진다. 인간의 이 원시적인 뇌는 언어 습득, 음악 창조, 종교적 상징, 자의식과 같은 인간 특유의 특성이 자리잡은 장소인 회백질로 둘러싸여 있다. 변연계의 밀접한 신경 연결성은 감각기억이 분명히 기록되어 있다는 것을 보여준다. 전설적인 1982년산 페트뤼스Pétrus나 수많은 수상 실적에 빛나는 미다스의 손길의 맛을 기억하는 것처럼 말이다. 이런 감각들은 강력한 감정을 불러일으켜 몇 년이 지나도 기억에 남아 있다.

민달팽이와 초파리처럼 당분과 알코올에 잘 이끌리는 다른 유기체들은 대뇌피질이 없기에 완전히 색다른 경험을 할 것이다. 그럼에도 불구하고, 지구상에 존재하는 모든 생명체는 서로 밀접한 관련을 맺고 있기 때문에, 그들의 원시적인 신경중추구조를 결정짓는 유전자와 알코올 민감성의 원인이 되는 유전자(과학자들은 술집귀신bar-fly, 얼큰하게 취한 상태tipsy, 술에 쉽게 취하는 사람cheapdate[초파리와 인간이 알코올에 쉽게 굴복하도록 하는 유전자], 기억상실amnesiac 등 알코올 민감성을 상기하는 단어들로 그러한 특성을 확인해주고 있다)는 인간의 그것과 본질적으로 동일하다. 회충이나 초파리가 계속해서 더 많은 알코올을 섭취함으로써 보이는 반응은 우리가 술을 너무 많이 마셨을 때 보이는 반응과 유사하다. 흥분된 동작, 뒤이어 따라오는 몸의 불균형, 혼수, 진정 상태를 거쳐 결국 몸의 모든 기능이 마비된다. 하등동물들은 술 취한 경험에 대해 그들이 어떻게 "생각"하든 간에 인간처럼 알코올에 익숙해지거나 중독될 수 있다.

뇌 안에 있는 뉴런들은 화학신호전달물질이나 신경전달물질을 통해 상호 소통한다. 피를 통해 흐르는 알코올은 시냅스(신경세포의 연접 부분) 안으로 이러한 화합물들의 방출을 촉진시킨다. 신경전달물질은 시냅스를 따라 이동하며, 그다음 뉴런 위에 있는 수용체에 끼어들어 전기충격을 일으키게 된다. 술을 한 모금 들이켜기만 해도 뉴런들은 고속으로 무한정 작동한다. 우리의 감정 중추와 고차원적 사고를 담당하는 중추 내 뉴런의 특정한 경로들의 활성화는 신경전달물질의 종류와 양에 의해 결정된다. 알코올을 더 많이 섭취할수록 더 많은 활성화가 이루어진다. 의식이 있는지 없는지 모를 상태에서 기쁨이나 슬픔의 감정을 느끼고 어지러워하며 종국에는 인사불성이 되고 마는 것이다.

알코올에 대한 다양한 반응의 원인이 되는 신경전달물질 가운데는 도파민, 세로토닌, 오피오이드, 아세틸콜린, 감마아미노부티르산(GABA), 글루타민산염 등이 있다. 이 중에서 특히 도파민에 많은 신경과학자들이 집중하고 있다. 도파민은 우리가 술을 마실 때 우리 뇌 속에 "보상기전"을 작동시킨다. 2번 염색체에 있는 DRD2 유전자는 도파민 수용체와 소위 행복 화합물이라 불리는 이 도파민의 활성화를 조절하는 것으로 보인다. 도파민은 불안증과 우울증을 완화시킴으로써 평온해질 수 있도록 도움을 준다고 알려져 있다. 또한 위험한 행동을 하지 않게 누그러뜨려주면서 우리가 취하는 데 필요한 알코올의 양을 줄여주는가 하면, 음주 충동도 어느 정도 억제시킨다. 도파민의 역할에 대한 최종 판결은 아직 나오지 않았지만 음주 충동을 조절하는 주요 화합물 중 하나라는 것만은 확실하다.

여러 신경전달물질 중에서 나는 세로토닌에 특별히 관심을 갖고 있다. 우리 연구실에서 페니키아의 유명한 염료로 알려진 자주색 염료의 가장 오래된 표본을 분석해냈기 때문이다.(제6장 참고) 특정 연체동물에서만 자연적으로 생겨나는 염료 분자의 핵에도 세로토닌이 있다. 나는 갑오징어가 적을 쫓아버리는 데 먹물을 사용하긴 하지만, 그 자주색 분자가 잠재적인 포식자들을 마취시키는 데도 작용한다는 가설을 제기했다. 자주색 염료에 관한 기사가 뜨자, 예상치 못하게 제약회사로부터 많은 문의를 받았다. 나는 이 염료가 사람의 의식을 바꾸는 효과를 가지고 있을 것이라거나 염료에 다른 약효가 있을 것이라는 고려를 전혀 해본 적이 없었다. 이제 나는 수천 년 전의 고대인들이 약효를 지닌 것으로 밝혀진 천연자원을 환경 속에서 우연히 발견했을 가능성에 좀더 마음을 열어두고 있다. 우리는 자주색 염료를 우리의 신약 개발 프로젝트(제2장 참고)에서 검증해보기로 했다. 우리가 아스피린(버드나무 껍질 추출물)이나 항암제 택솔(주목 껍질 추출물) 같은 신약을 개발하게 될지 누가 알겠는가.

알코올음료를 한 모금 들이켜면 신경계에서 세로토닌이 분비된다. 도파민과 마찬가지로 세로토닌은 우울, 분노, 정서불안 등의 곤두선 감정들을 진정시킨다. 세로토닌 및 이와 관련된 다른 화합물들은 다양한 동식물의 독과 초기 멕시코 집단에서 종교적·사회적으로 주요한 역할을 한 실로사이빈 버섯psilocybin mushroom과 같은 진균류 등에 자연적으로 발생한다. 우리가 이미 알고 있는바, 고대인들은 발효음료에 이러한 첨가물을 주입해 술의 치명적 효과를 배가시켰다. 우울증 치료제 모노아민 산화효소(MAO) 억제제와 합성의약품은 체내 세로토닌의 저장량을 증가시키기 위해 사용해온 혼합물 중에서도 가장 최신의 것이다. 알코올을 흡수하면, 성적 활동을 할 때나 장거리 달리기를 할 때, 혹은 심하게 베였을 때처럼 우리 뇌에 오피오이드(베타 엔돌핀과 엔케팔린 등)를 분비시킨다. 이러한 화합물은 기운을 북돋아주고 고통을 일시적으로 경감시켜준다. 자연에서는 이 화합물이 아편 재료인 양귀비에 포함돼 있다. 중앙아시아와 유럽의 고대인들은 발효음료에 아편을 첨가해서 술이 신경전달물질과 흡사한 역할을 하게끔 하고 또 이 신경전달물질의 효과를 증폭시켰다.

아울러 아세틸콜린도 언급할 만한 가치가 있다. 왜냐하면 7번 염색체에 있는 것으로 추정되는 아세틸콜린 수용체(M_2) 변종 역시 광대버섯에서 발견된 관련 화합물에 매우 민감하게 반응하기 때문이다. 다소 부정확하기는 하지만 이 버섯이 조로아스터교의 하오마나 베다의 소마 같은 영생주의 기본 원료였을 것이라는 의견도 있다. 광대버섯은 여전히 시베리아의 샤먼 사이에서 인기 있는 약제다. $CHRM_2$ 유전자 운반체는 M_2 수용체의 생산을 명령하는데, 청소년기에 우울증을 겪게 되면 이 운반체가 쉽게 변형되어 나이가 더 들어서 우울증을 앓게 됐을 때 알코올로 스스로를 치유하도록 조종하는 것으로 보인다.

신경전달물질 및 그 수용체와 무관한 여타의 유전자들은 음주 여부를 결정하는 데 중요한 역할을 수행한다. 우리는 짙은 빨간색이나 투명한 노란색의 거품이 일어나는 시각적 즐거움에 유혹당한다. 하지만 불쾌한 향과 맛이 난다면 다소 머뭇거릴 것이다. 그 향과 맛이 비위에 거슬릴 정도가 아니라면 우리의 미뢰(혀 위에 있는 수용체 다발과 단맛, 신맛, 쓴맛, 짠맛, 기름진 맛, 감칠맛을 각각 지각하는 부위)는 술을 받아들인다. 특히 쓴맛은 잠재적인 위험물질에 대한 신호이므로, 미뢰는 단맛을 감지할 때보다 쓴맛 화합물에 수천 배나 더 민감하게 반응한다. 연구자들은 쓴맛 수용체 변종($hTAS_2R_{16}$) 하나를 발견했다. 이 변종은 7번 염색체의 유전자에서 추적해낸 것으로 미국의 흑인 인구 약 절반에게서 쓴맛 감수성을 감소시키는 것으로 드러났다. 이러한 유전적 성향은 맥주 안에 있는 쓴맛의 홉hop이나 포도주 속에 있는 타닌을 덜 느끼게 해서 결과적으로는 그것을 더 잘 마시게 만든다.

포유류와 영장류의 유전자, 뇌, 그리고 정서적·정신적 상태에 알코올이 광범위하게 미치는 영향을 연구하는 작업이 진행 중이다. 예를 들어, 2004년에 연구자들은 낮은 수준의 CREB 단백질(고리형 AMP 민감성분 결합 단백질)과 신경펩티드 Y(쥐의 경우 학습, 감정적인 안정, 그리고 수유에 있어 결정적 역할을 하는 성분)가 한 쌍의 CREB 유전자가 아니라 오직 한 개의 복제된 유전자를 가진 상태로 연결되어 있다고 발표했다. 이 유전자가 결핍된 쥐들은 식욕을 조절하는 능력이 떨어져 술에 빠져든 것으로 보인다. 이들은 물보다도 알코올을 선호하며 보통의 쥐들이 마시는 양의 절반가량을 더 마실 수 있었다.

인간이 가진 유전자 중 하나인 ALDH1(알데히드 탈수소효소)은 인간의 알코올 섭취 이해에 있어 유전학이 중요하다는 것을 보여준다. 알코올을 지나치게 섭취하면 간세포가 파괴되고 각종 암에 걸리기 쉽다. 특히 상부 위장기관upper gastrointestinal tract에 암이 잘 발생한다. 우리 몸의 신진대사 체계는 이런 공격에 어느 정도까지는 대비가 되어 있다. 알코올 탈수소효소는 체내에 들어오는 알코올을 아세트알데히드로 전환시킨다. 아세트알데히드는 알코올보다 독성이 더 강하기 때문에 ALDH 유전자는 아세트알데히드를 비교적 덜 해로운 아세트산염으로 바꾸어주는 알데히드 탈수소효소라는 또 다른 효소를 생산한다. 하지만 이 유전자의 변종 ALDH1은 다른 효소 생산 시 문제를 일으키고, 그래서 우리 유전적 구조가 우리의 알코올 섭취량에 상당한 영향을 줄 수 있다는 점을 증명해주고 있다.

이 변종 ALDH1은 일상적인 유전자에 비해 체내 아세트알데히드를 제거하는 데 비효율적이다. 이 유전자는 서양 사람들 체내에는 사실상 존재하지 않으며, 40퍼센트의 아시아인 체내에서 돌연변이를 일으킨다. 그래서 돌연변이 보유자는 술을 마실 때 불쾌한 증상을 겪게 된다. 피부가 새빨갛게 상기된다거나 메스꺼움과 어지럼증을 느끼게 되는 것이다.

그렇다면 위험할 정도로 높은 수준의 아세트알데히드를 신체에 잔류시키는 이런 변종 유전자가 어째서 인간의 게놈에 남아 있는 것일까? 이에 대한 개연성 있는 설명은 이 유전자가 과음으로 인한 좀 더 치명적인 영향으로부터 사람들을 보호한다는 것이다. 이 설명이 암시하는 바는, 아시아인의 진화과정에서 알코올 섭취 문제에 대한 해결책 하나가 유전적 돌연변이였다는 것이다. 물론 인간에게는 혁신적인 방법을 도모하는 본성이 있기 때문에 유전적인 장애를 극복할 또 다른 방법을 찾는 시도를 했을 것이다. 중국에서는 ALDH1 돌연변이 보유자가 깨어 있는 내내 극미량의 알코올을 마시면서도, 만취한 상태를 유지하는 동안에 아세트알데히드의 독성에 노출되지 않은 사례도 있긴 했다.

과학자들은 술 취한 상태에서 현대인의 뇌가 어떻게 작동하는지 신경학적·유전학적으로 설명해줄 수 있는 결정적 요소들을 이미 명료하게 밝혀냈다. 술에 취했을 때 우리 뇌는 우리가 의식하지 못하는 범위에서 활동한다. 사람들은 알코올에 제각각 반응한다. 쉽게 우울해지거나 위험을 감수하는 성향의 사람들은 우울감을 해소하고 전율을 느끼기 위해 자칫 과음하기 쉽다. 예술가나 시인에게 있어 술은 자유롭게 상상할 수 있는 묘약일 수도 있다.

술 취한 사람의 뇌 반응이 어떻게 일어나는지 살펴보면 참으로 만만치 않다. 수백 개의 유전자와 뉴런, 신경전달물질, 수용체가 상호 연결된 광대한 집합체, 그리고 효소가 복잡한 화학적 조화를 촉진하고 조종하기 위해 분주하게 활동한다. 이 체계에 약간의 알코올이 주입되면 뇌의 어떤 부분은 활동을 중단하고 다른 부분이 작동하기 시작한다. 뇌가 복잡함 속에 빠져 허우적거리기 때문에 술을 마셨다 하면 우는 사람도 용서해줄 수 있다.

다음번에 술을 마실 때는 당신을 지켜보는 신경과학자를 의식해야 할 것이다. 술 취한 뇌의 활동을 추적·관찰할 수 있는 비외과적인 새로운 기술력의 예를 하나 들어보겠다. 로마 산타루차재단Santa Lucia Foundation의 기능신경영상연구소에 근무하는 알레산드로 카스트리오타 스칸데르버그 박사는 2002년, 일곱 명의 와인 소믈리에와 일곱 명의 초보 애주가의 미각 능력을 검사하기 위해 기능성자기공명영상장치를 이용했다. 피험자들은 밀폐된 MRI 원통 안에서 플라스틱 빨대로 와인을 마셨다. 카스트리오타 스칸데르버그는 그에 따라 잔뜩 취한 뇌 영역을 스캔했다. 예상대로 모든 피험자의 안와전두피질과 뇌도insula(대뇌변연계의 일부분)가 활성화되었다. 그곳은 후각을 처리하는 영역이다. 그러나 초보 애주가의 뇌에서는 잠잠하던 일부 영역이 소믈리에의 뇌에서는 활동성을 띠었다. 소믈리에 뇌 편도체와 해마가 와인에 의해 극도로 자극받았음을 보여주는 결과였다. 아마도 그들은 와인의 맛을 분별하기 위해 각자의 기억을 짜내려고 노력했던 것 같다. 이들의 전두엽 전부前部 피질 역시 비상경계 태세로 돌입했는데, 이는 본인이 경험하고 있는 바를 단어로 표현하고자 애썼기 때문이 아닐까 싶다. 하지만 전문적인 맛 감정인들이 맛을 평가하는 데 있어 편견 없이 객관적인 태도를 유지할 거라고 생각한다면, 그건 애석하게도 당신이 오해한 것이다. 또 다른 f-MRI 연구들은 맛 감정인이 실제의 맛보다 술의 색과 와인병에 붙어 있는 상표에 더 강하게 영향을 받고 있다는 것을 보여줬다. 피험자에게 실험의 실제 목적을 알려주지 않고 진행한 실험에서 맛 감정인들은 자신들이 적포도주를 마시고 있다고 생각했다. 하지만 그들이 실제로 마신 것은 빨간 염료를 가미한 백포도주였다.

방정식의 문화적 부분

인류가 알코올음료를 마시는 길로 들어선 다음에는 결단코 후퇴는 없었다. 사람의 몸과 뇌가 술에 적응되어가는 동시에 인류만의 고유한 상징구조(언어, 음악, 복장, 종교, 기술)가 등장했으며, 이 경이로운 현상은 강화되기까지 했다. 알코올음료(와인, 맥주, 벌꿀주, 혼합 그로그주 등)가 오랜 시간 경제, 종교, 사회 전체를 지배하게 된, 이른바 발효음료 문화의 거의 전 세계적 보급을 어떻게 설명할 수 있을까? 이러한 문화에서는 사회행사와 탄생에서 죽음까지 기리는 특별한 의식뿐 아니라 매일 하는 식사에서도 술을 마시거나 술이 제공된다. 이런 예들은 구세계 문화권에서 얼마든지 인용할 수 있다. 신세계에서는 캘리포니아와 호주의 와인과 맥주 문화가 가장 최근에 등장한 발효음료 문화로 보인다.

알코올음료와 종교, 예술 간의 관계는 인류의 고고학적 기록과 역사적 기록에서 분명히 언급된다. 가령, 음악은 다양한 정보를 전하는 것에 최적화되어 있다. 그 범위는 지역성과 성별처럼 구체적인 것에서부터 감정 따위의 다소 모호한 것에 이르기까지 넓다. 알코올 음료는 음악의 정보성에도 영향을 주었다. 우리는 영유아나 반려동물에게 말을 걸 때, 미완의 노래, 단순화된 단어들, 과장된 얼굴 표정과 몸짓이라는 원시적인 언어를 사용하는 경향이 있다. 마치 이런 행동이 우리와 우리가 말을 걸고자 하는 생명체에 프로그램화된 것처럼 말이다. 만약 인간의 뇌가 음악, 언어 습득의 기초가 되는 논리적 형식을 갖춘 어휘를 가지고 있다는 전제와 여태까지 축적된 증거를 받아들인다면, 신생아는 하나의 컴퓨터 작동 시스템과 동일하다고 할 수 있다. 자신에게 가해지는 자극을 받아들이고 골라내며 정리하고 처리할 준비가 되어 있는 컴퓨터 말이다. 차츰 자라면서 뇌가 성숙함에 따라, 아기의 말은 문화적 특징을 뚜렷하게 드러낸 언어와 특정 음악 양식들 중 하나로 변형되어간다. 언어가 기록으로 남기 전에는 음악이 인간의 감정과 축적된 공동의 지혜를 전달하는 데 있어 최적의 매개체였을 것이다. 석기시대 동굴에서 행해진 의식에서 주술적 지도자들이 음악에 얼마나 강력한 가사를 붙였을지 상상해볼 수 있다.

알코올과 마찬가지로 음악 또한 섹스에 대한 욕망을 불러일으킬 수 있다. 1세기 반 전 찰스 다윈은『인류의 계보Decent of Man』에서 이렇게 기술했다. "우리와 절반 정도 닮은 조상들이 구애 기간 동안 음조와 리듬을 사용했다는 것을 가정해봤을 때, 음악, 그리고 열정이 깃든 연설을 어느 정도 이해할 수 있게 됐다." 다윈의 주장에 대한 생물학적 근거는 우리 뇌, 특히 대뇌변연계 시상하부의 유전적·신경학적 청사진에서 확인할 수 있을지도 모른다. 펜실베이니아대의과대학에서 나의 동료 앤드루 뉴버그 교수와 그의 예전 동료 유진 다킬리 교수는 비외과적 단일광자단층촬영 기술을 이용해, 몸의 생체리듬에 따라 시상하부가 어떻게 반응하고 또 시상하부가 신체리듬을 어떻게 조정하는지 밝혀내는 연구를 시작했다. 그들은 성적인 즐거움 역시 그 핵심에 리듬감이 존재하며 그것이 시상하부의 통제하에 놓인다는 것을 지적했다.

뉴버그와 다킬리 두 교수의 선구적인 연구에 힘입어, 우리는 종교가 석기시대부터 물려받은 생물문화적 유산의 일부라는 이론을 증명해낼 수 있게 됐다. 예나 지금이나 전 세계적으로 각 문화권에 종교가 널리 퍼져 있다는 점은 사람의 뇌가 자신보다 더 위대한 힘을 지닌 존재를 인지하게끔 되어 있다는 것을 암시한다. 결국, 자연 그 자체의 위력뿐 아니라 뇌의 무의식적·의식적 작용 모두 눈에 보이지 않으며 우리 이해 범위를 벗어난 섭리에 의해 통제되고 있는 것인지도 모른다. 온갖 종류의 전설 속 동물이 실제로 살고 있다고 생각한 불가사의한 세계에서, 인간은 위험을 헤쳐나갈 수 있는 방법, 은혜를 베풀어주는 힘을 불러일으키는 방법을 필요로 했다. 인간 뇌의 유연한 통합 능력을 고려해볼 때, 뇌는 이러한 수수께끼에 대한 설명을 제시해주었을 것이다. 우리는 처음에는 권위 있는 인물(부모, 교사 등)에게 의지하지만 많은 이가 최종적인 해답을 신으로부터 얻는다.

뉴버그와 다킬리는 티베트 승려들과 가톨릭 수녀들의 "신비한 상태mystical states"를 단일광자단층촬영으로 관찰함으로써 인간 뇌의 종교적 성향을 조사했다. 그들은 알코올음료로 인한 향정신적 작용, 강렬한 멜로디, 수피교도들처럼 광기에 젖어 회전하기, 성적 오르가슴 등에 의해서뿐만 아니라 강렬한 내적 집중에 의해서도 시상하부가 과열상태에 이를 수 있다는 가설을 내놓았다. 처음에는 활성화된 신경로를 따라 신경전달물질이 쇄도하면서 무아지경의 황홀감을 느낄 수 있다. 그다음에는 해마가 제동을 건다. 이를테면 신체가 탈진하는 것을 막기 위해서 대뇌피질의 특정 영역이 작동한다는 것이다. 연구자들은 우후하두정소엽right posterior inferior parietal lobule(대뇌피질 뒤쪽 영역으로 오른쪽 귀 바로 위에 있다)에서 억제반응이 두드러지게 나타나는 것에 주목했다. 그들은 그것이 물질계와 분리됐다는 감각을 느끼게 하는 영역이라고 믿고 있다. 이 영역이 감정적 고조를 상쇄하려고 하면서 시상하부로부터의 자극에 의해 의식 경계가 흐릿해지면, 승려와 수녀의 실험에서처럼 하나의 존재로 흡수되는 일체감을 경험하게 된다.

정소엽을 단일광자단층촬영으로 스캔하는 것에서 신비한 상태의 신경학적·문화적 복합성을 규명하는 것으로 단숨에 뛰어넘어버린 셈이다. 하지만 뉴버그와 다킬리는 적용 가능한 과학적 정보를 근거로 원시적인 신경체계(감정과 리듬이 장악한 체계)와 의식적·상징적 사고를 중재하는 대뇌피질 사이의 쌍방 교류를 설명할 수 있는 연구를 시작했다. 추가 연구로 인해 현대 인간의 뇌가 알코올, 섹스, 음악, 종교 등에 의해 자극을 받거나 감각이 차단될 때 그것이 뇌 각 부위에 각각 작용하는 것인지 아니면 다른 부위와 결합해 작용하는지 보여줄 상호접속경로 및 신경전달물질 분비 통로가 더 많이 밝혀질 것이다.

윌리엄 제임스는 『종교적 경험의 다양성』이라는 책에서 거의 모든 인간이 종교적인 자극을 경험한다고 주장했다. 제임스는 "두 번 태어난" 듯한 경험을 한 개인들(예술가, 음악가, 작가, 신비주의자, 현자, 예언자)에게 초점을 맞추어 "알코올이 인류를 지배하게 된 것은 두말할 나위 없이 인간 본성이 신비한 능력을 자극하는 힘을 갖고 있기 때문이다"라는 다소 막연한 주장을 하기에 이르렀다. 석기시대 샤먼들이 예의 그 새로 태어난 사람들과 같은 부류에 속했을 가능성도 다분하다.

이 다음에는 무엇이 찾아올까

알코올음료에 매력을 느끼고 또 실망하는 일련의 상호충돌은 분명 계속될 것이다. 중독될 수 있는 위험한 잠재성에도 불구하고, 음악과 종교가 그러했듯이 술은 예로부터 허용되어왔다. 사하라 이남 아프리카의 수수맥주 문화, 아메리카 대륙의 치차 문화, 중동·아시아의 와인 문화 등 이 모든 것이 수천 년을 거슬러 올라가는 뿌리를 지니고 있다. 하지만 어떤 발효음료 문화에서든 술의 이점을 이용하는 것과 술의 해악을 피하는 것 사이에서 아슬아슬하게 곡예를 해야 하는 논쟁거리가 있다.

상당히 긍정적인 관점에서 이 문제를 들여다보자. 인간의 의식을 혼미하게 하는 발효음료는 전통을 초월해 틀에 박힌 생각에서 벗어날 수 있는 능력을 갖춘 대단히 창의적인 개인("주술적 영혼들")의 창조성과 혁신을 독려하고 고취함으로써 개인 및 문화 혁신에 대한 전망을 제공한다. 영혼spirit의 라틴어 어원이 "불다to blow"를 의미하는 인도게르만 공통조어의 어원에서 유래한 것일 수도 있다는 흥미로운 주장도 있다. 일부 언어학자들은 영혼을 "피리를 연주하다to play a flute"라는 의미로 해석해야 한다고 주장하기도 한다. 인간 마음의 보이지 않는 작용을 의미하는 이 단어가 유럽의 가이센클뢰스테를레와 이스튀리츠, 중국의 자후, 페루의 카랄, 뉴멕시코의 페이커스 등지에서 발효음료를 마시고 자극된 우리 조상들이 피리를 연주하던 시대의 유물일 수도 있지 않을까?

내가 알코올음료와 인류 문화에 접근하는 방식은 사회변동 원인을 환경적·경제적·공리적 면으로 강조하는 기존의 결정론적 시각과는 상당히 다르다. 나는 이른바 "즐거움이 폭포처럼 떨어지는 pleasure cascade" 좀더 제약 없는 과정이 술의 도움을 받아 혁신적인 아이디어와 발명 덕에 활성화되었다고 믿는다. 틀에 박힌 사고를 바꿈으로써 사람들은 세계를 상징적으로 표현하는 새로운 방법을 상상했던 것이다. 예술이든, 음악이든, 시든, 의복이든, 장신구든, 세계가 어떻게 움직이는가에 관한 이성적 설명이든 간에, 이 분야에서 이루어진 뜻하지 않은 통찰력과 우연히 발생한 것처럼 보이는 사건의 많은 부분을 우리는 술에 빚지고 있다.

발효음료는 군사적으로 다른 지역을 정복하는 데 있어서, 그리고 한 지역에서 다른 지역으로의 문화, 기술 이전에 있어서 직접적인 역할을 수행했다. 와인 교역은 페니키아 사람들을 위한 중요한 장려책 중 하나였고 훗날 지중해에서 영향력을 넓히고자 했던 그리스인과 로마인에게도 마찬가지였다. 와인이 가는 곳에는 결과적으로 다른 문화 요소들도 따라가게 되었다. 심지어 특정 발효음료가 오랫동안 성행하던 지역에도 다른 문화가 전파되었다. 그리스 최초로 알파벳으로 각인된 문자는 페니키아어에서 파생된 것이었는데, 그것은 와인병에 새겨진 시 작품들이었다. 유럽의 켈트인들은 처음에 와인을 거부했으나 자신들의 노르딕 그로그주를 담기 위해 그리스, 에트루리아에서 제조한 청동 용기를 수입한 뒤로부터 점차 와인과 남쪽의 좀더 "문명화된" 방식을 받아들였다. 세계 어느 곳을 둘러보더라도 사람들은 기술적으로 더 진보한 이웃 나라의 문화와 가장 최근에 마셔본 발효음료의 힘에 끌리게 된다. 소위 발견의 시대라 불리는 15~17세기의 유럽 탐험가들의 예는 가장 최근의 예시 가운데 하나일 뿐이다. 탐험가들의 배는 럼주와 셰리주로 가득 차 있었다. 그들은 아프리카 족장들에게 향신료와 노예를 받는 대가로 이 술을 건넸다.

이러한 관점에서 본다면 여타 어느 민족들보다도 기술적으로 앞섰던 중국인은 신세계 정복자 유럽인에 잘 맞섰다고도 할 수 있다. 재러드 다이아몬드가 『총, 균, 쇠Guns, Germs and Steel』에서 주장하는 것처럼, 정치적·군사적 업적은 천연자원들과 키울 수 있는 동식물의 종류에 의해 일부 결정되며 한 민족이 특정 발달 단계에 도달하면 향후의 성공은 역사와 문화의 무수한 불확정 요인들에 의해 결정된다. 중국 명나라가 15세기, 야심 찼던 해상교역 계획을 단념했을 때 세계는 유럽인에게 활짝 열렸다. 그들은 아시아에서 지식과 기술의 대부분을 얻어갔고, 세계의 지배자가 되기 시작했다.

고고학 연구와 생체분자 연구가 발전함에 따라, 인간과 발효음료 간의 특별한 관계를 더 잘 이해할 수 있을 거라 기대해볼 수 있다. 현재 거의 아는 바가 없는 지역(뉴기니, 인도, 사하라 이남 아프리카, 호주, 태평양의 군도들)에서의 알코올 소비행태를 조사할 것이고 점점 그 공백을 메워나갈 것이다. 북아메리카와 애버리지니에게 전통 발효음료가 정말 없었는지, 더 나아가 달콤한 과일, 나뭇진, 다른 식물자원을 이용해 그들만의 혼합주를 만들었는지 결국에는 답을 찾을 수 있을 것이다. 종국에는 재배 식물의 이동 경로와 술 제조에 관한 아이디어를 중앙아시아 전역에서 추적할 수 있어야 한다.

알코올이 어떻게 사람의 몸과 마음에 영향을 미치는지, 그에 대한 새로운 통찰이 나오기를 기대한다. 우리는 과거의 생물학적 산물(구석기시대에 유전학적 정보 99퍼센트 이상이 결정됐다)로서, 비만, 당뇨, 알코올 중독, 약물 중독 등 현대의 음식 섭취 관련 질병은 구석기시대에 물려받은 유전성과 현대 생활습관 간의 불일치 때문에 생겨난다고 할 수 있다. 사람의 몸과 뇌는 적정량의 음식과 술에 적응되어 있으며, 이는 석기시대로부터 물려받은 특성이다. 그래서 과음을 했을 때는 생리적·정신적 대가를 치르게 된다.

초기 식물 재배에 관해서도 더 많은 것을 알게 될 것이다. 유라시안포도는 DNA 염기 배열이 완전히 규명된 최초의 과일이다. 이로써 얼마나 일찍부터 와인 제조용 포도가 얼마나 대규모로 재배됐는지 밝혀낼 수 있었다. 한 번에 수천 개의 유전자들을 시험할 수 있는 유전자 미세배열법microarray[깔유리에 DNA를 고밀도로 집적시켜 유전자들이 어떻게 상호작용을 하는지 밝히는 연구 방법]은 또 다른 식물의 재배종과 야생종의 특징을 구별하는 과정을 가속화시킬 것이다.

마지막으로, 생체분자 고고학에 기초해서 고대 음료와 새로운 맛을 더 많이 재창조할 수 있기를 고대한다. 맛좋은 고대 음료를 되살려내면 고대의 시간으로 되돌아간 듯한 느낌을 받을 수 있을 것이고 초기의 천연발효 방법에 관해서 더 많은 것을 알게 될 것이다. 최근에 페루로 여행을 다녀왔는데, 그곳에서 채소, 과일, 곡물 등 온갖 재료(자주색 옥수수, 노란색 옥수수, 흰색 옥수수, 키노아, 후추나무열매, 냉동 건조 감자, 옥수숫대 즙, 매니옥, 땅콩, 메스키트 꼬투리 등)로 만들어진 전통 발효음료들을 목격하고 맛보았다. 더 많은 고대의 술을 다시 만들어낼 수 있는 전망이 무척이나 밝다고 느꼈다.

인류와 알코올의 관계에 관한 나의 종합적 견해가 학계와 대중의 상상력을 사로잡을 수도 그러지 못할 수도 있다. 그리고 인류 문화가 이러한 음료의 덕을 얼마나 본 것인지, 그 결정적 증거를 찾아내지 못할 수도 있다. 하지만 우리의 생물학적·문화적 유산에 대한 단서를 찾고 있는 생체분자 고고학자들이 이제는 고감도 도구들을 이용할 수 있기 때문에 용기가 난다.

선사시대는 지식을 계속해서 탐구할 수 있도록 우리를 독려하고 있다. 2만6000년 전, 돌니베스토니체Dolní Věstonice와 인근의 체코 파블로프Pavlov 유적지에서 인류는 지구상 최초로 점토를 구워 작품(나체의 여성 입상 "비너스", 곰, 사자, 여우를 본뜬 동물 입상)을 만들었다. 이런 입상은 오늘날과 똑같은 방식—진흙에 분말(이 경우에는 뼈를 곱게 간 것)을 잘 섞어서 가마에 굽는다—으로 만들어졌다. 이곳 사람들은 매머드 뼛조각, 흰여우 이빨, 조가비로 만든 목걸이와 황토로 스스로를 꾸몄다. 점토 위에 남아 있는 뚜렷한 자국들에서 드러나듯이 이들은 풀과 다른 여러 섬유로 최초의 옷을 짜기도 했다. 이런 발굴물은 구석기시대의 암흑 속에서 한 줄기 빛처럼 반짝 등장했다가 사라져버렸다. 예술작품과 신체 장신구는 세월을 견뎌냈지만 그들 문화의 진정으로 혁신적인 요소(점토로 작품을 만드는 것)는 영영 사라졌고 이로부터 몇천 년 후의 것으로 보이는 동아시아의 인공 유물까지는 중간의 틈이 비어 있는 상태다. 대大플라니우스의 격언("와인 속에 진실이 있다in vino veritas")은 수천 년간 광범위하게 이어져온 인류와 발효음료 간의 밀접한 관계가 우리의 현재를 어떻게 만들어냈는지 밝혀내는 데 궁극적인 실마리를 제공해줄 수 있으리라 믿는다.

감사의 말

나는 이 책을 쓰면서, 중동에 초점을 맞추었던 전작 『고대의 와인』을 범위 면에서 뛰어넘으려고 시도했다. 잘 다듬어놓은 포도밭에 이제는 씨를 뿌리고 그것을 가꾸려 애썼다 할 수 있다. 전 세계 발효음료를 두루 살펴보고자 했으며 지구상에 종이 생겨나던 때로 되돌아가 인간이 왜 그토록 오랫동안 그 음료를 즐겨왔는지 설명하려고 노력했다. 거대한 밀림을 정복하려는 시도는 아닐는지 모르겠다. 일련의 증거들을 명확하게 이해하기 위해 친구, 동료, 발효음료 전문가들에게 도움을 요청했다. 그들 덕에 인간 뇌의 내부에서 일어나는 수수께끼 같은 활동을 해독할 수 있었다. 그들은 문학작품에 숨겨진 사소한 고고학적 세부사항도 면밀하게 들여다보았다. 누군가에 의해 해독되기를 간절하게 기다리던 것들을 말이다. 그들은 내게 알코올음료를 제조하고 실험하는 법을 알려주었으며 그들 덕에 전 세계 각지에서 자라는 발효성이 좋은 고당도 식물자원을 엄청나게 찾아낼 수 있었다. 우리 조상들은 참으로 영리하게도 그 자원으로 의식을 혼미하게 하는 맛좋은 술을 만들어냈다.

이 책을 출간하기까지 여러 사람에게 커다란 빚을 졌다. 다음에 열거하는 고고학자, 고고식물학자, 화학자, 포도주 연구가, 식도락가, 유전학자, 초콜릿 장인, 역사학자, 신경과학자, 생체고고학자, 맥주 제조업자, 와인 제조업자, 벌꿀 제조업자들이 바로 그들이다. 브라이언 앤더슨, 프레도 아리아스킹, 마리아 오베트, 지니 배들러, 마이클 밸릭, 스티브 바티욱, 로스틸라프 베레스킨, 샘 칼라지오네, 필 체이스, 마이클 카잔, 청광성, 마크 첸, 엘리자베스 차일즈존슨, 재닛 흐샤, 엘린 대니언, 이리나 델루시나, 고故 키스 드브리즈, 마이클 디틀러, 토머스 딜헤이, 메린 디넬리, 폴 드레이퍼, 파스칼 뒤랑, 클라크 에릭슨, 브라이언 퍼건, 팡후이, 게리 파인먼, 니컬러 플레처, 마레이유 플리츠, 마이크 거하트, 데이비드 골드스타인, J. J. 한치, 하랄트 하웁트만, 존 헨더슨, 엘런 허셔, 닉 홉킨스, H. T. 황, 고故 마이클 잭슨, 론 잭슨, 저스틴 제닝스, 크리스 존스, 로즈메리 조이스, 존 캔트너, 마이클 커램, 다이애나 케네디, 토니 켄턱, 에바 코흐, 밥 코엘, 캐럴린 쾰러, 피터 쿠퍼, 카를 람베르크카를롭스키, 알 레너드, 케어린 러먼, 류리, 마후이친, 빅터 메어, 대니얼 매스터, 사이먼 마틴, 짐 마티유, 아미 마자르, 제임스 매캔, 존 맥기, 로드 매킨토시, 스티브 멩케, 이언 모리스, 고故 로저 모스, 휴 미릭, 레인더 니프, 맥스 넬슨, 매릴린 노치니, 찰스 오브라이언, 라파엘 오체테, 존 올레슨, 데버러 올제프스키, 돈 오트너, 루스 파머, 잔카를로 파나렐라, 파비오 파라세콜리, 조엘 파카, 브라이언 피스널, 웨인 피타드, 그레그 포셀, 마리셀 프레실라, 낸시 리그버그, 게리 롤레프슨, 마이크 로젠버그, 가브리엘레 로시오스미다, 캐런 루빈슨, 캐슬린 라이언, 켄 슈람, 프리츠 슈만, 타드 슈르, 브라이언 셀더스, 커스틴 실레이크스, 리처드 스마트, 다니엘라 솔레리, 래리 스테이저, 한스페터 슈티카, 조지 테이버, 탕지건, 앙드레 체르니아, 숀 새크리,

매슈 톰린슨, 호르디 트레세라스, 진 터파, 앤 언더힐, 마이클 비커스, 메리 포크트, 알렉세이 브라니치, 리치 와그너, 엘런 왕, 니나 윔즈, 프레드 웬도프, 라이언 윌리엄스, 저스틴 윌리스, 워런 위니아스키, 루크 월러스, 짐 라이트, 장쥐중, 저우슈친.

헌신적인 연구소들과 펜실베이니아대박물관 소속 생체분자고고학연구소에서 30년 넘게 연구원으로 근무한 화학자들은 내 영감의 가장 큰 원천이었으며, 그들의 도움으로 나는 고대 발효음료 세계를 탐험할 수 있었다. 고故 루디 미셸과 작업을 시작해 고故 돈 글러스커, 래리 엑스너와 함께 연구를 이어나갔으며 이제는 그레천 홀, 테드 데이비드슨과 함께 연구하고 있다. 이분들 역시 세계 각지의 실험실에서 연구하는 과학자들로부터 많은 도움을 받았다. 로사 아로요가르시아, 고故 커트 벡, 에릭 버트림, 게리 크로퍼드, 와픽 엘디어리, 제임스 딕슨, 앤마리 핸슨, 가 하보틀, 제프 호노비치, 제프 허스트, 스벤 이삭손, 고故 밥 카임, 조 램버트, 로사 라무엘라라벤토스, 레오 매클로스키, 나오미 밀러, 아멘 머자이안, 로버트 모로, 마크 네즈빗, 앤디 뉴버그, 알베르토 누녜스, 크리스 피터슨, 마이클 리처즈, 버논 싱글턴, 켄 서슬릭, 조제 부야모즈, 왕원거, 앤디 워터하우스, 윌머 웨터스트롬, 호세 사파테르, 지미 자오, 다니엘 초하리가 바로 그들이다.

세계를 여행하면서 각종 발효음료를 직접 맛보고 사람들을 만나 이야기를 나누다보니 이에 대한 지식이 한층 깊어졌다. 각국의 와인 연구소나 개인의 도움을 받아 세계 주요 와인 생산지역들을 방문할 수 있었던 것은 참으로 행운이었다. 이탈리아(와인도시협회Associazione Nazionale Città del Vino), 프랑스(리옹 푸르비에르의 갈로로맹 박물관Musées

Gallo-Romains de Lyon-Fourvière), 독일(마인츠대학University of Mainz), 스페인(와인문화재단Fundación para la Cultura del Vino), 캘리포니아(와인음식문화박물관 코피아 센터COPIA, the American Center for Wine, Food and the Arts와 우수한 와인 제조업자들) 등이다. 그 외에도 많은 대학, 연구소, 사람들 덕분에 전 세계에 퍼져 있는 발효음료를 찾아가는 여정이 한결 수월했다. 중국과 티베트에서부터 터키와 그리스, 캘리포니아와 뉴멕시코에까지 이르렀고, 그 과정에서 수많은 기착지를 거쳤다. 그럼에도 탐험할 곳은 여전히 많이 남아 있다.

우리 연구팀은 펜실베이니아대학과 대학박물관으로부터 지원을 받았으며 다양한 분야의 단체(최근에는 펜실베이니아대학의 에이브럼슨 암센터Abramson Cancer Center, 코넬대학, 호주의 라트로브대학La Trobe University, 에게해선사시대연구소Institute for Aegean Prehistory)와 협업했고 생물문화가 발전하는 데 있어 발효음료의 중요성과 매력을 인지하고 있는 사람들에게도 신세를 졌다.

캘리포니아대학출판사의 편집자 블레이크 에드거는 이 책을 출판하는 과정에서 발효음료에 대한 최신 연구성과를 내게 지속적으로 알려주고 원고를 검토함으로써 고대(그리고 현대) 발효음료라는 주제에 열광적인 관심을 표했다. 에리카 뷔키, 에이미 클리어리, 로라 하저, 존 리코, 리사 타우버, 그리고 이 책이 출간되도록 힘을 써준 많은 직원들과 프리랜서들에게도 심심한 감사를 전한다.

옮긴이의 말

내가 이 책을 알게 된 것은 우연히 영국의 유력 일간지 『인디펜던트』를 접하면서부터다. 한국과학창의재단에서 발행하는 과학대중화 신문인 『사이언스 타임스』에 10여 년 동안 글을 써오면서, 외신을 자주 접하고 흥미로운 기사들을 발굴해야 했다. 당시 『인디펜던트』는 이 책의 서평을 보도한 것이 아니라 고대의 술이라면 어디든지 찾아가는, 그야말로 술의 인디애나 존스로 꼽히는 맥거번 교수의 괴이한 집착과 재미있는 강의에 역점을 두었다. 내 흥미를 끈 것은 문명의 기폭제가 된 것이 바로 술이었다는 사실이었다.

'맥주에 대한 갈증이 문명의 스파크를 일으켰나?Did a thirst for beer spark civilization?'라는 제목의 기사에서 『인디펜던트』는 인류 문명의 시발점이 된 농업은 맥주, 그리고 알코올에서 비롯됐다고 주장했다. 황금에 대한 인간의 욕망이 세계를 바꿔놓았듯이 알코올이 인류 문명을 바꿔놓았다는 것이다. 역사상 첫 알코올음료라고 할 수 있는 맥주는 세계 어디든 없는 곳이 없다. 맥주는 가장 오래된, 전 세계적으로 가장 널리 소비되는 알코올음료다. 물과 차 다음으로 인기 있는 음료이기도 하다.

빵이 아니라 '술' 때문에 농경생활을 시작했다?

인류의 역사를 어림잡아 300만 년이라고 할 때, 농경사회의 역사는 불과 4000년 정도에 불과하다. 과학기술의 등장으로 이루어진 산업시대는 50년, 그리고 우리가 현재 살고 있는 후기 정보화시대는 10년밖에 되지 않는다. 인류문화사에서 최초의 혁명은 농업혁명이다. 인류의 정착생활을 가져온 바로 이 농업혁명은 지난 4000년 동안 우리 생활양식의 모든 것을 변화시키는 원동력이었다. 그러면 300만 년에 가까운 수렵채취 생활을 끝내고 정착생활을 유도한 농경사회가 등장하게 된 이유는 무엇일까?

빵이 먼저인가, 술이 먼저인가 하는 문제는 인간이 먹기 위한 빵(식량) 때문에 정착했는가, 아니면 술이라는 음료를 생산하기 위해 정착했는가의 문제로 귀결된다. 물론 지금까지 학계의 정설은 전자에 무게를 싣고 있다. 다시 말해서 식량을 양산하기 위해 인간이 정착생활을 시작했다는 것이다. 수렵 채취 생활을 하다보니 한계에 부딪혀 사냥감도 줄어들고 나무 열매도 늘지 않았지만, 인간의 수는 늘어 도저히 수요에 부응할 수 없었다는 주장이다. 아주 그럴듯해 보인다.

빵과 술의 논쟁에 슬며시 끼어드는 새로운 주장이 하나 더 있다. 수렵 대상 가운데 물고기 때문이라는 주장이다. 물고기를 식량으로 계속 맛보려면 강이든 바다든 일정한 곳에 정착을 해야만 한다는 것이다. 연어를 기다리는 곰이 이동하지 않듯이 말이다.

만약 술 때문이라고 한다면 사치스러운 주장일까? 굶주린 배를 달래기도 버거운 마당에 술타령이라니. 그러나 이러한 주장에 좀더 귀를 기울여보면 아주 설득력 있는 이야기로 들린다. 미국 펜실베이니아대 생물분자고고학자 패트릭 맥거번 교수가 쓴 이 책이 바로 그러한 주장을 담았다.

빵이 아니라 맥주에 대한 갈망 때문에 함께 모여 농경을 시작했다는 맥거번 연구팀의 주장은 이색적이다. 저자는 “필수 아미노산 등이 포함된 맥주는 박테리아나 바이러스를 죽여 물보다 더 안전한 음료였다”며 “당시 양조자는 아마도 현대의 약사 같은 역할을 했을 것”이라고 이야기한다. 대부분의 전문가가 주장하는 맥주의 기원은 고대 이집트로 거슬러 올라간다. 약 3500년 된 태양 신전 유적지에서 맥주 제조용 기구가 발굴된 것이다. 그러나 이보다 1000년 이상 앞선 고대 기록에도 맥주에 대한 언급이 나와 있어 일부 전문가들은 농경문화의 탄생과 더불어 맥주를 마시기 시작했다는 데 입을 모으고 있다. 저자는 “당시 맥주는 자연 발효된 음료로 축제 등 중요한 용도로도 사용됐을 것”이라며 “농경의 기원은 배고픔보다는 갈증이 더 큰 계기였을 것”으로 보고 있다.

인류 최초의 문명 발상지인 고대 수메르 사람들은 닌카시 여신을 섬겼다. 이 여신은 양조, 즉 술의 여신이다. 수메르인들은 이 여신이 가르쳐준 양조 제조법대로 만든 맥주를 바치고, 또 마시면서 ‘닌카시의 찬가’를 불렀다. 그래서 수메르인들 사이에서 닌카시 여신은 ‘술의 신’인 동시에 ‘인간의 욕망을 만족시켜주는 신’ ‘인간의 텅 빈 가슴을 채워주는 신’이기도 했다. 오늘날 상술商術에도 그만인 신이다. 술은 이처럼 일상의 어려움을 덜어주고 사회적 교류를 부드럽게 만들어주어 삶의 기쁨을 느끼게 해주는 그야말로 신이 선사한 선물이었다. 빵은 다른 먹을 것으로 채울 수 있었지만 술은 다른 것으로 충족시킬 수 없었다. 그러니 어떻게 정착생활을 마다하겠는가?

인류 최초의 과학적 산물, 알코올

어쩌면 술은 인류가 만든 최초의 과학적 산물인지도 모른다. 우리의 고대 조상들은 (맥주를 만드는 비결인) 화학을 몰랐다. 그렇다면 어떻게 맥주를 제조하는 기술을 습득하게 됐을까? 저자는 '우연히' 그런 기회가 왔다고 설명한다. "아마 처음에는 물웅덩이에 우연히 떨어져 발효가 된 보리나 쌀과 같은 발아곡물들을 주워 먹었을 것으로 생각된다. 먹었더니 맛이 좋았을 것이다." 그의 추측은 다시 이어진다. "아마 곡물을 그대로 먹다가 즙을 내서 먹으면 좋겠다는 생각을 하게 됐을 것이다. 또 더 많이 즐기려면 먼 곳으로 이동해서는 안 되고 한곳에 정착해서 곡물을 재배해야 된다는 생각을 하게 됐다. 바로 문명의 기폭제가 된 농경 정착사회의 시작이라고 할 수 있다."

서문에 언급된 것처럼 알코올은 일종의 만국 공통의 마약이며, 맥주란 바로 자연으로부터 얻을 수 있는 간단한 유기화합물(에탄올)로 고도로 농축된 물질이다. 인간은 알코올을 음료로 마시거나 혹은 피부에 바르면서 항상 그 효과에 감탄해왔다. 알코올은 고통을 줄여주고 전염성을 멈추게 하며 질병을 치료하는 면도 있다. 술의 심리적·사회적 이점 또한 분명하다. 이는 물론 적당한 양의 술을 마셨을 때의 이야기다. 더불어 알코올의 가장 심오한 점은 정신을 흔들리게 하는 알코올의 효과가 인간의 뇌에서 밝혀지지 않은 영역으로 너무나 신비에 싸여 있다는 것이다. 어떤 사회를 보든지 우리가 신 또는 선조들과 대화하는 기본적인 방법이 알코올과 관련되어 있음을 알 수 있다.

그렇다면 사람들은 왜 맥주 대신 빵을 먼저 만들지 않았을까? 그 이유는 간단하다. 술을 만들기가 더 쉬웠기 때문이다. 맥주는 그저 (보리와 같은) 곡식만 있으면 발효시켜 만들 수 있었다. 또한 당시 야생보리와 같은 거친 곡식으로 만든 빵은 먹기도 힘들었을 것이다. 그렇다면 맥주를 제조하기 시작한 조상들은 술로 식사를 때웠다는 이야기인가?

미국의 유명한 고고학자 로버트 브레이드우드(1907~2003)는 1950년대 농경 정착이 빵 제조와 인과관계가 있다는 주장을 폈다. 고고학에 과학을 도입해 과학고고학scientific archaeology이라는 새로운 학문을 전개한 그는 자신이 고대 메소포타미아 지역에서 발견한 유적이 그 사실을 입증한다고 주장했다. 영화「인디애나 존스」에 모티브를 제공한 이가 바로 브레이드우드 박사다.

이 책의 저자 맥거번 박사는 다음과 같이 말한다. “우선 알코올은 맛이 있습니다. 그리고 심리적인 차원에서 술이 주는 긍정적인 효과는 대단한 것이죠. 사람들에게 즐거움을 주고, 자신감도 심어주죠. 맥주가 주는 매력은 대단했고, 그래서 더 많이 생산하려고 했을 겁니다.”

알코올! 어떤 생각들이 떠오르는가? 필름이 끊겨 저지른 취중의 실수? 아침이 돼도 깨지 않는 숙취? 아니면 방탕한 생활? 부정적인 생각은 잠시 접고 알코올이 인간 문명에 불꽃을 피운 기폭제 역할을 했다고 생각해보면 어떨까? 나는 이 책이 단순한 과학서가 아닌 문명사·인류학·고고학을 두루 아우르는 인문서라고 생각한다.

2016년 2월 명륜동 자락에서

김형근

화보 및 그림 출처

화보

1. Photograph by Christian Ziegler.
2. Photograph by François Hubert, Musée d'Aquitaine, Bordeaux.
3. Photograph courtesy of J. Zhang, Z. Zhang, and Henan Institute of Cultural Relics and Archaeology.
4. From M. Chenyuan and Z. Hengang, 1997, *Zhongguo jiu wen hua*(Chinese wine culture, Shanghai: Shanghai ren min mei shu chu ban she, 1997), 213.
5. Photographs courtesy of (a) W. Pratt, with permission of the Royal Ontario Museum, Toronto, ⓒ ROM; and (b) David Parker/Science Photo Library and Hasanlu Project, University of Pennsylvania Museum of Archaeology and Anthropology, no. 69–12–15, height 23.5cm.
6. The Metropolitan Museum of Art, Rogers Fund, 1915 (15.5 19e), image ⓒ The Metropolitan Museum of Art.
7. Photograph by G. Gådefors, from E. Nylén, U. Lund Hansen, and P. Manneke, *The Havor Hoard: the Gold, the Bronzes, the Fort*(Stockholm: Kungl. Vitterhets Historie och Antikvitets Akademien, 2005). Photograph courtesy of KVHAA, Lena Thunmark Nylén, and Statens Historiska Museum, Stockholm.
8. Collection of the Museo Nacional de Arqueología y Etnología, Guatemala City, Guatemala. Photograph courtesy of Bailey Archive, Denver Museum of Nature and Science. All rights reserved.
9. Photograph by Patrick Ryan Williams, The Field Museum.
10. Image ⓒ Pierre Colombel/CORBIS.

그림

1. ⓒ The New Yorker Collection 2005, Leo Cullum from cartoonbank.com. All rights reserved.
2. Adapted from drawing by Henri Breuil.
3. Photograph courtesy J. Zhang, Z. Zhang, and Henan Institute of Cultural Relics and Archaeology.
4. Photograph courtesy J. Zhang, Z. Zhang, and Henan Institute of Cultural Relics and Archaeology.
5. Photograph ⓒ by James G. Parker.
6. Courtesy of Tara McPherson and Dogfish Head Craft Brewery.
7. Illustration courtesy of Jigen Tang/Anyang Field Institute, Institute of Archaeology, Chinese Academy of Social Sciences.
8. Photograph courtesy of Pam Kosty, University of Pennsylvania Museum of Archaeology and Anthropology.
9. Photograph courtesy of Professor Dr. Klaus Schmidt, Deutsches Archaologisches Institut, Berlin.
10. Photograph courtesy of Professor Dr. Harald Hauptmann, Euphrates Archive, Heidelberger Akademie der Wissenschaften.
11. Photograph courtesy of James Mellaart.
12. Courtesy the Department of Antiquities of Jordan. Photograph by John Tsantes, courtesy Arthur M. Sackler Gallery, Smithsonian Institution.

13-a. Drawing courtesy of University of Pennsylvania Museum of Archaeology and Anthropology; National Museum of Iraq, no. 25408.

13-b. ⓒ The Trustees of the British Museum.

14. From S. I. Rudenko, *Frozen Tombs of Siberia: The Pazyryk Burials of Iron Age Horse men*, trans. M. W. Thompson(Berkeley: University of California Press, 1970). Photographs courtesy Sergei I. Rudenko and Hermitage Museum, St. Petersburg.
15. From E. Aner and K. Kersten, *Die Funde der älteren Bronzezeit des nordisch-*

en Kreises in Dänemark(Copenhagen: National Museum, 1973), Drawing courtesy Eva Koch, National Museum of Copenhagen.

16. Courtesy of J. Biel and Dr. Simone Stork/Keltenmuseum, Hochdorf.

17-a. Photograph courtesy of German Archaeological Institute, Cairo.

17-b. Drawing courtesy of German Archaeological Institute, Cairo.

18. Illustration adapted by K. Vagliardo for L. E. Stager, "Phoenician Shipwrecks and the Ship Tyre(*Ezekiel* 27)," in *Terra Marique: Studies in Art History and Marine Archaeology in Honor of Anna Marguerite McCann*, ed. J. Pollini(Oxford: Oxbow, 2005), 238-254, fig. 18.12; after N. de G. Davies and R. O. Faulkner, 1947, "A Syrian Trading Venture to Egypt," *Journal of Egyptian Archaeology* 33: pl. 8.

19. Photograph courtesy of Dr. Nicholas M. Hellmuth, FLAAR Photo Archive. Photograph by Edgar E. Sacayón. *Theobroma cacao*, Arroyo Petexbatún, Sayaxché, El Petén, Guatemala.

20. Photograph K6418 © Justin Kerr.

21-a. Drawing by Yolanda Tovar, courtesy of John S. Henderson and Yolanda Tovar; Collection of the Instituto Hondureño de Antropología e Historia, Museo de San Pedro Sula, Honduras.

21-b. Photograph courtesy John S. Henderson, Cornell University; Collection of the Instituto Hondureño de Antropologia e Historia, Museo de San Pedro Sula, Honduras.

22. After H. Pager, 1973, "Rock Paintings in Southern Africa Showing Bees and Honey Gathering," *Bee World* 54(2): Register ZW- 001.

23-a. From T. E. Peet and W. L. S. Loat, *The Cemeteries of Abydos*, part 3(London: Egypt Exploration Society, 1913), pl. 1.2. Courtesy Egypt Exploration Society.

23-b. Photograph courtesy Michel Voltz, Université de Ougadougou, Burkina Faso.

24-a. Photograph courtesy of J. Liepe, Ägyptisches Museum, Staatliche Museen zu Berlin, Bildarchiv Preussischer Kulturbesitz/Art Resource NY #14,122.

24-b. From J. L. Gibbs, ed., *Peoples of Africa*(New York: Holt, Rinehart, and Winston, 1978), 74. Used by permission of Holt McDougal, a division of Houghton Mifflin Harcourt Publishing Company.

참고문헌

주제 일반

Both, F., ed. *Gerstensaft und Hirsebier: 5000 Jahre Biergenuss*, Oldenburg: Isensee, 1998.

Buhner, S. H., *Sacred and Herbal Healing Beers: The Secrets of Ancient Fermentation*, Boulder, CO: Siris, 1998.

Crane, E., *The Archaeology of beekeeping*, Ithaca, NY: Cornell University, 1983.

———, *The World History of Beekeeping and Honey Hunting*, New York: Routledge, 1999.

De Garine, I. and B. Hayden, eds, *Feasts: Archaeological and Ethnographic Perspectives on Food, Politics and Power*, Washington, DC: Smithsonian, 2001.

Douglas, M., ed, *Constructive Drinking: Perspectives on Drink from Anthropology*, Cambridge: Cambridge University Press, 1987.

James, W., *The Varieties of Religious Experience: A Study in Human Nature*, New York: Modern Library, 1902.

Jordan, G., P. E. Lovejoy and A. Sherratt, eds, *Consuming Habits: Global and Historical Perspectives on How Cultures Define Drugs*, London: Routlege, 2007.

Koehler, C., "Handling of Greek Transport Amphoras," In *Recherches surles amphores grecques*, ed. J. Y. Empereur and Y. Garlan, 49–56, Athens: École Française d' Athènes, 1986.

McGovern, P. E., *Ancient Wine: The Search for the Origins of Viniculture*, Princeton: Princeton University Press, 2006.

Rätsch, C., *The Encyclopedia of Psychoactive Plants: Ethnopharmacology and Its applications*, Rochester, VT: Park Street, 2005.

Rudgley, R., *The Encyclopedia of Psychoactive Substances*, New York: St. Martin's, 1999.

Schultes, R. E., A. Hofmann and C. Rätsch, *Plants of the Gods: Their Sacred, Healing *and Hallucinogenic Powers*, Rochester, VT: Healing Arts, 1992.

Völger, G., ed. *Rausch und Realität: Drogen im Kulturvergleich*, Cologne: Rautenstrauch-Joest-Museum, 1981.

Wilson, T. M., ed, *Drinking Cultures: Alcohol and Identity*, Oxford: Berg, 2005.

1장

Berg, C., World Fuel Ethanol: Analysis and Outlook, www.distill.com/World-Fuel-Ethanol-A&O-2004.html, 2004.

Dudley, R., "Ethanol, Fruit Ripening and the Historical Origins of Human Alcoholism in Primate Frugivory," *Intergrative and Comparative Biology* 44(4), 2004, pp. 315~323.

Eliade, M., *Shamanism: Archaic Techniques of ecstasy*, Trans. W. R. Trask, New York: Bollingen Foundation, 1964.

Johns, T., *With Bitter Herbs They Shall Eat It: Chemical Ecology and the Origins of Human Diet an Medicine*, Tucson: University of Arizona Press, 1990.

Lewis-Williams, J. D., *Inside the Neolithic Mind: Consciousness, Cosmos and the Realm of the Gods*, London: Thames&Hudson, 2005.

Nesse, R. M. and K. C. Berridge, "Psychoactive Drug Use in Evolutionary Perspective," *Science* 278(5335), 1997, pp. 63~67.

Rudgley, R., *The Lost Civilizations of the Stone Age*, New York: Free Press, 1999.

Siegel, R. K., *Intoxication: The Universal Drive for Mind-Altering Substances*, Rochester, VT: Park Street, 2005.

Stephens, D. and R. Dudley, "The Drunken Monkey Hypothesis," *Natural History* 113(10), 2004, pp. 40~44.

Sullivan, R. J. and E. H. Hagen, "Psychotropic Substance-Seeking: Evolutionary Pathology or Adaptation?" *Addiction* 97(4), 2002, pp. 389~400.

Turner, B. E. and A. J. Apponi, "Microwave Detection of Interstellar Vinyl Alcohol CH2=CHOH," *Astrophysical Journal Letters* 561, 2001, L207-L210.

Wiens, F., et al, "Chronic Intake of Fermented Floral Nectar by Wild Treeshrews," *Proceedings of the National Academy of Sciences USA* 105(30), 2008, pp. 10426~10431.

Zhang, J. and L. Y. Kuen, "The Magic Flutes," *Natural History* 114(7), pp. 42~47.

2장

Berger, P., *The Art of Wine in East Asia*, San Francisco: Asian Art Museum, 1985.

Hawkes, D. trans, *The Songs of the South: An Ancient Chinese Anthology of Poems by Qu Yuan and Other Poets*, Harmondsworth: Penguin, 1985.

Henan Provincial Institute of Cultural Relics and Archaeology, *Wuyang Jiahu*(The site of Jiahu in Wuyang Country), Beijing: Science Press, 1999.

———, *Luyi taiqinggong changzikou mu*(Taiquinggong Changzikou tomb in Luyi),

Zhengzhou: Zhongzhou Classical Texts, 2000.

Huang, H. T., *Biology and Biological Technology*, part 5, Fermentation and Food Science, vol. 6 of J. Needhan, *Science and Civilization in China*, Cambridge: Cambridge University Press, 2000.

Karlgren, B. trans, *The Book of Odes*, Stockholm: Museum of Far Eastern Antiquities, 1950.

Li, X., et al, "The Earliest Writing? Sign Use in the Seventh Millennium B.C. at Jiahu, Henan Province, China," *Antiquity* 77(295), 2003, pp. 31~44.

Lu, H., et al, "Culinary Archaeology: Millet Noodles in Late Neolithic China," *Nature* 437, 2003, pp. 967~968.

McGovern, P. E., et al, "Fermented Beverages of Pre- and Proto-historic China," *Proceedings of the national Academy of Sciences USA* 101(51), 2004, pp. 17593~17598.

McGovern, P. E., et al, "Chemical Identification and Cultural Implications of a Mixed Fermented Beverage from Late Prehistoric China," *Asian Perspectives* 44, 2005, pp. 249~275.

Paper, J. D., *The Spirits Are Drunk: Comparative Approaches to chinese religion*, Albany: State University of New York Press, 1995.

Schafer, E. H., *The Golden Peaches of Samarkand: A study of T'ang Exotics*, Berkeley: University of California Press, 1963.

Warner, D. X., *A Wild Deer amid Soaring Phoenixes: The Opposition Poetics of Wang Ji*, Honolulu: University of Hawai'i Press, 2003.

3장

Aminrazavi, M., *The Wine of Wisdom: The Life, Poetry and Philosophy of Omar Khayyam*, Oxford: Oneworld, 2005.

Balter, M., *The Goddess and the Bull*, New York: Free Press, 2005.

Curry, A., "Seeking the Roots of Ritual," *Science* 319(5861), 2008, pp. 278~280.

Grosman, L., N. D. Munro and A. Belfer-Cohen, "A 12,000-Year-Old Shaman Burial from the Southern Levant(Israel)," *Proceedings of the National Academy of Sciences USA* 105(46), 2008, pp. 17665~17669.

Heun, M., et al, "Site of Einkron Wheat Domestication Idendified by DNA Fingerprinting," *Science* 278(5341), 1997, pp. 1312~1314.

Hodder, I., *The Leopard's Tale: Revealing the Mysteries of Çatal Höyük*, London: Thames&Hudson, 2006.

Joffe, A. H., "Alcohol and Social Complexity in Ancient Western Asia," *current Anthropology* 39(3), 1998, pp. 297~322.

Katz, S. H. and F. Maytag, "Brewing an Ancient Beer," *Archaeology* 44(4), 1991, pp. 24~33.

Katz, S. H. and M. M. Voigt, "Bread and Beer: The Early Use of Cerealsinthe Human Diet," *Expedition* 28(2), 1986, pp. 23~24.

Kennedy, P. F., *The Wine Song in Classical Arabic Poetry: AbūNuwās and the Literary Tradition*, Oxford: Oxford University Press.

Kislev, M. E., A Hartmann and O. Bar-Yosef, "Early Domesticated Fig in the Jordan Valley," *Science* 312(5778), 2006, pp. 1372~1374.

Kuijt, I., ed, *Life in Neolithic Farming Communities: Social Organization, Identity and Differentiation*, New York: Kluwer Academic/Plenum, 2000.

McGovern, P. E., et al, "Neolithic Resinated Wine," *Nature* 381, 1996, pp. 480~481.

Mellaart, J., "Excavations at Çatal Höyük, 1962," *Anatolian Studies* 13, 1963, pp. 43~103.

Milano, L., ed, *Drinking in Ancient societies: History and Culture of Drinks in the Ancient Near East*, Padua: Sargon, 1994.

Özdoğan, M. and N. Başgelen, *Neolithic in Turkey, the Cradle of Civilization: New Discoveries*, Istanbul: Arkeoloji ve Sanat, 1999.

Özdoğan, M. and A. Özdoğan, "Pre-Halafian Pottery of Southeastern Anatolia, with Special Reference to the ÇayönüSequence," In *Between the Rivers and over the Mountains: Archaeologica Anatolica et Mesopotamica Alba Palmieri Dedicata*, ed. M. Frangipane, Rome: Universitàdi Roma "La Sapienza", 1993, pp. 87~103.

———, "Buildings of Cult and the Cult of Buildings," In *Light on Top of the Black Hill: Studies Presented to Halet Çambel*, ed. G. Arsebük, M. J. Millink and W. Schirmer, Istanbul: Ege Yayınları, pp. 581~601.

Özkaya, V., "Körtik Tepe: An Early Aceramic Neolithic Site in the Upper Tigris Valley," In *Anadolu'da Doğdu: Festschrift für Fahri Işık zum 60. Geburtstag*, ed. T. Korkut, Istanbul: Ege Yayınları, 2004, pp. 585~599.

Russell, N. and K. J. McGowan, "Danceof the Cranes: Crane Symbolism at Çatalhöyük and Beyond," *Antiquity* 7(297), 2003, pp. 445~455.

Schmant-Besserat, D., "Ain Ghazal 'Monumental' Figures," *Bulletin of the American Schools of Oriental Research* 310, 1998, pp. 1~17.

Schmidt, K., "Göbekli Tepe, Southeastern Turkey: A Preliminary Report on the 1995-1999 Excavations," *Paléorient* 26(1), 2000, pp. 45~54.

Stol, N., "Beer in Neo-Babylonian times," In *Drinking in Ancient Societies: History and Culture of Drinks in the Ancient Near East, ed. L. Milano, Padua: Sargon*, 1994, pp. 155~183.

Vouillamoz, J. F., et al, "Genetic Characterization and Relationships of Traditional Grape Cultivars from Transcaucasia and Anatolia," *Plant Genetic Resources: Characterization and Utilization* 4(2), 2006, pp. 144~158.

4장

Bakels, C. C., "The Contents of Ceramic Vessels in the Bactria–Margiana Archaeological Complex, Turkmenistan," *Electronic Journal of Vedic Studies* 9, 2003: www.ejvs.laurasianacademy.com.

Barber, E. J. W., *The Munnies of Ürümchi*, New York: W. W. Norton, 1999.

De La Vaissière, É. and É. Trombert, eds, *Les sogdiens en Chine*, Paris: École Française d'Extrême–Orient, 2005.

Mair, V. H., "Old Sinitic *myag, Old Persian magušand English 'magician'," *Early China* 15, 1990, pp. 27~47.

Olsen, S. L., "Early Horse Domestication on the Eurasian Steppe," In *Documenting Domestication: New Genetic and Archaeological Paradigms*, ed. M. A. Zeder et al., Berkeley: University of California Press, 2006, pp. 245~269.

Rossi–Osmida, G., ed, *Margiana Gonur–depe Necropolis*, Venice: Punto, 2002.

Rudenko, S. I., *Frozen Tombs of Siberia: The Pazyryk Burials of Iron Age Horsemen*, trans. M. W. Thomson, Berkeley: University of California press, 1970.

Rudgley, R., *Essential Substances: A Cultural History of Intoxicants in Society*, New York: Kodansha International, 1994.

Sarianidi, V. I., *Margiana and Protozoroastrism*, Athens: Kapon, 1998.

5장

Aldhouse–Green, M. and S. Aldhouse–Green, *The Quest for the Shaman: Shape–Shifters, Sorcerers and Spirit–Healers of ancient Europe*, London: Thames&Hudson, 2005.

Behre, K, E, "The History of Beer Additives in Europe: A Review," *Vegetation History and Archaeobotany* 8, 1999, pp. 35~48.

Brun, J. P., et al, *Le vin: Nectar des dieux, génie des hommes*, Gollion, Switzerland: Infolio, 2007.

Dickson, J. H., "Bronze Age Mead," *Antiquity* 52, 1978, pp. 108~113.

Dietler, M., "Driven by Drink: The Role of Drinking in the Political Economy and the Case of Early Iron Age France," *Journal of Anthropological Archaeology* 9, 1990, pp. 352~406.

Dineley, M., *Barley, Malt and Ale in the Neolithic*, Oxford: Archaeopress, 2004.

Frey, O. H. and F. R. Herrmann, "Ein frühkeltischer Fürstengrabhügel am Glauberg im Wetteraukreis, Hessen," *Germania* 75, 1997, pp. 459~550.

Juan–Tresserras, J., "La cerveza prehistórica: Investigaciones arqueobotánicas y experimentales," In *Genó: Un poblado del Bronce Final en el Bajo Segre(Lleida), ed. J. L. Maya, F. Cuesta and J. López Cachero, Barcelona: University of Barcelona Press*, 1998, pp. 241~252.

Koch, E., "Mead, Chiefs and Feasts in Later Prehistoric Europe," In *Food, Culture and Identity in the Neolithic and Early Bronze Age*, ed. M. P. Pearson, Oxford: Archaeopress,

2003, pp. 125~143.

Long, D. J., et al, "The Use of Henbane (*Hyoscyamus niger* L.) as a Hallucinogen at Neolithic 'Ritual' Sites: A Re-evaluation," *Antiquity* 74, 2000, pp. 49~53.

McGovern, P. E., et al, "A Feast Fir for King Midas," *Nature* 402, 1999, pp. 863~864.

Michel, R. H., P. E. McGovern and V. R. Badler, "Chemical Evidence for Ancient Beer," *Nature* 360, 1992, p. 24.

Miller, J. J., J. H. Dickson and T. N. Dixon, "Unusual Food Plants from Oakbank Crannog, Loch Tay, Scottish Highlands: Cloudberry, Opium Poppy and Spelt Wheat," *Antiquity* 72, 1998, pp. 805~811.

Nelson, M., *The Barbarian's Beverage: A History of Beer in Ancient Europe*, London: Routlege, 2005.

Nylén, E., U. L. Hansen and P. Manneke, *The Havor Hoard: The Gold, the Bronzes, the Fort*, Stockholm: Kungl. Vitterhets Historie och Antikvitets akademien, 2005.

Quinn, B. and D. Moore, "Ale, Brewing and Fulachta Fiadh," *Archaeology Ireland* 21(3), 2007, pp. 8~11.

Renfrew, C., *Archaeology and Language: The Puzzle of Indo-European Origins*, Cambridge: Cambridge University Press, 1987.

Rösch, M., "Evaluation of honey Residues from Iron Age Hill-Top Sites in Southwestern Germany: Implications for Local and Regional Land Use and Vegetation Dynamics," *Vegetation History and Archaeobotany* 8, 1999, pp. 105~112.

———, "Pollen Analysis of the Contents of Excavated Vessels: Direct Archaeobotanical Evidence of Beverages," *Vegetation History and Archeobotany* 14, 2005, pp. 179~188.

Sherratt, A., "Cups that Cheered," In *Bell Beakers of the Western Mediteranean: Definition, interpretation, Theory and New Site Data*, ed. W. H. Waldren and R. C. Kennard, Oxford: British Archaeological Reports, 1987, pp. 81~106.

———, "Sacred and Profane Substances: The Ritual Use of Narcotics in Later Prehistorice Europe," In *Sacred and Profane: Proceedings of a Conference on Archaeology, Ritual and Religion*, ed. P. Garwood, et al., Oxford: Oxford University Committee for archaeology, 1991, pp. 50~64.

Stevens, M., "Craft Brewery Operations: Brimstone Brewing Company; Rekindling Brewing Traditions on Brewery Hill," *Brewing Techniques* 5(4), 1997, pp. 72~81.

Stika, H. P., "Traces of a Possible Celtic Brewery in Eberdingen-Hochdofr Kreis Ludwigsburg, Southwest Germany," *Vegetation History and Archaeobotany* 5, 1996, pp. 81~88.

———, "Bodenfunde und experimente zu keltischem bier," In *Experimentelle Archäologie in Deutschland*, Oldenburg: Isensee, 1998, pp. 45~54.

Unger, R. W., *Beer in the Middle Ages and the Renaissance*, Philadelphia: University of Pennsylvania Press, 2004.

Wickham-Jones, C. R., *Rhum: Mesolithic and Later Sites at Kinloch, Excavations*

1984–1986, Edinburgh: Society of Antiquaries of Scotland, 1990.

6장

Adams, M. D. and D. O'Connor, "The Royal Mortuary Enclosures of Abydos and Hierakonpolis," In *Treasures of the pyramids*, ed. Z. Hawass, Cairo: American University in Cairo, 2003, pp. 78~85.

Aubet, M. E., *The Phoenicians and the West: Politics, Colonies and Trade*, Cambridge: Cambridge University Press, 2001.

Bass, G. F., ed, *Beneath the Seven Seas: Adventures with the Institute of nautical Archaeology*, London: Thames&Hudson, 2005.

Bikai, P. M., C. Kanellopoulos and S. Saunders, "The High Place at Beidha," *ACOR Newsletter* 17(2), 2005, pp. 1~3.

Ciacci, A. and A. Zifferero, *Vinum*, Siena: Citta del Vino, 2005.

Guasch–Jané, M. R., et al, "First Evidence of White Wine in Ancient Egypt from Tutankhamun's Tomb." *Journal of Archaeological Science* 33(8), 2006, pp. 1075~1080.

Jeffery, L. H., *The Local Scripts of Archaic Greece: A Study of the Origin of the Greek Alphabet and Its Development from the Eighth to the Fifth Centuries b.c.*, Oxford: Oxford University Press, 1990.

Jidejian, N., *Byblos through the Ages*, Beirut: Dar el–Machreq, 1968.

Long, L., L. –F. Gantes and M. Rival, "L'Epave Grand Ribaud F: Un chargement de produits etrusques du debut du Ve siecle avant J.– C." In *Gli etruschi da Genova ad Ampurias, 455–5. Pisa: Istituti editoriali e poligrafici internazionali*, 2006.

Long, L., P. Pomey and J. –C. *Sourisseau, Les etrusques en mer: Epaves d'Antibes áMarseille*, Aix–en–Provence: Edisud, 2002.

McGovern, P. E., et al., "The Chemical Identification of Resinated Wine and a Mixed Fermented Beverage in Bronze Age Pottery Vessels of Greece." In *Archaeology Meets Science: Biomolecular Investigations in Bronze Age Greece; The Primary Scientific Evidence, 1997–2003*, ed. Y. Tzedakis et al., Oxford: Oxbow, 2008, pp. 169~218.

McGovern, P. E., A. Mirzoian and G. R. Hall, "Ancient Egyptian Herbal Wines," *Proceedings of the National Academy of Sciences USA 106*, 2009, pp. 7361~7366.

Morel, J. P., "Greek Colonization in Italy and in the West," In T. Hackens, N. D. Holloway and R. R. Holloway, *Crossroads of the Mediterranean*, Providence, RI: Brown University Press, 1984, pp. 123~161.

Pain, S., "Grog of the Greeks," *New Scientist* 164(2214), 1999, pp. 54~57.

Parker, A. J., *Ancient Shipwrecks of the mediterranean and the Roman Provinces*, Oxford: British Archaeological Reports, 1992.

Parker, S. B., *Ugaritic Narrative Poetry*, Atlanta, GA: Scholars, 1997.

Ridgway, D., "Nestor's Cup and the Etruscans," *Oxford Journal of Archaeology* 16(3),

1997, pp. 325~344.

Stager, L. E., "Phoenician Shipwrecks and the Ship Tyre (Ezekiel 27)," In *Terra Marique: Studies in Art history and Marine Archaeology in Honor of Anna Marguerite McCann*, ed. J. Pollini, Oxford: Oxbow, 2005, pp. 238~254.

Tzedakis, Y. and Martlew, H., eds, *Minoans and Mycenaeans: Flavours of Their Time*, Athens: Greek Ministry of Culture and National Archaeological Museun, 1999.

Valamoti, S. M., "Grape-Pressings from Northern Greece: The Earliest Wine in the Aegean?" *Antiquity* 81, 2007, pp. 54~61.

7장

Allen, C. J., *The Hold Life Has: Coca and Cultural Identity in an Andean Community*, Washington, C: Smithsonian Institution, 2002.

Balter, M., "Seeking Agriculture's Ancient Roots," *Science* 316(5833), 2007, pp. 1830~1835.

Bruman, J. H., *Alcohol in Ancient Mexico*, Salt Lake City: University of Utah Press, 2000.

Coe, S. D. and M. D. Coe, *The True history of Chocolate*, New York: Thames&Hudson, 1996.

Cutler, H. C. and M. Cardenas, "Chicha, a Native South American Beer," *Botanical Museum Leaflet, harvard University* 13(3), 1947, pp. 33~60.

D'Altroy, T. N., *The incas*, Malden, MA: Blackwell, 2002.

Dillehay, T. D., *The Settlement of the Americas: A New Prehistory*, New York: Basic Books, 2000.

———, et al, "Preceramic Adoption of Peanut, Squash and Cotton in Northern Peru," *Science* 316(5833), 2007, pp. 1890~1893.

———, et al, "Monte Verde: Seaweed, Food, Medicine and the Peopling of South America," *Science* 320(5877), 2008, pp. 784~786.

Dillehay, T. D. and Rossen, J., "Plant Food and Its Implications for the Peopling of the New World: A View from South America," In *The First Americans: The Pleistocene Colonization of the New World*, ed. N. G. Jablonski, San Francisco: California Academy of Sciences, 2002, pp. 59~92.

Furst, P. T., *Hallucinogens and Culture*, San Francisco: Chandler&Sharp, 1976.

Goldstein, D. J. and Coleman, R. C., "Schinus molle L.(Anacardiaceae) Chicha Production in the Central Andes," *Economic Botany* 58(4), 2004, pp. 523~529.

Hadingham, E., *Lines to the Mountain Gods: Nazca and the Mysteries of Peru*, New York: Random house, 1987.

Hastorf, C. A. and S. Johannessen, "Pre-Hispanic Political Change and the Role of Maize in the Central Andoes of Peru," *American Anthropologist* 95(1), 1993, pp. 115~138.

Harvard, V., "Drink Plants of the North American Indians," *Bulletin of the Torrey Botanical Club* 23(2), 1896, pp. 33~46.

Henderson, J. S., et al, "Chemical and Archaeological Evidence for the Earliest Cacao Beverages," *Proceedings of the National Academy of Sciences USA* 104(48), 2007, pp. 18937~18940.

Henderson, J. S. and R. A. Joyce, "The Development of Cacao Beverages in Formative Mesoamerica," In *Chocolate in Mesoamerica: A Cultural History of Cacao*, ed. C. L. McNeil, Gainesvile: University Press of Florida, 2006, pp. 140~153.

Jennings, J., "La Chichera y el patrón: Chicha and the Energetics of Feasting in the Prehistoric Andes," *Archaeological Papers of the American Anthropological Association* 14, 2005, pp. 241~259.

———, et al, "'Drinking Beer in a Blissful Mood': Alcohol Production, Operational Chains and Feasting in the Ancient World," *Current Anthropology* 46(2), 2005, pp. 275~304.

Kidder, A. V., *The Artifacts of Pecos*, New Haven: Phillips Academy by the Yale University Press, 1932.

La Barre, W., "Native American Beers," *American Anthropologist* 40(2), 1938, pp. 224~234.

Lothrop, S. K., "Peruvian Pacchas and Keros," *American Antiquity* 21(3), 1956, pp. 233~243.

Mann, C. C., *1491: New Revelations of the Americas before Columbus*, New York: Knopf, 2005.

McNeil, C. L., ed, *Chocolate in Mesoamerica: A Cultural History of Cacao*, Gainesville: University Press of Florida, 2006.

Moore, J. D., "Pre-Hispanic Beer in Coastal Peru: Technology and Social Context of Prehistoric Production," *American Anthropologist* 91(3), 1989, pp. 682~695.

Moseley, M. E., *The Incas and Their Ancestors: The Archaeology of Peru*, New York: Thames&Hudson, 1992.

———, et al, "Burning Down the Brewery: Establishing and Evacuating and Ancient Imperial Colony at Cerro Baúl, Peru," *Proceedings of the National Academy of Sciences* 102(48), 2005, pp. 17264~17271.

Perry, L., et al, "Starch Fossils and the Domestication and Dispersal of Chili Peppers (Capsicum spp. L.) in the Americas," *Science* 315(5814), 2007, pp. 986~988.

Schurr, T. G., "The Peopling of the Americas as Revealed by Molecular Genetic Studies," In *Encyclopedia of Life Sciences*(www.els.ne), 2008.

Sims, M., "Sequencing the First Americans," *American Archaeology* 10, 2006, pp. 37~43.

Smalley, J. and Blake, M., "Sweet Beginnings: Stalk Sugar and the Domestication of Maize," *Current Anthropology* 44(5), 2003, pp. 675~703.

Staller, J. E., R. H. Tykot and B. F. Benz, eds, *Histories of Maize: Multidisciplinary Approaches to the Prehistory, Linguistics, Biogeography, Domestication and Evolution of Maize*, Amsterdam: Elsevier Academic, 2006.

8장

Arthur, J. W., "Brewing Beer: Status, Wealth and Ceramic Use Alteration among the Gamo of South–Western Ethiopia," *World Archaeology* 34(3), 2003, pp. 516~528.

Barker, G., *The Agricultural Revolution in Prehistory: Why Did Foragers Become Farmers?* Oxford: Oxford University Press, 2006.

Bryceson, D. F., ed., *Alcohol in Africa: Mixing Business, Plea sure and Politics*, Portsmouth, NH: Heinemann, 2002.

Carlson, R. G., "Banana Beer, Reciprocity, and Ancestor Propitiation among the Haya of Bukova, Tanzania," *Ethnology* 29, 1990, pp. 297~311.

Chazan, M. and M. Lehner. "An Ancient Analogy: Pot Baked Bread in Ancient Egypt," *Paleorient* 16(2), 1990, pp. 21~35.

Davies, N. de G., *Two Ramesside Tombs at Thebes*, New York: Metropolitan Museum of Art, 1927.

Edwards, D. N., "Sorghum, Beer, and Kushite Society," *Norwegian Archaeological Review* 29, 1996, pp. 65~77.

Geller, J., "Bread and Beer in Fourth–Millennium Egypt," *Food and Foodways* 5(3), 1993, 255~267.

Haaland, R., "Porridge and Pot, Bread and Oven: Food Ways and Symbolism in Africa and the Near East from the Neolithic to the Present," *Cambridge Archaeological Journal* 17(2), 2007, pp. 165~182.

Hillman, G. C., "Late Palaeolithic Plant Foods from Wadi Kubbaniya in Upper Egypt: Dietary Diversity, Infant Weaning, and Seasonality in a Riverine Environment," In *Foraging and Farming: The Evolution of Plant Exploitation*, ed. D. R. Harris and G. C. Hillman, London: Unwin Hyman, 1989, pp. 207~239.

Holl, A. *Saharan Rock Art: Archaeology of Tassilian Pastoralist Iconography*, Walnut Creek, CA: AltaMira, 2004.

Huetz de Lemps, A., *Boissons et civilisations en Afrique*, Bordeaux: University of Bordeaux Press, 2001.

Huffman, T. N., "The Trance Hypothesis and the Rock Art of Zimbabwe," *South African Archaeological Society, Goodwin Series* 4, 1983, pp. 49~53.

Karp, I., "Beer Drinking and Social Experience in an African Society: An Essay in Formal Sociology," In *Explorations in African Systems of Thought*, ed. I. Karp and C. S. Bird, Washington, DC: Smithsonian Institution, 1987, pp. 83~119.

Lejju, B. J., P. Robertshaw and D. Taylor, "Africa's Earliest Bananas?" *Journal of Archaeological Science* 33, 2006, pp. 102~113.

Lewis–Williams, J. D. and T. A. Dowson, "Through the Veil: San Rock Paintings and the Rock Face," *South African Archaeological Bulletin* 45, 1990, pp. 5~16.

Lhote, H., *The Search for the Tassili Frescoes: The Story of the Prehistoric Rock Paint-*

ings of the Sahara, trans. A. H. Brodrick, New York: Dutton, 1959.

Maksoud, S. A., N. el Hadidi and W. M. Wafaa, "Beer from the Early Dynasties (3500–400 cal b.c.) of Upper Egypt, Detected by Archaeochemical Methods," *Vegetation History and Archaeobotany* 3, 1994, pp. 219~224.

Mazar, A., et al, "Iron Age Beehives at Tel Rehov in the Jordan Valley," *Antiquity* 82(317), 2008, pp. 629~639.

McAllister, P. A., *Xhosa Beer Drinking Rituals: Power, Practice and Per for–mance in the South African Rural Periphery*, Durham, NC: Carolina Academic, 2006.

Morse, R. A., *Making Mead(Honey Wine): History, Recipes, Methods, and Equipment*, Ithaca, NY: Wicwas, 1980.

Netting, R. M., "Beer as a Locus of Value among the West African Kofyar," *American Anthropolologist* 66, 1964, pp. 375~384.

O'Connor, D. B. and A. Reid, eds, *Ancient Egypt in Africa*, London: University College London, 2003.

Pager, H. L., *Stone Age Myth and Magic as Documented in the Rock Paintings of South Africa*, Graz: Akademische, 1975.

Parkin, D. J., *Palms, Wine and Witnesses: Public Spirit and Private Gain in an African Farming Community*, Prospect Heights, IL: Waveland, 1972.

Phillipson, D. W., *African Archaeology*, Cambridge: Cambridge University Press, 2005.

Platt, B., "Some Traditional Alcoholic Beverages and Their Importance in Indigenous African Communities," *Proceedings of the Nutrition Society* 14, 1955, pp. 115~124.

Platter, J. and E. Platter, *Africa Uncorked: Travels in Extreme Wine Territory*, San Francisco: Wine Appreciation Guild, 2002.

Sahara: 10,000 Jahre zwischen Weide und Wuste, Cologne: Museen der Stadt, 1978.

Samuel, D., "Archaeology of Egyptian Beer," *Journal of the American Society of Brewing Chemists* 54(1), 1996, pp. 3~12.

Samuel, D. and P. Bolt, "Rediscovering Ancient Egyptian Beer," *Brewers' Guardian*, December, 1995, pp. 27~31.

Sangree, W. H., "The Social Functions of Beer Drinking in Bantu Tiriki," In *Society, Culture, and Drinking Patterns*, ed. D. J. Pittman and C. R. Snyder, New York: Wiley, 1962, pp. 6~21.

Saul, M., "Beer, Sorghum, and Women: Production for the Market in Rural Upper Volta," *Africa* 51, 1981, pp. 746–764.

Vogel, J. O. and J. Vogel, eds., *Encyclopedia of Precolonial Africa: Archaeology, History, Languages, Cultures, and Environments*, Walnut Creek, CA: AltaMira, 1997.

Wendorf, F. and R. Schild, *The Prehistory of Wadi Kubbaniya*, Dallas, TX: Southern Methodist University Press, 1986.

Wendorf, F., R. Schild, et al, *Holocene Settlement of the Egyptian Sahara*, New York:

Kluwer Academic/Plenum, 2001.

Willis, J., *Potent Brews: A Social History of Alcohol in East Africa, 1850–1999*, Nairobi: British Institute in Eastern Africa, 2002.

9장

Acocella, J., "Annals of Drinking: A Few Too Many," @New Yorker@, May 26, 2008, pp. 32~37.

Bowirrat, A. and M. Oscar–Berman, "Relationship between Dopaminergic Neurotransmission, Alcoholism and Reward Deficiency Syndrome," *American Journal of medical Genetics* 132B(1), 2005, pp. 29~37.

Brochet, F. and D. Dubourdieu, "Wine Descriptive Language Supports Cognitive Specificity of Chemical Senses," *Brain and Language* 77, 2001, pp. 187~196.

Castriota–Scanderberg, A., et al, "The Appreciation of Wine by Sommeliers: A Functional Magnetic Resonance Study of Sensory Integration," *Neuro image* 25, 2005, pp. 570~578.

Diamond, J. M., *Why Is Sex Fun? The Evolution of Human Sexuality*, New York: Basic Books, 1997.

———, *Guns, Germs and Steel: The Fates of Human Societies*, New York: Norton, 2005.

Dick, D. H., *The God Gene: How Faith Is Hardwired into Our Genes*, New York: Doubleday, 2004.

Mithen, S. J., *The Singing Neanderthals: The Origins of Music, Language, Mind and Body*, Cambridge, MA: Harvard University Press, 2006.

Newberg, A. B., E. D'Aquili and V. Rause, *Why God Won't Go Away: Brain Science and the Biology of Belief*, New York: Ballantine, 2001.

Nurnberger, J. I. Jr. and L. J. Bierut, "Seeking the Connections: Alscoholism and Our Genes," *Scientific American* 296(4), 2007, pp. 46~53.

Pandey, S. C., et al, "Partial Deletion of the cAMP Response Element Blinding Protein Gene Promotes Alcohol–Drinking Behaviors," *Journal of Neuroscience* 24(21), 2004, pp. 5022~5030.

Standage, T., *A History of the World in Six Glasses*, New York: Walker, 2005.

Steinkraus, K. H., ed, *Handbook of Indigenous Fermented Foods*, New York: M. Dekker, 1983.

Strassman, R., *DMT: The Sprit Molecule; A Doctor's Revolutionary Research into the Biology of Near–Death and Mystical Experiences*, South Paris, ME: Park Street, 2000.

Thomson, J. M., et al, "Resurrecting Ancestral Alcohol Dehydrogenases from Yeast," *Nature Genetics* 37, 2005, pp. 630~635.

Wolf, F. A. and U. Heberlein, "Invertebrate Models of Drug Abuse," *Journal of Neurobiology* 54, 2003, pp. 161~178.

찾아보기

ㄹ

ㅁ

ㅂ

ㅈ

ㅊ

술의 세계사

1판 1쇄 2016년 3월 21일
1판 5쇄 2022년 2월 17일

지은이 패트릭 E. 맥거번
옮긴이 김형근
펴낸이 강성민
편집장 이은혜
마케팅 정민호 이숙재 김도윤 한민아 정진아 이가을 우상욱 박지영 정유선
브랜딩 함유지 함근아 김희숙 정승민
제작 강신은 김동욱 임현식
독자모니터링 황치영

펴낸곳 (주)글항아리 | 출판등록 2009년 1월 19일 제406-2009-000002호
주소 10881 경기도 파주시 회동길 210
전자우편 bookpot@hanmail.net
전화번호 031-955-2696(마케팅) 031-955-1936(편집부)
팩스 031-955-2557

ISBN 978-89-6735-309-4 03900

잘못된 책은 구입하신 서점에서 교환해드립니다.
기타 교환 문의 031-955-2661, 3580

www.geulhangari.com